CASAMENTO BLINDADO

O SEU CASAMENTO À PROVA DE DIVÓRCIO

Renato Cardoso e Cristiane Cardoso

THOMAS NELSON
BRASIL

Rio de Janeiro, 2012

Casamento Blindado

Publisher	*Omar de Souza*
Editor responsável	*Renata Sturm*
Produção editorial	*Thalita Aragão Ramalho*
Capa	*Metropolis*
Copidesque	*Fernanda Martins*
Revisão	*Vanessa Lampert*
	Magda Carlos
	Daniel Borges
Diagramação e projeto gráfico	*Scintilla Lima*

CIP-BRASIL. CATALOGAÇÃO-NA-FONTE
SINDICATO NACIONAL DOS EDITORES DE LIVROS, RJ

C266c

Cardoso, Renato, 1972-
Casamento blindado: o seu casamento à prova de divorcio/Renato Cardoso e Cristiane Cardoso. - Rio de Janeiro: Thomas Nelson Brasil, 2012.

ISBN 978-85-7860-372-4

1. Casamento - Aspectos religiosos - Cristianismo. 2. Vida cristã. I. Cardoso, Cristiane. II. Título.

12-2975. CDD: 248.4
CDU: 27-584

Thomas Nelson Brasil é uma marca licenciada à Vida Melhor Editora S.A.

Rua Nova Jerusalém, 345 – Bonsucesso
Rio de Janeiro – RJ – CEP 21402-325
Tel.: (21) 3882-8200 – Fax: (21) 3882-8212 / 3882-8313
www.thomasnelson.com.br

A todos os casais que valorizam seu casamento o suficiente para blindá-lo. E aos solteiros inteligentes, que sabem que a prevenção é melhor que a cura.

Sumário

Prefácio..........09
Introdução..........12
Os Autores..........16

PARTE I
Entendendo o Casamento

CAPÍTULO 1 | Por que blindar seu casamento..........23
A metamorfose do casamento..........25
Casamento na era do Facebook..........26
Homem *vs.* mulher — A batalha final..........27
Tarefa..........30
CAPÍTULO 2 | É mais embaixo..........31
Uma só carne, dois conjuntos de problemas...33
CAPÍTULO 3 | A mochila nas costas..........36
5.6 segundos de liberdade..........37
Excesso de bagagem..........41
Os opostos se atracam..........42
Atenção do sexo oposto..........44
Casamento feliz dá trabalho..........45
Tarefa..........47
CAPÍTULO 4 | A arte de resolver problemas..........48
Espelho, espelho meu..........50
Cessar fogo!..........52
Tarefa..........54

PARTE II
Emoção *vs.* Razão
CAPÍTULO 5 | Casamento como uma empresa..........57
Os objetivos de uma empresa..........59

Como as empresas resolvem problemas.........62
A descoberta no "Laboratório".........63
Sobrevivência de um negócio: duas regras......66
CAPÍTULO 6 | Os dez passos para resolver problemas..........68
Os dez passos.........69
O teste do telefone.........81
Tarefa.........83
CAPÍTULO 7 | Instalando um para-raios no seu casamento...84
Antes do para-raios.........85
Gerando ansiedade.........89
Tarefa.........90
CAPÍTULO 8 | "O casamento não deu certo".........91
Casei com a pessoa errada.........92
O mito da alma gêmea.........93
Pessoa certa *vs.* atitudes certas.........97
CAPÍTULO 9 | A ligação que salvou nosso casamento...........99
A lista.........102
Tarefa.........105
CAPÍTULO 10 | O sol do meu planeta.........106
Apresentando: Cristiane 2.0.........108
Luz própria.........110
Homem pegajoso.........112
Tarefa.........114

PARTE III
Desmontando e Remontando o Amor

CAPÍTULO 11 | A maldição do homem e da mulher.............117
Escravo do trabalho.........120
Atenção do marido.........122
Duas pelo preço de uma.........124
CAPÍTULO 12 | O livramento.........126
A estratégia para o homem.........126

A estratégia para a mulher.........................132
Compensando...136
Tarefa..136
CAPÍTULO 13 | A raiz de todos os divórcios e casamentos infelizes...137
Impotente para impedir o divórcio.............138
Coração de pedra..140
Não vou mudar...144
Livrando-se das pedras..............................148
Tarefa..149
CAPÍTULO 14 | A ordem dos relacionamentos.....................151
Esse juiz não é ladrão.................................151
E a medalha de prata vai para... 154
O que fazer com os abelhudos?.................158
Tarefa..161
CAPÍTULO 15 | Como homens e mulheres funcionam.......162
Uma caixinha para cada coisa..................165
Uma bola de fios desencapados................167
Será que ele é surdo?.................................168
CAPÍTULO 16 | Naturalmente programados.......................170
Os papéis se confundem............................171
A revolução industrial................................172
O movimento feminista..............................172
Quem sou eu? Onde estou?........................173
Necessidades básicas naturalmente determinadas...176
Caprichos e comparações..........................178

PARTE IV
Fazendo a Blindagem

CAPÍTULO 17 | Necessidades Básicas da Mulher...............183
Valorizá-la e amá-la — mas como?.............184
Tarefa..192

CAPÍTULO 18 | Necessidades Básicas do Homem.............193
O envenenamento de uma palavra.............194
O verdadeiro líder.............197
Homem quer arroz com feijão.............199
Ninguém merece.............204
Quando as necessidades básicas dele são as dela e vice-versa.............205
Tarefa.............207
CAPÍTULO 19 | Sexo.............208
Onde começa e termina.............209
5 ingredientes para uma ótima vida sexual.212
Espera aí, ainda não acabou!.............216
A sogra que pedi a Deus.............217
Fases e épocas.............218
Pode isso?.............219
Tarefa.............220
CAPÍTULO 20 | As 27 ferramentas.............221
CAPÍTULO 21 | O amor caro.............255
Dezenove anos em coma.............255
Perder para ganhar.............257
Como se pratica no casamento.............259
Perdão: o maior de todos os sacrifícios.............261
Então, como perdoar?.............262
Tarefa.............264
CAPÍTULO 22 | E agora?.............265

AGRADECIMENTOS.............269
REFERÊNCIAS BIBLIOGRÁFICAS.............271

PREFÁCIO

"Defense! Defense!"

É provável que sua expectativa, ao começar a ler este prefácio, seja a de encontrar um texto com várias referências ao basquete, esporte que me proporcionou muitas conquistas, lutas, alegrias, conflitos e recompensas. Bem, para ser franco, quero falar sobre outra área de minha vida que também me proporcionou muitas conquistas, lutas, alegrias, conflitos e recompensas, porém muito mais profundas e marcantes: meu casamento. E, para ser mais franco ainda: se não fosse pela solidez de minha união com Cristina, é possível que eu tivesse bem menos para falar até no que se refere à minha carreira como atleta.

Cristina e eu nos casamos há mais de trinta anos, e nos conhecemos há quase quatro décadas. Sei que a frase é meio lugar-comum, mas não posso evitar e tenho certeza de que você vai concordar: é uma vida inteira juntos. E imagine quanta coisa acontece no percurso de uma vida. Dias de sol, agradáveis, clima gostoso, mas também dias de chuva e até de tempestade. Só mesmo um relacionamento muito bem fundamentado para resistir quando bate aquela ventania que destelha tudo.

Se fosse há quarenta anos, quando eu era muito mais ingênuo (só faltava acreditar em coelhinho da Páscoa), podia dizer que basta o amor para resolver todos os problemas em um casamento. É claro que ele é um elemento fundamental para qualquer união, nenhum casal consegue ficar junto e feliz se o amor não existir, mas posso garantir a você que há muitas outras coisas envolvidas no casamento.

Só isso para explicar como uma pessoa como minha esposa, Cristina, consegue abrir mão de um diploma universitário, faltando apenas três meses para se formar, e se mudar comigo para a Europa, onde fui jogar seis meses depois de nosso casamento. Foi ela, aliás, quem segurou a barra naquelas primeiras semanas, quando o time em que eu jogava começou mal o campeonato. Não importava quanto eu tivesse de treinar ou me concentrar mais, Cristina nunca deixava *a bola cair* lá em casa. Sem ela, eu talvez desistisse. Com ela, voltei de lá vitorioso, anos depois.

No basquete (*tá* bom, acabei falando do basquete), um time que se preza só consegue um bom resultado quando todos se preocupam com todos. Quem faz a cesta volta também para marcar, para proteger o restante da equipe. Nos Estados Unidos, as torcidas gritam: "Defense! Defense!" E descobri que funciona de um jeito muito parecido no casamento. Quem ama avança, progride, conquista, mas também se preocupa em proteger não só o cônjuge, mas a própria união. Já deixei de dar carona para muitas fãs por respeito à Cristina. Não era só uma questão de preservá-la de um constrangimento. Era também uma questão de preservar nossa união, nosso amor, nosso relacionamento.

É por isso que fiquei muito feliz com o convite para prefaciar o livro de Renato e Cristiane Cardoso. Já li alguns livros sobre casamento, ouvi falar de outros, mas é a primeira vez que encontro um que vai ao cerne da questão: quem ama de verdade blinda o casamento. E blindar é isso mesmo, colocar todas as defesas em funcionamento para evitar que qualquer coisa comprometa a relação. Isso inclui não só os ataques externos, mas também os internos, como as picuinhas por bobagens, as crises (e não tem jeito, elas sempre aparecem), a falta de humildade para saber a hora certa de ceder por amor (assim como *bater o pé* por amor), a incapacidade de se adaptar às virtudes e aos defeitos do outro, as chantagens e os joguinhos emocionais... Uma lista imensa.

Renato e Cristiane aprenderam isso depois de anos de aconselhamento com muitos casais, mas a melhor formação que tiveram foi a própria escola da vida. Foi assim que descobriram o poder da blindagem, que se torna muito mais forte e sólida quando se baseia em princípios e valores cristãos. E agora eles compartilham essas experiências e orientações neste livro. É uma oportunidade espetacular tanto para quem acha que seu casamento está vulnerável, e precisa de um escudo, quanto para aqueles que já blindaram sua união e sabem como é importante reforçar a proteção. Leia e blinde seu casamento também.

Oscar Schmidt
Maior jogador de basquete brasileiro de
todos os tempos, é casado com Cristina
e pai de Felipe e Stephanie.

Introdução

Ninguém se casa por ódio. Até hoje não encontrei alguém que tenha pedido outra pessoa em casamento dizendo: "Eu te odeio! Quer casar comigo?" As pessoas se casam por amor. Porém, o índice de divórcios continua aumentando a cada ano. Em alguns países, como os EUA, metade dos casamentos acaba em divórcio. O Brasil está quase lá. O ano de 2010 teve a mais alta taxa de divórcios já registrada: A cada três casamentos, um foi desfeito. Vamos de mal a pior. Isso mostra que o "amor" que une as pessoas não tem sido suficiente para manter o casamento. Imaginar que aquele amor que vocês têm um pelo outro poderá não ser suficiente na hora da crise é assustador, não é mesmo?

O problema não tem sido a falta de amor, mas sim a falta de ferramentas para resolver os problemas inerentes ao *viver a dois*. As pessoas ingressam no casamento com praticamente zero de habilidade em resolver problemas de convivência. Por alguma razão, isso não tem sido ensinado em lugar algum — não com a clareza e praticidade necessárias. Antigamente, esse ensino vinha dos pais. Quando os casamentos eram mais sólidos e exemplares, os filhos tinham nos pais um modelo natural de como se comportar em um relacionamento. Atualmente, os pais muitas vezes são um exemplo do que *não* fazer...

Temos outro grande problema: a ignorância sobre o que é o amor. Já ouvi muitas vezes de maridos e esposas frustrados: "O amor acabou. Não sinto mais o que sentia por ele(a)". Outros dizem que o casamento foi um erro, que casaram com a pessoa errada, se precipitaram, ou se viram forçados a casar pelas circunstâncias, como no caso de gravidez indesejada. Porém, na verdade, há muito mais gente infeliz no casamento porque *faz o que é errado* do que por ter *casado com a pessoa errada.* As pessoas fazem tantas coisas erradas no relacionamento e acumulam tantos problemas, sem nunca resolvê-los, que o amor fica sufocado, esmagado e sem forças — isso quando não morre antes de nascer. Os sentimentos bons acabam dando lugar ao rancor, à indiferença e mesmo ao ódio.

Mas é possível resgatar o amor e até mesmo aprender a amar alguém que você nunca amou. Note o que eu disse: é possível aprender a amar. O primeiro passo é saber que a única maneira de se amar uma pessoa é conhecer mais a respeito dela.

Muitos pensam, erroneamente, que amor é um sentimento. Amor produz sentimentos bons, sim, mas não é um sentimento em si. Se você vê uma pessoa pela primeira vez e sente algo bom por ela, mas depois não aprende a amá-la por quem ela é, aquele "amor à primeira vista" não permanecerá. Amar não é sentir. Amar é conhecer a outra pessoa, admirar o que você conhece dela e olhar seus defeitos positivamente. Se nos dedicarmos, podemos aprender a amar praticamente qualquer pessoa ou coisa.

Considere o caso de Dian Fossey, por exemplo. Na sepultura dela lê-se o epitáfio: "No one loved gorillas more" (Ninguém amou mais aos gorilas). Dian foi uma zoologista americana, famosa e respeitada por seus estudos sobre os gorilas da África Central. Por muitos anos, até ser morta por caçadores ilegais, Dian viveu entre os gorilas nas montanhas de Ruanda. Morava em uma cabana de madeira, em condições primitivas, e dedicou mais de 18 anos de vida aos animais, a quem amava mais que tudo na vida. Como foi que Dian começou a amar os gorilas?

Aos 31 anos, quando fez um safári na África, Dian teve o primeiro encontro com os gorilas e os estudos de conservacionistas que trabalhavam pela preservação dos primatas. Ali começou a descobrir mais sobre a espécie, seu comportamento, como se comunicam, seus hábitos, sua dieta, a ameaça de extinção e muito mais. Dian é creditada por desbancar a imagem que os gorilas tinham desde que o filme *King Kong* os pintou como animais agressivos e selvagens. Seus estudos mostraram que, na realidade, são "animais pacíficos, gentis, muito sociais, e com fortes laços familiares" – colocando-os assim bem à frente de muitos homens... Meu argumento é que ela *aprendeu* a amar os gorilas. Qualquer pessoa que ama algo ou alguém começou a amar pelo conhecimento obtido sobre o alvo do seu amor. Há os que amam os animais, outros, as estrelas e astros, outros, soldadinhos de chumbo, outros, arquitetura... Mas todos começaram a amar a partir do estudo, do aprendizado, do conhecimento daquilo ou daqueles que amam. Ninguém ama o que não conhece.

Infelizmente, muitos casais nunca aprenderam a se amar. Uniram-se devido a um sentimento, uma paixão ou outra circunstância, mas não aprenderam a estudar, explorar um ao outro e descobrir o que faz o outro feliz. Quando você não conhece bem a outra pessoa é impossível amá-la. Você não sabe o que a agrada ou irrita, quais são seus sonhos e suas lutas, nem o que ela pensa. Por esse motivo, provavelmente cometerá muitos erros no relacionamento, o que provocará inúmeros problemas. Estes problemas os afastarão, ainda que vocês sejam casados e tenham se apaixonado um dia.

Se você tem se perguntado:

- Será que ainda amo meu marido/esposa?
- Será que casei com a pessoa errada?

- Por que meu parceiro é frio comigo?
- Por que nos amamos, mas não conseguimos ficar juntos?
- Como posso ter certeza de que meu casamento vai durar?
- Como conviver com uma pessoa tão difícil?
- Por que nossos problemas vão e voltam piores?
- Casamento é só tristeza ou um dia vou ter alegria?

Anime-se! Você vai começar a aprender o amor inteligente e como ser feliz com seu cônjuge ainda que ele (ou ela) seja um King Kong...

Os Autores

Cristiane e eu nos casamos em 1991 e temos um filho adotivo. Eu vim de um lar desfeito pela traição e pelo divórcio. Meus pais foram a razão de uma reviravolta que aconteceu em minha vida quando eu tinha treze anos. Nessa época, uma série de acontecimentos causou a separação deles, que foi muito traumática para mim. Senti como se o mundo tivesse caído sobre a minha cabeça.

Considerava meu pai o meu herói, mas, quando tomei conhecimento de que ele havia traído a minha mãe, entrei em desespero. Passei a questionar o porquê de tudo aquilo. Queria a morte. Levado por esse sofrimento, conheci a fé e me converti ao Senhor Jesus. Mais tarde, essa fé também alcançou meus pais e eles, depois de muitos anos de sofrimento, tiveram suas vidas restauradas. Não aprendi a fé religiosa, mas uma que me serve para resolver problemas. Por essa razão, decidi dedicar minha vida a compartilhar o que aprendi, para ajudar pessoas a vencer suas dificuldades. Eu não podia guardar comigo aquilo que literalmente salvou a minha vida e a dos meus pais.

Mais tarde, casei-me com a Cristiane. Sendo ela filha de pastor, compartilhava comigo os mesmos objetivos. Tínhamos tudo para ter um casamento sem conflitos, mas não foi tão fácil assim. Enfrentamos muitos problemas, dos quais falaremos adiante no decorrer do livro.

Fortalecer casamentos, educar casais e solteiros e lutar para que menos casamentos acabem em divórcio se tornou uma missão em minha vida. Hoje sei que a dor que senti na minha adolescência com a separação dos meus pais, e mais tarde no meu casamento, poderia ter sido evitada. Se meus pais tivessem tido acesso à informação que você vai ter nesse livro, não teriam passado por tudo aquilo. Se Cristiane e eu soubéssemos antes de casar o que você vai ler aqui, não teríamos feito um ao outro sofrer.

Infelizmente, as pessoas sofrem por falta de conhecimento. Hoje em dia existem escolas para todo tipo de formação, mas não para casamento. Mesmo no meio cristão, há muita teoria sobre o que é amor, namoro e casamento, mas na prática as pessoas de maneira geral não sabem como agir. Os conhecimentos úteis e a educação matrimonial são raros. Por isso, eis a dupla razão de nos dedicarmos a transmitir esses conhecimentos aos casais: (1) para que noivos e recém-casados evitem cometer os erros que podem comprometer o relacionamento e (2) para que os que já estão em um casamento conturbado saibam como resolver os problemas e viver felizes.

Cristiane e eu falamos a partir das experiências pessoais em nosso casamento, e também de anos de aconselhamento de casais. Como parte de nosso trabalho em quatro continentes, já aconselhamos milhares de casais, desde adolescentes até sexagenários (parece que depois dos setenta os casais se dão conta de que a vida é muito curta para ficar brigando...) E devido à demanda, nosso trabalho com casais tem se acentuado muito nos últimos anos.

No final de 2007, fomos trabalhar no Texas, nos Estados Unidos. Foi ali que nasceu o curso "Casamento Blindado", que agora resulta neste livro. Ali, nos sentimos impelidos a compartilhar nossas experiências devido a este fato alarmante: de cada dez casamentos, quase seis acabam em divórcio.

Os casais americanos que nos procuravam já tinham passado por vários relacionamentos e continuavam com problemas. Muitos já estavam no terceiro, quarto, até quinto casamento, e claramente não estavam aprendendo nada com a troca de parceiros. Nós nos vimos na obrigação de ajudá-los, de passar para eles o que aprendemos. Com os resultados, percebemos que, apesar de sabermos que nossas experiências e ensinamentos não são a descoberta da pólvora, eles têm sido um poder transformador na vida de muitos casais.

Creio que isso se deve à combinação única dos fatores que reunimos: (1) experiência pessoal, (2) experiência com milhares de casais em quatro continentes, e (3) o uso da inteligência espiritual. Deixe-me explicar brevemente este terceiro fator.

O casamento foi ideia de Deus. Foi Ele quem decidiu que o homem e a mulher seriam "uma só carne". Além disso, a Bíblia diz que "Deus é amor[1]", portanto, se queremos o melhor funcionamento da vida a dois, é inteligente voltarmos às origens, onde tudo começou, e à Fonte do amor. Por isso os ensinamentos que passamos são fundamentados na inteligência de Deus, naquilo que Ele determinou que funciona. Não quer dizer que este livro tenha por objetivo lhe converter, caso você não seja um cristão. Não vamos tampouco ficar falando da Bíblia a todo o tempo, ainda que algumas vezes inevitavelmente façamos referência a ela. Mas quero abertamente aqui dizer: sem a base dos princípios determinados por Deus para um bom casamento, seus esforços em construir um serão em vão. Temos visto que os casais que têm abraçado esse fato são os mais felizes e bem-sucedidos em seus esforços de restaurar e manter seus casamentos.

Um fator adicional do grande sucesso de nossos ensinamentos é que nós focamos nossa ajuda em dois pontos principais: resolver os problemas e prevenir que aconteçam de novo. A maioria dos problemas matrimoniais é recorrente, portanto, não basta você saber resolver o

[1] 1João 4:8

problema de hoje, é preciso cortar o mal pela raiz para que ele não surja de novo lá na frente.

Estamos convictos, absolutamente certos de que se você ler esse livro com uma mente aberta e estiver disposto a pelo menos tentar aplicar as ferramentas que vamos lhe ensinar, terá um casamento sólido e muito feliz. Lembre-se: da prática vêm os resultados.

Importante: Alguns capítulos terminam com uma sugestão de tarefa, para você aplicar o que aprendeu. Não subestime o poder de executar estes exercícios. Cremos que se você vai ler esse livro, é para ver resultados, e estes só vêm quando você coloca à prova o que aprendeu. É tão sério que lhe convidamos a tornar seu esforço público.

Se você está em uma rede social, compartilhe seu comprometimento com cada tarefa para que outros lhe motivem na sua jornada. Que tal começar agora? Poste em nossa página facebook.com/Casamento-Blindado para que possamos acompanhar seu progresso(temos também vídeos lá para lhe ajudar nas tarefas... confira!). No Twitter, não se esqueça de endereçar a @CasamentoBlind e de adicionar a hashtag #casamentoblindado!

/CasamentoBlindado

Poste isto:
Começo hoje a blindar meu casamento.

@CasamentoBlind

Tuíte isto:
Começo hoje a blindar meu casamento.
#casamentoblindado
@CasamentoBlind

PARTE I

Entendendo o Casamento

CAPÍTULO 1

POR QUE BLINDAR SEU CASAMENTO

Deputados mexicanos, preocupados com o aumento de divórcios no país, propuseram uma nova lei: o casamento renovável. Eles acreditam ter criado a solução ideal para evitar graves crises conjugais, traições e todos os desgastes do divórcio. A cada dois anos, o casal pode avaliar a relação e decidir se quer continuar junto e renovar o casamento ou se quer desistir e seguir cada um para o seu lado. Além da assinatura de um contrato temporário, a proposta prevê ainda que os noivos se protejam contra um hipotético cenário de divórcio. Para isso, decidem, antes de casar, quem ficará com a guarda dos filhos e quanto cada um pagará de pensão alimentícia em caso de separação. A proposta, que tramita no Congresso, tem amplo apoio dos mexicanos, que querem acabar com os altos custos das separações e das pensões alimentícias. Afinal, as estatísticas na Cidade do México são pouco animadoras no que diz respeito ao casamento: cinco em cada dez uniões terminam em divórcio.

Se a lei passar, uma conversa como esta entre alunos na escola não será ficção:

— E aí, onde você vai passar as férias? — pergunta um garoto ao colega.

— Bom, depende. Se meu pai renovar o contrato com a minha mãe no final do ano, vamos para a Disneylândia. Se não, vou ter que ver qual dos dois vai querer ficar comigo, e pelas notas que estou tirando, provavelmente vão me mandar para a casa da minha avó...

Não quero ser um portador de más notícias, mas aqui está um fato: o casamento como instituição está falindo sob pesados ataques de várias forças na sociedade. O que estão propondo no México é apenas um sintoma do que os governantes estão tentando fazer para lidar com o alto número de divórcios. E não é somente lá. Não conheço nem um só caso de algum país, alguma cultura ou sociedade no mundo em que o casamento esteja sendo fortalecido, nem mesmo nas culturas tradicionais e altamente religiosas. Nos Estados Unidos, o grande ditador da cultura para o restante do mundo, a maioria dos bebês nascidos de mulheres de até trinta anos de idade já nascem fora do casamento. Renomados sociólogos americanos também já argumentam que a figura do pai não é necessária em uma família.

Dá para perceber para onde estamos caminhando?

Mesmo onde os índices de divórcio publicados são mais baixos, eles apenas escondem a realidade: menos pessoas estão se casando, pois optam pela "união estável" e, por esse motivo, quando se separam não é registrado como divórcio; e muitos dos que se mantêm na relação — por falta de opção ou fortes pressões religiosas — seguem infelizes.

Quando vejo essa realidade, fico pensando como as coisas estarão daqui a cinco, dez, ou vinte anos. Será que a extinção do casamento terá sido consumada? Será que as pessoas ainda acreditarão que casamento por toda a vida é possível? Serão os conceitos de fidelidade conjugal e lealdade a uma só pessoa coisas apenas de museu e filmes históricos?

Aqui vai um alerta aos que ainda não despertaram: *As forças da sociedade conspiram contra o casamento e a família — e seus ataques estão cada vez mais fortes.*

A METAMORFOSE DO CASAMENTO

A mídia em geral (filmes, novelas, internet, livros etc.), a cultura, a política, as leis, as celebridades, o ensino nas escolas e universidades — enfim, todos os maiores poderes de influência na sociedade — estão se tornando (ou já são) predominantemente anticasamento.

O que isso significa na prática?

- O número de casamentos diminuirá consideravelmente;
- A "união livre" ou "estável", marcada por um conceito de que o compromisso duradouro e absoluto não é possível, será mais e mais comum;
- Infidelidade e traições aumentarão (sim, ainda mais) e se tornarão mais perdoáveis;
- Encontros casuais com terceiros apenas para fins de sexo serão mais aceitos;
- Homens e mulheres se tornarão ainda mais predadores;
- O homem passará a ser dispensável para mulheres que se verão mais independentes;
- Mulheres oscilarão entre a descrença total no amor (e nos homens) e a busca pela felicidade, à custa de sua própria desvalorização.

Note: tudo o que foi citado anteriormente JÁ ESTÁ acontecendo em nossa sociedade. É a metamorfose do casamento, e o tempo apenas continuará acelerando esse processo.

Talvez você não possa fazer nada para reverter essa situação no mundo. Mas no *seu* mundo, no *seu* casamento, você pode e deve. Não é uma questão de *se* o seu relacionamento poderá ser atacado, mas sim de *quando*. A pergunta é: você saberá como protegê-lo dos ataques quando eles vierem — se é que já não estão acontecendo?

CASAMENTO NA ERA DO FACEBOOK

Novos desafios, como, por exemplo, a internet, as redes sociais, as tecnologias de comunicação como SMS e MSN, a proliferação da pornografia, a cultura anticasamento, a facilitação do divórcio e o avanço da mulher na sociedade são apenas alguns fenômenos recentes que afetam os casais no século 21. E muitos não estão preparados para lidar com esses novos desafios. Os casais de hoje estão enfrentando uma nova realidade, um mundo que seus pais não conheceram — aliás, nenhuma geração antes desta conheceu.

Pergunte à sua avó quais os sinais que ela procuraria para detectar se o marido estava tendo um caso, e provavelmente ela vai dizer que ficaria atenta a manchas de batom na roupa dele, cheiro de perfume de mulher, e coisas do tipo. Hoje em dia, trair o parceiro está muito mais fácil.

Mark Zuckerberg, criador do Facebook, já é um dos maiores destruidores de lares na Grã-Bretanha. Segundo estudo divulgado pelo site especializado em divórcios Divorce-Online, o Facebook é citado como motivo de uma em cada três separações no país. Cerca de 1.700 dos 5 mil casos mencionaram que mensagens inadequadas para pessoas do sexo oposto e comentários de ex-namoradas(os) no Facebook foram causas de problemas no casamento.

Em 2011, a Associação Americana dos Advogados Matrimoniais (American Academy of Matrimonial Lawyers) divulgou que o Facebook é citado em um de cada cinco divórcios.

Para se ter uma ideia da gravidade da situação, foi lançada recentemente no Brasil uma rede social exclusiva para pessoas casadas que "vivem em um casamento sem sexo e querem encontrar outras pessoas na mesma situação". Homens e mulheres comprometidos são o alvo do site, que facilita uma "maneira discreta de ter um caso". Em menos de seis meses, o site já tinha mais de trezentos mil usuários no país, fazendo do Brasil o segundo em número de usuários, atrás somente dos Estados Unidos, onde o site já existe há alguns anos. O site oferece conta de e-mail privada e cobrança por cartão de crédito que não aparece com nome suspeito no extrato — tudo para facilitar os encontros casuais para sexo, sem deixar vestígios para o parceiro traído. O slogan do site é: "O verdadeiro segredo para um casamento duradouro é a infidelidade."

Chocante? Isso não é nada.

Você sabe qual é o negócio que mais cresce no mundo, com um faturamento maior do que os de empresas como Google, Apple, Amazon, Netflix, eBay, Microsoft e Yahoo — juntas? Chama-se pornografia. Em 2006, as rendas desta indústria foram de 97 bilhões de dólares. Mais filmes pornográficos são feitos no mundo do que de qualquer outro gênero, de longe. São em média 37 filmes por dia, ou mais de 13.500 por ano. O Brasil é o segundo maior produtor desses filmes, atrás dos EUA. Um estudo reportou que sete em cada dez homens de 18 a 34 anos visitam sites pornográficos na internet. As mulheres também, outrora mais constrangidas com esse tipo de atividade, têm buscado cada vez mais a pornografia, muitas para tentar agradar o parceiro.

"Ah, mas graças a Deus somos cristãos e isso não nos afeta." Não se precipite.

Uma pesquisa entre cristãos nos EUA revelou que 50% dos homens e 20% das mulheres na igreja eram viciados em pornografia. Outra pesquisa somente entre pastores revelou que 54% deles tinham visto pornografia nos últimos doze meses e 30% nos últimos trinta dias.

Quem está imune?

HOMEM *VS.* MULHER – A BATALHA FINAL

Os homens, pela primeira vez na história da espécie, estão se sentindo deslocados e perdidos dentro do casamento. Com o avanço da mulher em quase todas as áreas da sociedade, ela se tornou sua concorrente em vez de ter o tradicional papel de auxiliadora. O homem, que era o exclusivo caçador, provedor e protetor da família, agora vê o seu papel dividido, e muitas vezes suplantado pela mulher. Ela se tornou caçadora também.

A maioria das mulheres em um relacionamento atualmente trabalha e contribui no orçamento familiar. Em muitos casos, a mulher até ganha mais do que o marido, e esta tendência deve aumentar, considerando que em muitas faculdades do país já há mais mulheres estudantes do que homens.

O que isso tem causado no casamento? Eis algumas consequências: a mulher tem se tornado mais independente do homem, menos tolerante com as peculiaridades masculinas, tem tomado decisões sem participá-lo e "batido de frente" com ele; o homem, na tentativa de agradar a mulher, tem se tornado mais sensível, retraído na sua posição no casamento, se sentido desrespeitado pela mulher, e às vezes descartável. Ou seja, a mulher tem se tornado mais como o homem, e o homem mais como a mulher. Bagunça e confusão total de papéis.

E não é só no campo de trabalho que a mulher avança e compete mais com o homem. Um estudo da Universidade de São Paulo revelou um dado preocupante para os homens casados. A traição feminina está crescendo assustadoramente, e quanto mais jovens, mais elas traem. Das 8.200 mulheres entrevistadas em dez capitais do país, apenas 22% das mulheres acima de setenta anos confessaram ter tido alguma relação extraconjugal. O índice sobe para 35% para as mulheres entre 41 e 50 anos e atinge o pico de 49,5% entre as de 18 a 25 anos. Ou seja, metade das jovens casadas trai o marido. A saída da mulher de simples dona de casa para um papel mais ativo na sociedade, na faculdade, no trabalho etc., a tem colocado em situação propícia à traição.

Some-se a tudo isso o fluxo constante de mensagens diretas e subliminares em nossas mídias atacando as bases do casamento. Novelas, filmes, revistas, blogs, notícias, moda, música, grupos e festas "culturais"... todos os canhões apontados e atirando sem trégua: Para que casar? Um pedaço de papel não vai fazer diferença... Pega, mas não se apega... Se não der certo, divorcie-se e case-se com outro... Homem e mulher é tudo igual... Não existe amor, amor é fantasia. Casamento é uma prisão... Como pode aguentar a mesma pessoa vinte, trinta, cinquenta anos? Nah, casamento é coisa do passado...

A cada dia, um novo argumento derrogatório e anticasamento é criado.

Se você preza o seu relacionamento e não quer se tornar mais uma estatística, blindar seu casamento é fundamental para sua sobrevivência. É hora de defender e proteger o seu maior investimento, antes que seja tarde demais. Vamos à luta.

TAREFA

Quais os perigos que ameaçam o seu casamento atualmente? Identifique essas ameaças para ter em mente quais as áreas de seu casamento precisará fortalecer com maior urgência.

Espere! Antes de escrever sua tarefa aqui, pense se talvez vai querer emprestar ou dar este livro para alguém depois de lê-lo. Acho que não vai querer que outros saibam de suas reflexões e lutas no seu casamento... Então, uma sugestão é anotar suas tarefas em outro lugar, como uma agenda, diário, ou mesmo no seu computador. Faça o que achar melhor, só achei que gostaria de considerar isso.

/CasamentoBlindado

Poste isto:
Identifiquei as atuais ameaças ao meu casamento.

@CasamentoBlind

Tuíte isto:
Identifiquei as atuais ameaças ao meu casamento. #casamentoblindado @CasamentoBlind

CAPÍTULO 2
É MAIS EMBAIXO

Se eu fosse uma mosca na parede da sua sala ou de seu quarto quando você e seu cônjuge estivessem discutindo algum problema, o que eu veria? Talvez uma frieza no falar, grosserias, um tom de raiva nas palavras, irritação, um interrompendo o outro, acusações, críticas e coisas assim. Em um dia vocês discordam sobre a disciplina dos filhos, em outro dia sobre o porquê de o marido aceitar uma ex-namorada no Facebook dele, em outro sobre a interferência da sogra no casamento. A questão é que o verdadeiro problema não é aquilo que você vê. O problema é mais embaixo.

O marido tem um vício, por exemplo. A esposa o vê praticando aquele vício e pensa que aquilo é o problema. Ela se irrita, o critica, tenta conversar e pedir para ele mudar, mas nada muda. Por quê? Porque o vício não é o problema. Há uma raiz, algo mais profundo que causa aquele vício. Ela não sabe o que é, possivelmente nem ele. Mas os dois discutem em círculos sobre aquilo que veem.

Os problemas visíveis são apenas como folhas, galhos e troncos de uma árvore. Já as verdadeiras causas são menos aparentes, difíceis de detectar e entender. Porém, a única razão dos problemas visíveis existirem é a raiz que os alimenta. Se não houvesse raiz, a árvore não existiria.

Quando você descobrir a raiz dos problemas no relacionamento, entenderá por que seu parceiro e você mesmo fazem o que fazem. A luta contra as folhas e os galhos dos problemas diminuirá — e muito —, bem como será amenizado o ambiente desagradável que costuma se formar entre vocês. A eliminação de apenas uma raiz ruim resultará em muitos problemas solucionados de uma só vez — e de forma permanente! Tal é o poder da mudança de foco. Saber focar a atenção e a energia no verdadeiro problema pode transformar seu casamento, pois tudo, inclusive nosso comportamento, depende de como olhamos, para onde olhamos, e como interpretamos o que olhamos.

Stephen Covey menciona um acontecimento em sua vida que lhe ensinou a importância disso.

Ele conta que um dia estava no metrô, sentado, e calmamente lia o jornal. O vagão não estava cheio, tudo estava calmo, e havia alguns assentos vazios. Na parada em uma das estações, entrou um pai com dois filhos muito travessos e se sentou ao lado dele. Os garotos não paravam. Pulavam, corriam para lá e para cá, falavam alto, e imediatamente tiraram a paz de todos no vagão. O pai, sentado e com os olhos fechados, parecia não ligar para o que estava acontecendo. Covey então não resistiu à indiferença do pai e, irritado, virou-se para ele e perguntou por que ele não fazia alguma coisa para controlar os filhos. O pai, parecendo notar a situação pela primeira vez, respondeu: "É verdade, desculpe-me. Saímos agora do hospital onde a mãe deles acabou de falecer. Eu não sei o que fazer e parece que eles também não..." Covey se desculpou e passou a consolar o homem. Imediatamente, toda a sua irritação contra o pai e as crianças desapareceu e deu lugar à empatia.

Mas o que transformou o comportamento do antes irritado Covey? Foi a maneira que ele passou a olhar a situação. Antes da informação dada pelo pai, Covey apenas olhava a cena pelas lentes de seus valores e princípios. "Como pode um pai permitir que os filhos sejam tão mal-educados? Se fossem *meus* filhos..." Mas depois da informação, sua maneira de ver mudou tudo. Note que não houve alteração nas pessoas: as crianças não pararam de se comportar mal, nem o pai fez nada para controlá-las. Apenas a ótica da situação mudou e, com ela, o comportamento de Covey.

Assim também é no casamento. Julgamos o outro, exigimos que ele mude, pois o vemos pelas lentes de nossas próprias experiências, valores e conceitos. Mas todo esse conflito acontece porque não entendemos nem atentamos para o que realmente está por trás de cada situação. Por isso, uma das primeiras atitudes que você deve tomar para transformar a realidade do seu casamento é mudar a sua ótica — para onde você olha, como olha, e como interpreta o que vê. O desafio é saber para onde olhar, pois nem sempre a raiz é tão fácil de identificar assim. Deixe-me ajudá-lo, usando outra analogia.

UMA SÓ CARNE, DOIS CONJUNTOS DE PROBLEMAS

Quando duas pessoas se casam, ambos trazem para o relacionamento os seus problemas e questões pessoais. O que você não vê no convite de casamento perolado são coisas como:

"João – viciado em pornografia, sofreu muito com *bullying* quando criança, extremamente inseguro – vai se casar com Maria – que foi abusada na infância, uma bomba-relógio ambulante, disposta a qualquer coisa para sair da casa dos pais."

O histórico dos noivos não vem escrito no convite de casamento — aliás, em lugar nenhum. Mas ninguém casa sem trazer a sua bagagem para dentro do relacionamento. Por exemplo, no caso deste casal, João e Maria, dá para ter uma ideia do provável futuro da união?

No dia do casamento você só conhece de 10% a 20% da pessoa com quem está se casando — na melhor das hipóteses — e a maior parte do que você conhece é apenas o lado bom. Isso porque a maioria de nós sabe esconder muito bem os próprios defeitos quando está namorando. Digo "esconder" não porque queremos intencionalmente enganar a outra pessoa, mas por ser um processo natural da conquista. Faz parte do cortejo colocar toda a força em dar uma boa impressão de si mesmo ao outro. Você sempre coloca a melhor roupa, mede as palavras, se afasta para soltar gases, sai para jantar em um bom restaurante... De fato, a cena típica do restaurante ilustra bem esse ponto.

Ele escolhe o restaurante que você gosta, vocês sentam à mesa e pedem a comida. Entre olhares de admiração um pelo outro, sobram elogios para o cabelo e a roupa, e os dois aproveitam aquele momento ao máximo. No final, ele paga a conta sem reclamar, é claro, e vocês saem felizes.

Depois de casado, a cena muda um pouquinho. O jantar já é na mesa da cozinha, sem muitos enfeites. Ele comenta algo sobre o arroz não estar do jeito que ele gosta. E você, pela primeira vez, percebe que ele faz um barulho irritante com a boca enquanto mastiga... sem contar outros barulhos acompanhados de odores não tão agradáveis. Ao terminar, você nota que ele nem ao menos leva o prato à pia, que dirá lavá-lo... É aí que você se pergunta: "Como é que eu fui casar com esta coisa?"

Bem-vindos ao casamento! Agora é que vocês começam a se conhecer de verdade. E com o conhecimento desse "novo lado" do casal, vêm os problemas.

Por essa razão, insisto aos que ainda estão noivos que sejam bem transparentes e abertos com respeito a personalidades e passados durante o namoro, a fim de diminuir as surpresas lá na frente. Não fiquem encantados com a outra pessoa como se ela só tivesse o lado bom. Namoro é um período para descobrir tudo sobre a pessoa com quem você irá se casar. Coisas como o passado do pretendente, a família, a criação que teve, o relacionamento que tinha com os pais etc.

Casamento não é o lugar nem o tempo para surpresas sobre a outra pessoa. Não é depois de seis meses de casado que a esposa quer descobrir, pela ex-namorada do marido, que ele tem um filho. Não é na lua de mel que a mulher deve explicar ao marido que, devido a um abuso que sofreu na infância, tem dificuldade de se entregar a ele sexualmente. Quanto mais vocês souberem a respeito um do outro, menos chance haverá de surpresas desagradáveis.

Uma vez aconselhamos um rapaz que nos procurou determinado a deixar a esposa apenas semanas depois de casado. A razão que ele deu foi que descobriu na lua de mel que ela não era virgem, como o havia induzido a crer. Ele se sentia traído por ela ter omitido esse fato e também tinha dificuldade de superar a dor emocional de pensar que ela havia tido relações sexuais com outros homens. O que para muitos pode parecer uma besteira, para ele foi razão suficiente para considerar a separação. Foi com muito custo que conseguimos convencê-lo a perdoá-la e vencer as emoções negativas. Eles permaneceram casados, mas seus primeiros anos de casamento foram marcados por sérios problemas.

Não é que o passado negativo de alguém seja motivo para você não se casar com ele ou ela. Quem não tem esqueletos no armário, que atire a primeira pedra... Mas é imprescindível que você esteja ciente de como o passado de vocês pode afetar o presente e o futuro.

Considere, por exemplo, o quanto um marido cuja esposa sofreu abuso sexual quando criança terá de ser paciente e compreensivo com ela. Para saber como, e se poderá lidar com isso, ele tem de estar ciente de todo o quadro.

Quando duas pessoas se casam, os passados de ambas também se juntam. E são eles, esses passados, que determinam o comportamento de cada um dentro do relacionamento. Por esse motivo, você não pode olhar somente para a pessoa com quem você está hoje, ainda que vocês já sejam casados há anos. Você tem que saber quem é essa pessoa desde a sua raiz, de onde ela veio, quem ela é, quais as circunstâncias e pessoas que a influenciaram e a fizeram ser a pessoa que é hoje — e tudo o que contribuiu para isso. Somente assim você poderá entender bem a situação e agir com eficácia.

CAPÍTULO 3

A MOCHILA NAS COSTAS

Imagine isto: noivo e a noiva estão no altar da igreja, vestidos a rigor diante dos convidados. O oficiante conduz a cerimônia. Nas costas de cada um dos noivos, por cima do vestido branco dela e do terno alugado dele, uma grande e pesada mochila. Dentro da mochila de cada um está todo o seu passado, a bagagem que estão levando para dentro do casamento, cujo conteúdo ambos começarão a descobrir muito em breve: a criação e os ensinamentos que absorveram dos pais, as experiências antigas, os traumas, o medo de rejeição, as inseguranças, as expectativas... Por isso, quem ainda está se preparando para se casar deve agir como segurança de aeroporto: "Abre a mala aí, quero ver o que tem dentro!"

Já vi muitos casais dizerem: "O seu passado não me interessa, só quero saber de nós daqui para a frente." Soa muito romântico, com certeza, mas essa atitude não vai impedir que vocês tragam o passado para dentro do relacionamento presente. O seu passado faz parte de você, é impossível se livrar dele. Mas é possível, sim, aprender a lidar com ele, seja o que for. No entanto, se não sabem o passado um do outro, saberão como agir quando ele se manifestar lá na frente no casamento?

Deixe-nos dar um exemplo pessoal de como essa bagagem afeta o casal já logo de início.

5.6 SEGUNDOS DE LIBERDADE

Quando Cristiane e eu nos casamos, começamos a ter problemas devido à falta de atenção que ela sofria de minha parte e as consequentes cobranças que me fazia. Seis dias por semana eu ia cedo para o trabalho e retornava tarde da noite, cansado, e ainda trazendo trabalho extra para terminar em casa. No sábado, nosso suposto dia de descanso, eu voluntariamente voltava ao serviço pelo menos meio período pela manhã. Por ser muito jovem, querendo me afirmar no trabalho, entendia que precisava me dedicar.

Continuei trabalhando como quando era solteiro, mas não estava consciente de que agora tinha uma esposa. Eu não tinha equilíbrio algum com respeito a trabalho e família. Cristiane ficava em casa a maior parte do tempo, e quando eu chegava à noite, ela vinha com aquela perguntinha: "Como foi o seu dia?" A última coisa que eu queria falar àquelas horas era sobre o meu dia, pois estava exausto. Então eu respondia com duas palavras: "Foi bom". Ela, insatisfeita, insistia: "Aconteceu alguma coisa?" E eu lhe dava mais três palavras: "Não, tudo normal." Obviamente (não tão óbvio para mim então), ela se sentia excluída da minha vida. Some-se a isso o fato de que eu só queria saber de comer, terminar algum trabalho que tinha trazido para casa e depois cair na cama, morto de sono. Eis aí uma receita perfeita para uma esposa infeliz.

Mas isso era só durante a semana. No sábado, era um pouco pior. Minha querida esposa pensava: "Bom, pelo menos no sábado vamos sair." Coitada. Como o principal dia da semana no meu trabalho era o domingo, a minha preocupação no sábado era planejar e aprontar tudo para o dia seguinte. Nas poucas horas que me sobravam na tarde e na noite de sábado, eu queria apenas descansar; já ela, queria ir ao cinema, passear. E como até deixava passar a minha falta de atenção durante a semana, no sábado ela estava mais determinada: "Aonde a gente vai hoje?" "Vamos ver um filme?" "Vamos almoçar fora?" "Vamos chamar uns amigos para sair?" E eu, com "aquela" cara, dizia: "Você está louca? Não entende que este é o único momento que tenho para ficar em casa e descansar?" Eu a achava extremamente chata, uma pessoa que não me entendia. Minha defesa era: "Você sabia da minha carga horária antes de casar, sempre foi assim, você é que está criando caso agora." Realmente, meus dias e horários de trabalho não haviam mudado. Só que eu me esquecia de que, quando namorávamos, arranjava tempo no sábado à tarde para sair com ela. Quem havia mudado, na verdade, era eu.

Cristiane:
Fui filha de pastor. Durante toda a vida estava ou dentro de casa ou da igreja. Quando me casei, aos dezessete anos, foi como se minha mão direita estivesse algemada à esquerda do meu pai, e ali no altar ele abriu a algema do pulso dele, colocou-a no do Renato, a fechou novamente e passou a chave para ele. Foram 5.6 segundos de liberdade, cronometrados... É claro, no momento não parecia assim. Eu pensava que quando me casasse, tudo mudaria em minha vida — até porque quando namorávamos saíamos para passear, o Renato me ligava sempre, tirava um dia da semana só para mim. Ele era super romântico, vivia me escrevendo cartinhas de amor, e eu me sentia a rainha da cocada...

Porém, minhas expectativas foram por água abaixo. Primeiro, assim que nos casamos, o Renato foi transferido para Nova York; lá eu fiquei longe da minha família e de todas as minhas amigas. Fomos morar a uma hora de distância do trabalho dele, o que tirava ainda mais do pouco tempo que passávamos juntos.

A exemplo de minha mãe, queria ser uma boa esposa para o meu marido, fazê-lo muito feliz. Eu me dedicava muito ao lar, cuidava das roupas dele praticamente o dia inteiro, cozinhava diariamente algo novo e sempre fazia questão de estar bem arrumadinha para ele quando chegava à noite. Mas tudo isso era difícil, pois eu era muito jovem e tinha acabado de sair da escola. A comida não saía bem, passava as camisas de linho dele umas três vezes e, mesmo assim, não ficavam bem passadas, os produtos de limpeza queimavam minha pele... enfim, pensava: "O Renato vai chegar mais tarde e apreciar todo o meu sacrifício" – que nada! Ele não notava.

Renato foi meu primeiro namorado e era tudo o que sempre sonhei, mas fiz do meu casamento um problema. Comecei a me entristecer, reclamar, chorar e cobrar muito. E ele sempre dizia o mesmo, que ele era assim e eu deveria aprender a conviver com o seu jeito, teria de me adaptar àquela vida. Eu só saía para ir à igreja na quarta-feira e na sexta-feira à noite. Eram os dias mais interessantes da semana! Não é de admirar que todas as outras noites, quando ele chegava em casa, eu o esperasse ansiosamente — era o único amigo que eu tinha para conversar! Mas ele não percebia minha necessidade e ficava quieto, cheguei ao ponto de achar que meu marido não me amava mais.

Por inexperiência, por eu ser muito jovem e nunca ter tido outro relacionamento antes, tudo era motivo de desconfiança. Às vezes chegava à igreja, via o Renato aconselhando a uma mulher (parte do trabalho dele) e sentia ciúme. "Como pode ele dar tanta atenção a pessoas que ele nem conhece e para mim, que sou sua esposa e faço tudo por ele, não está nem aí?" Fazia esse tipo de comentário para ele e pronto — meu marido se fechava ainda mais. Ele me dava o famoso "tratamento de silêncio", que às vezes durava três dias! Ele conversava normalmente com todo mundo, sorria, mas comigo... Era como se eu não existisse. Aquilo, obviamente, não me ajudava a lidar com todas as inseguranças que havia trazido para dentro do casamento, pelo contrário, só ampliava ainda mais nosso problema.

A minha criação foi bem diferente da criação que ele teve. Na minha família, falávamos abertamente tudo o que sentíamos, em qualquer situação. Eu, então, fazia o mesmo em casa com o Renato, mas em vez de ele se chatear comigo, me dar um fora e depois voltar ao normal, ele simplesmente não dizia nada, me lançava aquele olhar de desprezo e deixava de falar comigo por dias. Essa diferença na forma de lidar com nossas questões piorava ainda mais os conflitos, pois além dos problemas do trabalho — em função das responsabilidades —, quando chegava em casa ele enfrentava outros. Por tudo ser muito novo para mim e eu não ter ninguém para conversar, queria nele um amigo, mas só conseguia um marido frustrado, que me achava uma chata.

Quando eu mudei e parei de cobrar a atenção dele, vi o resultado. Ele passou a fazer o que eu gosto e o que me agrada sem que eu pedisse. Hoje conversamos bastante, somos melhores amigos e nos realizamos muito na presença do outro. Mas apenas conseguimos fazer isso quando aprendemos a lidar com a bagagem um do outro.

Eu percebia o ciúme dela e ficava irritado, mas não conseguia enxergar a raiz desse sentimento. Não tinha ideia do que ela trazia na bagagem. Daí, quando ela me cobrava, pressionava, ou acusava de algo, eu me fechava. Foi nesse momento que ela começou a conhecer um pouquinho da minha bagagem, também.

Cresci vendo meu pai lidar com os problemas entre ele e minha mãe se fechando com ela. Toda minha infância foi assim. Se minha mãe fizesse algo que o desagradasse, meu pai a "punia" lhe dando um gelo. Dois, três, cinco dias. O mais longo, acredite se quiser, foi de oito meses! Se dar gelo fosse competição, meu pai seria o campeão e recordista isolado...

Eu odiava aquilo. Via ambos calados um com o outro, minha mãe tentando fazer as pazes, procurando agradá-lo, e ele preso ao que havia acontecido — o que quase sempre era uma bobagem. Aquilo criava um ambiente horrível também para nós, os quatro filhos. Pensava comigo mesmo que jamais seria assim quando me casasse.

Porém, quando me casei, fazia exatamente o mesmo com a Cristiane. A experiência é melhor professora do que a teoria, afinal. Eu sabia que o que estava fazendo era errado, mas na prática só sabia fazer aquilo a que eu havia assistido em toda a minha infância e juventude. Era o peso da minha mochila.

EXCESSO DE BAGAGEM

A verdade é que nós fazemos somente o que aprendemos. Eu não tinha uma referência melhor do que aquela. Você acaba repetindo os erros dos seus pais, pois o comportamento deles (não as palavras) foi a sua escola. Não gostava de ser assim, mas era como se eu já estivesse programado para agir como o meu pai. Mesmo a Cristiane me pedindo desculpas, eu não mudava meu comportamento.

No relacionamento nós temos que desaprender coisas ruins para então aprender coisas boas. Temos que identificar os maus hábitos, aquilo que não funciona, e eliminá-los do nosso comportamento, desenvolvendo novos e melhores hábitos. Reconhecer isso é muito doloroso, mas imprescindível para a mudança.

Como você pode ver, logo no início do nosso casamento, Cristiane e eu tivemos muitos problemas decorrentes das bagagens que trouxemos conosco. Eu não era uma má pessoa, tampouco ela, mas a mistura das nossas bagagens não resultou em algo positivo. Assim acontece em todos os relacionamentos. Todo ser humano traz em si sua bagagem, seu conjunto de princípios, valores, experiências, cultura, visão de mundo, opiniões, hábitos, passado, traumas, influências da família/escola/amigos, sonhos, e muito mais.

Quando duas pessoas se juntam pelo casamento, a maior parte de seus problemas provém de coisas em suas bagagens que conflitam entre si. Portanto, conhecer a outra pessoa profundamente e descobrir as suas raízes é fundamental para compreender o porquê deste ou daquele comportamento. E mais: conhecer e entender a si mesmo é igualmente essencial, pois isso lhe ajudará a desenvolver maneiras de lidar com suas próprias raízes e assim resolver as diferenças e conflitos.

Foi isso que aconteceu comigo e com a Cristiane. Anos mais tarde, passei a me dar conta de nossas bagagens e a entender por que nos comportávamos daquela maneira. Cristiane tinha a bagagem das altas expectativas da família perfeita de onde veio; a imagem do pai exemplar; a insegurança de nunca ter tido um namorado (enquanto eu vinha de um noivado rompido, antes de nos conhecermos); a infância e a adolescência com praticamente zero de lazer e vida social. Tudo isso explicava por que a Cristiane esperava tanto de mim, tinha ciúmes de mulheres por quem eu nunca me interessei, exigia tanto a minha atenção e valorizava muito o fato de passear.

OS OPOSTOS SE ATRACAM

O interessante é que as bagagens dela entravam em choque frontal com as minhas. É bem típico dos casais: os opostos se atraem, mas depois que casam, se atracam... enlouquecem um ao outro.

Minha família era consideravelmente diferente da dela. Em casa éramos três irmãos e uma irmã. Não tratávamos a pobrezinha assim, como posso dizer... com tanta delicadeza. Éramos brutos. Minha mãe, sempre servindo a meu pai e a nós, raramente exigia algo para si mesma. Vivia para ele e para os filhos. E meu pai... bem, esse já lhe falei como era. O conjunto disso como pano de fundo me fazia achar a Cristiane um tanto chata, exigente demais, pegajosa, que reclamava de barriga cheia — um chiclete no meu cabelo. A imagem de uma mulher forte, gravada em minha mente pelo que conhecia de minha mãe, uma mulher que aguentava tudo, não ajudava minha percepção de minha esposa. Daí, a minha maneira fria e dura de tratar a Cristiane.

Outro pedacinho de minha bagagem: cresci no meio de mulheres. Tinha irmã, muitas primas, muitas tias, amigas na vizinhança, amigas na escola, amigas na igreja e namoradas aqui e ali. Eu não via nenhuma diferença entre ter amigos e ter amigas. Depois de casado, isso não ajudou a raiz de insegurança na Cristiane. Tampouco a minha maneira fria de ser com ela. Daí o ciúme.

E lá em casa, sempre fomos uma família de muito trabalho. Meu pai se levantava às cinco da manhã até no domingo. Ele iniciou a mim e a meu irmão mais velho no trabalho aos doze anos de idade. Trabalhar duro sempre esteve em nosso sangue. Quando comecei a trabalhar na igreja antes de me casar, esse conceito aumentou, pois agora não era mais por dinheiro, e sim para ajudar outras pessoas. Somado ao fato de que me casei com uma filha de pastor, eu pensava que ela compreenderia muito bem a minha entrega ao trabalho. Porém, na verdade, estava deixando a Cristiane louca da vida comigo. Ela não me entendia, nem eu a ela. E vivemos por anos tentando mudar um ao outro, em vão.

Quando e como, finalmente, superamos as diferenças? Somente quando compreendemos o que estava por trás do nosso comportamento e fizemos ajustes para lidar com a raiz de cada conflito.

Entendi que o problema que Cristiane tinha de suspeitas e ciúmes era minha responsabilidade também. Eu não podia fazê-la mudar, mas podia reduzir as razões que eu dava para alimentar a sua insegurança. Vi que podia ajudá-la a ter mais confiança nela mesma e em mim. Deixei de debater e culpá-la pelo ciúme, comecei a me afastar de amizades com mulheres e a me limitar apenas ao contato necessário. Fiz questão de colocar uma distância e de buscar toda oportunidade para fazê-la ter a certeza de que era a única mulher na minha vida. Meu alvo passou a ser: passar segurança para minha esposa.

ATENÇÃO DO SEXO OPOSTO

Diga-se de passagem, muitos casais têm dificuldade de tomar essa decisão. Não querem se afastar de amizades que têm influência negativa no casamento. Como regra geral, aprendi que não é aconselhável que o homem casado tenha amigas muito íntimas, nem que a mulher tenha tais amigos. Manter amizades do sexo oposto muito próximas é brincar com o perigo. Normalmente resistimos à ideia de que haja algo de errado com isso, porque no fundo gostamos da atenção. Pensamos também que se não temos uma intenção ruim, de trair ou nos envolver com a outra pessoa, não tem problema. Confiamos demais em nós mesmos. Esquecemos que não controlamos nossos sentimentos nem os da outra pessoa. Por isso, entenda: nenhuma amizade é tão valiosa quanto o seu casamento. Em vez de manter amizades íntimas do sexo oposto, aprenda a fazer do seu parceiro seu melhor amigo.

Cristiane:

Eu já havia aprendido essa lição na escola, por experiência própria. Houve uma época em que me cansei de amizades com meninas que viviam fofocando e comecei a andar com amigos em vez de amigas na escola. Era muito bom porque eles me respeitavam e não ficavam falando da vida dos outros. Só que alguns deles começaram a me ver com outros olhos, sem que eu percebesse. Quando descobri que estavam apaixonados por mim, tive que me distanciar de todos, e disse a mim mesma que nunca mais faria amizade com meninos...

Quando me casei e vi o Renato tendo amizade com mulheres, enlouqueci! Comecei a ter medo de ele desenvolver sentimentos por elas assim como os meus amigos da escola desenvolveram por mim. A princípio, vivia reclamando, condenando, enfim, usava todas as armas para combater aquelas amizades. Não foi fácil vencer minhas inseguranças nesse sentido, mas consegui. O que me ajudou nesse desafio foi colocar meu foco no que eu estava fazendo de errado em vez de focar no que ele estava fazendo.

Às vezes a mulher pode até estar certa, mas a forma de resolver o problema no casamento a torna errada e dificulta tudo no relacionamento. Quando comecei a mudar minhas atitudes, focando mais em mim, virei uma esposa bem mais agradável, e o Renato já não desligava mais o meu canal.

O bacana é que quando investimos em nós mesmos, passamos a enxergar as coisas que fazemos e que não estão certas. Eu, por exemplo, descobri que também tinha um chamado, e esse chamado não era o de ficar atrás do meu marido, auxiliando-o de longe, e sim ao lado dele. Comecei a vencer minhas fraquezas, principalmente a timidez. Minha vida já não girava mais ao redor da dele, e sim com a dele, e ao redor de um só objetivo: trabalhar para Deus.

Às vezes a mulher não percebe que quando ela se torna inconveniente, o homem se afasta. O marido dificilmente aceitará ser afrontado. Quando a Cristiane mudou esse comportamento, se tornou mais desejável para mim. De repente, comecei a me interessar mais por ela, chegar mais perto, chamá-la para sair.

Foi aí que me senti motivado a equilibrar o tempo entre o trabalho e o casamento. Passei a dar mais atenção à minha esposa, pois entendi que ela precisava disso. Enfim, quando nós dois entendemos as raízes dos nossos comportamentos e fizemos o necessário para lidar com elas, acabaram-se os problemas.

CASAMENTO FELIZ DÁ TRABALHO

Nós, homens viciados no trabalho, temos que entender que o casamento também é um tipo de trabalho, uma empresa. Se você não trabalhar no seu casamento, inevitavelmente ele irá à falência.

Casamentos felizes dão trabalho e não acontecem por acaso. Quando você vê um casal que está junto por muitos anos e vivendo bem, saiba que aquele casamento não é fruto da sorte. Não é porque "foram feitos um para o outro" nem porque "combinam bem". Se olharmos mais de perto, vamos verificar que aquele casal trabalha constantemente na manutenção do casamento. Depois de 21 anos de casados, Cristiane e eu continuamos trabalhando, agindo em nosso relacionamento. Um descuido, um pouco de preguiça de fazer algo ou um desleixo sobre algo importante já é o suficiente para probleminhas surgirem. Por isso, nunca negligenciamos este trabalho.

Infelizmente, muitos casais se dão por conquistados no dia do casamento. Agem como se o esforço de conquistar a outra pessoa tivesse acabado quando partiram para a lua de mel. Pronto, casamos! Fato consumado.

Nós, homens, principalmente, costumamos fazer isso. Para nós, o período que começa com a primeira conversa e vai até a lua de mel é o mais interessante para nossa natureza competitiva. É emocionante saber que ela aceitou sair conosco, ver que ela está gamada e que pensa que somos o máximo... Tudo isso é como se fosse um jogo para nós (mulheres, estamos sendo honestos... é a nossa natureza. Você vai entender mais sobre isso mais tarde neste livro). Daí, o dia do casamento é como a entrega do troféu.

Quando o campeão recebe o troféu, ele o põe lá em uma estante e aquilo ali vira passado. É assim que muitos de nós, homens, fazemos com nossas esposas depois do casamento. Achamos que o jogo acabou, aquele trabalho todo da conquista já está terminado. Temos até o papel para provar – a certidão de casamento!

Colegas, aqui vai um aviso: o jogo apenas começou! Se pararmos de trabalhar para manter o casamento, perderemos o jogo...

TAREFA

Quais os principais itens na sua bagagem e na de seu parceiro que afetam ou poderão afetar o seu relacionamento no futuro? Tire alguns minutos para pensar nos principais acontecimentos que marcaram suas vidas, o que lhes formou o caráter e engendrou os princípios e valores que regem o comportamento de vocês. Esta tarefa requer uma viagem ao passado, meditação cuidadosa, e provavelmente uma conversa com seu parceiro para descobrir as respostas dele(a). Escreva o que conseguir identificar, mas fique à vontade de voltar e acrescentar mais coisas nesta lista, ao passo que as descobre.

/CasamentoBlindado

Poste isto:
Já comecei a checar a nossa bagagem.

@CasamentoBlind

Tuíte isto:
Já comecei a checar a nossa bagagem.
#casamentoblindado
@CasamentoBlind

CAPÍTULO 4

A ARTE DE RESOLVER PROBLEMAS

Nossas bagagens, diferenças de personalidade, gostos, expectativas etc., preparam o palco para os problemas aparecerem no relacionamento. Quando eles aparecem e você não sabe como lidar com as diferenças, ficam mal resolvidos e o casamento se deteriora. Se nada mudar, dentro de poucos anos o divórcio acontece. A propósito, o que é o divórcio senão uma maneira de fugir dos problemas conjugais que o casal nunca conseguiu resolver?

Casais que se amam acabam se separando, ou vivendo juntos como dois estranhos dentro de casa, porque não conseguem resolver os conflitos no relacionamento. Na verdade, o que insistem em tentar fazer é mudar a outra pessoa. Pensam: "Se eu conseguir fazer com que meu marido/esposa seja como eu, então os problemas estarão resolvidos." E aí criticam, acusam, apontam os erros um do outro, enquanto se defendem e justificam suas atitudes. Ficam dando voltas sem chegar a lugar algum. Quando um finalmente cansa dessa insanidade, decide separar.

Viver feliz no casamento é uma arte — a arte de resolver problemas. Existem pelo menos sete bilhões de problemas no mundo hoje – cada ser humano tem pelo menos um, provavelmente muito mais. Ainda assim, todos nós estamos aqui, sobrevivendo apesar deles. Alguns nós conseguimos resolver, já com outros aprendemos a conviver até que encontremos a solução. Problemas fazem parte da vida. Quem é mais hábil em resolver problemas tem mais sucesso; quem é menos fracassa mais. No casamento não é diferente. Se você quer blindar seu casamento, deve começar com a decisão de se tornar um *expert* em resolver problemas.

Note: resolver *problemas*, não resolver *pessoas*. O seu foco tem que ser resolver o conflito entre vocês, mudar a situação, e não lutar contra a outra pessoa. É um erro achar que pode resolver a outra pessoa, mudá-la a seu gosto. Você não somente não o conseguirá, mas acabará achando que o problema é a outra pessoa e que, portanto, você deve se separar dela e encontrar outra. Quer dizer, você não aprendeu a resolver problemas no primeiro casamento, parte para o segundo sem essa habilidade, encontra os mesmos e ainda outros problemas, e continua fracassando no casamento. É de surpreender que o índice de divórcio para quem casa pela segunda, terceira vez ou mais só vai aumentando?

Nosso método é mais eficaz: ajudá-lo a enxergar o verdadeiro problema, encontrar a raiz, eliminá-lo e evitar que volte.

Uma das coisas que nos intrigou foi descobrir que o índice de divórcios não varia muito entre pessoas de orientação cristã e pessoas não religiosas. A crença em Deus, o autor do casamento, parece não ser suficiente para evitar que uma pessoa se divorcie. Isso é no mínimo curioso, pois se há um grupo que deveria ser mais hábil em manter o casamento, esse grupo é o das pessoas que creem em Deus. Mas por que isso não acontece? Porque a maioria dessas pessoas não consegue ou não sabe como aplicar seus conhecimentos teóricos sobre amor no dia a dia de seus relacionamentos. Uma coisa é eu saber que Deus é amor. Outra coisa é saber o que fazer quando a pessoa que eu amo mente para mim, por exemplo. O cristianismo de uma pessoa começa a ser realmente provado quando ela entra no casamento.

ESPELHO, ESPELHO MEU

O casamento nos serve como um espelho. Quando se arrumou hoje de manhã, você olhou no espelho no mínimo umas cinco vezes (se você é mulher, umas vinte...) Por que olhamos no espelho sempre que temos a oportunidade? Porque nossos olhos não conseguem nos dar uma visão clara de como parecemos para quem nos olha. Se não existissem espelhos nem câmeras de foto ou vídeo, nunca saberíamos como é o nosso rosto, nem algumas partes do nosso corpo, especialmente atrás (apesar de alguns não acharem isso uma má ideia). Mas graças ao espelho podemos ver uma reflexão fiel de como somos, inclusive nas partes ocultas aos olhos.

Assim é no casamento. Nosso cônjuge se torna um espelho para nós porque reflete exatamente o que somos — tanto nosso lado bom quanto o ruim. Quando olha no espelho, você vê na imagem do seu corpo coisas que gosta e coisas que não gosta. Quando põe uma roupa legal, fica se admirando e dizendo para si mesmo: "Eu fico bem nessa roupa, olha só! Esse sapato caiu direitinho com esse cinto..." Mas também há certas partes que você não gosta de olhar. Se acha seu nariz torto ou grande demais, seus dentes muito abertos ou seu quadril muito grande, você se sente até mal de olhar. Eu conheço alguém que quando vai tirar foto faz questão de posicionar a cabeça em um ângulo de 45 graus relativo à câmera para pegar seu rosto de lado, porque ela acha que tem a cabeça muito grande... Quer dizer, cada um lida com o que espelho mostra da maneira que pode! Mas uma coisa é certa: não adianta xingar nem brigar com o espelho. A culpa não é dele. Ele só está mostrando a realidade.

Quando se coloca diante do espelho do casamento, você começa a descobrir falhas suas que desconhecia. Quando me casei, o meu temperamento forte se manifestou. Não tinha notado esse problema antes, pois quando solteiro nunca tive que viver tão perto de alguém, na situação de marido. Quando namorávamos, estávamos próximos, mas não tão perto quanto no casamento. Quanto mais perto do espelho, mais clara e nítida fica a nossa imagem. É isso o que acontece com todos os casais.

O problema é que até o casamento costumamos ouvir da outra pessoa o quão maravilhosos somos. "Você é tão linda." "Gosto muito da sua honestidade." "Você me faz me sentir tão bem que me esqueço de todos os meus problemas." Só elogios. Daí, pensamos: "Essa pessoa vai me fazer muito feliz. Vou me casar com ela." Quer dizer, esperamos que no casamento só ouçamos coisas boas a nosso respeito. Mas o espelho não mente. Depois de casado, chegamos bem perto do nosso espelho, e a outra pessoa começa a nos mostrar nossos defeitos... Em vez de aproveitar aquilo e mudar, projetamos nossos defeitos sobre a outra pessoa e apontamos onde *ela* precisa mudar: "Ele é tão irritante!" "Ela é muito mimada, chora à toa." "Eu não quero ser assim, mas você me provoca." Quer dizer, culpamos o espelho.

É natural se tornar defensivo quando nossas falhas são apontadas. Ninguém gosta. Mas não é uma atitude inteligente. Se você decidisse não olhar mais no espelho porque ele lhe mostra algo desagradável, não estaria melhorando em nada. Em vez de defender sua maneira de ser — o seu jeito — diante de seu cônjuge, use esse feedback positivamente. Aproveite essa informação para melhorar.

Enquanto me irritava com o que a Cristiane apontava de negativo a meu respeito, não melhorei como marido, nem como pessoa. Mas quando usei a cabeça e entendi que minha esposa era o meu desafio pessoal para melhorar, então comecei a usá-la como espelho para lidar com meus defeitos. Você também pode fazer isso.

Entenda uma coisa, desde o início: *você não vai conseguir mudar a outra pessoa.*

Ninguém muda ninguém. As pessoas só mudam quando elas mesmas decidem mudar. Por isso mesmo, quando alguém nos força a mudar, nossa reação natural é resistir. É uma maneira de proteger nossa identidade, nosso direito de ser como queremos ser, ainda que não agrade a alguém. Eu sei, parece loucura, mas o ser humano é assim.

"Então não há esperança para mim?", você pergunta. "Meu marido nunca vai mudar?" "Minha esposa sempre será assim?"

Veja bem, não estou dizendo que ele ou ela nunca irá mudar. Estou dizendo que não será você quem o fará mudar. Mas há uma boa notícia: você poderá influenciar e inspirar essa pessoa à mudança. É para aprender como fazer isso que você está lendo este livro.

Tudo começa com você focando em si mesmo em vez de apontar os erros do companheiro. Lembre-se: se você resolver apenas as suas questões pessoais, metade dos problemas conjugais será resolvida antes mesmo de seu companheiro mudar um pouco que seja.

Quando você mudar e parar de exigir que o outro mude, dará o primeiro passo para inspirar a mudança na outra pessoa sem precisar cobrar nada dela. Quero enfatizar: pare de exigir que seu parceiro mude. Em vez disso, olhe para dentro de si, reconhecendo seus próprios erros. Abra a sua bagagem e tire de dentro o que está pesando muito. Não se preocupe com a bagagem dele por agora, seu foco será entender a si mesmo primeiro para depois entender a outra pessoa.

Talvez você tenha começado a ler este livro pensando em descobrir técnicas para mudar seu marido ou sua esposa. Na verdade, você aprenderá como mudar a si mesmo. Se embarcar na missão de se tornar uma pessoa melhor, então o seu casamento melhorará, incluindo seu cônjuge. Mas se sua missão é mudá-lo, pode parar por aqui. Nós não podemos lhe ajudar. Ninguém poderá.

CESSAR FOGO!

Se você está realmente empenhado em blindar o seu relacionamento, então siga os conselhos e tarefas que lhe recomendamos neste livro.

A próxima tarefa é declarar um "Cessar fogo!"

Quando dois países estão em guerra e buscam uma solução, o primeiro passo é declarar um cessar fogo para negociar um acordo de paz. Param os ataques, como um voto de confiança, um sinal de boa vontade.

Se você tem atacado seu parceiro de alguma forma, ainda que esporadicamente, deve imediatamente cessar esse tipo tratamento. Por exemplo, comentários irônicos, respostas sarcásticas, acusações, ataques verbais, mencionar erros do passado — e também as formas passivas de ataque, como dar gelo, omitir informações importantes, tratar com indiferença, ficar fora de casa e coisas do tipo.

Pense: como você poderá blindar o relacionamento contra ataques externos se insiste nos ataques internos? Não é sábio. Os ataques externos que vocês têm que combater já são o bastante, vocês não precisam ser inimigos um do outro. Os inimigos são os problemas que vocês enfrentam, e não vocês mesmos.

Portanto, se seu relacionamento agora está em pé de guerra, pare! Dê trégua a seu parceiro. A partir de agora, enquanto lê este livro, você vai tratar seu parceiro com respeito e civilidade. Isso lhe dará chance para respirar, se concentrar e aprender novos caminhos para a solução dos problemas conjugais.

Outra razão pela qual o cessar fogo é importante: para que você não venha sabotar seus esforços de blindar seu relacionamento. Pense: se enquanto você lê este livro continua atacando seu parceiro, os problemas só aumentarão. Chegará um ponto em que você olhará para esse livro na sua cabeceira e dirá a si mesmo algo do tipo: "Não está adiantando nada! Não vou mais ler essa droga de livro" – seguido de uma imaginação onde você se vê enfiando o livro na garganta do seu cônjuge... Nada legal.

Então, esta é sua próxima tarefa para blindar seu casamento: cessar fogo!

TAREFA

Escreva aqui (ou em outro lugar, se quiser poupar o livro) como você normalmente ataca seu parceiro. Pense em todas as formas, da maior à menor, e as inclua abaixo.

Prometo a mim mesmo que não mais tratarei meu parceiro dessa forma e me esforçarei a agir com respeito, domínio próprio e consideração.

/CasamentoBlindado

Poste isto:
Começo hoje o meu "cessar fogo"

@CasamentoBlind

Tuíte isto:
Começo hoje o meu "cesar fogo". #cesarfogo

PARTE II

EMOÇÃO *VS.* RAZÃO

CAPÍTULO 5

CASAMENTO COMO UMA EMPRESA

Viver feliz no casamento é uma arte — a arte de resolver problemas. Quem é mais hábil em resolver problemas tem mais sucesso no casamento. Quem é menos, fracassa mais. Se você quer blindar seu casamento, deve começar com a decisão de se tornar um *expert* em resolver problemas.

O que normalmente acontece com os problemas de relacionamento é que eles são contornados, ignorados ou adiados em vez de resolvidos. O ciclo costuma ser assim: o casal tem um desentendimento; debate sobre o assunto sem muito progresso; os ânimos se esquentam; um acaba ferindo o outro com palavras ou pela posição inflexível; os dois cansam de debater, pois não conseguem acordo; desistem pelo cansaço e frustração; passa o tempo até que o desentendimento volta novamente.

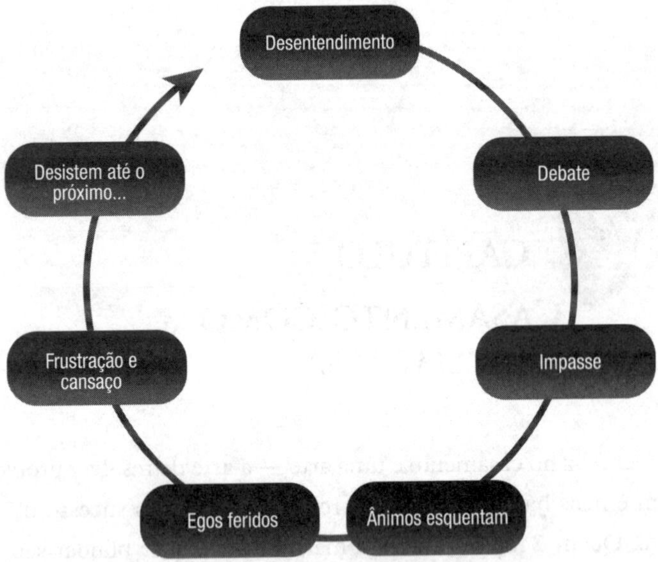

Os sete estágios do ciclo de problemas não resolvidos no casamento.

Nesse ciclo nada é resolvido. O problema é adiado, ou apenas temporariamente contornado, mas depois volta — e quase sempre pior. Muitos casais pensam que o tempo irá resolver os problemas. "Vamos dar tempo ao tempo" é uma expressão que muitos gostam de usar para justificar não lidar com o problema na hora. Mas problemas de casamento não são como vinho, não melhoram com o tempo. Quando se trata de fricções no relacionamento, um problema adiado é um problema piorado. Neste caso, o tempo é inimigo do casal.

Uma das principais razões por que as pessoas decidem não lidar com o problema no relacionamento é o fato de a experiência ser extremamente dolorosa. A falta de habilidade na comunicação, os ataques verbais e a irritação fazem o casal evitar o assunto em vez de resolvê-lo. Isso é especialmente verdadeiro no caso dos homens. Muitos homens correm de uma conversa mais séria com a mulher porque não conseguem dialogar no mesmo nível. As mulheres por sua vez se frustram porque parecem nunca conseguir fazer com que o homem as entenda.

Mas não precisa ser assim. Há uma maneira eficaz em que homens e mulheres podem resolver os problemas conjugais e evitar que se repitam sem ferir ninguém no processo. Eu chamo essa maneira de "tratar seu casamento como uma empresa".

OS OBJETIVOS DE UMA EMPRESA

Por que alguém começa uma empresa? Qual o seu objetivo? Pode haver muitos. Ganhar mais dinheiro é um dos óbvios. Ser seu próprio patrão e assim ter maior independência é outro. Muitos sentem a necessidade de realizar seu potencial e veem no criar uma empresa um meio para isso. Outros querem fazer a diferença no mundo em que vivem, ajudar ao próximo. Uma coisa é certa: toda empresa tem pelo menos um objetivo. Nenhum negócio existe por existir. Sempre há a busca de resultados. E aqueles resultados se tornam o foco de todos os envolvidos naquela empresa — especialmente dos donos. Se não há resultados, não há razão para a empresa existir.

O casamento também é uma empresa. Ninguém se casa sem objetivos nem sem buscar resultados. Quando os noivos pensam em casamento, estão na realidade pensando em objetivos, sonhos realizados, entre eles: formar uma família; ter filhos; fazer a outra pessoa feliz e ser feliz; estar sempre ao lado de quem ama e se sentir amado; conquistar juntos materialmente; ter alguém que lhe apoie na realização de seus sonhos; alcançar o prazer sexual; ter no parceiro um amigo verdadeiro etc.

Cristiane:

Quando me casei com o Renato, embora tivesse os mesmos objetivos que ele, tinha algumas expectativas que não batiam com as dele. Foi exatamente nessas diferenças que não estavam alinhadas que tivemos problemas. É muito importante o casal saber todas as expectativas que ambos têm para o casamento. Se tivéssemos sentado para conversar sobre isso antes de nos casar, com certeza saberíamos o que esperar depois um do outro.

Às vezes os casais até chegam a conversar sobre suas metas, mas com o passar do tempo, as expectativas sobrepujam os objetivos iniciais. Se um ajuste e a manutenção dos objetivos não são feitos, a frustração leva os dois a jogar um na cara do outro: "Mas você sempre disse isso ou aquilo, agora quer mudar?" Em vez de dançar conforme a música, o casal começa a dançar músicas diferentes, e aí a coisa fica complicada.

Recentemente, promovemos a Caminhada do Amor em todo o Brasil e no mundo através do nosso programa "The Love School." Foram cerca de dez mil pessoas que se reuniram em um só objetivo: conhecer o parceiro melhor através do diálogo. Essa ideia veio justamente por conta de uma experiência que tivemos há alguns anos, quando o Renato me convidou ao parque para dialogar.

Já tínhamos mais de quinze anos de casados e foi a primeira vez que conciliamos tudo que pensávamos e queríamos em uma conversa. Ele ficou sabendo dos meus sonhos, das minhas preocupações, das minhas dificuldades, do que eu queria e não queria, e vice-versa. Foram horas preciosas que fortaleceram, e muito, a nossa união. Depois dessa conversa, eu sabia exatamente o que ele esperava de mim. Sabia o que fazer para apoiá-lo e como fazer.

Às vezes você pensa que está ao lado do seu parceiro e, na verdade, está bem distante devido à ignorância que ambos têm do que realmente querem um do outro.

O casamento também tem objetivos e existe para produzir resultados, assim como uma empresa.

Por que é importante você entender esse paralelo?

São os objetivos de uma empresa que guiam tudo o que se faz dentro dela no dia a dia. As decisões que tomam, quem contratam, o treinamento dos funcionários, os produtos que criam, a publicidade que fazem — tudo é movido e guiado pelos objetivos e resultados que a empresa quer alcançar.

Quando trazemos esse pensamento para o casamento, verificamos que infelizmente a maioria dos casais não pensa assim. Eles são apanhados pelo corre-corre da vida, se perdem nos sentimentos, e logo perdem de vista os objetivos pelos quais se casaram. Quando os objetivos são esquecidos, então as decisões que tomam e tudo mais que fazem dentro da relação já não contribuem para a realização e o sucesso do casamento.

Quando um marido chega a se envolver com uma amante, por exemplo, é porque ele claramente perdeu de vista os objetivos do casamento. Mas isso não acontece apenas no momento da traição. Foi algo que começou com a primeira decisão de olhar com interesse para outra mulher. Aquele olhar já foi um desvio do caminho que buscava os objetivos do seu casamento. Quer dizer, ele perdeu o foco, abandonou os objetivos da empresa. A persistência dele nesse rumo inevitavelmente levará aquele casamento à falência.

Se um dos cônjuges entra no casamento com a ideia de que aquela união não durará até que a morte os separe, então esta pessoa acabará fazendo coisas que sabotarão o casamento, causando o seu fim. Se por outro lado a pessoa se vê ao lado da outra até a morte, então fará tudo para manter a relação. Quer dizer, o foco no objetivo dita o nosso comportamento.

No início do meu casamento, quando eu tinha algum desentendimento com a Cristiane, o meu alvo era principalmente ganhar a discussão. Queria provar para ela que ela estava errada, e eu certo. E como sou melhor argumentador que ela, quase sempre saía ganhando. Mas esse era um alvo míope. Eu ganhava a discussão, mas perdia a intimidade e a amizade da minha esposa. É o que muitos casais fazem: preferem ter razão a ser feliz.

Quando aprendi que o meu casamento é uma empresa, entendi que mesmo as minhas menores decisões e atitudes têm que estar ligadas aos nossos objetivos a longo prazo. Hoje, em nossos raros desentendimentos, sempre me pergunto: que resultado eu quero desta conversa? Daí, trago à mente o meu objetivo, e conduzo a conversa para alcançá-lo.

COMO AS EMPRESAS RESOLVEM PROBLEMAS

Você acha que Steve Jobs enfrentou problemas quando começou sua empresa, a Apple? É claro que sim. Desde a Apple até o carrinho de pipocas na esquina da avenida, toda empresa começa com sonhos e objetivos, mas logo encontra problemas. E não é só no começo, não. Por mais bem-sucedida que seja uma empresa, ela tem que enfrentar e resolver questões diariamente. A sobrevivência de qualquer negócio depende da solução dos seus problemas. Se não forem resolvidos, a empresa virá a falir. Na verdade, se você é funcionário, eis aqui a verdadeira razão de ter sido contratado: resolver problemas (e você crente que foi porque gostaram do seu currículo...).

Seja qual for o tamanho do quadro de funcionários — apenas dois, dois mil, ou vinte mil —, as empresas de sucesso conseguem alcançar seus objetivos resolvendo seus problemas. E o interessante é que o relacionamento entre os empregados não é de amor. Muitas vezes é o contrário. Não se costuma ouvir funcionários dizendo "Eu amo meu patrão!" nem vê-los escrevendo cartas de amor para o colega do departamento contábil. Ora, se eles conseguem ter sucesso nessas condições, é porque devem estar fazendo algo muito certo.

A pergunta é: *por que os casais, que passam por uma quantidade muito menor de problemas, e ainda se amam, muitas vezes não conseguem vencer os desafios da relação?*

A resposta é: porque eles têm usado a ferramenta errada para resolver problemas – emoção.

O segredo das empresas de sucesso é não usar a emoção para resolver problemas, e sim a razão. Entendem que não se resolve nada usando sentimentos. Local de trabalho é lugar de inteligência e atitude, não de sentimentalismo, nem de sentir isso ou aquilo. Por isso, alcançam seus objetivos independentemente dos sentimentos dos funcionários, e mesmo a despeito de um funcionário não gostar muito do outro. Nessas empresas, se aprende a separar o trabalho das pessoas, e a não misturar as duas coisas. Pensam: "Eu posso não gostar do meu chefe, mas ele mandou fazer isso, e dependo dele para receber meu salário. Então, vou fazer o que tem que ser feito." Quer dizer: separam os sentimentos das atitudes e as pessoas do trabalho, e focam nos resultados desejados. Usam a razão, não a emoção. Grave esta frase em sua mente:

Emoção não é ferramenta para resolver problemas.

Verifique: todas as vezes que você tomou uma decisão baseada em uma emoção, você se deu mal. Todos os que conduzem seus negócios pelas emoções fracassam. Já ouviu o ditado: "Amigos, amigos, negócios à parte"? Ele resume bem o lema dos empresários bem-sucedidos. "Não importa quem você é, se eu gosto de você ou você de mim neste momento. O que importa é que temos este problema aqui, e precisamos resolvê-lo para alcançar nossos objetivos. Portanto, o que vamos fazer para resolvê-lo?"

Este é o foco nas empresas: *o que vamos fazer?*

O que vamos *fazer* para aumentar as vendas? O que vamos *fazer* para diminuir nossos gastos? O que vamos *fazer* para passarmos o nosso concorrente?

Fazer. Fazer. Fazer. E não sentir, sentir e sentir.

Sentimento não é ferramenta para resolver problemas.

A DESCOBERTA NO "LABORATÓRIO"

Temos um quadro em nosso programa Escola do Amor chamado "O Laboratório". O quadro consiste em filmar um casal enquanto eles discutem os problemas da relação. Cristiane e eu então observamos o casal e identificamos as falhas na comunicação e no comportamento deles, e damos sugestões para melhorarem. Antes de ligarmos as câmeras, deixamos o casal a sós no estúdio, sentados de frente um para o outro, e pedimos que comecem a conversar sobre qualquer assunto que acham que precisam resolver entre eles. Daí, ligamos as câmeras. É uma experiência e tanto... Por isso o nome "Laboratório".

Uma de nossas descobertas observando os casais discutindo seus assuntos foi exatamente a intensidade de emoções na conversa e a ausência de foco no que *fazer* para resolver o assunto. Movidos pelos sentimentos de irritação, raiva, mágoa, desprezo, defensividade e incompreensão, os casais ficam a maior parte do tempo fazendo a "Listinha de quem é pior". É mais ou menos assim:

Ela: você é muito bagunceiro, deixa as coisas fora do lugar.

Ele: o problema é que você quer as coisas na hora. Se não guardo logo os sapatos ou ponho o prato na pia, você já começa a encher a paciência.

Ela: mas é muita falta de consideração sua. Não vê que eu limpei a casa toda, o mínimo que você podia fazer é não bagunçar. Você sabe que eu gosto das coisas organizadas.

Ele: você também não é tão organizada assim. Outro dia eu abri as gavetas da sua mesa e as coisas estavam todas reviradas lá dentro. O que adianta? A mesa está limpa, mas as gavetas todas bagunçadas.

Ela: sim, mas se você me ajudasse mais na casa você ia saber como eu sinto!

Ele: e eu não ajudo?

E por aí vai. Dez, vinte, trinta minutos, passando de um problema para o outro. Veja que a conversa nunca foca no problema nem no que irão fazer para resolvê-lo. Por causa das emoções, um fica tentando provar para o outro que não é tão mau assim, ou que o outro não é tão santo quanto pensa. Enfim, o sujo falando do mal lavado:

Listinha de quem é pior

Sujo	Mal lavado
Bagunceiro	Quer tudo na hora
Desorganizado	Enche a paciência
Não tem consideração	Não é tão organizada assim
Não ajuda na casa	Não reconhece a ajuda

Quando a conversa acaba, normalmente a lista está bem extensa, equilibrada, e os egos mais feridos. E claro, nada foi resolvido. Não é à toa que muitos casais não dialogam mais. Dialogar para quê? Para ouvir da pessoa amada uma lista de todos os seus defeitos? Não, muito obrigado. Prefiro a televisão.

Porém, se usassem a razão em vez da emoção, focariam no problema e no que fazer para resolvê-lo. No final da conversa, teriam chegado a uma conclusão e ambos saberiam exatamente o que fazer para o problema não se repetir. E ninguém sairia ferido.

Agora imagine se nas empresas as pessoas agissem como o casal acima na hora de resolver problemas. O patrão chama o gerente de vendas no seu escritório e diz:

Patrão: João, nossas vendas estão caindo.

João: pois é, por que você não levanta dessa cadeira confortável aí e vem nos ajudar? Talvez as vendas não continuassem tão mal assim.

É claro que a conversa nunca iria partir para esse nível emocional, até porque ela acabaria bem rápido: "*João, você está demitido. Passe no RH.*" Como o João não quer ser demitido, nem o patrão quer perdê-lo, os dois focariam em estratégias para melhorar as vendas. Usariam a inteligência e a razão, e não os sentimentos ou a emoção, ainda que os últimos sejam reais e presentes.

Emoção é a ferramenta errada para resolver problemas no trabalho e também no casamento. O que eu sinto sobre um problema não importa. O que importa é o que vou fazer sobre o problema. Ninguém "sente" a solução de um problema. O João não chega para o patrão e diz: "*Deixa comigo, já estou sentindo que as vendas vão subir.*" Se o fizesse, lá iria ele ter que passar no RH de novo... Solução se encontra pensando, raciocinando, chegando a conclusões, e agindo sobre elas — nunca sentindo.

Usando a razão e não a emoção para resolver problemas, as empresas mantêm dezenas, centenas, até milhares de funcionários unidos em um só objetivo — mesmo sem se amarem. Com certeza, um casal que se ama inteligentemente também pode se beneficiar dessa mesma ferramenta para se manter juntos e resolver seus problemas.

SOBREVIVÊNCIA DE UM NEGÓCIO: DUAS REGRAS

Todo negócio, toda empresa, tem de seguir duas regras básicas para a sua sobrevivência. Se você quebrar uma dessas regras, não tem como permanecer no emprego ou manter seus negócios. Quais são elas?

1. Definir, resolver, prevenir – Definir o problema, (descobrir a sua causa), resolvê-lo e, se possível, prevenir que aconteça de novo, é o arroz com feijão das empresas de sucesso. Por exemplo: vários clientes têm reclamado sobre grandes atrasos na entrega do produto. A empresa tem que descobrir o problema que causa os atrasos, resolvê-lo e implementar normas e métodos que eliminarão as chances de os atrasos se repetirem.

2. **Não levar nada para o lado pessoal** – Nos negócios, as coisas têm de permanecer no âmbito racional. Quem é sentimental e costuma levar tudo para o lado pessoal não é eficaz e normalmente não dura muito tempo no trabalho. Sua vida pessoal, seus sentimentos sobre o que se passa em casa ou sobre os colegas de trabalho não interessam à empresa. Você tem que saber separar as coisas. O foco na empresa são os objetivos e o que tem de ser feito para alcançá-los. Seu patrão espera que você seja um adulto, não uma criança mimada e que faz birra quando algo não está do seu gosto.

Focando no problema e tirando a emoção — assim as empresas sobrevivem e prosperam; assim seu casamento também poderá vencer todos os desafios.

CAPÍTULO 6

OS DEZ PASSOS PARA RESOLVER PROBLEMAS

Guiadas pelas duas regras básicas descritas no capítulo anterior, as empresas de sucesso prosperam e avançam todos os dias resolvendo desde problemas pequenos e fáceis até os maiores e mais complexos. Podemos decompor esta arte de resolver problemas em dez passos distintos, que se adaptam muito bem à empresa do casamento. Qualquer pessoa bem-sucedida no trabalho, patrão ou funcionário, já segue estes dez passos ainda que não pense neles desta forma estruturada. É algo instintivo, pois o foco nos resultados somado ao uso da inteligência, ao invés da emoção, exige que a pessoa siga este processo natural de solução de problemas.

A mente empresarial está acostumada a seguir esse processo instintivamente, sem mesmo pensar muito nele, assim como os músculos de nossas pernas se acostumam a subir e descer escadas sem que os olhos precisem olhar para os degraus. Mas, como no casamento as emoções entram em jogo, parece que elas ofuscam nossas faculdades mentais, de modo que o que é tão claro e lógico no trabalho não é no relacionamento. Por isso vamos desmontar este processo para nos ajudar a ver como ele deve se aplicar nas situações conjugais.

Façamos um paralelo usando dois exemplos típicos de um problema empresarial e um conjugal. Assim você poderá ver como os mesmos passos que usamos para resolver problemas no trabalho também podem ser usados para resolver problemas no relacionamento.

Suponhamos que você é gerente de Recursos Humanos na empresa Engenhocas Ltda. (É só um exemplo vai, foi o nome que me veio à cabeça.) Você é responsável por todos os aspectos de gerenciamento de funcionários. Um sintoma de problema é trazido à sua atenção: tem havido grande instabilidade na posição de recepcionista da empresa. Nos últimos três meses, quatro recepcionistas entraram e saíram do cargo, e agora a empresa busca a quinta. Altos custos de contratação e treinamento, queda no moral dos funcionários e a falta de sequência no cargo são apenas alguns dos efeitos negativos. É sua responsabilidade resolver esse problema. O seu patrão quer resultados.

Enquanto isso, na sua empresa Casamento Ltda., vocês também enfrentam um sintoma de problema: ele reclama que sente falta de fazer sexo mais vezes e ela acha que a regularidade atual está mais do que suficiente. Isso por vezes tem afetado os ânimos dos dois, fazendo com que ele fique indisposto com ela e ela se sinta pressionada por ele. Vocês dois querem um resultado satisfatório para esse impasse.

Vamos agora aos dez passos para resolver esses problemas:

OS DEZ PASSOS

1) Reunir-se e iniciar comunicação imediatamente

Na empresa: a primeira coisa que você faz é reunir-se imediatamente com as pessoas envolvidas e iniciar comunicação com elas para descobrir o que realmente está acontecendo. Ênfase aqui na palavra "imediatamente". Quer dizer, você não protela o problema porque sabe que um problema adiado é um problema aumentado. No mundo dos negócios sabemos que a velocidade no agir é uma grande vantagem sobre a concorrência. Por isso, você não perde tempo. Convoca imediatamente uma reunião com todos os que podem lhe dar informações úteis sobre a situação — seu recrutador, seu oficial de demissões, o gerente da recepção etc. Você faz isso independente dos sentimentos — seus ou de qualquer dos envolvidos sobre o assunto. O que tem de ser feito, tem de ser feito.

No casamento: aqui já começam os erros da maioria dos casais. Geralmente, quando surgem problemas, ambos se afastam, evitando resolver os conflitos. Acham que o adiamento da discussão supostamente resolverá alguma coisa. Normalmente, os homens são mais culpados disso, dependendo do tipo de problema a ser resolvido. A mulher costuma ser a pessoa que aponta o problema, que levanta o assunto na esperança de que o marido participe da solução. O homem já tende a ser mais simplista, menos preocupado com detalhes e com pouca paciência para discutir uma coisa que ele muitas vezes nem acha que é um problema. No afã de não se chatear, de querer ficar bem, evita falar sobre o assunto e erra tentando adiar ou rapidamente contorná-lo. Arruma desculpas para não ouvir a esposa: "Agora não, estou cansado, deixa para outro dia." (Às vezes o homem faz isso pensando que a mulher vai acabar se esquecendo do assunto e deixá-lo em paz. Ingênuos que somos...)

Quando surge um problema no casamento, você tem de agir na hora para resolvê-lo. Lembre-se, problema não é como vinho, que melhora com o tempo. Portanto, na primeira oportunidade vocês devem se reunir e iniciar a comunicação para expor o problema. Já que terá que ser resolvido cedo ou tarde, melhor cedo, porque tarde poderá ter aumentado. Então aja rápido.

No caso em questão, ou seja qual for o caso, o casal deve se reunir sem demora e expor o problema que ambos estão enfrentando na cama. Não importa o que sentem a respeito, pois sentimento não resolve problemas. O que importa é que está havendo um conflito e a empresa de vocês não pode prosperar com um problema mal resolvido. Portanto, a melhor hora para resolver um problema, salvo raras exceções, sempre é imediatamente.

2) Ouvir

Na empresa: o segundo passo, após se reunir com sua equipe, é ouvir os envolvidos (recrutador, oficial de demissões, gerente da recepção etc.) para encontrar o porquê de recepcionistas não pararem na posição. Você quer ouvi-los porque é um profissional e um chefe inteligente. Um dos piores tipos de patrão que você pode ter é o sabe-tudo. Já trabalhou para alguém assim? Quando ele ou ela toma conhecimento de um problema, já chega diante de seus subordinados com uma ordem e uma solução pré-fabricada: "A partir de agora vocês vão fazer assim e assim." Não quer saber de ouvir ninguém, porque, claro, já sabe tudo e os subordinados são... apenas subordinados. Mas você não é assim. Você sabe que as melhores informações sobre o problema só podem vir daqueles que estão diretamente envolvidos nele. Por isso, você quer — precisa — ouvi-los atentamente. Você inicia a comunicação falando pouco e ouvindo mais.

No casamento: o segundo passo também já costuma começar errado entre os casais com problemas, e justamente por causa das emoções. Um cônjuge inicia a comunicação apontando um problema e o outro imediatamente se ofende e se coloca na defensiva. Lembra-se da "Listinha de quem é pior" que os casais no "Laboratório" costumam fazer? É aqui que eles pecam. Em vez de ouvir atentamente um ao outro, partem para a defensiva até que cansam e desistem da conversa. Enquanto um parceiro está falando, o outro, em vez de ouvir, já começa a formular na mente uma resposta ou retaliação. Ao fazer isso, deixa de ouvir.

Há uma explicação psicológica e natural por que isso acontece. Quando nos sentimos atacados, nosso instinto é lutar ou correr. Isso é um instinto tão básico que pode ser observado em qualquer animal. Se você atacar um cachorro, por exemplo, o instinto de autodefesa e sobrevivência dele o fará lhe atacar de volta ou fugir de você. O ser humano opera a partir deste mesmo instinto para tudo. Por isso quem inicia a conversa tem o poder de determinar a reação do parceiro — se vai ser boa ou negativa. Uma conversa iniciada em tom acusativo ou crítico inevitavelmente provocará uma reação de brigar ou fugir da conversa. O ideal é que o problema seja exposto de forma separada da pessoa. Por exemplo, se o marido fala: "Você é fria, nunca está a fim de nada comigo", a esposa se sentirá atacada pessoalmente e tentada a responder à altura: "Você que é um cavalo, só quer saber de sexo". Pronto, o combate está armado. Ninguém mais vai ouvir ninguém, exceto com a intenção de atacar ou se defender. Mas se ele começa assim: "Amor, como eu posso fazer para que nós dois tenhamos uma vida sexual mais satisfatória?", a reação será outra. Notou a diferença? A maneira que o falante inicia a conversa determina se o ouvinte ficará à vontade para dialogar ou não.

Quando seu cônjuge começa a expor o problema, resista à tentação de se defender ou justificar. Inicialmente, apenas ouça para colher informações, deixando a pessoa bem livre para se expressar. Não presuma que já sabe qual é o problema, pois provavelmente a outra pessoa tem uma visão bem diferente da sua sobre o que ele realmente é. Portanto, seja inteligente: ouça.

3) Perguntar

Na empresa: ainda no intuito de identificar e compreender a raiz do problema, você faz perguntas que lhe tragam esta informação. Sabemos as razões da saída de cada uma das quatro recepcionistas? De onde elas foram recrutadas? Quem fez a seleção e quais critérios usou? Qual o salário que pagamos a elas? Está compatível com o mercado? Quais as responsabilidades que a posição inclui? Onde estamos no processo de recrutar a próxima? Enfim, você faz perguntas focadas no que você precisa para entender melhor o problema e segue ouvindo atentamente as respostas. Note que essas perguntas não são acusativas nem têm como alvo achar um culpado, apenas buscam as informações relevantes.

Uma técnica desenvolvida por profissionais japoneses diz que se você definir um problema e perguntar por que ele está acontecendo, até cinco vezes, você provavelmente vai encontrar a raiz desse problema. Por exemplo:

- A casa está fria. (Problema) *Por quê?*
- Porque o sistema de aquecimento está quebrado. *Por quê?*
- Porque não foi feita a manutenção periódica. *Por quê?*
- Porque eu não queria gastar o dinheiro. *Por quê?*
- Porque eu sou muito pão-duro e não gosto de gastar dinheiro a não ser quando não tem outro jeito. *(Raiz do problema!)*

A solução imediata para o problema de a casa estar fria é, obviamente, consertar o sistema de aquecimento. A solução *permanente*, porém, é uma mudança na minha mentalidade em relação a dinheiro. Eu preciso reajustar os meus pensamentos e compreender o conceito fundamental de "gastar agora para economizar mais tarde". Se fizer a manutenção do sistema de aquecimento periodicamente, vou gastar algum dinheiro agora, mas não tanto como quando o sistema quebrar por falta de manutenção.

É claro que posso decidir apenas consertar o aquecimento agora, e não me preocupar com a raiz do problema. Nesse caso, tenho que estar consciente de que o problema voltará no futuro...

Perguntar "por quê" de maneira inteligente é uma boa forma de encontrar a raiz de seus problemas e assim buscar uma solução permanente.

No casamento: fazer perguntas para seu cônjuge quando ele ou ela traz um problema para resolver é uma ótima maneira não somente de entender melhor a situação, mas também de mostrar que você realmente está ouvindo e se interessa em compreender a outra pessoa. Da mesma forma que você faz no trabalho, foque as perguntas na descoberta da raiz do problema. Você se considera realizado(a) sexualmente? Por quê? O que eu faço que você gosta/não gosta? Qual a importância do sexo para você dentro do nosso casamento? Por quê? O que eu faço que faz você sentir-se pressionada? Quando o ato é prazeroso para você? Quando não é? Há algum momento do dia/noite que você prefere reservar para ficarmos juntos? Algum que não? Qual regularidade do ato sexual seria ideal para você? Enfim, essas perguntas ajudam a explorar o que está por trás do problema, e com certeza as respostas gerarão outras perguntas. Note novamente o tom não acusativo e o foco em descobrir as causas do problema sem atacar ninguém.

4) Focar nos fatos

Na empresa: nos negócios trabalhamos com fatos, números, dados, evidências. É claro que intuição, experiência, personalidade, princípios e outras características mais abstratas influenciam nossas decisões. Porém, a base inicial e mais confiável de nossas decisões no trabalho é aquilo que é tangível, sólido, real e indiscutível. Portanto, suas considerações sobre o que está acontecendo na recepção da Engenhocas Ltda. são baseadas principalmente nos fatos verificáveis em vez de nas opiniões ou suposições. Se alguém do setor de contabilidade simplesmente diz "Eu não fui com a cara da última recepcionista" — isso não é fato suficiente para ser considerado. São mais importantes informações sólidas como as que o seu oficial de demissões diz: "As quatro últimas recepcionistas alegaram que estavam saindo para ganhar mais em outro lugar." Isso é um fato. "Vários departamentos da empresa costumam dar trabalhos extras para a recepcionista, e ela acaba não conseguindo dar conta do trabalho da recepção e dos outros", diz o gerente da recepção. Isso é outro fato.

No casamento: uma cena típica na empresa Casamento Ltda.: o marido chega do trabalho e vai jogando sapato, meia e outras coisas pela casa que a esposa passou o dia todo limpando e arrumando. Rola no chão da sala com o cachorro e em cinco minutos consegue desarrumar o que ela passou horas para fazer. A esposa, exasperada, entra na sala e diz: "Você não tem consideração nenhuma!" Ainda que ela honestamente diga e sinta isso, não é necessariamente um fato. Ainda não encontrei um marido que no caminho do trabalho para casa maquinasse maquiavelicamente contra a esposa: "Tomara que a casa esteja arrumadinha porque, quando eu chegar, eu vou bagunçar tudo, ha ha..." O fato não é que ele não tem consideração. Isso é o que parece, o que ela sente. Mas os fatos observáveis são simplesmente: "Ele põe as roupas fora de lugar assim que chega do trabalho; parece valorizar o relaxamento e a descontração depois de um dia de trabalho acima da arrumação da casa." Não entra em questão aqui, por enquanto, o certo ou errado, mas simplesmente o fato observável por qualquer pessoa que visse a cena, não somente a esposa.

Temos que tomar cuidado para não darmos uma de juiz do nosso cônjuge. Aliás, se realmente quiséssemos ser um juiz, a primeira coisa que teríamos que aprender é exatamente focar nos fatos, nas evidências. O bom juiz ignora os sentimentos e olha os fatos, nada mais. Porém, na maioria das vezes que julgamos nosso cônjuge, somos péssimos juízes, e sempre damos uma "sentença" favorável a nós mesmos...

Focar os fatos é mais uma forma de separar sentimento e razão, separar as emoções do problema.

No caso do casal com problemas no leito, os fatos observáveis podem incluir, por exemplo: no último mês tiveram relação apenas duas vezes; o marido procurou a esposa dez vezes e todas as vezes recebeu um não; a esposa às vezes sente dores durante a relação; a parede que separa o quarto deles e o do filho não oferece privacidade; ela confessa que não vê o sexo como prioridade no casamento e que sente falta da amizade que tinham no início do relacionamento; ela acrescenta que se sente usada quando ele a pressiona a fazer sexo mesmo quando ela não está a fim.

Fatos são fatos — informações verificáveis por qualquer observador e independente de opiniões. Este passo é imprescindível para continuar a conversa de forma eficaz e chegar a uma boa solução para o problema.

5) Explorar ideias

Na empresa: note que até aqui, nos quatro primeiros passos, você apenas colheu informações para entender e definir o problema. Agora você está pronto para começar a explorar possíveis soluções para o problema. No mundo corporativo este processo é conhecido como *brainstorming*, uma discussão livre em grupo com o objetivo de gerar ideias e maneiras de resolver um dado problema. Todos são convidados a contribuir com suas ideias, quanto mais, melhor, até que as melhores ideias são selecionadas, e a melhor proposta é então escolhida para ser executada.

Talvez o seu oficial de demissões sugira aumentar o salário da posição e equipará-lo ao que é pago no mercado. Alguém dá a ideia de até pagar mais que o mercado e aumentar as responsabilidades. Outro sugere que uma descrição de funções seja feita e claramente explicada para a próxima recepcionista, e que os departamentos sejam avisados do que ela não está autorizada a fazer. O gerente de recepção dá a ideia de que talvez um plano de carreira possa ser oferecido como incentivo para a recepcionista permanecer no cargo, já que ela verá a possibilidade de crescer na empresa. Todas as ideias são recebidas e devidamente consideradas.

No casamento: este processo democrático de permitir a sugestão de ideias é muito importante no casamento. Muitos casais pecam porque insistem em querer impor um ao outro a sua própria solução. O bom líder no trabalho sabe envolver seus colegas e subordinados na busca de soluções, não apenas pelo benefício político, mas porque sabe que duas cabeças pensam melhor que uma. Assim também o casal deve agir em busca de uma solução que melhor resolva o problema, não necessariamente a que agrada a um mais que ao outro.

Olhando para o problema que a esta altura já deve ter sido definido pelos quatro primeiros passos, o casal então se pergunta: *como podemos resolver este problema e prevenir que aconteça de novo?*

Este estágio é enfatizado pela criatividade e quantidade de ideias. O casal deve ser criativo e se sentir livre para sugerir soluções sem criticar, condenar, ou ridicularizar as ideias propostas. Afinal, realmente há mais de uma maneira de se descascar um abacaxi.

A esposa sugere, por exemplo: "Talvez você possa se esforçar para passarmos mais tempo juntos, como fazíamos antes. Isso me faz sentir mais próxima de você. Reconheço que tenho que ser mais sensível às suas necessidades também, não lhe rejeitar tantas vezes. Vou me esforçar para valorizar mais a intimidade física, pois sei que é importante. Se você pudesse fazer alguma coisa sobre a parede do nosso quarto, eu ficaria muito mais à vontade. Privacidade é muito importante para mim."

Ele pode dar outras sugestões, como: "Podemos ir juntos a um médico para ver sobre suas dores. Reconheço que às vezes falo o que não devo para você quando fico com raiva. Vou ter mais cuidado com minhas palavras. Onde você e eu podemos ceder para equilibrar melhor as nossas necessidades, sem nos impormos um ao outro? Eu quero priorizar o seu prazer, e peço que você me ajude a descobrir o que lhe excita. Posso me educar mais sobre o assunto também e buscar ajuda qualificada."

Não se deve descartar a possibilidade de que nenhum dos dois tenha a solução ideal. Por isso, uma ideia pode ser buscar ajuda externa profissional, que possa apontar a solução para o casal.

6) Propor uma solução

Na empresa: entre as várias ideias exploradas, você tem que ver quais seriam as mais viáveis e eficazes para resolver o problema agora e, se não permanentemente, por um longo prazo. Depois de tudo o que ouviram, digamos que você e sua equipe chegam à seguinte proposta: alinhar o salário da recepcionista com o valor de mercado; propor um plano de carreira para ela dentro da empresa; e manter contato com a nova recepcionista semanalmente pelos primeiros três meses para identificar quaisquer sinais de insatisfação no trabalho, a tempo de acionar uma solução o quanto antes e assim minimizar a desistência. Essa proposta é escolhida porque parece atingir as causas principais do problema.

No casamento: para chegar a uma proposta de solução, tenha em mente que a melhor resposta a qualquer problema conjugal sempre será aquela em que os dois saem ganhando. Se um perde, os dois perdem. Portanto, lembre-se aqui dos objetivos da empresa, da equipe, e não somente dos indivíduos. Como na empresa, proponha o que melhor parece atingir as causas do problema.

O casal conclui, então, por exemplo, que irá procurar ajuda externa de um médico e outra fonte de conhecimento sobre como estimular o prazer feminino; os dois se esforçarão mais para atender com mais equilíbrio às expectativas sexuais um do outro, cedendo quando e onde necessário, sem se impor indevidamente um ao outro; um isolamento acústico será instalado na parede do quarto do casal.

7) Concordar com um plano de ação

Na empresa: agora que vocês têm uma proposta, todos têm que crer nela, na sua viabilidade. Nada será feito se não houver acordo entre os responsáveis. A pergunta a ser respondida é: *todos creem e concordam que a proposta poderá resolver o problema?* Todos os envolvidos têm que acreditar e apoiar a proposta.

No casamento: se é imprescindível que a proposta tenha o apoio de todos no ambiente de trabalho, muito mais no casamento. Vocês não precisam concordar em tudo. Às vezes terão que "concordar em discordar" de algumas coisas. Se isso acontecer, comecem procurando pontos em comum. Deem passos curtos. Há problemas que não se resolvem de uma vez, e você terá que repetir esse processo muitas vezes. Mas não deixem que as discórdias sobre alguns pontos os impeçam de agir em outros pontos onde há um acordo. Este passo tem que ser concluído com os dois dizendo: "Concordo que, se fizermos isso, poderemos solucionar o problema."

8) Definir quem fará o quê, e fazer

Na empresa: quem vai fazer o quê, como, e quando? Nas empresas de sucesso, ninguém sai de uma reunião sem decidir esses três pontos. Tarefas têm que ser definidas e distribuídas aos responsáveis, para que cada um saiba o seu papel na solução do problema. Por exemplo, na solução proposta no passo anterior, você, como gerente de RH, buscará aprovação da diretoria para aumentar o salário da posição. O responsável por treinamento e desenvolvimento de pessoal irá preparar um possível plano de carreira para a recepcionista dentro da empresa. O gerente da recepção manterá contato com a nova recepcionista semanalmente para detectar qualquer problema. Prazos são acordados.

No casamento: ela procurará o médico, ele a acompanhará; ele buscará um bom livro que esclareça para o homem fatos importantes sobre o prazer sexual da mulher; ele deixará de pressioná-la; ambos terão mais cuidado com as palavras duras; ele chamará o profissional que fará o tratamento da parede do quarto; ele será paciente com ela, e ela cederá mais a ele.

É claro que o "fazer" é a parte mais importante de tudo isso. Uma vez mais vocês precisarão ignorar o *sentir*, a própria vontade, e simplesmente *fazer* o que é correto e necessário para chegar à solução. Como nos negócios, com certeza os diretores não sentem vontade de pagar um salário maior para a recepcionista, por exemplo. Mas se isso é necessário para evitar gastos ainda maiores com a rotatividade de pessoal naquela posição, tem de ser feito.

9) Ver se está funcionando

Na empresa e no casamento: ainda que muito progresso já tenha sido alcançado até aqui, o problema ainda não está resolvido, pois até aqui houve apenas conversa! Portanto, tanto na empresa quanto no casamento, depois de tudo acordado, e do devido tempo para se executar o plano de ação, os resultados têm de ser monitorados. Não abandone o processo no oitavo passo, que é onde a maioria acha que conseguiu resolver o problema. Acompanhe passo a passo se a solução proposta está funcionando. Na empresa, o bom resultado será a nova recepcionista contratada permanecer no cargo muito mais tempo e/ou crescer na empresa. No casamento, o casal terá maior satisfação sexual, menos frustração e ânimos alterados, e a experiência os terá tornado mais íntimos um do outro.

10) Sim? Continuar. Não? Repetir o processo.

Na empresa e no casamento: seguindo estes dez passos, você provavelmente conseguirá resolver o problema, senão totalmente, pelo menos em parte. Se não for resolvido por completo, não desanime, é absolutamente normal. Mais de uma tentativa pode ser necessária. Na verdade, esse processo nunca acaba, pois novos problemas vão surgindo dia após dia, nos negócios e em casa, e temos que nos tornar *experts* em implementar esses passos à medida que avançamos.

Muitas vezes ouço as pessoas falarem: "Já tentei tudo, não há jeito para o meu marido." "Minha esposa nunca vai mudar, já fiz tudo o que você pode imaginar por ela, mas ela não mudou. Não tem jeito." Espere aí. Olhe bem para estas palavras. Já tentou *tudo*? Já fez *tudo o que se possa imaginar*? Não creio. Você pode ter tentado três, cinco, dez formas diferentes de resolver a situação, mas não diga que já tentou tudo. Sempre há algo diferente que você ainda não fez. "Já tentei tudo" são palavras da emoção. Mas a razão recusa a aceitar que não haja solução para um problema.

Por isso, não desista do processo se ao fim de uma tentativa o problema ainda parece estar lá. Repita os dez passos, e agora com o conhecimento do que não funcionou. É assim que fazemos no trabalho.

Os dez passos

1. Reunir e iniciar comunicação imediatamente	Descobrir o problema
2. Ouvir	
3. Fazer perguntas	
4. Focar nos fatos	
5. Explorar ideias	Buscar solução
6. Propor uma solução	
7. Concordar um plano de ação	
8. Definir quem fará o quê, e fazer	Executar o acordo
9. Ver se está funcionando	
10. Sim? Continuar, Não? Repetir o processo	

Atente para esses dez passos e perceba a ausência de emoção neles. É um processo lógico e racional, não emotivo.

A beleza desse processo está no fato de que você já o pratica diariamente no seu trabalho. (Ninguém conseguiria manter uma empresa ou emprego sem praticar isso.) Você já segue esses dez passos instintivamente, ainda que não pense neles como dez passos distintos. Mas você os pratica várias vezes ao dia, a cada minuto.

Quer dizer: você provavelmente não precisa *aprender* esses dez passos, porque já os domina. Precisa apenas *transferir* esse conhecimento para o seu casamento e aplicá-lo quando for resolver problemas.

O TESTE DO TELEFONE

Normalmente quando explico essa ideia de tratar o seu casamento como uma empresa, algumas pessoas dizem logo de cara que nunca irá funcionar para elas. Justificam: "Eu tolero as pessoas no trabalho porque não tenho que dormir com elas. Não estou envolvido com elas sentimentalmente, então é mais fácil." Porém, olhando com maior consideração, verificamos que não é bem assim.

Sejamos honestos: a verdadeira razão por que controlamos nossas emoções no local de trabalho não tem nada a ver com gostarmos ou não das pessoas, e sim com dinheiro. Você só não xinga seu patrão ou dá um coice no funcionário porque isso lhe custaria dinheiro. Tanto é que quando uma pessoa já não está nem aí para o emprego é capaz de "soltar os cachorros" em cima de alguém no trabalho, pois já planejava sair, de qualquer maneira. Portanto, controlamos nossas emoções motivados por não querer perder dinheiro. Agora responda: será que não podemos controlar as emoções motivados por não perder o casamento?

Daí o outro benefício de ver o seu casamento como uma empresa: entender que ele é o seu maior investimento. Pessoas casadas normalmente são mais estáveis financeiramente e em todas as outras áreas da vida, como: saúde, espiritualidade e família. Não tem sentido você sacrificar suas emoções para ter sucesso no trabalho, mas não no seu casamento. De que adianta ter sucesso profissional sem ser feliz no amor? De que adianta ter tantos bens sem ser feliz na família?

Deixe-me colocar para você um cenário comum em briga de casal. Marido e mulher estão em casa discutindo sobre alguma coisa, batendo boca para lá e para cá. Os temperamentos estão esquentados. De repente, toca o telefone. O dono do celular olha quem está ligando, vê que é uma ligação importante, e decide atender. Mas antes, com voz de raiva, grita com o marido ou a mulher: "*ESPERA AÍ, TENHO QUE ATENDER ESTA CHAMADA!*" Daí, atende a ligação, e em questão de um ou dois segundos, muda a voz e diz em tom polido e suave: "*Alô? Oi, fulano, tudo bem? Pode falar...*" A pessoa do outro lado jamais imaginaria que, dois segundos antes, quem atendeu a chamada estava gritando com raiva!

Em outras palavras, podemos ou não podemos controlar nossas emoções no meio de uma briga de casal?

TAREFA

Vamos praticar os dez passos? Identifique um problema que ainda não foi resolvido entre vocês. Talvez seja melhor não começar com nada extremamente sério, por agora, até que você ganhe mais confiança e domínio sobre suas emoções. Pense em algo não tão sensível, mas que precisa ser resolvido. Comece definindo o problema. Escreva o que é em uma ou duas frases apenas. Daí, combine com seu cônjuge um momento sem distrações para tratar do assunto.

/CasamentoBlindado

Poste isto:
Comecei a usar os Dez Passos Para Resolver Problemas

@CasamentoBlind

Tuíte isto:
Comecei a usar os Dez Passos Para Resolver Problemas.
#casamentoblindado
@CasamentoBlind

CAPÍTULO 7

INSTALANDO UM PARA-RAIOS NO SEU CASAMENTO

No século 18, quando as construções de prédios altos se tornaram mais comuns, o risco dos edifícios serem atingidos por raios aumentou. Verificava-se que quanto mais alto o prédio, maior o risco. O problema era a causa de vários incêndios e mortes, e ninguém conseguia encontrar uma solução nem entender por que os raios eram atraídos por certos edifícios.

Religiosos desprovidos de conhecimento diziam que os raios eram "setas do juízo de Deus" ou provocados por demônios. Porém, curiosamente, os prédios mais propensos a serem atingidos por raios eram as igrejas, devido às suas altas torres. O tocador de sino geralmente era a primeira vítima... O problema era tão sério que as autoridades aconselhavam a população a buscar refúgio durante tempestades "em qualquer lugar menos dentro ou perto de uma igreja". Ninguém entendia por que, segundo os religiosos, o Todo-Poderoso estaria alvejando seus próprios templos ou permitindo a Satanás fazê-lo — sem contar que em dia de chuva ninguém ia à igreja...

A verdadeira razão, porém, não tinha nada a ver com Deus nem com o diabo. Benjamin Franklin descobriu, em 1752, que raios transmitiam eletricidade. Partindo desse conhecimento, Franklin inventou o para-raios — uma haste metálica que, se instalada no topo de um prédio e ligada ao solo por um fio condutor, absorvia a carga elétrica do raio e a descarregava na terra, livrando do perigo o edifício e seus ocupantes. Deus agradeceu, e o diabo riu dos religiosos, que ficaram com cara de tacho.

Emoção é uma forma de energia, assim como a eletricidade. Quando os ânimos estão alterados entre o casal, o risco de "raios" aumenta. Se as emoções não forem controladas, resultarão em explosões de temperamentos que podem levar o casamento à destruição. E assim como certos edifícios eram mais propensos a serem atingidos por raios, certas pessoas têm um gênio mais alterado e são mais difíceis de lidar por se deixarem controlar pelas emoções.

Porém, o mau gênio não é boa desculpa, tampouco culpar a Deus ou ao diabo por suas emoções negativas. Todos nós somos sujeitos a emoções, mas também somos dotados de inteligência para controlá-las.

Não estamos advogando aqui a repressão das emoções. Ninguém é um robô. O casamento é um dos maiores testes do nosso temperamento. Não é razoável esperar que simplesmente venhamos a "engolir sapos" e mais sapos, sem sofrer algum tipo de diarreia depois... Cedo ou tarde, os sapos terão de sair por algum lugar...

Em vez de reprimir as emoções, você tem de encontrar outro recipiente para elas que não seja o seu parceiro. Benjamin Franklin descobriu que não era possível evitar os raios, mas era possível redirecioná-los para outro alvo onde não causariam danos. Quer dizer, temos que instalar um para-raios em nosso casamento para descarregar as nossas emoções em outra coisa. Mas como?

ANTES DO PARA-RAIOS

No início do nosso casamento, não tínhamos para-raios. Cristiane e eu soltávamos faíscas quando nossos ânimos ficavam alterados. Os raios dela se manifestavam como cobranças, insistência, ciúmes e palavras duras. Os meus eram basicamente uma frieza no falar e o famoso "tratamento do silêncio" que eu dava a ela.

Quando as minhas emoções afloravam, não sabia como lidar com elas. Por minha natureza ser calma, eu ficava calado, acumulando sentimentos negativos dentro de mim. Eu não explodia, mas implodia. Por não querer brigar com a Cristiane, me calava. Porém, por dentro, ficava pensando em tudo o que queria falar para ela, imaginando um diálogo, mas guardando tudo em mim mesmo. (Se eu colocasse para fora pelo menos 10% da conversa imaginária que eu fazia na minha cabeça, resolveria o problema muito mais rápido... Mais tarde, aconselhando outros casais, descobri que não estava maluco, pois não era o único que fazia isso!) Eu estava reprimindo as minhas emoções. Os raios estavam me incendiando por dentro, e a minha ira incendiava a Cristiane.

O resultado era que eu ficava com raiva dela por dias, e tratava-a com o silêncio. Algumas vezes, de tanto acumular sentimentos negativos, acabei explodindo e me comportando como um cavalo psicótico preso em um estábulo em chamas. Dá para imaginar, né? Nada bonito.

Não há como não sentir emoções. Somos apenas carne e osso. Mas temos que saber e crer que também somos seres inteligentes, não apenas animais que seguem seus instintos. Se por um lado estamos sujeitos às emoções, por outro podemos sujeitar as emoções à nossa inteligência. Foi isso que aprendi e comecei a colocar em prática no meu casamento. Hoje em dia, quase não há mais situações em que a Cristiane e eu provocamos o temperamento um do outro. Mas nas poucas vezes que alguma fricção ou irritação surge, o meu para-raios tem sido me perguntar: *qual é o meu objetivo nesta situação? Qual o resultado final que eu quero alcançar depois de resolver este assunto?*

Daí eu logo penso: *quero estar bem com ela, dormir abraçado, ter resolvido o problema de forma favorável para nós dois, não quero ficar de mal, quieto, calado por dois ou três dias dentro de casa etc.*

Então, focando nesses objetivos, uso as minhas emoções como energia para resolver o problema racionalmente. Quer dizer, descarrego minhas emoções, destilo meus sentimentos no meu raciocínio e foco nos resultados que eu quero. Esse processo me ajuda a controlar o que sinto em vez de me deixar ser controlado por meus sentimentos.

Uma vez que coloco a minha inteligência no controle das minhas emoções, então eu inicio o processo de resolver a questão junto com a Cristiane. A essa altura já não há mais raios, porque já foram conduzidos pelo meu raciocínio na direção dos meus objetivos em vez de para Cristiane. É claro, isso às vezes requer que eu tire alguns minutos para organizar meus pensamentos. Se você tem um problema semelhante, também terá que aprender a não entrar em combate impulsivamente e não deixar suas emoções usarem sua boca.

O recado é: encontre algo para descarregar suas emoções, que não seja o seu cônjuge. O que descrevi acima é o que funciona para mim, e você tem que ver o que funciona para você. A Cristiane, por exemplo, tem um para-raios completamente diferente do meu, mas muito eficaz.

Cristiane:

Quando eu fico muito chateada por alguma coisa, já nem consigo fazer o que o Renato faz sem primeiro orar. Então o meu para-raios é a oração. Entro no meu quarto ou em outro lugar privado e descarrego a minha raiva em Deus — não contra Ele, mas como um desabafo. Descobri que a oração é um canal pelo qual posso levar qualquer frustração a Deus. Afinal, Ele é o Todo-Poderoso, logo, pode suportar a fúria da mulher, ao contrário do meu marido. Quando comecei a praticar isso, Deus me fez ver que se eu insistisse e levasse adiante determinado assunto, querendo bater de frente com o Renato, não estaria agradando a Ele, ao meu Deus. Então, quando eu oro, não somente descarrego minhas emoções em Deus, mas também recobro minhas forças para decidir não fazer daquela situação um problema. Tomo a decisão de relevar e desistir de criar uma tempestade, o que só traria mais raios de emoções... Portanto, decido sacrificar minhas emoções.

Usando a oração, deixei de cobrar do meu marido e passei a cobrar de Deus; deixei de desconfiar do meu marido e passei a confiar em Deus; deixei de falar duramente com meu marido e passei a falar abertamente com Deus. Isso tem sido o meu para-raios desde então. Funciona, e eu aconselho todo casal a experimentar isso, especialmente a mulher.

Nós, mulheres, costumamos ser mais emotivas e menos racionais. Por isso, a oração é uma ótima maneira de tomarmos o controle de nossos sentimentos e agirmos com mais racionalidade. Se você nunca provou isso, experimente.

Note que não estou falando aqui de uma reza, nem de um ritual religioso, mas de uma conversa franca que não podemos ter com ninguém — nem com marido, nem pai ou mãe, nem amiga —, pois provavelmente não nos compreenderiam. Mas Deus, que nos fez como somos, sabe exatamente o que se passa dentro de nós, nos compreende e nos dá forças para agir sabiamente.

O mais bacana é que ao levarmos um problema a Deus em primeiro lugar, já estamos indo diretamente à Fonte. Se não podemos mudar ou fazer nossos parceiros entenderem, Deus pode. Tem coisas que só Deus pode fazer, e geralmente são aquelas que pensamos não ter jeito.

Lembro-me de uma vez em que estava certa e o Renato errado, mas não adiantava, ele não aceitava. Quanto mais eu tentava lhe explicar a situação, mais ele me condenava e se alterava comigo. Aquele sentimento de 'coitada e injustiçada' tomou conta de mim, mas decidi parar de bater de frente com ele e tomar um banho. No chuveiro, falei sério com Deus: "O Senhor sabe quem está errado aqui, o Senhor sabe o que realmente aconteceu, agora o Senhor faça justiça, pois não há nada mais que eu possa fazer. Não quero me alterar com o Renato, não quero fazer o mesmo que ele está fazendo comigo, peço que o Senhor me justifique." Quando saí do banho, o Renato ainda estava com aquela cara de quem iria guardar aquele episódio por dias. Não falei mais nada, simplesmente fui dormir, confiando que Deus iria me justificar, cedo ou tarde. Na manhã seguinte, a primeira coisa que aconteceu foi o Renato me abraçar e pedir perdão.

GERANDO ANSIEDADE

Quando nossas emoções não são propriamente extravasadas em algo que pode utilizá-las sabiamente, explodirão sobre nossos cônjuges ou serão reprimidas. Essa repressão de emoções é o que gera a ansiedade, que é uma emoção em estado avançado. A ansiedade é aquele sentimento de constante preocupação, nervosismo, inquietação e mal-estar, causado pela incerteza do que vai acontecer. Todo ser humano está sujeito a isso.

Essa é uma das razões de Deus ter criado a oração, para que pudéssemos lançar sobre Ele nossas ansiedades. Se o fizermos, Ele promete que cuidará de nós[2]. Esse cuidado inclui o alívio do fardo emocional e também o direcionamento para lidar com a situação.

Você percebe aqui que a fé não é uma coisa religiosa, e sim algo extremamente inteligente. Quando aprende a usar sua fé com inteligência, você consegue tirar proveito da fé para resolver problemas do seu cotidiano.

Portanto, esteja certo: haverá dias nublados, de chuvas e tempestades no seu casamento. Quando eles vierem, trarão com eles os raios das emoções. Isso é inevitável. Mas você pode instalar um para-raios no seu casamento para descarregar as emoções em algo que não seja o seu parceiro. O para-raios para uns é contar até dez, para outros é a oração, para alguns é fazer uma caminhada — enfim, encontre o que é o seu, o que funciona para você.

E nunca se esqueça: emoção é a ferramenta errada para resolver problemas.

---

[2] 1 Pedro 5:7

TAREFA

O que você usará como o seu para-raios?

Defina e comece a praticá-lo já.

/CasamentoBlindado

Poste isto:
Já instalei o para-raios em meu casamento

@CasamentoBlind

Tuíte isto:
Já instalei o para-raios em meu casamento.
#casamentoblindado
@CasamentoBlind

CAPÍTULO 8

"O CASAMENTO NÃO DEU CERTO"

"Meu marido é um ótimo homem fora de casa. Trata todo mundo bem, é admirado por todos. Mas comigo ele é um capeta", desabafou uma esposa durante nossa sessão de aconselhamento. As palavras dela ecoam as de muitas esposas e maridos que se frustram em ver as duas caras de seus cônjuges. Esta síndrome das duas caras na verdade é causada pela falha da pessoa em processar corretamente suas emoções negativas.

Quando não descarregamos as emoções de forma útil e positiva, elas vão se acumulando e acabamos jogando tudo em cima do nosso parceiro. Conseguimos segurar as emoções no trabalho porque pensamos que os estranhos não têm a obrigação de aguentar nossas frustrações. Mas achamos, erroneamente, que nosso cônjuge, sim, tem a obrigação de nos ouvir e entender, não importa como nos comportemos. Por esse motivo, vomitamos todo o nosso lixo sobre o parceiro, sem aquela consideração que temos com os estranhos. Somos educados com os de fora, mas dentro de casa somos uma peste.

Não é preciso dizer que essa atitude vai desgastando o relacionamento, causando profundas feridas, e assim muitos casais vão se distanciando e esfriando no amor.

Entenda uma coisa: *a pessoa que você é em casa é quem você realmente é.*

Pessoas com a síndrome das duas caras costumam se aprofundar ainda mais no erro quando observam o seguinte: em casa, o parceiro está sempre infeliz e vive reclamando do comportamento delas; mas fora, os amigos e colegas todos as apreciam e admiram (porque não conhecem a outra cara). A conclusão a que chegam é: "O problema é meu parceiro. Todo mundo gosta de mim, mas ela/ele não. Tenho que sair desse casamento".

Porém, o problema claramente não é o parceiro. Se elas o tratassem com a mesma educação e consideração que tratam os estranhos, também teriam a admiração e respeito do parceiro.

A pessoa que somos em casa é quem realmente somos. Por isso, mesmo se nos divorciarmos daquela pessoa que achamos ser o problema, e nos casarmos com outra que nos parece maravilhosa e nos admira tanto, esta pessoa também começará a ver nossa outra cara e passará a fazer as mesmas reclamações que a primeira. Na verdade, nós é que estamos errados. Muitos não enxergam isso e vão casando e descasando, tentando achar "a pessoa certa". O problema não é que não achamos a pessoa certa. O problema é que não estamos fazendo as coisas certas dentro de casa com aquela pessoa. Estamos agindo racionalmente com os de fora, mas emocionalmente em casa, jogando nossas emoções negativas em cima de nosso parceiro.

Por essa razão, há muitos que são um verdadeiro sucesso no trabalho, mas um terrível fracasso no amor.

CASEI COM A PESSOA ERRADA

Quando o relacionamento começa a dar errado e a pessoa não consegue que o parceiro seja do seu jeito — alguém que aceite todo seu lixo emocional e atenda a todos os seus caprichos —, então a conclusão óbvia vem a sua mente: "Casei com a pessoa errada."

"O casamento não deu certo" ou "Casei com a pessoa errada" ou "Não somos almas gêmeas" são expressões que nos isentam totalmente de culpa quando o relacionamento destrambelha para o fracasso. O que aconteceu com o senso de responsabilidade?

Nos velhos tempos, um casamento fracassado era vergonha individual. Quando o casal tinha problemas e alguém corria para a família ou amigos reclamando um do outro, o conselho que geralmente ouviam era: volte, converse, e se resolvam. A mensagem era clara: lute por seu casamento. Se o casamento fracassar, o fracasso é de vocês.

Hoje, quem dá os conselhos costuma tomar as dores da outra pessoa e dizer: "Como ele ousa fazer isso com você? Você merece melhor, dê um chute nele!" "Tem mulher aos montes por aí, por que você vai tolerar isso? Não deu certo com essa, pega outra!"

Quer dizer, a culpa é do casamento que deu errado, ou da outra pessoa por não ser a "certa". É a nova moda da transferência de culpa e da isenção da responsabilidade pessoal em fazer o casamento funcionar. É como se o casamento fosse uma pessoa com vontade própria que pudesse ser responsável pelo sucesso ou fracasso da união, ou como se somente a outra pessoa pudesse garantir o casamento feliz.

Na verdade a culpa é dos indivíduos. Casamento não é uma pessoa. As pessoas dentro do casamento é que são responsáveis pelo sucesso ou fracasso da união.

O MITO DA ALMA GÊMEA

Uma das coisas que tem ajudado as pessoas a se esquivarem de qualquer responsabilidade pelo sucesso ou fracasso no casamento é o mito da alma gêmea. A ideia é que todos temos uma alma gêmea, alguém que nos completará e nos fará perfeitamente felizes. Mas de onde surgiu essa ideia? Ela veio da mitologia grega.

De acordo com o mito, o ser humano originalmente tinha quatro braços, quatro pernas, e uma cabeça feita de duas faces. Mas Zeus, o chamado todo-poderoso deus grego, temia o poder dos humanos e os dividiu ao meio, condenando-os a passar o resto de suas vidas procurando pela outra metade, que os completaria.

Desde então, a maioria das culturas tem romantizado a ideia de que cada pessoa tem a sua alma gêmea, alguém que compartilha com ela uma afinidade profunda e natural no campo afetivo, simpático, amoroso, sexual e espiritual. Este conceito implica que as pessoas são as duas metades de uma alma e que devem se encontrar para serem felizes.

A lógica do mito faz com que eu pense, portanto, que se a pessoa com quem eu me casei não me "completa", não me faz feliz, não me compreende e não me faz sentir como me sinto quando como chocolate, então ela não é a minha alma gêmea. Logo, é em vão continuar no relacionamento tentando o que nunca será possível conseguir com aquela pessoa (errada). A solução é se separar e continuar a busca pela alma gêmea (a pessoa certa).

Depois de ler isso, talvez você ache esta história um tanto ridícula e inacreditável, mas eu lhe afirmo: esse mito está profundamente enraizado nas mentes da maioria das pessoas. Ele permeia grande parte das obras de dramaturgia, desde Hollywood até as novelas, filmes infantis e livros românticos. Quem já não assistiu a uma cena típica de filme onde a noiva entra na igreja, encontra com o noivo no altar, mas está cheia de dúvidas porque sabe que aquela não é a sua "outra metade"? E todos nós, telespectadores, somos levados a crer que, na verdade, a alma gêmea dela está ali entre os convidados (ou no aeroporto prestes a pegar um avião e ir embora, dependendo do filme que você viu), e ficamos torcendo que ela não faça a besteira de se casar com a pessoa errada. De fato, ela finalmente vira e sai correndo, abandonando o pobre coitado no altar para se unir à sua "outra metade".

Até no meio cristão, apesar de não haver nenhuma base bíblica para esta crença de que Deus teria criado uma alma gêmea para cada pessoa, muitos vivem orando para encontrar a sua "cara-metade"... E ficam solteiros por muito mais tempo que deveriam porque nunca estão certos se esta ou aquela pessoa é a certa, talvez porque não "rolou aquela química". Muitos vivem aterrorizados pela ideia de casamento. A dúvida e o medo sempre presente: "Não sei se é ele/ela."

O mito da alma gêmea ganhou grande aceitação em todas as culturas e até religiões por ser muito romântico e atraente. A ideia de que existe apenas uma pessoa nesse universo capaz de lhe completar, de que Deus criou uma pessoa só para você, é muito bonita. (Parece que ninguém pensa: e se essa pessoa vive lá no Cazaquistão, por exemplo?)

Não é difícil entender o que faz essa ideia tão irresistível. Ela elimina a necessidade de esforço da nossa parte e nos isenta de responsabilidade quando o casamento não dá certo. "Não era minha alma gêmea." Pronto. A culpa não foi sua. Você apenas ainda não achou sua cara-metade...

As pessoas não querem ter trabalho, querem as coisas prontas. É do caráter do ser humano. Micro-ondas, café instantâneo, pílula para emagrecer... Felicidade num estalar de dedos.

Nessa linha de pensamento, as pessoas agem emotivamente e não pela razão. Quando estão passando por problemas crônicos no relacionamento, começam a pensar em jogar a toalha. "Já tentei, mas não deu certo". "Está muito difícil, não vou aguentar."

Ora, o que fazemos no trabalho quando tentamos resolver um problema e fracassamos? É claro, tentamos de novo. E se falhamos novamente? Seguimos tentando, de várias maneiras, até achar a solução, porque dela depende a sobrevivência da empresa e o nosso ganha-pão. Não desistimos. Não jogamos a culpa nos outros. Assumimos nossas responsabilidades e saímos em busca da solução. Deixamos o que sentimos de lado e usamos a inteligência, a criatividade e a perseverança para resolver o problema. E se não conseguimos resolvê-lo, encontramos uma maneira de não deixá-lo afetar o resto da empresa. Fazemos a devida compensação. Mas desistir? Jamais.

E mais: esse espírito de perseverança, de enfrentar os problemas sem medo e encontrar uma solução custe o que custar, é a principal razão do sucesso de uma pessoa no seu trabalho ou empresa. As pessoas de sucesso não fogem do problema — elas o enfrentam. Sabem que todo desafio é proveitoso, todo problema apresenta uma oportunidade. Então encaram as dificuldades com naturalidade, e passam a ser confiadas com mais responsabilidades no trabalho, sendo promovidas a cargos maiores.

Quando você é conhecido no trabalho como a pessoa que resolve problemas, todo mundo vai a você. Você é o cara. Todos sabem que se querem algo feito, tem que colocar na sua mão. E isso vai lhe dando mais experiência, respeito, e você vai crescendo como pessoa e dentro da empresa.

Por outro lado, quando você não toma a responsabilidade de resolver os problemas no seu trabalho, mas fica dando desculpas, jogando a culpa nos outros, ninguém mais quer lidar com você. Ninguém quer ouvir desculpas. Você não foi contratado para dar desculpas, ficar apontando o erro dos outros ou se lamentando.

A Cristiane me desafiou a ser uma pessoa melhor. Tive que aprender a resolver problemas que eu nunca havia encontrado antes. Tive também que reconhecer falhas e ter a humildade de mudar. Mas fui perseverante, pois as mudanças não vieram rápido. Tive que tentar de várias maneiras, e sempre resistir à ideia de desistir.

É isso que temos que fazer no casamento. O que você está aprendendo neste livro são coisas que funcionam e podem transformar seu relacionamento e até você como pessoa. Mas você não deve esperar uma mudança imediata, pois é preciso tempo para os frutos começarem a aparecer. É um investimento a longo prazo, principalmente se você está lutando praticamente sozinho(a) para salvar o casamento, e a outra pessoa está endurecida ou cética de que você pode mudar. Não espere que só porque você começou a agir diferente ontem, hoje a outra pessoa vai acreditar na sua mudança. É preciso resgatar a confiança do outro. Seja constante. A outra pessoa precisa ver que a sua mudança é verdadeira e permanente. Aceite o desafio — pelo casamento e por você mesmo.

PESSOA CERTA *VS.* ATITUDES CERTAS

A chave para um casamento feliz não é achar a pessoa certa, é *fazer as coisas certas.*

Se você fizer o que é certo para o relacionamento, o casamento dá certo. Se fizer o que é errado, dá errado.

Quando Deus criou o homem e a mulher, não os criou como "almas gêmeas". Depois de criar o homem, Deus decidiu criar uma auxiliadora[3] para o homem, que o ajudasse. Não falou nada de completar um ao outro, nem os colocou sob a responsabilidade de fazer um ao outro feliz. Falou em ajudar. O casal deve se ver como auxiliadores um do outro, pessoas que estão comprometidas em ajudar uma a outra. É claro que um subproduto desta parceria é a inevitável felicidade dos dois, e a percepção de que os dois são um só, *uma só carne.*

Por isso, deixa o homem pai e mãe e se une à sua mulher, tornando-se os dois uma só carne.[4]

Note bem que os dois se tornam uma só carne apenas *depois* que se unem. Não eram "duas metades" antes de se casarem, como se já estivessem predestinados a se unir, não. O milagre da fusão dos dois indivíduos acontece quando ambos se unem em um só propósito de fazer o casamento funcionar, não importa o que vier.

É claro que se você ainda é solteiro (ou solteira) e está considerando alguém para se casar, deve buscar a melhor pessoa que puder (não vá se casar com um psicopata e achar, "com amor eu posso mudá-lo"). Mas a verdade é que um casamento feliz não depende tanto da pessoa ser a "certa" quanto de que os dois façam as coisas certas.

O que faz o relacionamento funcionar é a obediência a certas leis de convivência. Quando Deus criou o homem e a mulher, estabeleceu cer-

---

[3] Gênesis 2:18

[4] Gênesis 2:24

tas leis que regulam esse relacionamento. Se vocês respeitarem essas leis, serão felizes. Senão, não há alma gêmea que aguentará ficar com você.

O negócio com leis é o seguinte: você obedece, elas lhe protegem; você desobedece, elas lhe punem. Se você pular de um prédio de dez andares, você certamente vai morrer. A lei da gravidade se certificará disso. Se você for a um safári e sair do carro para tirar uma fotinho com um leão, porque ele é tão fofo e parece tão bonzinho, provavelmente vai virar o almoço dele. A lei da selva garante isso. Quer você creia nessas leis ou não, está sujeito a elas.

As leis do relacionamento estabelecidas por Deus não são desconhecidas de ninguém. Coisas como perdoar, tratar o outro como também quer ser tratado, ter paciência, servir, ajudar, ouvir, não ser egoísta, falar a verdade, ser fiel, respeitar, ter bons olhos, tirar a trave do próprio olho primeiro, cuidar, agradar etc., são básicas para que haja um relacionamento. Isso é o que as pessoas sabem que tem que fazer, mas não fazem. Quebram essas leis, e colhem as consequências disso.

Se você obedece às leis do relacionamento, elas lhe protegem; se você as desobedece, elas lhe punem. Simples assim.

Não há outro caminho. Podem tentar culpar o casamento como instituição, facilitar o divórcio, inventar relacionamentos alternativos, viver em busca da alma gêmea, mas a única maneira de um relacionamento ser bem-sucedido é respeitando as leis que o regem. E este poder está em suas mãos. É sua responsabilidade. Entender isso foi o ponto decisivo em meu casamento — o que aconteceu durante uma ligação telefônica.

CAPÍTULO 9

A LIGAÇÃO QUE SALVOU NOSSO CASAMENTO

Cristiane e eu nunca tivemos um casamento que alguém pudesse chamar de conturbado. Ao contrário, vivíamos bem a maior parte do tempo. Quem nos via de fora podia jurar que éramos um casal perfeito. Não vivíamos brigando, nunca houve traição, e tínhamos os mesmos objetivos. Porém, de tempos em tempos, a cada quatro ou seis meses, tínhamos uma grande discordância sobre algum assunto. Era como se a coisa ficasse ruminando no estômago do nosso relacionamento por meses até que voltava à boca e era vomitada; coisas que nunca haviam sido propriamente digeridas e processadas entre nós; raízes de problemas que não conhecíamos e, portanto, nunca haviam sido cortadas.

Às vezes a discordância era sobre ciúmes, ora sobre a minha falta de atenção a ela, ora sobre o trabalho que fazíamos, ora sobre como me sentia desrespeitado por ela, e outras vertentes. Tudo folhas e galhos. Não víamos as raízes dos problemas.

Quando tínhamos essas grandes desavenças, ficávamos horas trocando palavras dentro do quarto. Às vezes os ânimos esquentavam. Ela chorava. E se levantava a voz, eu levantava mais ainda. Chegava a um ponto em que cansávamos e então, pelo menos para mim, o objetivo já não era resolver o problema, mas apenas sair daquela situação desagradável. Contornávamos a situação, mas nada era resolvido. Eu ficava quieto com ela por alguns dias e ela ficava com os olhos inchados de chorar. Tudo voltava ao "normal", pelo menos por mais uns quatro ou seis meses. E assim foram os primeiros doze anos do nosso casamento.

Na minha cabeça eu pensava: "O problema é ela. Não estou fazendo nada de errado. É ela que é cabeça dura e impossível de entender. Tenho que me manter firme nessa linha porque eventualmente ela vai ter que ceder e mudar." E não fazia segredo disso. Várias vezes falei para a Cristiane: "Você é que é o problema! Eu estou bem, não estou fazendo nada de errado. É melhor você se resolver aí com seus pensamentos porque não tenho tempo para isso." E ela respondia ora com lágrimas, ora com insistência no ponto de vista dela.

Eu não estava querendo ser mauzinho. Realmente pensava daquela maneira. (Coisa dura é estar sinceramente errado.)

Em um dia horrível — que se tornou belo — tivemos uma dessas brigas e a discussão se prolongou mais do que o normal. Já era alta madrugada e não havia fim à vista. Até que a Cristiane teve uma ideia: "Vou ligar para o meu pai." Eu achei ótimo. Peguei logo o telefone e dei na mão dela. "Liga agora! Você vai ver só como estou certo."

Pelo que eu conhecia do pai dela, a quem respeito muito, e pelo assunto que estávamos discutindo, tinha certeza de que ele iria confirmar que ela estava errada. Como ele nunca foi parcial nem a ela nem a mim, eu o tinha como a voz da razão. Por isso, apesar da vergonha e de não gostar de ter de levar aquele problema para ele, vi a decisão dela como uma boa opção.

Saí do quarto e deixei que ela falasse com o pai. Passados uns cinco minutos, ela sai do quarto, bem mais calma, me passa o telefone e diz: "Ele quer falar com você."

—Sim, senhor — atendi.

Ele foi direto na jugular, em alto e bom som: "Renato, deixa eu falar uma coisa para você. Esse problema aí É SEU. RESOLVA-O!"

Aquilo me pegou de surpresa. Não foi o que eu esperava. Achava que mostraria empatia para comigo, que diria que havia falado com ela, e que agora ela me entenderia melhor, e que eu teria que ter paciência com ela. Mas aquelas palavras "esse problema aí é seu, resolva-o" funcionaram como um ferro de marcar gado na minha mente.

Ele não falou mais nada. Fiquei mudo, e depois de alguns segundos, respondi: "O senhor pode ter certeza de que nunca mais receberá uma ligação como essa, porque eu vou resolver." Agradeci, e desliguei o telefone.

"Esse problema aí é seu, resolva-o." As palavras ficaram ecoando na minha mente. De repente, as escamas me caíram dos olhos. "Esse problema é meu. Eu é que tenho que resolvê-lo!" Tudo começou a clarear.

Até então eu vinha batendo na mesma tecla, falando para a Cristiane: "Você é que é o problema." Aquele modo de pensar me fazia jogar o problema para ela e culpá-la pela falha em resolvê-lo. Automaticamente, eu me isentava de culpa e "lavava as mãos". Se esse casamento falhar, não vai ser culpa minha, pensava. Essa mentalidade, além de me fazer pensar que a responsabilidade não era minha, ainda piorava a situação de duas maneiras: (1) deixava o poder totalmente na mão da Cristiane para fazer o que quisesse da situação (desistir do casamento, lutar por ele, continuar como estava) e (2) dava a ela a impressão de que eu não me importava com ela nem estava disposto a fazer nada para mudar a situação.

Se ela fosse outro tipo de mulher, teria agarrado aquele poder que eu inconscientemente pus nas mãos dela, juntaria o sentimento de desprezo que eu transmitia com a minha atitude, e teria dado um fim ao nosso casamento. E hoje entendo que eu teria sido o maior responsável. Por quê? *Porque eu não teria cumprido o meu papel de líder e cabeça no meu casamento.*

O que aquela ligação me fez entender foi que, como marido, todo e qualquer problema que acontece no meu casamento é meu problema também. Não posso separar alguns problemas para mim e outros para minha esposa. Todos os problemas são nossos. Se ela tem um problema, eu tenho um problema. Se ela está doente, eu estou doente. Se ela tem uma reclamação, eu tenho que ver o que é, e agir rápido na fonte do problema — mesmo que eu ache que aquilo é "coisa de mulher". Esse conceito mudou minha visão sobre nossos problemas conjugais.

Vejo que os homens, de forma geral, têm a tendência de jogar o problema para a esposa e continuar vivendo a própria vida como se tudo estivesse normal. A natureza do homem tende a fazê-lo evitar ou fugir da chateação da mulher. Por isso, quando confrontado por ela com um problema, ele logo quer apontar o dedo de volta e sair da conversa. Daí é que vêm os hábitos tipicamente masculinos de tirar o foco da mulher e colocá-lo no trabalho, no futebol, na televisão, no video game etc., como uma forma de escape. Esses homens precisam entender que evitar ou fugir do problema não vai resolvê-lo. Repito, problema não é vinho.

O homem tem que tomar as rédeas da situação e, como um bom líder, buscar a solução do problema junto com a esposa.

E foi isso que eu fiz imediatamente após aquela ligação.

A LISTA

Com a bênção do pai dela, e com a nova visão de que o problema era meu e que cabia a mim resolvê-lo, entrei de volta no quarto com a Cristiane e fui pragmático: "Vamos fazer uma lista de tudo o que está de errado no nosso casamento. Quero que você diga todas as suas queixas, e vamos escrevê-las. Depois é a minha vez. Daí vamos trabalhar juntos para eliminar cada item da lista." E começamos.

O placar final foi 6 x 11, seis itens dela sobre mim, e onze meus sobre ela. Mais um e eu dobraria a vantagem, ha ha... Mas o interessante é que quando sentamos para fazer a lista, tivemos mais progresso em trinta minutos do que nos doze primeiros anos de casamento. É incrível como o uso da razão é eficaz na solução de problemas, especialmente no casamento. Aquele exercício foi um ato de lucidez, de inteligência, e de emoção zero. Por esse motivo, os resultados foram positivos.

Não vou falar aqui quais foram os itens na lista, mas posso dizer que se resumiam em duas categorias:

- Coisas ruins que não íamos mais fazer, que entristeciam ou feriam um ao outro;
- Coisas boas que íamos começar a fazer pelo outro, coisas que agradariam e fariam a outra pessoa feliz.

Simples assim. Essa lista nos ajudou a parar de ficar olhando os defeitos um do outro e começar a olhar para nós mesmos, para aquilo que tínhamos de fazer para melhorar o relacionamento. Agora, com a lista, tínhamos uma meta clara e objetiva. Ambos entendemos que se trabalhássemos juntos para eliminar cada item da lista, cada um fazendo sua parte sem ficar apontando as falhas do outro, então não teríamos mais aqueles problemas. E aquela perspectiva, de nunca mais passar por aquelas experiências dolorosas a cada seis meses, nos motivou bastante. Eu estava determinado a fazer tudo o que ainda não havia feito para resolver aquele problema de uma vez por todas. Afinal, se nada fosse resolvido, o fracasso seria mais meu que dela, já que eu era o líder e cabeça do meu casamento.

Porém, eu sabia que precisava de ajuda lá do alto. Não era suficiente somente confiar nas minhas próprias habilidades, pois a lista era grande, dezessete itens, sem contar com seus filhotes... Não ia ser fácil.

Por isso, lá pelas 2h30 da manhã, naquela mesma noite, quando terminamos a lista e concordamos que trabalharíamos nela, eu pus a lista no bolso, entrei no carro e fui para a igreja onde eu trabalhava. Não podia esperar amanhecer. Era agora ou nunca.

Entrei na igreja, tudo apagado, e me dirigi ao altar. Não havia ninguém lá, só eu e Deus. Ali eu derramei a minha alma diante d'Ele. Admiti meus erros, pedi perdão, pedi forças e direção para a minha vida e o meu casamento. Eu não aceitava que o que havia acontecido no casamento de meus pais viesse a acontecer no meu. Jamais iria aceitar aquilo, e por isso estava ali pedindo a Deus que colocasse a mão sobre mim e a Cristiane. Levantei a lista para Ele e pedi ajuda. Foi uma verdadeira limpeza espiritual, um momento muito íntimo e real que tive com Deus. Saí dali leve e fortalecido. Nada ainda havia mudado na prática, mas na verdade tudo começou a mudar a partir dali.

Voltei para casa, abracei a Cristiane e dormimos juntos. Amanhã era outro dia. O primeiro dia do nosso novo casamento.

As coisas não mudaram de uma vez, mas fomos nos dedicando. Não demorou muito. Em algumas semanas, já percebíamos que nosso casamento havia renascido.

Ainda tenho essa lista e enquanto escrevia este capítulo fui dar uma olhada nela só de curiosidade. Foi uma alegria ver mais uma vez que todas as metas que escrevemos um para o outro já foram alcançadas, e muito mais. O círculo vicioso de problemas foi quebrado; as raízes, cortadas.

É o poder de entender: "Esse problema aí é SEU. É você que tem que resolvê-lo."

Agora que você entende isso, vou deixar a Cristiane contar no próximo capítulo como foi a conversa dela com o pai durante e depois daquele telefonema, e como isso a mudou.

TAREFA

A lista funcionou para nós, e tenho certeza de que pode funcionar para você. Muitas vezes subestimamos o poder de escrever, de colocar algo no papel. Então, hoje eu quero encorajá-lo a escrever a sua própria lista. Pergunte ao seu companheiro(a) o que o(a) faz ser uma pessoa difícil de se lidar. Escreva uma lista, independentemente de como se sente. Se o seu companheiro(a) estiver fazendo o mesmo, dê a ele a sua opinião para que possa escrever a sua lista também. Importante: esta não é uma oportunidade para atacar o seu companheiro(a) ou para desenterrar defuntos... Nem é hora de ficar na defensiva. O seu objetivo nessa tarefa é compilar uma lista de coisas nas quais você começará a trabalhar para resolver em seu relacionamento. Sempre olhe essa lista e vá agindo em cada ponto dela até terminá-la.

Decisão

A partir de agora vou trabalhar em cada item que acordei com meu cônjuge que precisamos cumprir/eliminar. Estes problemas são MEUS, e eu irei resolvê-los.

/CasamentoBlindado

Poste isto:
Fiz "a lista" com
meu esposo(a).

@CasamentoBlind

Tuíte isto:
Fiz "a lista" com
meu(minha) esposo(a)
@casamentoBlind
#casamentoblindado

CAPÍTULO 10
O SOL DO MEU PLANETA

Cristiane:
Quando o meu pai atendeu ao telefone, tentei explicar a situação. Estava em prantos, não conseguia nem falar direito, até porque quando falamos com nossos parentes sobre problemas, aí é que nos desmanchamos ainda mais de emoção. Ele só ficou escutando e, depois de alguns minutos, tudo o que disse foi: "Passa o telefone para o Renato, deixe-me falar com ele." Você já sabe o resto da história.

Aquele telefonema foi o ponto de partida para as mudanças em nosso casamento, porém, o que realmente me levou a mudar foi a continuação daquela conversa que tive pessoalmente com meu pai alguns dias depois. A lista que eu e o Renato fizemos renovou o nosso compromisso de lutar para mudar e fazer o que fosse necessário para agradar um ao outro. Mas dentro de mim havia um problema mais profundo, que nem eu mesma sabia que existia. Só o descobri quando meu pai veio me visitar e me perguntou como eu estava depois daquela ligação.

Ele nunca foi de se intrometer em nosso casamento, mas, devido ao que tinha acontecido, era de se esperar que quisesse saber. Respondi que estava "tentando" mudar. Não entrei em detalhes, só disse isso mesmo. Para ser sincera, naquele momento eu não tinha tanta certeza se as coisas tinham mudado ou não. Muitas vezes no passado, havia dito para mim mesma que mudaria, mas passavam-se alguns meses e lá estava eu cobrando as mesmas coisas. Quem me garantiria que ambos fariam a sua parte naquela lista?

Percebendo minha dúvida de longe, meu pai então foi direto ao assunto. Nunca me esqueço daquele dia. Estávamos no jardim, e ele se virou para mim e disse: "Minha filha, homem nenhum gosta que a sua mulher fique implorando a atenção dele. Você perde o seu valor de mulher. Ocupe-se em ajudar as pessoas, faça alguma coisa com seus talentos, desenvolva o seu chamado."

Foi só o que ele disse. Era tudo que precisava ouvir. Descobri que em todos aqueles anos de casamento, estava na verdade fazendo do Renato o sol do meu planeta.

Como esposa de pastor, ia à igreja, ajudava no que me era confiado, fazia o 'máximo' que podia fazer, mas, no final do dia, o meu foco sempre caía no Renato. Tudo que eu queria era chamar a atenção dele, conseguir sua apreciação, sentir-me sua parceira, ser importante ao seu lado — o que não era pedir demais, mas quando isso é tudo para uma pessoa, aí são outros quinhentos. Você acaba fazendo tudo em função daquela outra pessoa. E se a pessoa não lhe der a devida importância, tudo que você fez não valeu de nada para você.

Embora na época não tivesse consciência total disso, foi o que descobri sobre mim mesma. Todos aqueles anos, em vez de estar ao lado do meu marido, tinha me colocado atrás dele. É claro que ele não ficaria olhando para trás, enxergando o que eu estava fazendo ali. Na realidade, eu carregava uma mentalidade errada do que a esposa representava para o seu marido.

Eu ouvia muitas mulheres falarem que nós somos aquele suporte do porta-retratos, ali escondidinho. Enquanto nossos maridos estavam em pé, lá na frente, nós, esposas, tínhamos que estar atrás deles, dando todo o suporte necessário. Uma ideia antiquada, sem nenhuma base fundamental. Creio que, por essa e outras, muitas mulheres têm defendido o feminismo. Se eu não tivesse acordado para a realidade, teria feito o mesmo. Chega uma hora que cansa só ficar nos bastidores, sentir-se menos importante do que o próprio parceiro, e ficar na dependência dele para suprir seu valor.

Foi naquela palavra do meu pai que finalmente embarquei em uma jornada interessante, cheia de aventuras, e superprodutiva. Eu me conheci melhor.

APRESENTANDO: CRISTIANE 2.0

Comecei a desenvolver talentos que estavam escondidos ou adormecidos, investindo não somente em ajudar outras pessoas como a mim também. A cada vez que fazia algo novo, diferente e produtivo, minha autoestima agradecia. Ajudava as demais pessoas e na medida em que eram ajudadas, elas me valorizavam e, consequentemente, isso me ajudava a vencer toda aquela insegurança que carregava dentro de mim.

Deixei de fazer as coisas para chamar a atenção do Renato. Pude entendê-lo melhor porque agora estava no mesmo barco, trabalhava para os mesmos objetivos que ele, só que em parceria com ele e não nos bastidores. Deixei de focar nele para focar em mim, em como eu poderia também desenvolver meus talentos e, com eles, ajudar as outras pessoas. Saí do meu casulo.

Incrível como uma simples mudança de foco muda tudo. Os problemas que anteriormente me faziam chorar e reclamar viraram picuinhas que não valiam mais um centavo de minha atenção.

Um exemplo foi a questão do Renato não me levar para sair com muita frequência. Antes eu até tentava fingir não fazer questão por um tempo, mas chegava uma hora que eu não aguentava, e pronto, tínhamos outra briga. Depois dessa mudança de foco, isso já não merecia ser chamado de problema ou falta de consideração. Eu me adaptei ao jeito caseiro dele. Quando era nosso dia de descanso, não ficava mais na expectativa de que faríamos alguma coisa, pelo contrário, achava o que fazer em casa. Fazia vídeos no computador, lia livros, alugava um filme, fazia uma limpeza de pele, enfim. Sabe o que aconteceu? Eu me tornei uma esposa bem mais agradável.

Não demorou muito para o Renato enxergar essa mudança em mim e me achar mais interessante. O que antes era uma raridade começou a se tornar algo diário entre nós. Nossas conversas eram divertidas, dividíamos ideias, falávamos das nossas experiências diárias sem eu precisar pedir para isso. Tirei o foco do Renato, deixei de criticá-lo por tudo o que ele não supria para mim, e coloquei o foco em mim. Foi então que consegui me enxergar e ver o que eu estava deixando a desejar.

Todos aqueles anos, tudo o que o Renato precisava de mim era de uma parceria. E honestamente pensava ser essa parceira para ele até esse ponto da vida, quando descobri que parceria não é correr atrás do parceiro, e sim correr ao lado. Por isso ele não se interessava em dividir o seu dia comigo, não me incluía em seus planos diários. Eu não estava no mesmo barco, e sim em um barquinho atrás, tentando chegar perto do iate dele. Interessante que ele já havia comentado sobre eu me envolver mais no que ele fazia...

Uma coisa é o seu parceiro lhe falar o que você tem que mudar, outra completamente diferente é você descobrir em quê você tem que mudar. Um simples ajuste de foco transformou o nosso casamento.

E quando eu já havia me adaptado ao jeito caseiro do Renato, ele se adaptou a mim. Começamos uma competição saudável: quem agrada mais ao outro!

Vejo esse problema quase todos os dias no trabalho que faço com as mulheres. Parece que temos essa tendência de focar mais nos outros do que em nós. Vamos de um extremo ao outro. Umas param no tempo por causa da vida amorosa e outras largam a vida amorosa para seguir uma carreira, como se não pudéssemos ter os dois ao mesmo tempo e sermos felizes.

E assim muitas mulheres inteligentes acabam virando mulheres frustradas. Por mais que a carreira seja importante a seguir, precisamos do nosso parceiro para aproveitá-la de verdade. E por mais que a vida amorosa seja importante, precisamos ser independentes dela para que não nos façamos insuportáveis à pessoa que amamos. Se você depender de alguém para ser feliz, nunca conseguirá fazer alguém feliz.

O seu parceiro não tem a menor chance de ser o seu sol. Ele tem falhas, nem sempre poderá lhe iluminar ou suprir tudo que precisa. Por isso não é sábio colocá-lo nessa posição. Você pode até estar fazendo tudo certo, que era o que eu pensava, mas mesmo assim não vai mudar a situação em que está. Seus olhos têm que estar focados em você primeiro, para que então haja uma mudança real e concreta em seu relacionamento.

Nunca me esqueço de uma frase que ouvi em uma reunião na igreja: "Enquanto você olha para as demais pessoas ao seu lado, vai sempre ter problemas."

LUZ PRÓPRIA

Lembro-me de uma mulher que só depois de quase vinte anos de casada descobriu que seu marido nunca a amou. O seu mundo desabou, caiu sem paraquedas, até que ela finalmente acordou e se apegou a fé. Muitas em seu lugar teriam feito um desastre de suas vidas. Mas a história dela pode ilustrar o que acabamos de escrever.

Imagine uma linda mulher, inteligente, superprendada, cheia de valores que todo homem de verdade procura. Ela viveu todos os anos de casada correndo atrás do marido, que não dava valor algum ao que ela fazia. Com o tempo, ela se adaptou ao jeito estranho dele, pois nunca pensou sequer em uma suposta separação no futuro. Ela havia casado para o resto da vida e, por isso, aturou tudo e mais um pouco. Até que um dia, do nada, ele finalmente revelou com palavras que não a amava.

Em vez de ela já ter enxergado isso lá atrás, desde o início do casamento, ela ficou surpresa, como se ele houvesse mudado da noite para o dia. Por que ela não havia percebido aquilo antes?

A mulher que faz do marido o seu sol tem essa desvantagem. Ela não se valoriza e por isso não coloca certos limites. Quando você faz outra pessoa mais importante do que você mesmo, você se diminui e se desvaloriza diante dela. Ela tem todo o poder no relacionamento; se quiser lhe ferir, pode fazê-lo quantas vezes quiser, porque sabe que você jamais a deixará. Sua vida gira ao redor dessa pessoa, e em vez de investir em você mesma, nos seus valores e talentos, guarda tudo em um baú dentro de si, a sete chaves.

Até conhecer o marido, essa mulher era uma jovem cheia de vida, sonhos e planos para o futuro — uma jovem superinteressante, que cativou o coração do rapaz a ponto de ele pensar: "quero passar o resto de minha vida ao lado dela". Depois que se casou, guardou tudo dentro do baú e passou a ser uma chatinha. Vivia reclamando dele, impondo suas vontades e achando defeitos em tudo que ele fazia.

Ela não fazia isso de propósito, ninguém faz. Eu, por exemplo, não me dava conta do que fazia. Pelo contrário, pensava que era o meu papel. Deve ser a nossa natureza de mãe, sempre querendo arrumar as coisas, dar um jeitinho em nossos filhos, fazer deles os melhores em tudo. Só que nossos maridos não são nossos filhos.

Não estou sugerindo que o marido dessa mulher deixou de amá-la por causa da atitude dela, mas isso pode ter contribuído, e muito. O homem tem a natureza de conquistar, como vamos falar mais a respeito nos próximos capítulos. Quando sua esposa deixa de ser uma conquista diária, ele é bem capaz de procurar outras conquistas. Ou seja, ela não pode nem deve deixá-lo sentir que ele é o centro de sua atenção.

O valor da mulher está no seu mistério, na sua discrição, no seu jeito de florescer uma situação. É exatamente o que o meu pai me orientou: homem não gosta de mulher fácil, mesmo que seja a própria esposa. Quando me ocupei em ajudar outras pessoas, desenvolvendo novos talentos no processo, o Renato começou a sentir a falta da minha constante atenção. Obviamente, me tornei uma nova conquista para ele. Passei a ter luz própria.

Não há como seu casamento florescer com os anos se você, como mulher, não floresce a cada dia. A cada conquista que faço, a cada livro que escrevo, a cada projeto que crio, mais autoconfiante me torno e mais interessante fico para o Renato. Volto a ser aquela jovem que o Renato conheceu, cheia de sonhos, superdivertida, e uma ótima companhia para o resto da vida. Isso, sim, é ter parceria, isso, sim, é ser um time.

Quando o Renato ouviu pela primeira vez que no passado eu fazia dele o meu sol, perguntou, com uma carinha de quem perdeu uma posição muito importante: "Posso pelo menos ser sua lua?" Todo marido quer a sua devida atenção, afinal... Não é porque não podem ser o nosso sol que vamos deixá-los de lado e viver nossa própria vida. Não foi isso o que eu fiz; se você fizer isso, pode esquecer tudo o que aprendeu neste livro, pois seu casamento estará fadado ao fracasso.

O que queremos dizer é que se você não está bem consigo mesma, se não se conhece nem reconhece seu próprio valor, a tendência é fazer do seu parceiro esse sol, o seu porto seguro. Isso não é inteligente.

Mesmo que o seu parceiro não queira mais investir no casamento e esteja até com outra pessoa, não deixe de florescer só porque ele não se encontra mais em sua vida. Essa mulher, cujo marido a largou depois de quase vinte anos, hoje está muito mais linda em todos os sentidos, parece até que a partida dele lhe fez bem. O certo seria você melhorar enquanto estão juntos e quem sabe até reconquistar o coração da outra pessoa.

HOMEM PEGAJOSO

A mulher tende a fazer da pessoa que ama muito o seu sol, porém, ela mesma odeia ser o sol. Eu sei, eu sei, adoramos atenção, só que quando é exagerada e grudenta, dá nojo. Mulher nenhuma gosta de homem grudento.

Para nós, mulheres, o homem tem que passar uma força, certa independência e liderança. Podemos não mostrar isso muitas vezes, especialmente quando estamos batendo de frente com alguma decisão dele ou quando reclamamos que ele sempre faz o que quer fazer. Mas por outro lado, se ele começa a fazer tudo que queremos... O relacionamento enjoa.

Conversando com uma amiga outro dia, achei interessante o que ela me disse a respeito do atual relacionamento.

— Esse namorado é para valer, Cris. Ele tem o que os outros anteriores não tinham. Ele é durão.

Fiquei intrigada e quis saber mais...

— Como assim?

— Ah, os outros faziam tudo que eu queria. O relacionamento ficava chato. Esse é assim: eu digo "vamos por aquele caminho que não tem trânsito", e ele diz "não, quero ir pelo caminho que gosto de ir".

Pude perceber uma coisa que nunca havia pensado antes: nós, mulheres, gostamos de testar nossos limites, ver até onde podemos ir. E se o homem nos dá uma liberdade ilimitada, perdemos totalmente o interesse! Não é que gostamos de ser dominadas, mas... Também não gostamos de tudo tão fácil assim. Deixamos de ter o respeito que queríamos ter pelo nosso amado.

Por isso, homens, por favor: não fiquem nos alimentando de uvas frescas enquanto ficamos deitadas tendo tudo aos nossos pés. Essa ideia de Cleópatra não é legal.

Aliás, diga-se de passagem, homens que não veem os defeitos de suas mulheres e por essa razão não as ajudam a melhorar como pessoa são facilmente manipulados por elas. Toda vez que errei, tive no Renato o parceiro que precisava, que me mostrou os meus erros e me pôs de volta na linha. Mulher gosta disso.

TAREFA

Onde e de que forma você pode estar sugando a energia do seu parceiro e se tornando inconveniente? Tire alguns minutos agora para pensar nisso. Escreva como você agirá para se comportar de maneira mais equilibrada nessas situações. Que talentos e atividades saudáveis você poderia desenvolver para dividir o seu foco excessivo sobre o(a) parceiro(a)?

____

____

____

____

Prometo a mim mesmo que deixarei de fazê-lo(a) o sol do meu planeta.

/CasamentoBlindado

Poste isto:
Ele(a) não é mais o sol do meu planeta.

@CasamentoBlind

Tuíte isto:
"Ele(a) não é mais o sol do meu planeta"
#casamentoblindado

PARTE III

Desmontando e Remontando o Amor

CAPÍTULO 11

A MALDIÇÃO DO HOMEM E DA MULHER

Como praticamente todos os problemas da humanidade, a relação de amor e ódio entre homem e mulher teve início lá no Jardim do Éden. (Espero que Adão e Eva tenham um lugar todo especial no céu, bem reservado e protegido, porque lhe garanto uma coisa: vai ter muita gente querendo tirar satisfação com eles lá...) Diria que a desobediência de ambos resultou em uma maldição que afetou diretamente o relacionamento deles e de todos os seus descendentes. Primeiramente, vamos entender o que aconteceu lá. Sei que você conhece a história, mas talvez não por este ângulo.

Antes de a vaca ir para o brejo[5] lá do Éden, Adão e Eva viviam muito bem, em todos os sentidos. Eles tinham recebido do Criador uma posição privilegiada na terra, com autoridade para fazer e acontecer:

---

[5] Para nossos leitores mais jovens: se uma vaca resolve dar um passeio e acaba em um brejo, é problema na certa, pois quando ela entra em um brejo dificilmente consegue sair sozinha. A pobre vaquinha fica empacada no terreno pantanoso e, se não for encontrada, acaba morrendo de fome ou sede. Só mesmo um trator e muita paciência podem ajudar a tirar o animal do atoleiro. Perder uma vaca significa perder futuros bezerros, leite e seus derivados, o que não é nada bom para o criador. Nem para o bicho, claro.

> *...tenha ele domínio sobre os peixes do mar, sobre as aves dos céus, sobre os animais domésticos, sobre toda a terra e sobre todos os répteis que rastejam pela terra. Criou Deus, pois, o homem à sua imagem, à imagem de Deus o criou; homem e mulher os criou. E Deus os abençoou e lhes disse: Sede fecundos, multiplicai-vos, enchei a terra e sujeitai-a; dominai sobre os peixes do mar, sobre as aves dos céus e sobre todo animal que rasteja pela terra. E disse Deus ainda: Eis que vos tenho dado todas as ervas que dão semente e se acham na superfície de toda a terra e todas as árvores em que há fruto que dê semente; isso vos será para mantimento. E a todos os animais da terra, e a todas as aves dos céus, e a todos os répteis da terra, em que há fôlego de vida, toda erva verde lhes será para mantimento.* (Gênesis 1:26-30)

O homem foi colocado por sobre todos os seres animais e vegetais e sobre toda a terra. Esta autoridade era também dividida com a mulher: "*...e lhes disse...*" Essa posição significava que toda a natureza foi colocada como serva do homem e da mulher. A função da natureza era a de lhes servir e suprir todas as necessidades.

Com todo esse poder e toda essa harmonia, somados à companhia de Deus, o lindo casal vivia no paraíso, literalmente. Não tinham contas a pagar nem defeitos para apontar um no outro. Adão tinha a mulher que pediu a Deus, e Eva o homem que... Bem, o único que estava disponível. De qualquer forma, era um casal sem problemas.

Mas a vaquinha tinha que dar um passeio e, para piorar, naquele dia tinha uma serpente lá no brejo. Eva desobedeceu a Deus e levou o marido a fazer o mesmo. Hora de acertar as contas.

Deus chamou primeiro a Adão, e este foi rápido em jogar a culpa em Eva. O Senhor, porém, não comprou a ideia, reforçando que o líder é responsável por tudo o que acontece sob sua responsabilidade. Lembra-se do capítulo 9, "esse problema é SEU"? Adão teve que aprender isso amargamente. Por consequência de seu fracasso e sua desobediência, Deus determinou para o homem:

> *Visto que atendeste a voz de tua mulher e comeste da árvore que eu te ordenara não comesses, maldita é a terra por tua causa; em fadigas obterás dela o sustento durante os dias de tua vida. Ela produzirá também cardos e abrolhos, e tu comerás a erva do campo. No suor do rosto comerás o teu pão, até que tornes à terra, pois dela foste formado; porque tu és pó e ao pó tornarás.* (Gênesis 3:17-19)

Eva, por sua vez, jogou a culpa para a serpente. Mas não era um bom dia para dar desculpas:

> *"E à mulher disse: Multiplicarei sobremodo os sofrimentos da tua gravidez; em meio de dores darás à luz filhos; o teu desejo será para o teu marido, e ele te governará."* (Gênesis 3:16)

É interessante que, como resultado da maldição, homem e mulher foram sujeitados aos elementos de onde saíram, de onde foram criados: o homem ficou sujeito à terra e a mulher, ao homem. E aqui começou a maldição[6] dos dois. Vamos entender agora as consequências e o impacto desta maldição no casamento.

---

[6] Deixe-me esclarecer aqui que uma análise cuidadosa do texto bíblico revelará que Deus não amaldiçoou a Adão e Eva. O texto diz que o Senhor amaldiçoou a terra e a serpente, mas não o ser humano. É claro que mesmo não tendo sido diretamente amaldiçoados, eles colheram as consequências dessas maldições, às quais me refiro aqui no singular: "a maldição do homem e da mulher".

ESCRAVO DO TRABALHO

A maldição que afetou o homem foi diretamente relacionada ao seu trabalho. Enquanto antes dela havia um relacionamento harmonioso e de total cooperação entre o homem e a terra, depois da maldição a terra se tornou inimiga do homem. Não haveria mais cooperação, mas sim uma luta, um labor, uma contenda entre a natureza e o homem. Era como se a terra relutantemente passasse a dar o seu fruto ao homem, e muitas vezes espinhos em vez de frutos.

Essa condenação perduraria até o fim da vida do homem, quando este então finalmente perderia a batalha e voltaria para o lugar de onde veio: o pó. (Note que até aqui não havia morte; o homem foi criado para viver para sempre, mas o seu pecado limitou seu tempo de vida na terra. Portanto, quando Deus uniu Adão e Eva, o plano não era "até que a morte os separe", mas para toda a eternidade.)

Considere uma agravante: o homem foi designado o provedor da família. Quer dizer, não há como ele fugir dessa maldição. Ele tem que trabalhar, e trabalhar para tirar o sustento de uma terra que se tornou inimiga dele. A pressão de sustentar a família, de ser o caçador, de não deixar a família passar necessidade, faz o homem cobrar de si mesmo o resultado do seu trabalho. É uma questão de honra, de orgulho próprio, de satisfação aos pais da esposa, e até mesmo de senso de valor próprio. Este impulso de querer provar o próprio valor através do trabalho e de suas conquistas está no DNA do homem.

Por isso, a maior frustração que um homem pode passar é o fracasso profissional. Um homem pode perder o casamento, viver longe dos filhos, até viver com uma deficiência, tudo isso ele pode superar, desde que se sinta útil e tenha sucesso no trabalho. Não quer dizer que será feliz, mas seu ego estará mais satisfeito pelas conquistas do trabalho do que por qualquer outra coisa. Essa é a sua maldição, a sua carga.

A maldição o faz se sentir sempre insatisfeito, não importa o quanto tenha conquistado. Dificilmente você verá um homem dizendo: "Estou realizado, consegui todos os meus sonhos, vou parar por aqui." Se ele trabalha noite e dia por um objetivo, coloca todas as suas forças e alcança um bom resultado, normalmente ele diz: "Poderia ter sido melhor." Ele nunca acha que chegou lá. Está sempre se cobrando.

É fato conhecido que muitos homens quando se aposentam caem em depressão; alguns adoecem e até morrem pouco depois. É como se o trabalho fosse a vida deles. Muitos nem querem se aposentar e continuam trabalhando enquanto a saúde os permite.

Além dessa insatisfação, ele ainda fica se comparando com outros homens de maior sucesso, sempre querendo superá-los ou se sentindo diminuído por não ser tão bom quanto eles. Seu espírito competitivo é inigualável. Não é de espantar que a maioria dos que se encontram no *Guiness Book of Records* são homens, especialmente nos feitos competitivos. Para se ter uma ideia, há uma categoria neste livro onde dezesseis recordes foram quebrados por homens, sendo que um deles foi quebrado por uma equipe de doze ginastas alemães... O feito? "Mais saltos mortais para dentro de cuecas em noventa segundos." Estão invictos desde 2000, com 94 saltos... Esse é o tipo de coisa pelo que você não encontraria doze mulheres dispostas a competir.

E como isso afeta o relacionamento?

Você já deve ter adivinhado. O tempo que o homem passa no trabalho não é uma das questões clássicas pelas quais a mulher reclama dele? Não é a "tendência de gastar" (o dinheiro que ele suou para ganhar) uma das principais reclamações que o homem tem da mulher? Agora você sabe o porquê.

No início do relacionamento, durante o namoro, o homem vê a mulher como uma conquista, ou seja, um trabalho. É como se fosse uma competição — quem vai ganhar a menina? Quem ela vai escolher para ser o seu namorado? Então, isso o motiva a trabalhar pela atenção e pelo coração dela. Mas quando finalmente a conquista e se casa, vira as atenções para o próximo desafio, que sempre tem a ver com algum trabalho. Por isso, ele se enfia no trabalho e deixa a esposa quase morrendo de falta de atenção em casa. E quando ela reclama, ele olha para ela, perplexo, e pergunta: "Mas você não vê que eu tenho que trabalhar, e que estou fazendo isso por você?" A primeira metade da frase ele acertou; na segunda, não foi sincero. É mais por ele que trabalha, nem tanto por ela.

A maldição do trabalho faz o homem escravo do sentimento de realização, o qual ele raramente consegue obter. E na busca por ele, vai sacrificando a família, a esposa, a saúde, e outras coisas tão ou mais importantes. Peça para o marido conversar com a esposa sobre a família e o relacionamento, e ele não tem assunto. Peça para ele conversar com os amigos sobre o trabalho, e ele não vai parar.

A mulher, sem entender o comportamento dele, acha que ele não a ama porque não passa tempo com ela, não conversa, e parece ter mais prazer no trabalho e nos amigos do que nela e nas coisas relacionadas a ela. Mas é um erro levar isso para o lado pessoal, achando que há algo de errado com ele ou com ela. O que ela vai fazer? Como deve lidar com essa maldição e ajudar o marido? Primeiro, precisa entender a maldição que caiu sobre ela.

ATENÇÃO DO MARIDO

A maldição que afetou a mulher está relacionada à dependência dela da atenção e da aprovação do marido. Colocando as dores de parto de lado, as quais este livro não se propõe a solucionar (sinto muito, mulheres!), a segunda parte da maldição determinou para a mulher: *o teu desejo será para o teu marido, e ele te governará*. Quer dizer, você estará sempre desejando algo do seu marido, e ele será o seu líder. Assim como o homem ficou escravo do trabalho, sujeito à terra, ela ficou dependente da aprovação do marido, e de ter nele a pessoa que cumprirá os seus desejos e sonhos.

Até aquele momento, homem e mulher não se preocupavam com "quem mandava em quem". Era uma união harmoniosa, que simplesmente funcionava sem resistência de um nem imposição de outro. Os dois eram um. Mas agora, devido ao erro da mulher, ela foi propositalmente colocada sob os cuidados e a liderança do marido, como que para lembrá-la do erro que cometeu ao induzi-lo ao pecado.

Sei que este conceito é anátema para a maioria das mulheres, mas na verdade poderia ter sido muito pior. Pense bem, mulher: ficar sujeita ao homem que a ama? Ruim seria se fosse condenada a se sujeitar a um que a odiasse... De qualquer forma, o conceito de submissão é assunto para um capítulo posterior, que esclarecerá muito mais a questão e tirará o veneno que a ideologia feminista injetou na palavra.

O que esta maldição resultou na mulher foi o desejo de ter a atenção total dos olhos do marido. Ela quer ser a princesa, a escolhida, a mulher acima de todas as mulheres; aquela por quem ele arrisca a vida, e deixa as pessoas e as coisas de que mais gosta, para estar ao lado. Porém, ela raramente consegue essa atenção por muito tempo. Ele, sob os efeitos da própria maldição, está sempre olhando para o trabalho, a próxima conquista, e ainda fica ressentido com ela quando lhe cobra a atenção. Ele a vê como uma interferência aos seus objetivos. Chateia-se porque ela não "entende" que ele tem que trabalhar, e acha que ela não o aprecia por ser um homem tão trabalhador e dedicado.

Na busca da atenção do homem, a mulher inconscientemente se desvaloriza, pois começa a fazer tudo o que pode para que os olhos dele se voltem para ela. Investe nas roupas atraentes e sensuais, na beleza física, na estética, nos cabelos... mas isso é só o começo. Também chora, faz drama, se faz de vítima ou coitada, cria situações de ciúmes, fica cobrando o marido, faz chantagem emocional, deixa de fazer as coisas em casa, compete com a sogra, com o cachorro... Hoje em dia muitas mulheres comprometidas, mas infelizes no casamento, são capazes até de ter um caso só para chamar a atenção do marido.

Essa busca desesperada é o que está por trás de muitas mulheres consideradas superinteligentes na profissão, mas que acabam se sujeitando a homens cafajestes em troca de um pouquinho de atenção. É o caso de Roseane, a quem aconselhamos recentemente em nosso consultório.

Roseane é contabilista. Aos 34 anos, ela é o orgulho da família por chegar onde chegou. Abriu seu escritório contábil há apenas dois anos, já atende a mais de cinquenta clientes e emprega cinco funcionários. É uma mulher ágil, decidida. Mas o que sobra em determinação e autoconfiança para os negócios, falta para o amor.

Há quatro anos Roseane vive um relacionamento bandido com Roger. Ele, 31 anos de nenhuma realização, é a encarnação do perfeito cafajeste: bonito, 1,80m de charme, e voz de veludo que sabe falar o que toda mulher quer ouvir.

Roger não tem emprego fixo nem profissão, pelo menos até o dia em que cafajestagem ganhe esse direito. Se dependesse dele, já teria até sindicato. O talento dele é contar histórias, onde ele é o protagonista e a vítima ao mesmo tempo. A mamãe sempre afiançando apartamento para ele, até que "aquele" emprego venha. O papai dá o carro, pois, "coitado, ele tem que se locomover". E a Roseane dá amor, comida quente em casa quando ele a visita, sexo, e de quebra ainda lhe compra umas roupinhas. Namorado dela tem que se vestir bem.

Em troca, Roger já a traiu pelo menos três vezes, que ela saiba. Não está "pronto" para casamento. Vive aparecendo no escritório da Roseane para lhe contar uma de suas histórias e, entre abraços e beijos, convencê-la a lhe passar um cheque que ele jura que é tudo o que precisa para começar um negócio muito promissor.

Roseane é uma de muitas mulheres superinteligentes que não conseguem enxergar as burrices que fazem no amor. Por que você acha que elas se sujeitam a isso? É a maldição da mulher.

DUAS PELO PREÇO DE UMA

As duas maldições, a do homem e a da mulher, são, na verdade, uma e a mesma: a insegurança.

Na essência, no fundo de tudo isso, o homem é inseguro de si mesmo. Alguns mostram essa insegurança mais que outros, sem dúvida, mas todos sofrem do mesmo mal. Até mesmo homens que aparentam bravura e coragem imensas, que possuem temperamento forte — muitos deles usam esses comportamentos como máscaras para esconderem a insegurança. Consciente ou não, é o peso da rejeição que sofreu lá no Éden, cujo principal culpado foi ele mesmo.

O medo do fracasso, da pobreza e o sentimento de insuficiência o faz se matar de trabalhar. A voz de cobrança de um pai ou mãe extremamente exigente durante a infância ainda ecoa e o faz sentir que nunca corresponde às expectativas, não importa quão bem-sucedido seja.

O orgulho que o impede de reconhecer os erros e de aprender com outros é ainda mais fortalecido quando vê outros homens terem êxito onde ele tem fracassado. A raiva, a agressividade, os vícios, a mentira, e outros comportamentos autodestrutivos são maneiras com que ele lida com a insegurança no mais profundo do seu interior. Tudo isso são folhas de figueira para cobrir a nudez da sua insegurança.

A insegurança da mulher, por ela ser emocionalmente mais aberta que o homem, é mais fácil de perceber. Conheço mulheres lindas que se acham feias apenas por uma parte do corpo não ser de acordo com os padrões de beleza das revistas femininas. Outras têm ciúmes de tudo que diz respeito ao marido: do trabalho, do futebol, da cunhada, do carro, da mulher no ponto de ônibus, da colega de trabalho, da ex-namorada, de tudo aquilo em que o marido põe a atenção e até naquilo em que não põe — por causa da insegurança.

A autoestima da maioria das mulheres é naturalmente baixa. E da mesma forma que muitos homens usam o machismo, a força e o temperamento forte para mascarar a insegurança, muitas mulheres se rebelam contra a própria maldição e se declaram independentes dos homens. "Não preciso de homem para ser feliz", "Homem é tudo igual, só muda de endereço", "Homem não manda em mim" e outras frases do tipo formam o credo delas. No fundo, porém, permanecem infelizes.

Resumindo: são dois inseguros desesperadamente carentes da segurança e afirmação um do outro. (Um joinha aqui para Adão e Eva. Valeu, hein?!)

Agora a pergunta mais importante: como se livrar dessa maldição?

CAPÍTULO 12
O LIVRAMENTO

Boa notícia e má notícia. Vamos logo à má: a primeira coisa que homem e mulher precisam entender é que não vão mudar um ao outro. O homem sempre será movido pelas conquistas do trabalho e a mulher sempre será movida pelo desejo de ter toda a atenção do homem. Não adianta se rebelar contra esses fatos. Os que se rebelam caem para o extremo oposto, que não é nada melhor. O homem desiste de ser um conquistador, se torna um fraco, um banana, uma vergonha para si mesmo e para a família; a mulher que se rebela contra o homem se torna amarga, endurecida, inalcançável para qualquer homem e, portanto, solitária. Não adianta se rebelar contra a maldição. Você tem apenas que saber lidar com ela — a sua e a de seu cônjuge.

Agora a boa notícia: há formas eficazes de lidar com a maldição. Consiste de duas partes: uma que você pode fazer e outra que só Deus pode.

Vamos ao que o homem pode fazer sobre a sua e como a mulher pode ajudá-lo.

A ESTRATÉGIA PARA O HOMEM

Por toda a Bíblia, Deus dá ao homem a dica do sucesso, que se resume nestas palavras: "Trabalhe em parceria comigo." Uma das passagens mais claras a esse respeito está no Salmo 127:

> *Se o Deus Eterno não edificar a casa, não adianta nada trabalhar para construí-la. Se o Eterno não proteger a cidade, não adianta nada os guardas ficarem vigiando. Não adianta trabalhar demais para ganhar o pão, levantando cedo e deitando tarde, pois é Deus quem dá o sustento aos que Ele ama, mesmo quando estão dormindo.*

Aí está o segredo! Deus deixa explícito que o homem tem que trabalhar em parceria com Ele. Seu sucesso depende do seu relacionamento com o Criador. Ainda que ele tenha que trabalhar, não deve confiar apenas nas próprias habilidades, mas também depender de Deus. Quando o homem trabalha em parceria com Deus, fica tranquilo a respeito do resultado. Afinal, o Sócio que ele tem trabalha até enquanto ele dorme! Por isso, não há uma autocobrança excessiva nem insegurança nem depressão por um resultado aparentemente insatisfatório. O homem não é mais escravo do seu trabalho, pois entende que o seu Sócio é o maior interessado em que ele cresça. Há uma confiança, uma paz, uma certeza de que o futuro será bom.

A mulher pode ajudar o homem aqui o lembrando da importância dessa dependência. Além de orar pelo sucesso de seu trabalho, ela deve com sabedoria influenciar o marido a ter um relacionamento com Deus, pois ela mesma se beneficiará disso. O recado que ela deve passar para ele, com suas próprias palavras, é: "Sozinho você consegue o possível. Com Deus você consegue o impossível."

O outro conceito que o homem tem que absorver e praticar para neutralizar os efeitos da sua maldição é o equilíbrio. Nós, homens, devemos lembrar que trabalho sempre vai existir, e por mais que trabalhemos, o trabalho nunca vai acabar. Se trabalharmos 24 horas sem parar, no dia seguinte haverá mais trabalho. O homem, especialmente o casado, tem que lembrar que deve atender a outras coisas importantes na vida, como a esposa, por exemplo. Por isso ele é equilibrado.

A Bíblia diz que Deus criou o sábado para "o homem"[7]. Eu creio que Ele se referiu mais especificamente ao homem do que à mulher, pois se não determinasse o sábado como dia de descanso, o homem trabalharia sete dias na semana. Deus não precisou mandar o homem trabalhar, mas precisou mandá-lo descansar...

A mulher entende muito bem o conceito do sábado. Cristiane que o diga... Se não fosse por ela, me lembrando e planejando o que vamos fazer para relaxar pelo menos algumas horas por semana, eu só pararia para dormir e comer. No início do casamento, resisti às suas tentativas. Era desequilibrado, trabalhava praticamente sete dias na semana. E lhe dizia que ela tinha que aceitar, se enquadrar na minha rotina, se conformar. Ela queria um pouquinho da minha atenção, mas o que eu dava era praticamente zero, e ainda ficava chateado com ela por insistir que eu tirasse um tempo para nós.

O homem deve aceitar essa ajuda da mulher, pois ela é um recurso que Deus usa para ajudá-lo a ter equilíbrio. Homem, se a sua mulher está reclamando que você não passa tempo com ela nem com os filhos, que você está trabalhando demais etc., provavelmente está certa. Ouça-a. Seja equilibrado.

E a outra coisa com a qual todo homem deve tomar muito cuidado para não piorar a maldição é ficar se comparando com os outros. Um pouco de competição é bom, ter mentores e exemplos para se inspirar é positivo, mas cuidado com as comparações. Ficar se comparando com outros homens, medindo o seu sucesso pelo sucesso dos outros, é receita certa para frustração e insegurança.

Devemos confiar e desenvolver os talentos que temos, e não querer ser igual aos outros. Conheça a si mesmo, desenvolva sua identidade, identifique seus talentos e trabalhe com eles. Aprenda a celebrar o su-

---

[7] Marcos 2:27.

cesso dos outros e os seus também. Aprenda a se parabenizar por suas realizações. Não foi isso que Deus fez quando criou o mundo? O relato da Criação diz que ao final de cada dia, Deus contemplava suas obras e via que "o que havia feito era bom."[8] (E mesmo sendo Deus, tirou um dia no final da semana para descansar.) Nós, homens, temos que praticar isso, pois é um forte antídoto contra a maldição.

A mulher tem aqui um dos seus papéis mais importantes para ajudar o marido. Primeiramente, ela nunca, jamais, deve compará-lo com outro homem. Dizer para ele: "Você tinha que ser igual ao meu pai..." ou "O marido da fulana é que é legal..." nunca vai obter o resultado que você quer, mulher. Você pensa que com essas palavras vai motivá-lo a melhorar, mas na verdade são como uma faca na autoconfiança e no orgulho dele. Vale a pena repetir, pois é muito importante: nunca compare seu marido (tampouco seu filho) com outro homem, nem em sonho[9].

Em vez de compará-lo, reconheça e elogie abertamente suas qualidades e realizações. Não critique negativamente nem aponte falhas. Seja a voz encorajadora, que mostra confiança nas habilidades dele. Isso é essencial em tempos bons e muito mais em tempos ruins. Nada coloca o homem mais para baixo quando ele tem algum fracasso profissional. Quer ver um homem deprimido? Mande-o embora do emprego, ou nem tanto: basta apontar um fracasso dele no trabalho. Com certeza naquele dia ele vai direto para o bar ou vegetar na frente da tevê se sentindo a pior criatura. Muitos homens quando são despedidos não contam nem para a mulher. Saem de manhã como se fossem trabalhar, mas na verdade estão

---

[8] Gênesis 1:18.

[9] Uma guerra civil que se arrastou por anos em Israel começou quando o rei Saul foi negativamente comparado a Davi pelas mulheres de Israel. Assim que derrotou Golias, e em seguida o exército dos filisteus, Davi voltava para Jerusalém com Saul e seu exército. Recebidos com grande festa, as mulheres cantavam: "Saul matou mil, Davi matou dez mil!". O inseguro rei Saul não suportou aquilo e foi o que acelerou a sua ruína.

tentando achar outro emprego. Em uma situação dessas, a mulher pode levantar ou acabar de enterrar o marido.

Lembro-me de Cristina, esposa do grande cestinha brasileiro Oscar Schmidt. Ela nos contou durante a entrevista do casal na Escola do Amor que faltando três meses para se graduar em psicologia, decidiu largar os cinco anos de faculdade para acompanhar o marido quando ele foi contratado para jogar na Itália. Cristina disse que uma das coisas que a motivou foi pensar nas lutas e desafios que o marido certamente passaria no novo país. A possibilidade de o marido passar momentos difíceis enquanto ela estaria longe dele no Brasil terminando a faculdade fez com que ela priorizasse o casamento. Abandonou tudo, foi para a Itália com ele, e nunca se formou. Como se ela tivesse adivinhado, Oscar perdeu os primeiros sete jogos em que atuou. Mas, com a esposa ao lado, se levantou e teve treze anos de uma carreira brilhante na Itália, sem contar os títulos internacionais que ganhou para o Brasil. Foi o jogador de basquete com mais pontos marcados que qualquer outro, um sucesso absoluto não só nas quadras, mas também em casa. O crédito ele dá à esposa: "Sem o apoio dela eu nunca teria feito o que fiz," disse ele. O casal está junto há mais de 37 anos.

Cristiane:

É muito comum para nós, mulheres, pensarmos que se elogiamos nossos esposos, o ego deles vai atravessar o teto. É um medo que a mulher tem de fazer seu marido arrogante e autossuficiente. Mas esse medo é devido à nossa própria insegurança. Achamos que um elogio pode fazê-los pensar que são melhores do que nós. É por isso que muitas mulheres até admiram seus maridos, mas quase nunca verbalizam essa admiração.

Com o entendimento de que o homem está sempre correndo atrás de uma conquista, de um reconhecimento e de uma autoaprovação, você entende como é importante o seu papel ao seu lado.

Uma das coisas que sempre vi na minha mãe foi sua apreciação e admiração pelo meu pai. Não que ela fingisse não ver os seus erros, mas os seus elogios eram tantos que os erros do meu pai se tornavam irrelevantes e insignificantes. Isso contribuía para que nós, suas filhas, o admirássemos e o respeitássemos também, além de deixar o exemplo para fazermos o mesmo com nossos maridos. E nisso o Renato não teve do que reclamar...

Quando a mulher se faz a fã número um de seu marido, ela ganha também – e muito. É como em um jogo de futebol: ele faz o gol e imediatamente corre para os braços dela para celebrá-lo. Se ele perde o jogo, também corre para os seus braços, sabendo que ela não vai criticá-lo por isso, pelo contrário, vai lhe dar uma palavra de apoio e ainda terá aquele olhar amoroso que desmancha qualquer tristeza. Ora, quem não quer isso de seu jogador favorito? A nossa natureza feminina adora essa 'dependência' masculina!

Muitas mulheres erram nisso, mas não porque querem, e sim porque pensam que precisam ser duronas com os maridos, pois eles se fazem de durões. Você diz que ele está bonito e ele vira o olho como se não precisasse daquele elogio. Se você acreditar nessa 'dureza' masculina, vai pensar que ele não precisa disso. É aí que você erra. Ele precisa disso, e muito. O homem pode se fazer de durão, mas no fundo almeja seus elogios, até porque quem vai lhe dar isso, fora você e sua sogra? Seus colegas de trabalho?

Só porque eles não reagem da mesma maneira que nós, mulheres, reagimos não quer dizer que não gostem. Todo mundo pode criticá-lo, mas se você o criticar, vai doer muito mais. A sua palavra de esposa pesa demais, não se esqueça disso.

Se você, mulher, apoiar o seu marido nas conquistas e até nas derrotas, ele nunca lhe abandonará — salvo se for realmente burro (nesse caso, estará lhe fazendo um favor).

A ESTRATÉGIA PARA A MULHER

A maldição dela faz com que ela espere que o marido a faça feliz e realizada em todos os departamentos, e de todas as formas. Vamos esclarecer uma coisa: nenhum homem é capaz de satisfazer todas as necessidades e expectativas de uma mulher. Não há homem neste mundo que consiga fazer isso, mesmo que fosse projetado e criado por uma mulher (pois o resultado seria outra mulher, o que ela iria achar incompleta também).

Na verdade, nenhum homem pode satisfazer todas as necessidades de uma mulher, nem uma mulher satisfazer todas as necessidades de um homem. Isso é utopia. Ouço muito as pessoas falarem: "Estou procurando alguém quem me complete", ou "meu marido não me completa". Pare por aí. Essa pessoa que lhe "completa" não existe. Nossa vida é completada por uma combinação de coisas, não só por uma pessoa. E, mesmo assim, por mais completa que seja a vida de alguém, ela terá seus problemas.

Mulher: não fique cobrando do seu marido o que ele não pode dar. Seu marido não é responsável por lhe fazer feliz, assim como você não é responsável por fazê-lo feliz. Aliás, se você ainda é solteiro e está lendo esse livro em preparação para se casar, mas se julga uma pessoa infeliz, por favor: não se case! Poupe a outra pessoa de uma vida miserável. Primeiro você tem que resolver as suas infelicidades, se tornar uma pessoa feliz, e aí sim se casar para compartilhar sua felicidade com a outra pessoa. E esta felicidade no casamento vem de um conjunto de coisas, nas quais seu marido certamente está incluído. Mas há coisas que ele não pode fazer por você. Não posso dar a minha esposa, por exemplo, o que Deus dá a ela. Eu não sou Deus. Ele dá para a Cristiane coisas que não posso nem imaginar que ela precisa em dado momento, como consolo, sabedoria e paz. Não posso lhe dar um conselho de mãe. Isso é algo que ela recebe só da mãe dela. Não posso fazê-la se sentir útil e valorizada além do que eu reconheço e falo para ela. Mas quando recebe o feedback do trabalho dela de ajudar outras pessoas, sua percepção de valor próprio aumenta. Então tudo isso vai se somando e fazendo dela uma pessoa feliz em si mesma, de modo que não depende exclusivamente de mim para ser feliz.

A mulher tem que entender que esperar que todos os seus desejos sejam cumpridos e satisfeitos pelo homem é a própria maldição em si. Portanto, ela não deve correr ao encontro da maldição. Você, mulher, tem que buscar o preenchimento também em outras coisas como no seu relacionamento com Deus, no seu trabalho, no seu valor. Isso lhe fará deixar de sufocar seu marido, e lhe tornará uma pessoa mais interessante e atraente para ele.

Tire o foco excessivo de cima do seu marido. Não seja como um polvo, agarrando-se a ele com todos os tentáculos. Não seja sufocante (uma das reclamações mais comuns que ouço dos maridos).

Tudo o que é fácil e demasiado não tem valor. Ninguém corre atrás do que é fácil. Quando a mulher se faz muito fácil, chatinha, recebe o contrário do que busca: o desprezo dele. Mas quando ela se controla um pouco e dá só por medida, mantém nele o interesse da conquista. Não insista que ele lhe leve para passear, por exemplo. Pode revelar seus gostos e desejos, mas não fique mendigando a atenção. A mulher sábia faz o homem trabalhar para conquistá-la. Para o homem, o relacionamento tem que ter a motivação e o gosto de conquista de um trabalho. Às vezes, é bom que ele venha atrás de você.

O livramento da maldição tem que ter por alvo a volta ao estado original antes da queda lá no Éden: o homem voltar a dominar a terra, em vez de ser escravo dela, e a mulher voltar à posição de auxiliadora e companheira de equipe do homem.

Quando se faz auxiliadora dele, ajudando-o a alcançar seus objetivos, ela se torna preciosíssima para ele. E é exatamente aí que recebe dele o que mais quer: a sua atenção. Tem mulher que quer competir com o marido em vez de entrar para o time dele; quer fazer o foco principal de sua vida algo que não ajuda o marido em nada. Aí não dá. Quando a mulher não ajuda e ainda dá trabalho, realmente ela dá um tiro no pé: se torna indesejável para ele.

Cristiane:

O nosso problema é não acreditar em nós mesmas. Sempre nos autodestruimos com palavras e pensamentos. Muitas mulheres até pensam que isso é ser humilde, o que não tem nada a ver. Essa 'humildade' é irritante e só faz mal para os relacionamentos.

Se você como mulher não aprender a se valorizar, não adianta os esforços externos. Você não consegue valorizar mais nada em sua vida e realmente se torna uma pessoa difícil de conviver. Já passei por isso. Eu tinha tudo, um casamento dos sonhos, uma família exemplar, saúde, e até beleza natural, mas não me valorizava. Então tudo isso era manipulado por mim mesma. Constantemente achava problemas no meu casamento porque o Renato não me dava atenção suficiente, falava que ele não me amava, e um dia cheguei ao cúmulo de perguntar se ele queria o divórcio.

Não conseguia enxergar minha própria beleza. Vivia mudando o visual, tentando estilos diferentes, e nunca me achava. Quando vejo algumas fotos dessa época me pergunto o que tinha na cabeça para usar aquela roupa. Incrível como até coisas tão fúteis como roupa e cabelo deixam transparecer nossas inseguranças. Quando me lembro dessa época, não entendo o porquê de tanta cegueira de minha parte.

Apenas quando aprendi a me valorizar de verdade, como descrevi melhor no capítulo 10, foi que tudo mudou. Como se os meus olhos estivessem fechados até então. Consegui enxergar o meu potencial – e que potencial! Se a mulher soubesse de seu potencial, não se desvalorizaria tanto como nos dias atuais...

"Mulher virtuosa, quem a achará? O seu valor muito excede o de finas joias." Provérbios 31:10

Você pode ser essa mulher virtuosa, a quem gosto de chamar de 'Mulher V'. Basta você crer e buscar expor o seu valor no que faz e é.

Como o marido pode ajudar a sua mulher a se livrar da maldição?

Ele tem que passar segurança para ela de todas as formas possíveis. Por exemplo: não dar bola para outras mulheres, exaltar suas qualidades, notar e comentar sua beleza, colocá-la acima de tudo e todos, buscar e valorizar sua opinião, investir em seus talentos, ajudá-la a desenvolver seu potencial, enfim, tudo o que puder levantar a autoestima dela. Ele não pode esperar que ela se resolva por si, sem a ajuda dele. Deixar a esposa sozinha com seus problemas e lutas não é inteligente. Às vezes a mulher vai buscar ajuda em terceiros porque o marido não a ajuda (e aí ele fica ressentido com ela, mas a negligência foi dele). O apoio e o reconhecimento genuíno do marido são muito mais valiosos do que os de qualquer outra pessoa. Mas se ela vê que ele é tão prestativo com os outros mas não com ela a insegurança só aumenta.

O marido precisa entender que investir na mulher é ganho para si mesmo. Há um versículo interessante em Provérbios[10] que diz:

"Não havendo bois, o celeiro fica limpo, mas pela força do boi há abundância de colheitas."

Quer dizer: se você não tiver bois, não terá cocô de boi para limpar. Mas também não terá colheita. Se quiser ter muita colheita, tem que limpar o cocô dos bois... É uma maneira de entender o casamento. Dá trabalho, às vezes cheira mal, tem que limpar a sujeira, mas o resultado final é muito bom. Casamento feliz dá trabalho. Homens: isso deveria ser boa notícia para nós... Trabalho é com a gente mesmo, não é?

---

[10] Provérbios 14:4.

COMPENSANDO

Agora que você entende a maldição inerente ao homem e à mulher, pode entender melhor por que você e seu cônjuge fazem as coisas que fazem. E agora que entendem o que os dois enfrentam, devem ajudar um ao outro, fazendo as devidas compensações.

Os casais maduros e bem-sucedidos são aqueles que aprendem a balancear isso e trabalham em equipe, um ajudando ao outro.

TAREFA

Medite no que leu neste capítulo e no anterior. Quais os efeitos desta maldição que você percebe em você e em seu cônjuge? Escreva quais são e como você passará a lidar com eles a partir de agora, em vez de o que tem feito.

/CasamentoBlindado

Poste isto:
Já tenho o antídoto para cancelar a maldição.

@CasamentoBlind

Tuíte isto:
Já tenho o antídoto para cancelar a maldição.
#casamentoblindado
@CasamentoBlind

CAPÍTULO 13

A RAIZ DE TODOS OS DIVÓRCIOS E CASAMENTOS INFELIZES

Se perguntarmos a um grupo de pessoas divorciadas qual foi o motivo que levou seus casamentos ao fim, teremos várias respostas diferentes. Muitos dirão que foi por infidelidade do cônjuge, outros culparão a tal "incompatibilidade de gênios", outros responsabilizarão os problemas financeiros ou a falta de compromisso do parceiro. Se pedirmos aos que vivem infelizes no casamento para listarem as razões desta infelicidade, dirão coisas do tipo "ele não me dá atenção", "não confio mais nele", "brigamos muito", "ela é teimosa", e outras semelhantes. É claro que nem todo casamento é infeliz pelas mesmas razões, e que nem todo divórcio acontece pelos mesmos motivos. Mas todos têm a mesma raiz principal. Os motivos dados pelos casais são apenas consequências de um problema muito mais profundo, que é a raiz de todos os casamentos infelizes e divórcios. E quem nos revela esta raiz não é um psicólogo nem um terapeuta de casal. É o próprio Autor do casamento.

Entender esta raiz e cortá-la é algo tão eficaz que se você fizer apenas isso, de tudo o que aprender neste livro, já poderá transformar seu casamento.

IMPOTENTE PARA IMPEDIR O DIVÓRCIO

Para descobrir esta profunda raiz, trago duas informações da Bíblia que podem parecer incoerentes à primeira vista. A primeira é que o divórcio é permitido na Lei dada por Deus a Moisés, no início do Antigo Testamento[11]. A segunda é que no último livro do Antigo Testamento, encontramos a informação de que Deus odeia o divórcio[12]. A palavra usada é essa mesmo: "odeia". Você não encontra muitas vezes na Bíblia Deus dizendo que odeia alguma coisa. Ele não usa esse termo a não ser que esteja sendo literal. Ele realmente *odeia* o divórcio. Por que o divórcio provoca o ódio de Deus?

Quando o casal se divorcia, é como se dissesse a Deus: "Olha, o Senhor cometeu um erro. Esse negócio de casamento não funciona." O divórcio é uma afronta a Deus, já que foi Ele quem estabeleceu a aliança do casamento; é uma anomalia que nada tem a ver com o que Ele tinha em mente quando uniu a mulher ao homem.

Mas se esta é a opinião de Deus a respeito do divórcio, por que então abriu uma exceção, fazendo com que fosse permitido pela lei que Ele próprio criou? E sendo Ele tão poderoso, por que parece incapaz de impedir uma coisa que odeia?

Foi esta a dúvida que os religiosos trouxeram até Jesus. Ao contrário de você, eles não estavam realmente querendo saber a resposta. Queriam apenas lançar uma pegadinha para ver se conseguiam alguma declaração que pudesse ser usada contra Ele no tribunal — literalmente. Como sempre, se deram mal, e o resultado foi uma revelação maravilhosa do Senhor Jesus sobre este assunto tão controverso:

> *Vieram a Ele alguns fariseus e o experimentavam, perguntando: É lícito ao marido repudiar a sua mulher por qualquer motivo?*

---

[11] Deuteronômio 24:1.

[12] Malaquias 2:16.

> *Então, respondeu Ele: Não tendes lido que o Criador, desde o princípio, os fez homem e mulher e que disse: Por esta causa deixará o homem pai e mãe e se unirá a sua mulher, tornando--se os dois uma só carne? De modo que já não são mais dois, porém uma só carne. Portanto, o que Deus ajuntou não o separe o homem.* (Mateus 19:3-6)

Ao responder, Jesus aponta o plano original de Deus e revela o sentido real do casamento. Na matemática de Deus, 1+1=1 — ou seja, o homem e a mulher unidos pelo casamento se tornam uma só pessoa. Há uma fusão de dois indivíduos, que se transformam em uma pessoa diferente. Não sou mais a pessoa que era quando solteiro, nem a Cristiane. Quem nos conheceu quando solteiros e nos conhece hoje pode ver isso claramente. Nós nos tornamos pessoas diferentes (e bem melhores) em virtude do casamento. Houve uma fusão de nossas personalidades. Costumamos fazer uma analogia com o purê de batatas, que ilustra muito bem este processo. Antes de se fazer o purê, temos as duas batatas isoladas. Ao cozinhá-las e amassá-las no leite, elas se fundem e se transformam em um terceiro elemento: o purê. O purê não é mais nem leite, nem batata... Não tem como separar os dois. É exatamente isso o que Jesus quis dizer com *"não são mais dois, porém uma só carne"*.

A palavra hebraica para "se unirá" no original deste texto significa "grudar como cola", com o objetivo de fundir os dois objetos de modo que você não consegue mais separá-los sem grande dano. Imagine rasgar a própria carne. Isso é o divórcio. Causa feridas profundas e difíceis de cicatrizar, e violenta os que o sofrem. O casamento foi idealizado para que houvesse uma fusão e o surgimento do terceiro elemento,com a intenção de nunca ser revogado.

Muitos querem se casar, mas permanecendo a mesma pessoa que eram quando solteiros. Resistem à fusão e nunca se tornam uma só carne. Os dois continuam como indivíduos distintos e não maleáveis dentro do relacionamento. Nunca vai funcionar assim. Não estou dizendo que você deve abdicar da sua personalidade e deixar de ser você. A ideia é melhorar quem você é, aceitando as influências positivas da outra pessoa e se moldando a ela. É como um filho do casal. O filho tem as características do pai e da mãe — nariz de um, olhos do outro, cabelo de um, cor da pele do outro etc. —, mas ainda assim tem a própria personalidade. É assim no casamento. Vocês acabam se tornando um produto da sua união. Por isso, quando se casa, você tem que começar a pensar mais como "nós" e menos como "eu".

Quando para justificar-se ao seu parceiro de algum erro, você diz: "Eu nasci assim, eu cresci assim, vivi assim, vou morrer assim, vou ser sempre assim... É o meu jeito", na verdade, Gabriela (ou Gabriel), você está querendo manter a sua individualidade à custa do seu casamento. Se o seu jeito não é bom para o relacionamento, você tem que dar um jeito no seu jeito, ou não vai ter jeito para vocês dois.

"Eu sou assim, esse é meu jeito" era um dos chavões que eu usava para encerrar qualquer impasse que eu tinha com a Cristiane. Eu perguntava: "Por que *agora* você quer me mudar, se eu já era assim quando você me conheceu?" Essa era a voz da minha individualidade resistindo à fusão de me tornar uma só carne com ela. Muitos dão ouvidos a essa voz até finalmente se separarem. Por que esta obstinação? É por causa da maldita raiz, que Jesus revelou em seguida.

CORAÇÃO DE PEDRA

"Replicaram-lhe: Por que mandou, então, Moisés dar carta de divórcio e repudiar? Respondeu-lhes Jesus: Por causa da dureza do vosso coração é que Moisés vos permitiu repudiar vossa mulher; entretanto, não foi assim desde o princípio." (Mateus 19:7-8)

Eis a verdadeira raiz de todos os divórcios e casamentos infelizes: o coração endurecido. O divórcio não estava nos planos de Deus. Não era uma opção quando Ele criou o casamento. No entanto, pelo coração petrificado do ser humano, Ele teve de tolerar — e até permitir — algo que tanto odeia. Consegue imaginar isso? Quando você endurece seu coração, nem Deus pode impedir o divórcio! Mas Ele não pode todas as coisas? Como não evita algo que tanto odeia? E pior: ainda legaliza! Não poderia ter proibido de uma vez? Deus não é um tirano. Ele respeita nossas escolhas, não vai invadir nosso coração e nos forçar a mudar. Nem Deus pode lhe ajudar quando você endurece o coração, que dirá seu cônjuge! Só você pode fazer alguma coisa para evitar o desastre.

Mas antes você precisa entender o que é um coração de pedra. O que faz endurecer o coração de uma pessoa? Será que o seu coração está petrificado e você não sabe?

Há muitas coisas que podem endurecer seu coração. Quando falamos de coração, nos referimos ao centro das emoções e sentimentos. Todo sentimento negativo que não é devidamente processado e eliminado do coração acaba se tornando pedra. Uma das principais é o orgulho.

Orgulho é o concreto dos corações. A pessoa orgulhosa é cega aos seus erros. Em geral, se julga muito humilde e acha que o erro está sempre nos outros. Ela é a vítima incompreendida, tem alergia a admitir suas falhas, e prefere extrair um dente sem anestesia a pedir perdão. O orgulhoso, por se achar sempre certo, fica esperando a outra pessoa se rebaixar e ceder. É incapaz de ver o quão importante para a pessoa ferida é ver a outra reconhecer o erro e pedir desculpas. Muitos problemas seriam resolvidos se o orgulhoso apenas dissesse: "Me desculpe, eu errei, não vou mais fazer isso". Mas prefere endurecer ainda mais o coração.

Lembro-me de um casal de idosos, cujo casamento foi arranjado quando a moça tinha quatorze anos. A família, preocupada com o fato de ela ter personalidade muito forte, acreditava que o casamento seria uma boa forma de "domesticá-la". Pobre rapaz! Na primeira briga, já na lua de mel (achou que demoraria mais do que isso?), ele disse uma bobagem, afirmando que a única mulher que amou na vida foi a namoradinha de infância, para a qual levava frutas quando tinha seus dez anos de idade. Agredida com aquela "revelação" descabida, ela guardou por décadas a informação: "ele não me ama e nunca vai me amar". Ele, acreditando que ela é que estava errada, nunca pediu perdão. Ela, sentindo-se agredida, se empenhou em fazer da vida dele um verdadeiro inferno.

O que ganharam com isso? Um casamento em ruínas, uma família despedaçada, anos de sofrimento inútil. Ele encontrou na rua a apreciação que não tinha em casa e ela engoliu as diversas traições do esposo, acumulando uma mágoa sobre a outra. Nenhum dos dois dava o braço a torcer, mesmo que se amassem. A vida passou rápido demais e somente perto do final perceberam que perderam a oportunidade de ser feliz durante todos aqueles anos que estiveram juntos.

Quantas oportunidades o orgulhoso está perdendo! Mal sabe ele que se fosse menos duro seria muito mais feliz. Poderia aprender coisas novas, descobrir uma maneira diferente de ver a vida... Por que você acha que Deus determinou que duas criaturas tão diferentes quanto o homem e a mulher vivessem juntas?

Pensando bem, casamento parece até uma piada de mau gosto de Deus. Posso imaginar o Pai, o Filho e o Espírito Santo rindo e esfregando as mãos enquanto dizem: "Tive uma ideia! Vamos criar o homem. Ele vai ser assim, assim... Pronto! Agora vamos criar a mulher... ela será... exatamente o oposto! Vamos ver o que acontece! Eles vão ter que viver na mesma casa. Ah, e tem mais: não podem se separar!" Parece brincadeira! Mas é claro que, felizmente, há um propósito.

Deus permite que duas pessoas totalmente diferentes fiquem juntas não para torturar suas criaturas, mas para que uma desafie a outra a ser uma pessoa melhor. Ele nos fez bem diferentes para que possamos nos complementar. Mas só é possível melhorar como pessoa através da convivência como cônjuge se o seu coração for aberto e maleável. É preciso uma boa dose de humildade para matar essa raiz e aproveitar o que o casamento tem de melhor.

Voltemos ao exemplo daquele casal de idosos. O problema começou com uma bobagem dita pelo marido. Se ele tivesse engolido o orgulho e pedido perdão sincero à esposa, teria evitado cinquenta anos de inferno em sua vida. Ou se pelo menos ela não levasse a sério a bobagem que ele falou e tratasse o marido com respeito e carinho, ele não teria outra saída senão fazê-la feliz.

Parente do orgulho, o egoísmo também é capaz de petrificar um coração. O pensamento do egoísta é essencialmente guiado por estas máximas: *o que eu quero, o que é bom para mim, os meus desejos primeiro.* A pessoa egoísta não se importa com o ponto de vista da outra pessoa. Ela escuta, mas não ouve, pois a voz do seu eu é alta demais e abafa a voz do parceiro.

No início do meu casamento, eu não estava preocupado com as necessidades da minha esposa. Contanto que eu estivesse satisfeito no meu trabalho, estava bom. Achava que desde que não estivesse faltando nada em casa, ela não teria do que reclamar. Se você acredita que seu cônjuge tem reclamado de barriga cheia, já que você dá isso, faz aquilo... Entenda uma coisa: não adianta você dar muito de algo que a pessoa já tem o bastante, e não dar nada daquilo que ela realmente precisa e está sentindo falta.

Conheci um rapaz que acreditava que sua esposa era muito feliz. Ele se espantou quando um belo dia (nem tão belo assim para ele) a mulher anunciou que estava saindo de casa. Teorias conspiratórias invadiram sua mente. Quem teria "virado a cabeça" daquela mulher perfeita e submissa com quem vivia há seis anos? Um irmão? Uma amiga? Um pastor? O filho do primeiro casamento, com o qual nunca se deu bem? Era injusto, ele, um excelente marido, "que sempre lhe deu tudo", que sempre esteve ao lado dela, com quem se dava tão bem, agora ser abandonado sem mais explicações.

O que ele não imaginava é que ela se sentia deixada de lado na maior parte daqueles anos de casamento. Confidenciou-me que tudo o que o marido fazia e dizia era em função dele mesmo. Jamais se interessou em saber o que ela gostava, o que queria. Eles não se comunicavam, ele se achava muito mais inteligente — ou pelo menos era assim que ela interpretava — e impunha a ela passeios culturais que não a interessavam. Ela também estava errada, já que nunca deixou que ele soubesse que nada do que faziam a agradava. Mas se ele tivesse olhado menos para o próprio umbigo, teria percebido que ao seu lado havia uma mulher anulada e infeliz.

Entenda isso: você perdeu o direito de pensar apenas em si mesmo no dia em que assinou a certidão de casamento.

NÃO VOU MUDAR

Dureza de coração é basicamente uma teimosia, insistir no que não funciona. É o que faz o marido dizer que não vai mudar, mesmo vendo o casamento ir por água abaixo. É o que faz a esposa insistir no jeito de ser e permanecer surda aos pedidos do marido. Se o seu jeito de ser não é bom para o casamento, e você não quer mudar, saiba que seu destino é morrer sozinho.

Muitas vezes endurecemos nosso coração por autodefesa. Depois de sofrermos muito, talvez depois de traição, mentira, palavras duras, ou outra experiência dolorosa nas mãos do nosso parceiro, é natural que o nosso coração se endureça. Nós nos afastamos, desligamos emocionalmente, para que nunca mais aquela pessoa possa nos ferir. O problema é que levantar muralhas para proteger nosso coração não é inteligente — a não ser que você queira ficar trancado lá dentro, sozinho, com todos aqueles sentimentos ruins, como prisioneiro na casa dos horrores. Quem constrói muralhas acaba em uma prisão construída por si mesmo.

Pense nisso: se seu cônjuge está realmente determinado a lhe ferir e você vê que não há mais por que lutar por este casamento, então saia dele de uma vez por todas. Mas se você ainda está aí tentando, porque crê que há esperança, então você tem que derrubar essas muralhas e amolecer seu coração. Viver ao lado de seu parceiro, mas manter as muralhas entre vocês é gostar de sofrer. Lembre-se: se a dureza de coração permanecer, nem Deus poderá lhe ajudar.

Veja se estas pedras estão em seu coração:

- Orgulho
- Egoísmo
- Inflexibilidade no seu jeito de ser
- Sempre defensivo
- Preso a um ponto de vista
- Incapaz de perdoar
- Resiste e/ou nega intimidade física
- Falta de vontade de mudar
- Nunca está errado
- Gosta de receber, não de dar
- Preso ao passado
- Tem construído muralhas que seu parceiro não pode ultrapassar
- Não é sincero, oculta os sentimentos
- Costuma focar nos pontos negativos do parceiro
- Raramente pede desculpas
- Não se importa com os sentimentos do parceiro
- Não quer ouvir
- Tenta impor mudanças ao parceiro
- Tem uma opinião formada (que é a única certa, é claro)
- Faz chantagens emocionais
- Tenta controlar o parceiro
- Usa “esse é o meu jeito” como uma desculpa para tudo
- Não reconhece que precisa de ajuda com seus problemas pessoais
- Usa palavras que magoam
- Frieza e distância emocional
- Não consegue se abrir e compartilhar com o parceiro

Analise a si mesmo à luz dos pontos anteriores. Faça um exame honesto de seu coração. Será que não há algumas pedras que precisam ser quebradas? O que seu cônjuge diria a seu respeito, se alguém lhe perguntasse sobre isso? Enquanto você mantiver a dureza de coração, nunca poderá ser feliz na sua vida sentimental.

Cristiane:
Para complicar ainda mais a situação, existem dois tipos de corações duros: aquele que está bem à vista, que todos veem, cuja dureza é facilmente notada, e aquele que pensa que é a vítima. Ambos estão endurecidos e ambos estão acusando um ao outro.

Era assim comigo e com o Renato. Durante os primeiros doze anos de nosso casamento, eu o culpava por não ser o marido que eu precisava que ele fosse. O seu jeito de resolver nossos problemas era terrível. Ficava de cara amarrada comigo por dias e, no final, eu é que tinha que pedir desculpas. Eu pedia, senão o casamento não andava para a frente, mas na realidade não pedia desculpas de coração. Eu continuava pensando que ele era o problema, tanto é que vivia orando por ele (era justa aos meus próprios olhos). Eu me achava uma esposa mal aproveitada, lhe dava tudo de mim e ganhava pouco de volta. Cheguei até a compor uma música bem triste e sentimental para a trilha sonora de nossa história de "amor". Até que chegamos à época do telefonema, que explicamos no capítulo 9. Mudei muito, foquei mais no que eu podia fazer, e descobri que durante aqueles anos todos eu também tinha um coração duro. O meu era aquele que se chamava de vítima.

Sim, o Renato me devia a atenção de marido. Sim, ele não deveria me punir por dias sem falar comigo por qualquer coisa que não gostava que eu fizesse. Mas o que adianta você saber que o seu cônjuge não faz o que ele deveria fazer se você também não faz o que você deveria fazer?

A princípio, eu me assustei com essa revelação. Sempre me considerei uma ótima esposa para o Renato, sempre dando o meu melhor para ele. Como poderia também estar sendo má, estar sendo dura com ele? É aí que muitos continuam no círculo vicioso do desamor. Amar é dar. Mas quando chega a ponto de ambos pararem de dar para ver quem dá primeiro, já era. Ficam dando voltas e mais voltas, uma verdadeira "mudança" de 360 graus! Mudam nos primeiros meses, mas daqui a pouco estão no mesmo lugar da partida.

Meu coração duro insistia em demandar a mudança do Renato. Eu o cobrava constantemente. Quando eu fazia algo que ele havia pedido, logo ficava esperando para ver o que ele iria fazer por mim. E quando não via nada no horizonte, voltava a cobrar. E você sabe que existem várias maneiras de cobrança. Você reclama, faz cara feia, joga um comentário verde para ver se colhe algo maduro, faz chantagem emocional, faz comparações, e por aí vai. Todas essas coisas são derivadas de um coração duro que pensa ser vítima.

Eu creio ser esse o pior dos corações duros, porque não conseguimos nos enxergar. Pensamos que estamos certos, levantamos a bandeira do "até quando terei que dar?" — mas que o que adianta dar com uma das mãos enquanto cobra com a outra?

Eu tinha esse coração duro e por isso nossos problemas duraram mais do que deveriam. Tenho total consciência disso, tanto é que assim que amoleci o meu coração, o Renato mudou, e o meu casamento se transformou, como se eu estivesse bloqueando todas as minhas orações e as nossas tentativas de mudanças.

A minha mudança foi bem simples. Aliás, creio que para a vítima a mudança não é tão complicada como para o réu. Eu simplesmente deixei de impor. Sacrifiquei o que eu achava que ele deveria fazer, parei de apontar aquilo, deixei de cobrar. Olha a simplicidade da coisa! Só isso foi o bastante. E o que ganhei de volta, nossa... Estamos aqui escrevendo um livro sobre o assunto para você ver como vale a pena!

Quem cede primeiro tem o privilégio de dizer o que eu digo hoje: eu mudei primeiro, para o meu marido mudar. Isso não é para qualquer um.

LIVRANDO-SE DAS PEDRAS

Se você reconhece que há pedras e muralhas em seu coração e quer mudar, o primeiro passo é pedir ajuda daquele que odeia o divórcio. Lembra-se dele? Ora, podemos concluir que se Deus odeia o divórcio, e a dureza de coração é a responsável pelos casamentos destruídos, logo, Deus quer lhe ajudar a vencer isso. Veja o que Ele diz:

> *"Dar-vos-ei coração novo e porei dentro de vós espírito novo; tirarei de vós o coração de pedra e vos darei coração de carne.* (Ezequiel 36:26)

Para que Deus possa lhe ajudar, você precisa assumir o seu erro. Você pode começar fazendo uma oração sincera, com humildade: "Meu Deus, quero trocar de coração. Tire meu coração de pedra e me dê um coração de carne. Me mostre como tenho de ser e me ajude a ser a pessoa que o Senhor quer que eu seja."

Se você acha que "não é bem assim" e quer continuar a fazer as coisas do seu jeito, esqueça. Nem Deus pode ajudar a quem não quer abrir mão do coração petrificado. Mas se você tiver esse desejo sincero de se entregar e permitir que Deus lhe molde na pessoa que você deve ser, Ele lhe ajudará a quebrar seu coração, recuperar seu casamento, e evitar até um futuro divórcio.

Mas não pense que ter a ajuda de Deus significa que você poderá ficar de braços cruzados enquanto Ele trabalha. Não funciona assim. A ação de Deus exige parceria. Ele vai te ajudar naquilo que você não consegue sozinho, mas seu esforço é necessário nesse processo. Deus lhe dará as ferramentas para você mesmo quebrar seu coração duro. Quebrar pedras nunca é uma tarefa fácil, mas vamos lhe dizer o que fazer — e o que não fazer — para conseguir isso.

Reconhecer seus erros é muito doloroso, mas você terá de fazer isso para começar. Sinta essa dor agora e terá um alívio por toda a vida. A alternativa é se agarrar aos seus erros e afundar com eles, sentindo dor à prestação por anos a fio. Qual você prefere?

TAREFA

Vocês terão uma conversa. Faça a seguinte pergunta ao seu cônjuge: o que me faz uma pessoa difícil de conviver? Anote as respostas. Depois invertam: você responderá a pergunta e seu cônjuge anotará suas respostas. Ainda que seu cônjuge não queira fazer essa tarefa, lembre-se das principais queixas que costuma ouvir e anote-as. Não se esqueça: o mais inteligente é o que dá o primeiro passo rumo à mudança. Atenção às regras: papel, caneta, ouvir e escrever. Você não deve rebater, nem se defender, nem questionar. Zero sentimento nesta tarefa. Apenas explore o ponto de vista da outra pessoa, mesmo que você discorde dela. O importante é entender o que ele(a) está sentindo.

Não leve para o lado pessoal. Lembre-se de guardar suas emoções na gaveta antes de iniciar esta tarefa. Ainda que não concorde, respire fundo e continue. Não faça ataques ao caráter, tente se expressar de maneira a focar o problema. Guarde esta lista com a sua vida. Não a perca. Mostre ao seu cônjuge que está levando a sério.

Se você tirar a emoção e souber manter o foco, terá nesta lista algo muito útil para lhe ajudar a mudar a si mesmo. Não é competição. Não se preocupem com qual lista ficará maior do que a outra. O que importa é colocar tudo para fora. Outro ponto crucial: a partir desse exercício você não vai mais apontar esses itens para a outra pessoa, nem cobrar que ela faça algo com a lista. Você é responsável apenas pelo seu trabalho.

Mãos à obra, peguem suas marretas. Hoje vocês começarão a quebrar pedras.

/CasamentoBlindado

Poste isto:
Comecei a quebrar as pedras do meu coração.

@CasamentoBlind

Tuíte isto:
Comecei a quebrar as pedras do meu coração.
#casamentoblindado
@CasamentoBlind

CAPÍTULO 14
A ORDEM DOS RELACIONAMENTOS

Aprendemos na escola que "a ordem dos fatores não altera o produto". Essa máxima pode servir muito bem na hora da multiplicação, mas nem sempre pode ser aplicada em nossa vida. Dentro do casamento, a ordem dos fatores altera — e muito — o produto. Após uma competição olímpica, os vencedores são colocados no pódio em ordem de importância e recebem as recompensas de acordo com suas posições finais. Ninguém daria medalha de ouro ao terceiro lugar, muito menos deixaria o primeiro lugar ficar com o bronze, mas você pode estar fazendo isso em sua casa neste momento, simplesmente por não saber a quem pertence cada uma das três posições do pódio de seu casamento.

ESSE JUIZ NÃO É LADRÃO

Deus deixou bem claro que Ele deve estar em primeiro lugar na vida de todos nós. Isso não é egocentrismo da parte d'Ele. Ele sabe o que está fazendo, conhece muito bem o ser humano e sabe por que o caos é inevitável quando essa regra não é seguida. Se você não coloca Deus em primeiro lugar, naturalmente quem ocupa esse lugar é você mesmo. E quando você se coloca em primeiro lugar em sua vida... Sai de baixo! Ninguém lhe aguenta. Você faz um monte de besteira e acaba caindo no egoísmo de que falamos no capítulo anterior, endurecendo seu coração e colocando tudo a perder.

Deus sugere que O coloquemos em primeiro lugar para que haja um árbitro em nossa vida. E, no casamento, ter um árbitro sobre vocês dois é essencial.

Sem sombra de dúvidas, posso atribuir meu casamento ao fato de nós dois colocarmos Deus em primeiro lugar. Se não fosse isso, não tenho certeza de que estaríamos juntos. Casamento é a união de duas pessoas completamente diferentes, portanto, é natural que, apesar do amor, haja momentos em que vocês não entrem em acordo. Um vai dizer A, o outro vai dizer Z, e os dois vão se achar certos. Como resolver essa situação? Só tem uma solução: alguém acima de vocês, estabelecido como o árbitro, o juiz. É a lei d'Ele, imparcial, que irá decidir.

Houve vezes em que tive de retirar as minhas razões, e a Cristiane as razões dela, e deixar que as razões de Deus prevalecessem. Já não era o que eu queria, o que eu achava certo ou o que ela achava certo, mas o que Deus fala e determina que deve ser. Você não pode imaginar como isso simplifica a vida do casal, resolve uma porção de problemas.

Não foi isso que Jesus determinou quando foi questionado sobre qual era o mandamento mais importante de todos? "*Amarás ao Senhor teu Deus de todo o teu coração, de toda a tua alma, e de todo o teu entendimento. Este é o grande e primeiro mandamento. E o segundo, semelhante a este, é: Amarás ao teu próximo como a ti mesmo.*"[13] Primeiro Deus, depois o seu próximo, nesta ordem. E quem é a pessoa mais próxima de você? Não é seu marido ou esposa?

Quando trabalhávamos no Texas, a deficiência espiritual era muito visível. Alguns casais ficavam muito entusiasmados com o curso Casamento Blindado, falavam para todos os amigos e até viam mudanças na relação. Mas essas mudanças não conseguiam transformar seus casamentos de forma permanente. Embora a maioria pertencesse a alguma igreja, já que o estado é praticamente evangélico, não mantinham um relacionamento real com Deus. Há uma grande diferença. Manter um relacionamento real com Deus, tratá-lo como a pessoa mais importante em

---

13 Mateus 22:37-40

sua vida, e com atitudes, não tem a ver com religião ou práticas religiosas. Gostei da forma que meu colega Marcus Vinícius falou sobre como o casal deve olhar para Deus, em um de nossos cursos em São Paulo:

> *Ao olhar para Deus, procure tirar o preconceito religioso. Veja Deus como a justiça, como a verdade. Não a sua verdade, nem a do seu cônjuge, mas a verdade que vai ajudar vocês dois a superar juntos o problema. Não tem nada a ver com religião, e sim com verdadeiros valores que todo ser humano precisa e aprecia. Não é nem inteligente não tê-Lo em primeiro lugar em sua vida. Se a justiça do seu parceiro é uma e a sua é outra, qual delas vai se superar no final? Somente a justiça que vem do alto, ou seja, a justiça perfeita é que pode trazer equilíbrio e justiça verdadeiros para vocês — uma vez que sem justiça não pode haver amor.*

Se você não tiver essa justiça maior mediando os conflitos, acaba amarrado a achismos. Quem está certo? Ela acha que é ela, ele acha que é ele, mas achar não significa nada, não prova coisa nenhuma. Por isso todo esporte tem regras, todo país tem sua Constituição. Você não pode chegar de bermuda no seu trabalho, a menos que seja salva-vidas, é claro. As coisas são organizadas, ou tudo vira bagunça. Por que no casamento seria diferente? Você pode não gostar das regras, mas elas existem para regular os relacionamentos.

Se não fosse o juiz no campo de futebol, o jogo nunca acabaria, as faltas não seriam reconhecidas e a confusão seria inevitável. Os dois times iriam querer jogar até a exaustão, nunca teria acordo nenhum. Mesmo não gostando do juiz, os times (e a torcida) entendem que ele é necessário para manter a ordem. Quando O temos em primeiro lugar em nossas vidas, ele se torna o Juiz no casamento. Vale muito naquelas horas em que não conseguimos chegar a um acordo... É aí que buscamos saber o que Deus acha a respeito e fazemos então a vontade d'Ele, com confiança que será para melhor. Afinal, Ele não é juiz ladrão. É muito difícil haver casamento feliz sem obedecer às regras estabelecidas por Deus.

E A MEDALHA DE PRATA VAI PARA...

Com Deus recebendo a medalha de ouro, aqui está você, com a medalha de prata nas mãos, esperando colocá-la em seu próprio pescoço, ou no pescocinho do seu filho, ou no pescoço da sua mãe. A resposta está na passagem bíblica que cita a criação do casamento. Lembra-se dela?

> *Portanto deixará o homem a seu pai e a sua mãe, e unir-se-á à sua mulher, e serão uma só carne.* (Gênesis 2:24)

O casamento veio com essa regrinha no manual de instruções. Para o homem (e a mulher) se casar, primeiro tem que deixar a seu pai e a sua mãe, sair do ninho. Se devemos deixar os pais, que são as pessoas mais influentes em nossas vidas, quanto mais os irmãos, os amigos, e o Facebook da ex-namorada! "E serão uma só carne" mostra o início de uma nova família. Quando se casa, você deixa sua família de origem e forma uma nova família. Sua nova família é seu cônjuge. Seus pais e irmãos, toda a sua família de origem, se tornam parentes, como no diagrama a seguir.

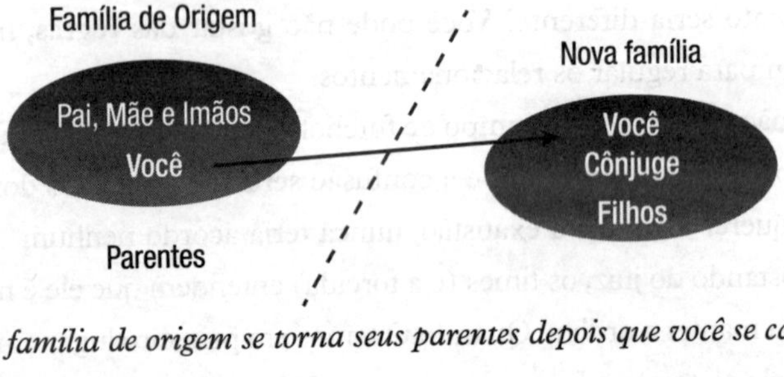

Sua família de origem se torna seus parentes depois que você se casa.

Não estou dizendo que seus pais e irmãos deixaram de ser importantes, mas você migrou para seu próprio ninho e agora tem uma nova família — é necessário estabelecer limites claros para manter um relacionamento saudável com todos. Se essa linha não fica bem clara, começa a haver interferência.

Um dos erros comuns cometidos por recém-casados e seus parentes é achar que enquanto o casal não tem um filho, não deve ser visto como uma família. É muito comum ouvir "agora, sim, nossa família está completa" na chegada de um bebê, mas isso é desprezar o fato de que a família já estava completa, desde o dia em que vocês se casaram. Ter filhos é uma escolha e não um passo obrigatório no relacionamento (e, por favor, nunca tome essa decisão com o objetivo de resolver algum problema entre vocês ou completar uma lacuna. Não funciona).

O homem se une à sua parceira e se tornam uma só carne. A família está criada, completa e fechada, sem espaço para intromissão de terceiros. Tirando Deus em sua vida, não existe outra coisa nem outra pessoa que possa ser mais importante para você do que seu marido ou sua esposa. Se vocês são uma só carne, quando você cuida do seu cônjuge está cuidando de seu próprio corpo. Ao priorizar o outro, está priorizando a você mesmo, a sua parte mais importante.

Infelizmente, muitas mulheres pensam que esse é o tipo de relacionamento que devem ter exclusivamente com seus filhos, sangue do seu sangue. Carregam os bebês por nove meses dentro de si e sentem-se ligadas a eles para o resto de suas vidas, mais até do que ao pai da criança. Mas essas crianças que saíram de dentro delas crescem e vão querer viver suas próprias vidas e formar suas próprias famílias. Não faz sentido tornar-se uma só carne com alguém que inevitavelmente sairá de sua casa em poucos anos. É receita para frustração e sofrimento. Os filhos precisam encontrar uma base firme no casamento de seus pais para formarem suas próprias bases no futuro.

A força do relacionamento está na união do casal, e a única maneira de se conseguir isso é estabelecendo as prioridades corretamente.

As pessoas que colocam o trabalho acima do cônjuge criam um abismo em seu relacionamento. O problema é que é muito fácil deixar que outras coisas ou pessoas se instalem acima do seu marido ou de sua esposa, ainda que você não admita isso verbalmente. Com certeza se alguém perguntar, você sempre vai dizer que seu cônjuge é mais importante, mas é na prática que você mostra quem — ou o que — realmente está em primeiro lugar.

O grau de importância de algo ou alguém em sua vida é medido pelo tempo que você dedica a ele e pelo que você faz, não pelo que você fala. Observe suas atitudes. A quem você tem dedicado a maior — ou melhor — parte de tempo, esforço, atenção e pensamentos? Seu tempo deve ser, preferencialmente, para o seu cônjuge. Se você tem mais tempo para estar na casa da mamãe, das colegas ou no trabalho e coloca essas coisas à frente de seu companheiro, está colocando seu casamento em situação de risco e sem equipamento de proteção. Isso exige muita atenção de sua parte, no dia a dia. Meça as suas atitudes.

Eu dizia "eu te amo" para a minha esposa, mas a maneira que eu a ignorava e não lhe dava atenção invalidava as minhas palavras. Era o que eu fazia que mostrava para ela que na minha vida o mais importante era o meu trabalho. No meu caso é ainda mais difícil porque o meu trabalho é servir a Deus. É muito fácil misturar as estações e achar que, se Deus está em primeiro lugar, tudo o que é relacionado a Ele também deve estar. Não confunda Deus com a Obra de Deus.

Mesmo trabalhando como pastor, servindo a Deus, não poderia colocar o meu trabalho acima da minha esposa. É o que Ele deixa claro quando fala dos pastores, dos bispos, dos que fazem o serviço d'Ele, ao dizer que eles têm de ser bem casados, cuidar da casa primeiro, para depois poder cuidar da igreja. Deus não está se contradizendo ao afirmar que o pastor deve cuidar primeiro da família. Ele continua em primeiro lugar, pois a Obra de Deus não é Deus. Veja como Ele valoriza o casamento! Ele nem quer que você faça a obra d'Ele se dentro de casa você não dá o exemplo e não faz do seu cônjuge sua primeira ovelha. O casamento, na verdade, serve como um termômetro que mede o nosso relacionamento com Deus. Se estou bem com Deus, tenho que estar bem no meu casamento. Se estou mal no meu casamento, não posso estar bem com Deus.

Para um casamento funcionar, é necessário que ambos, marido e mulher, se importem um com o outro acima de todas as demais pessoas e coisas. Se isso não acontece, não há casamento de fato. Na posição correta do pódio, a esposa sente-se especial por ter sido escolhida acima de todas as outras mulheres. Se colocada para escanteio, será uma mulher amarga e infeliz. Uma mulher infeliz faz um lar infeliz e, convenhamos, não é isso o que você deseja. O marido colocado no lugar correto sente-se respeitado por sua responsabilidade de cuidar de sua esposa como se fosse seu próprio corpo.

Agora que você sabe disso tudo, e sendo os dois uma só carne, tire da equação os terceiros. Vocês têm de estar tão juntos que pareçam colados, inseparáveis. Não pode haver terceira pessoa entre vocês, nem mesmo o filho.

É claro, salvo raras exceções. Suponhamos que seu marido seja agressivo, usuário de drogas, e este comportamento tem gerado risco para toda a família. Neste caso, você e seus filhos — se existirem — se tornam prioridade, pois as atitudes de seu marido fizeram com que ele se tornasse um risco para a segurança da família. Pode ser necessária, nesta situação, uma separação temporária para que ele busque tratamento. É claro que se Deus estivesse em primeiro lugar na vida deste marido, ele não seria dependente químico, mas isso é assunto para outro livro.

Com o primeiro e o segundo lugares devidamente ocupados por Deus e seu cônjuge, o terceiro lugar fica para o restante da humanidade: filhos, parentes, amigos e demais pessoas. Organizem-se aí.

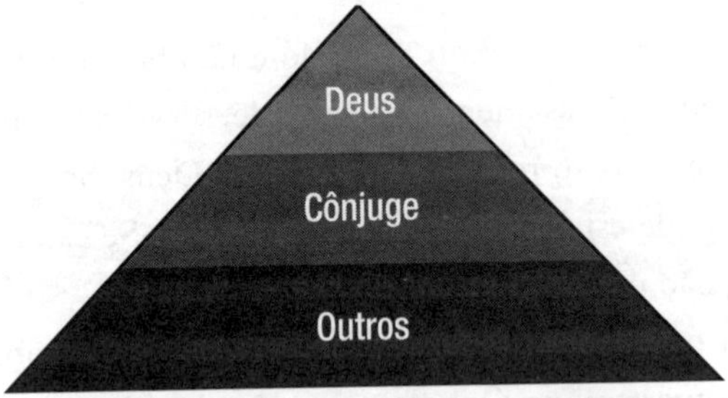

A ordem dos relacionamentos conforme determinada por Deus.

O QUE FAZER COM OS ABELHUDOS?

Não é fácil traçar as linhas que seus amigos e parentes não poderão ultrapassar, principalmente se eles já tinham o hábito de se intrometer em sua vida antes de você se casar. Mas antes de reclamar de seus familiares, pare de alimentar a intromissão. Quando leva seus problemas a parentes ou amigos, dá a eles autorização para fazer julgamentos a respeito de seu cônjuge, formar opiniões parciais e tratar sua vida como se fosse a deles. Se expuser sua vida como novela das oito para todos os parentes, nem adianta reclamar depois.

Se o seu relacionamento tem sido invadido por parentes intrometidos, o que fazer? Não adianta brigar, nem espernear. Aja com a cabeça. Aquele que não pertencia à família de origem, e que está sendo visto como o invasor, precisa entender que os parentes serão sempre parentes. Não é inteligente ficar contra eles, pois estará atacando as origens de seu parceiro e criará um problema ainda maior. O ideal é tratá-los da melhor forma possível e tentar conquistá-los.

Corte o mal pela raiz e não leve nada para o lado pessoal. Muitas vezes a raiz da implicância da sogra com a nora, por exemplo, está na insegurança. Se tratar bem a mãe de seu companheiro, deixando claro que não está ali no papel de rival e que seu objetivo é fazer dele a pessoa mais feliz do universo, transmitirá segurança a ela e eliminará os problemas. Ela deve ver em você uma aliada, alguém que a ama e respeita, e jamais uma inimiga. Aprenda a amar sua sogra, ainda que neste momento você acredite que isto seria missão impossível. Se você leu este livro até aqui, sabe que não é. Lembra-se de Dian Fossey e os gorilas?

Se são seus os parentes que gostam de se intrometer em seu casamento, você deve saber priorizar a sua nova família e mostrar isso em suas atitudes. Seja educado, não agrida a ninguém, mas estabeleça limites claros para que os parentes saibam que sua família é sagrada e que quem fala dela, fala de você. Quem gosta de você terá de aprender a gostar de seu cônjuge, pois agora vocês são um.

Os casos em que o casal quer colaborar com um parente que precisa de ajuda financeira têm grande probabilidade de gerar conflitos. Porém, se antes de decidir ambos conversarem e entrarem em consenso, não há problema algum. O casal deve ser equilibrado e priorizar suas necessidades, para depois ajudar a quem precisa.

Conhecemos um casal que passou por sérios problemas financeiros. Logo no início do casamento, os dois contraíram uma dívida. Com três anos de casados, ainda estavam se esforçando para pagar. Nessa época, a esposa se compadeceu da mãe, que estava com várias contas atrasadas, e movida por emoção, convenceu o marido a fazer um empréstimo bastante alto para ajudá-la. Chegou para ele com o assunto decidido, sem dar alternativa, valendo-se da velha chantagem emocional. Mesmo sem poder, o marido cedeu, mas aquela atitude, além de aumentar a dívida, causou um grande desgaste no relacionamento. O esposo sentiu-se desvalorizado ao ver que a mulher não priorizou as necessidades da nova família, nem considerou o esforço dele em quitar a dívida inicial.

Muitos casais fazem o que é certo na ordem errada. Não é errado ajudar a família de origem, desde que seja feito no momento certo e da maneira correta, sem passar por cima do outro. Se isso faz seu parceiro se sentir desprezado, você plantará problemas.

Cristiane :
Nunca vou me esquecer do que meu pai, que conduziu minha cerimônia de casamento, me disse no altar: "Agora não tem mais mamãe e papai, minha filha. Os seus problemas terão de ser resolvidos entre você e o Renato." De tudo o que ele disse naquela noite, isso foi o que ficou mais marcado em mim, acho que devido ao fato de eu ser muito jovem ainda e muito apegada à minha família.

Aquela palavra dura e direta me levou a aprender sobre a nova ordem em que eu estava entrando ao me casar. Agora a minha família era o Renato, e a família dele era eu. Nossos pais se tornaram nossos parentes. Os problemas que tivemos no início do nosso casamento ficaram entre nós dois. Isso não é nada fácil, especialmente para nós, mulheres, que temos necessidade de colocar para fora o que sentimos...

Não é tão difícil de entender que quando estamos formando uma nova família temos que deixar a anterior, mas esse fato tem sido um dos maiores problemas entre muitos casais de hoje em dia. Não era tanto assim há alguns anos. As pessoas já se casavam com o objetivo de formar sua família. Tanto é que se uma mulher não se casava, era mal olhada não somente pela sociedade, mas também pela própria família.

Na época, muitos casamentos eram feitos sem qualquer sentimento. Era um dever se casar e pronto. Nem sempre se amava a pessoa com quem estava se casando. Com os anos, muitos casais que haviam se casado sem sentimento desenvolviam o verdadeiro amor, porque partiam do princípio de que agora formavam uma família e deviam agir como tal. Ou seja, aja como alguém que ama seu marido ou sua esposa e vocês serão um casal. E se o casal tratar um ao outro como primeiro em suas vidas, se tornarão em uma família, e ninguém poderá se meter no meio e separá-los.

TAREFA

Que ajustes você terá que fazer para seguir a ordem correta nos seus relacionamentos? Escreva o que fará, na prática, especialmente o que fará de diferente para que seu cônjuge se sinta a pessoa mais importante para você abaixo de Deus.

/CasamentoBlindado

Poste isto:
Acertei a ordem dos meus relacionamentos.

@CasamentoBlind

Tuíte isto:
Acertei a ordem dos meus relacionamentos.
#casamentoblindado
@CasamentoBlind

CAPÍTULO 15

COMO HOMENS E MULHERES FUNCIONAM

Para começar este capítulo eu fiz uma rápida pesquisa para ilustrar como a mente dos homens funciona diferente da mente das mulheres. Pausei a escrita por um momento, saí do escritório e fui ao quarto onde a Cristiane estava secando os seus lindos cabelos enquanto o iPad tocava uma música. Sem ela saber o que eu estava fazendo, entrei como quem não quer nada, lavei as mãos na pia, olhei para ela pelo espelho e perguntei: o que você está pensando?

Sem hesitar, ela respondeu: "Estou pensando aqui que a Rafaela não postou no meu blog a resenha do filme que assistimos semana passada. Tenho que mandar um e-mail para ela. Estou pensando também que essa música é boa para usarmos no programa The Love School, só que provavelmente não deve haver um clipe oficial dela no YouTube, já que é muito antiga. Daí pensei que nossa equipe de produção poderia usar imagens dos bastidores para montar um clipe para ela. E, pensando na nossa equipe, lembrei que quando entrei na sala dela anteontem, percebi que precisam de mais cadeiras, alguém tem sempre que trabalhar de pé. Ah, e também estava pensando como meus cabelos estão ressecados, e como eu prefiro pagar alguém para fazer escova neles a ficar aqui fazendo eu mesma."

— Algo mais? — ousei perguntar.

—Não, só isso.

Só isso. Minha esposa estava pensando em cinco coisas ao mesmo tempo, e a música nem havia acabado... E eu aqui só pensando em uma coisa: como vou escrever este capítulo!

Um dos fatos mais ignorados pelos casais é a diferença dos sexos e como ela afeta o relacionamento. Homens lidam com as mulheres como se elas fossem eles. Mulheres falam com os maridos como se eles fossem mulheres. E cada experiência dessa abre uma latinha de minhocas. Quando ambos entendem essas diferenças, tudo muda sem nada mudar ao mesmo tempo. Muda porque vocês passam a ver que o seu cônjuge não está fazendo isso ou aquilo porque ele é mau ou porque ela quer lhe irritar. Vocês estão apenas sendo o que são: homem e mulher. Não maus, mas bem diferentes.

> Cristiane:
> "Se fosse eu no lugar dele, não teria feito assim", é o que eu de vez em quando pensava a respeito do Renato. Aliás, vivia criticando homens quando via neles a falta da tão querida consideração com os demais. Entrava em um lugar cheia de bolsas, cada uma mais pesada que a outra, e os homens nem reparavam no quanto eu precisava de ajuda. Aí, eu logo pensava: "Ah, se os homens fossem um pouquinho mais cavalheiros!"
>
> Vivia me comparando ao Renato e, como as diferenças eram grandes, você pode imaginar a constância desses pensamentos. Ele não reparava em minha roupa nova enquanto as minhas amigas a avistavam de longe. 'Como pode?' Eu o questionava e ele não conseguia entender por que aquilo era tão importante para mim. Parecia que éramos de planetas diferentes! Até que um dia descobri que estava sendo injusta em querer que ele pensasse como eu. Ele é homem, afinal.

> Esse é um defeito horrível do ser humano, querer que os outros pensem como você. Até mesmo nos gostos, quando alguém não tem o nosso gosto, achamos horrível, como se isso importasse. Será que importa se eu gosto da cor do cabelo dela se o cabelo não é meu? Mas é isso que fazemos com o nosso parceiro, sempre o criticamos por não pensar como nós e não fazer as coisas como nós faríamos.
>
> Nessa batalha de qual é o jeito melhor, ninguém sai ganhando, pelo contrário, o casamento se enche de atritos. Queria que ele tivesse consideração comigo como eu tinha com ele e ele queria que eu fosse forte para aguentar as coisas como ele era. Ele queria que eu fosse um homem e eu queria que ele fosse uma mulher.
>
> É claro que, a princípio, não percebemos isso. Nunca pensei que estava pedindo ao meu marido para ser uma mulher! Mas se eu fizesse uma listinha de tudo que eu idealizava nele com certeza seria uma versão minha masculina. Até parece que eu iria me aguentar.

Pura verdade. Peça a qualquer mulher para descrever o "homem ideal" e ela vai descrever outra mulher...

Mas homem e mulher diferem em muitas maneiras. Geneticamente, o 23º par de cromossomos determina a diferença dos sexos. Fisicamente, o corpo masculino e o feminino são obviamente distintos. Mas uma das diferenças mais determinantes está nos cérebros dos dois.

O cérebro masculino é em média 10% maior do que o feminino e tem 4% de células a mais. Mas antes que você homem comece a se gabar por ter um cérebro maior que o da mulher, saiba que o cérebro feminino tem mais células nervosas e conectoras, o que as possibilita ter um cérebro mais eficiente e eficaz. Isto quer dizer que, de modo geral, homens tendem a realizar tarefas utilizando o lado esquerdo do cérebro, que é o lado lógico e racional. As mulheres, por sua vez, tendem a usar os dois lados simultaneamente devido à habilidade de transferir informações mais rapidamente entre os lados esquerdo e direito do cérebro. O resultado disso é que homens tendem a ser mais focados em coisas, sistemas e em resolver problemas, enquanto as mulheres são mais afinadas com os sentimentos de todos ao seu redor e mais criativas. Estudos sobre isso reconhecem que há exceções, e é possível às vezes um homem ter um cérebro "mais feminino" e vice-versa — o que não tem a ver necessariamente com a sexualidade de cada um, não se preocupe! Apenas significa que há homens que são mais emotivos e mulheres que são mais racionais, mas não são a maioria.

Louann Brizendine, em seu livro *The Female Brain* (O Cérebro Feminino), fala a respeito de como os dois cérebros são bem diferentes já no berço. A bebezinha vira uma garotinha que adora fazer amizades e socializar com outras garotinhas. Ela consegue até perceber quando as coisas não vão bem em casa. Mas com o bebezão, que vira um garotão, já não é bem assim. Ele quer brincar, e se machucar alguém no processo, não tem problema, pois adora desafios e aventuras. Ele é um conquistador desde pequenininho, e ela, uma companheira carinhosa.

UMA CAIXINHA PARA CADA COISA

A maneira que Mark Gungor expressa essas diferenças é a minha preferida. Ele explica que o cérebro masculino é como se fosse composto de várias caixinhas. Na cabeça dele há uma caixinha para cada assunto de seu interesse: uma para o carro, uma para o trabalho, uma para você, outra para os filhos, outra para a sogra em algum lugar no porão toda selada e com um aviso "Perigo!"... E um detalhe muito importante é que essas caixinhas não encostam umas nas outras. Quando o homem quer discutir um assunto, ele tira apenas a caixinha daquele assunto, abre-a, discute somente o que está dentro daquela caixinha e, quando termina, ele a fecha e a coloca no mesmo lugar, com muito cuidado para não tocar em nenhuma outra.

E tem mais: muita atenção para esta informação, mulheres!

Dentro do cérebro do homem há uma caixinha que a maioria das mulheres desconhece. Essa caixinha não tem nada dentro. De fato, ela é chamada "caixinha do nada". E de todas elas, essa caixinha é a favorita do homem. Sempre que há uma chance, ele corre para essa caixinha. É por isso que os homens são capazes de se envolver por horas com atividades que exigem praticamente zero de uso do cérebro, como: jogar video games, pescar, ou ficar trocando de canal na frente da TV sem assistir... nada. Se deixar, quando não estamos trabalhando, totalmente focados em algo, gravitamos automaticamente para a caixinha do nada.

A mulher não consegue entender isso, pois simplesmente não consegue ficar sem pensar em nada. Quando ela vê seu marido nesse estado vegetativo, calado, amuado, como morto-vivo, ela fica intrigada e não resiste a perguntar:

— O que você está pensando?

E ele responde, sem expressão:

—Nada.

— Com certeza você está pensando em alguma coisa. Não é possível que você não esteja pensando em nada.

— Estou te falando, não estava pensando em nada — ele insiste, em vão.

— Você está mentindo. Você não quer é me falar. Por que você não se abre comigo?

Todo homem já teve essa conversa e teme o resultado porque sabe que não tem como acabar bem. Não importa o que ele falar, ela não vai acreditar. Se ele diz que não estava pensando em nada, ela não crê que isso seja possível. Se inventa que estava pensando em alguma coisa só para satisfazê-la, ela acha que não era aquilo exatamente que ele estava pensando (sem saber que agora ela está certa; ele realmente não estava).

O que ela não entende é que quando o homem está estressado, ou simplesmente desligado do trabalho, a maneira dele relaxar é correr para a caixinha do nada. Ele quer ficar em paz, sem falar, ficar quieto por alguns instantes. A última coisa que ele quer fazer é conversar sobre problemas e frustrações. O homem só conta seus problemas para outro homem se acreditar que ele pode lhe ajudar a resolvê-los. Senão, ele fica quieto.

Já a mulher, quando está estressada, tem que conversar com alguém, não necessariamente porque está buscando um conselho, mas porque, se não, a cabeça dela explode...

UMA BOLA DE FIOS DESENCAPADOS

Se o cérebro do homem é feito de caixinhas desconectadas, o cérebro da mulher é como uma bola de fios, um emaranhado de cabos, todos interligados. Tudo está conectado a tudo: o carro está ligado ao trabalho, que está ligado aos filhos, que estão ligados à sua mãe, que está ligada ao vazamento no banheiro... Tudo está ligado entre si e nada é por acaso. E a energia que corre nesses fios chama-se emoção. É por isso que a mulher se lembra de tudo, inclusive dos detalhes de uma conversa que o homem jura que nunca aconteceu. É que quando você junta algum acontecimento com uma emoção, aquilo funciona como um raio laser que imprime a memória no cérebro e a pessoa nunca mais se esquece do fato. O homem também tem essa capacidade, mas na verdade quase não a usa porque na maioria das vezes não está nem aí para os pequenos acontecimentos.

Já a mulher está aí para tudo...

Quando ela está estressada e precisa de alguém com quem desabafar, o homem equivocadamente acha que tem de resolver os problemas dela. Ela diz:

—Você não sabe o que me aconteceu hoje. A cara de pau da Pâmela levou todo o crédito do trabalho que eu fiz.

—Quem é Pâmela? — pergunta o desligado.

—Môr, é a minha colega lá no escritório! — diz a ele, pela vigésima vez. —Ela vai no patrão, entrega o projeto que passei duas semanas me matando para fazer e que ela só assina, e dá a entender que foi tudo ela que fez.

—Ué, você tem que falar com ela que isso não se faz. Ou então dá um jeito de o patrão saber que você participou também. Ou então deixa pra lá, não esquenta com isso.

Aqui o marido pensa que está arrebentando, dando um grande conselho para a esposa. Na verdade, ele está fazendo com que ela se sinta uma idiota, como se ela não soubesse o que poderia fazer naquela situação. O que ela realmente precisa não é de um conselho, mas apenas de um ouvido. Ela precisa falar, porque na mente dela está esse e muitos outros pensamentos e frustrações. E o que o homem precisa fazer nesse momento é apenas fechar o zíper dos lábios e ouvir. E se ele não tiver essa sabedoria e paciência, ela recorrerá à mãe, à irmã, às amigas, ou pior — ao Ricardão lá do trabalho dela.

Se a mulher entender o cérebro do homem e ele o dela, os dois poderão se ajustar e não irritar um ao outro ou ficar frustrados com a maneira de ser do parceiro.

SERÁ QUE ELE É SURDO?

Devido a essas diferenças, as mulheres costumam ser multitarefas — fazem várias coisas ao mesmo tempo. Homens costumam ser monotarefas — fazem uma coisa de cada vez. Novamente, isso é uma fonte de irritação, pois a mulher muitas vezes culpa o homem de não prestar atenção no que ela fala, por exemplo. O marido está sentado lendo o jornal enquanto ela está preparando o almoço, vigiando o filho fazendo o dever de casa e falando ao telefone ao mesmo tempo. Em dado momento, ela termina a ligação e fala ao marido: "Sábado que vem é a festinha de aniversário da minha sobrinha. Temos que estar lá por volta das três da tarde." Ele resmunga lá da sala: "Ahã."

Passa uma semana, ele vê a esposa se arrumando e pergunta: "Aonde você vai?" Ela já responde frustrada: "Você esquece tudo, hein? Ou não presta atenção no que eu falo." A verdade é que ele estava totalmente focado na leitura do jornal quando você falou com ele. Não quer dizer que ele não se importa com você. Significa apenas que é assim que o cérebro dele funciona.

Se você, mulher, quer diminuir este tipo de frustração, certifique-se de que seu marido está totalmente focado em você quando está falando com ele. Isto é, olhando para você, e não fazendo nada mais. Se não, espere o momento certo.

Mas as diferenças entre os sexos ditam muito mais do que estas regrinhas de convivência e comunicação. Ao longo dos séculos, homens e mulheres foram naturalmente programados para esperarem coisas bem específicas um do outro. Infelizmente, hoje mais que nunca, essas expectativas nem sempre são tão claras entre os dois.

Agora você vai entender como elas se desenvolveram, quais são elas, e como cumpri-las.

CAPÍTULO 16
NATURALMENTE PROGRAMADOS

As diferentes estruturas física, genética e mental do homem e da mulher determinaram outras diferenças entre eles, sociais e culturais, desde o início da humanidade. A força física do homem, bem como as habilidades naturais de construir armas e navegar territórios, o qualificaram para ser o provedor e protetor da família. As características inerentes à mulher fizeram dela a cuidadora e organizadora do lar.

Desde o princípio, por milhares de anos, os papéis dos dois eram bem diferentes, claros e específicos. A rotina típica de um casal era mais ou menos como a que descrevo nos próximos parágrafos.

Antes de o sol nascer, o homem saía com as armas para caçar, sozinho ou em grupo, arriscando a vida a fim de trazer o alimento para casa. A mulher ficava em casa esperando ansiosamente que ele voltasse ao final do dia, não apenas com a comida, mas são e salvo. Ele era o seu herói, que arriscava a vida pela vida dela e as de seus filhos. Enquanto caçavam, os homens não faziam grande uso da comunicação verbal, até porque um pequeno barulho podia lhes custar a caça. Tinham que se locomover furtivamente e se comunicar por gestos. Não podiam ter medo de matar, nem fera nem outros homens, caso fossem atacados.

Já a mulher, por ficar em casa em companhia dos filhos e vizinhas, desenvolveu melhor a habilidade de comunicação verbal. Como a organizadora e enfermeira da família, se tornou expert em perceber detalhes e expressões faciais, sempre atenta ao estado físico e emocional das pessoas. Ela se tornou a arquiteta dos relacionamentos, a cola da família e da comunidade.

Agora você entende por que o homem se tornou menos emocional, não tão apto a "ler os sentimentos" dos outros como a mulher naturalmente o faz, menos falante que ela e mais direto nas palavras.

Além das tarefas domésticas, a mulher era muito considerada pela habilidade quase divina de gerar filhos. Carregava em si a semente da vida e, por esse motivo, o homem a protegia e valorizava. Ela, por sua vez, o respeitava como o líder natural da família e o cobria de apreciação pelo risco que corria diariamente pela sobrevivência dela e dos filhos.

Tudo isso deixava bem claro qual era o papel do homem e o da mulher em relação um ao outro. Não havia discussão entre eles sobre isso, nem competição. Cada um sabia bem o seu papel e não havia sentimento de que um era melhor do que o outro. E assim foi por milhares de anos. Através dos séculos, esses papéis não mudaram muito. Tradicionalmente, o homem sempre foi o provedor e protetor da família, e a mulher a cuidadora do lar e arquiteta dos relacionamentos.

Porém, alguns fatores vêm mudando essa realidade de uns cinquenta anos para cá. Poderíamos citar vários, mas mencionaremos apenas dois principais, e seus efeitos no casamento.

OS PAPÉIS SE CONFUNDEM

Dois fenômenos sociais têm transformado o conceito tradicional sobre o papel do homem e da mulher na sociedade: o Movimento Feminista e a Revolução Industrial. Está fora do escopo deste livro entrar em detalhes sobre esses dois pontos. Fique à vontade para pesquisar mais, se quiser. Resumidamente, para nossos fins, aqui está o principal, e por que nos importa:

A REVOLUÇÃO INDUSTRIAL

A mulher começou a sair de casa para o trabalho, ainda que timidamente, em meados do século 19. O desenvolvimento da tecnologia maquinária deu origem às fábricas, as quais abriram oportunidades de emprego até então inexistentes para as mulheres. Mas foi no século passado, especialmente a partir da Segunda Guerra Mundial, que a mulher começou a tomar seu espaço no mercado de trabalho. Ela se mostrou tão capaz quanto o homem em muitas profissões. Conquistou direitos iguais e ultrapassou o número de homens cursando universidades. Com a explosão do crescimento das grandes indústrias, da tecnologia, do funcionalismo público e dos serviços de saúde, a mulher hoje é parte essencial da economia global. O novo poder aquisitivo da mulher, combinado ao de seu marido, possibilita ao casal o acesso a uma vida material muito melhor do que a de seus pais e avós. A atual cultura consumista — a publicidade incansável de produtos e bens que prometem a "felicidade" dos que os consomem — praticamente impossibilita a um homem de renda média ou baixa sustentar a família sem a renda extra da mulher. O que isto significa é: a mulher não é mais a mãe e esposa que apenas cuidava da casa e recebia o marido no fim do dia com um bolo quentinho esperando no forno. Ela é tão ativa quanto ele lá fora, ganha tanto ou mais do que ele e, portanto, está muito diferente da mulher tradicional. Ela está se tornando caçadora também.

O MOVIMENTO FEMINISTA

A americana bell hooks[14], uma ativista feminista de grande influência, define bem a essência do feminismo: "O feminismo é uma luta contra a opressão machista." Sem dúvida, muitos homens ao longo da história fize-

---

[14] Ela, propositalmente, não usa maiúsculas no próprio nome. Curiosamente, aos 59 anos, hooks permanece solteira.

ram um grande desfavor não somente às mulheres, mas também a todo o gênero masculino. Portanto, a luta pelos direitos da mulher tem um valor inegável. Porém, apesar das feministas terem conseguido grandes avanços em busca do equilíbrio dos sexos, um subproduto disso tem sido o sentimento quase odioso contra os homens. O feminismo tem levado muitas mulheres a ver o homem, de modo geral, como um opressor, um inimigo que está pronto para oprimi-la na primeira oportunidade. Enquanto isso pode ser verdade em alguns casos, esta generalização leva muitas mulheres a resistirem ao papel tradicional do homem provedor e protetor por medo de ficar por baixo dele.

Levantando a bandeira da igualdade dos sexos, o movimento gera a confusão entre igualdade de direitos e igualdade de gêneros. E é exatamente quando a mulher começa a olhar o homem como seu igual, especialmente dentro do casamento, que inúmeros conflitos passam a existir. Quero deixar bem claro: sou totalmente a favor da igualdade de direitos entre os sexos. Mas dizer que homens e mulheres são iguais na sua natureza e maneira de ser é um erro gravíssimo que tem causado sérias consequências nos relacionamentos amorosos. Uma coisa é você ter direitos iguais; outra coisa é querer cumprir papéis iguais. Homem e mulher sempre tiveram direitos iguais aos olhos de Deus, já que Ele não criou um melhor que o outro. Mas os papéis que lhes foram designados são bem diferentes. O problema começa quando a mulher quer cumprir o papel do homem no casamento e na família.

Esses dois fatores se resumem em um só: a ascensão da mulher. E como resultado, os papéis já não estão tão claros, distintos e específicos como costumavam ser até pouco tempo atrás. Pela primeira vez na história da humanidade, o homem começa a entrar em uma crise de identidade.

QUEM SOU EU? ONDE ESTOU?

Quem é esta "caçadora" ao meu lado? Os homens ainda não conseguiram se situar dentro deste novo cenário. São exatamente essas mudanças que vêm causando problemas no casamento. Mulheres têm se tornado mais independentes, portanto menos inclinadas a envolver os maridos em suas decisões; batem de frente com eles, afinal, elas "podem". Homens têm se sentido intimidados diante do crescimento da mulher, têm se retraído, e em alguns casos até se sentem inferiores a ela. A firmeza tem dado lugar à indecisão ou a fazer qualquer coisa que não desagrade a mulher, a fim de manter a paz. Ela por sua vez fica frustrada com a falta de iniciativa dele e acaba tomando a frente, completando assim o círculo vicioso. Enfim, ela acaba se assemelhando a ele, e ele à ela.

As consequências disso podem ser vistas no paralelo entre a ascensão da mulher e o grande aumento no número de divórcios nos últimos cinquenta anos. Como pode algo tão bom para as mulheres ser tão ruim para os nossos relacionamentos?

Não estamos sugerindo que o avanço da mulher é ruim nem queremos que a sociedade retroceda. Apenas queremos apontar o fato de que, ainda que a sociedade tenha mudado, as necessidades naturais dos homens e das mulheres continuam sendo as mesmas de milhares de anos. O homem ainda é homem e a mulher não deixou de ser mulher. Fomos criados assim e novos direitos e maneiras de viver não vão mudar o nosso DNA. Somos naturalmente programados, ou seja, temos uma predisposição a esperar certas coisas de nosso cônjuge.

Homem e mulher podem crescer e evoluir na sociedade como e o quanto quiserem. A mulher ganhar mais que o homem não é o problema, nem o homem lavar a louça ou ajudar a trocar as fraldas. O que os dois precisam saber fazer é *atender às necessidades básicas um do outro.* Ou seja, sem jogar pela janela o progresso e avanço conquistado pela mulher, vamos resgatar os valores e princípios originais que regem um casamento feliz.

Cristiane:
Eu sou a favor da mulher ter direitos, afinal de contas, gosto de conquistar também. O problema é que precisamos saber

como lidar com os nossos homens diante de tantas mudanças na sociedade.

Meus pais já passaram dos quarenta anos de casados e a sua maneira de pensar é bem diferente da dos casais que se casam hoje. Quando o meu pai se casou com a minha mãe, ele tinha em mente trabalhar duro para sustentá-la. Hoje em dia, muitos homens já não têm essa preocupação. A mulher também trabalha e às vezes pode até sustentá-lo. Isso, no passado, era humilhante para o homem, pois mostrava uma fraqueza de sua parte. Se ele tirou a jovem da casa dos pais, tinha a obrigação de cuidar e prover tudo que ela precisasse.

Enquanto isso, a obrigação dela era cuidar do marido, da casa e criar os filhos. A mulher tinha prazer nisso, o que já não se vê tanto hoje em dia. A mulher atual nem sempre tem prazer em cuidar do marido, muito menos da casa. Se ele está com fome, que se vire. Os filhos podem ficar a maior parte do tempo em uma escola e em clubes de esportes para ela ter mais tempo para a carreira e outros interesses. E quando ela chega em casa, não quer ter o trabalho de cozinhar nem de limpar nada, então se chateia com o marido por jogar seu par de sapatos no meio da sala. Ou seja, coisas que no passado não eram um problema, hoje são motivos de conflito.

Homem e mulher não foram feitos para competir um com o outro. Somos muito diferentes e as nossas diferenças são justamente para acrescentar na vida do outro e não para diminuí-lo.

A mídia, para contribuir com esse desastre, também coloca a imagem do homem lá em baixo. Repare só na maioria das comédias e em alguns outros gêneros de filme, como o homem é sempre aquele personagem fraco, que teme a mulher, que faz tudo errado, não tem pulso forte, nem passa nenhuma segurança; enquanto a mulher é bem inteligente, sabe o que quer, faz tudo certo e é sempre o braço forte da família.

> Esta imagem acaba fazendo a lavagem cerebral nas pessoas: o homem é fraco, a mulher é forte; o homem é bobo, a mulher é inteligente. O resultado nos lares é que filhos não respeitam os pais, esposas não respeitam os maridos, e o pobre coitado acaba largando aquela família. A esposa rapidamente o acusa de alguma incapacidade e os filhos se decepcionam com ele, dizendo a si mesmos que nunca vão se casar.

Aí está uma foto do que tem sido a família no século 21. Se a sociedade não valoriza o papel do homem na família, o homem por sua vez também não valoriza o da mulher, e o que acontece é o inevitável: ninguém valoriza ninguém, cada um por si, Deus por todos, e uma abundância de atitudes egoístas no dia a dia.

Se você quer fazer parte da cultura do casamento feliz e duradouro, não poderá seguir as normas da cultura atual. Terá que andar na contramão e criar sua própria cultura dentro do seu relacionamento. Cristiane e eu temos a nossa, e já determinamos que nada de fora que seja nocivo poderá entrar. Por isso conseguimos manter os valores e princípios de que precisamos para conservar nossa intimidade, e não nos esquecemos de preencher as necessidades básicas um do outro, predeterminadas por nossas naturezas distintas.

E você, sabe quais são estas necessidades? Vamos entender mais sobre elas.

NECESSIDADES BÁSICAS NATURALMENTE DETERMINADAS

Somos programados por nossa natureza humana a ter certas necessidades supridas. E não há necessidades mais básicas do que comer, beber, vestir e ter moradia. Tire isso do ser humano e seu comportamento se torna como o de um animal. Isso pode ser observado quando grandes desastres naturais afetam uma cidade. De repente, as pessoas se veem sem alimentação, água, abrigo e segurança. Se não houver uma intervenção rápida dos serviços de emergência, entram em desespero e adotam um comportamento até agressivo pela sobrevivência. A procura pelo que comer e beber e por onde morar faz com que as pessoas ajam como se voltassem à época das cavernas. Quando suas necessidades básicas são afetadas, afloram as reações mais primitivas.

Minutos antes de o desastre ocorrer, a maioria estava preocupada com inutilidades, como: se a barra da calça está curta demais, se a melhor cor para a parede do quarto é bege ou branco, se vai fazer um *upgrade* do celular etc. Depois que o horror acontece, ninguém se importa mais com isso. A única preocupação é salvar a própria vida. O que as pessoas antes viam como "necessidade" é reduzido do mais alto capricho para as coisas mais básicas como água, pão e cobertor. Pessoas que nunca roubaram, nunca agrediram ninguém nem violaram leis são capazes de fazê-lo. É o instinto natural do ser humano. E qual a melhor maneira de conter esse comportamento animalesco? Preenchendo novamente as necessidades básicas dessas pessoas.

Há outra coisa muito importante que você tem que saber sobre isso:

Não se discute sobre as necessidades básicas de uma pessoa. A única coisa a fazer é preenchê-las.

Ninguém é culpado de ter fome. Ninguém é mau por querer dormir uma noite de sono. Ninguém é criminoso por ter sede. Ninguém pode ser acusado por querer um lugar para morar. Mau é quem pode suprir as necessidades de alguém mas não o faz.

Agora, transporte esse fato para dentro do relacionamento. Homem e mulher também têm, por suas naturezas masculina e feminina, necessidades básicas que precisam ser preenchidas. Para que um casamento funcione, há certas coisas mínimas que devem existir. Tudo bem, o marido pode não ser tão romântico quanto um personagem de Robert Redford; a esposa pode não ser a mais perfeita dama de um conto de fadas, mas ambos têm que oferecer um ao outro pelo menos o essencial.

As necessidades básicas do homem e da mulher são de extrema importância. Se elas não são supridas, seu marido ou sua esposa começará a agir irracionalmente. E não adiantará ficar criticando ou se perguntando 'por que ele é assim?' ou 'por que ela age assim?' A melhor coisa que você pode fazer sobre as necessidades básicas de seu parceiro é supri-las. Sobre necessidades não se discute. Quando se tem fome, a única coisa útil de se fazer a respeito é comer.

Quando adota um animalzinho de estimação, a primeira coisa que você faz, antes mesmo de levá-lo para casa, é descobrir o que ele come, bebe, gosta e não gosta. Você não discute com quem lhe deu o animal, nem tenta mudar o bichinho depois que o leva para casa. Se você quer um animalzinho feliz, e é mais inteligente que ele, apenas preenche as necessidades dele, por mais chatas que sejam. Para você ter um marido ou uma esposa feliz, descubra as necessidades básicas dele ou dela e supra-as — não discuta.

CAPRICHOS E COMPARAÇÕES

Um esclarecimento: estamos falando aqui de necessidades básicas, não de caprichos e fantasias. Para as mulheres, um aviso: amor verdadeiro não se resume em romance ou beijo cinematográfico. É um grande erro da mulher comparar o homem real com o homem da tela. Uma mulher casada certa vez deixou um comentário em um dos nossos vídeos no YouTube sobre o que ela esperava de um homem ideal:

> ...gosto do homem que se cuida, que se preocupa com sentimentos, que seja romântico, ao estilo Brad Pitt ou Tom Cruise; mas que seja galanteador como *James Bond* e provedor e protetor como *Conan, o Bárbaro*, ou os homens do Faroeste. Penso que o homem ideal é aquele vampiro da Bela, de *Crepúsculo*. E gosto daquele homem de '*E o Vento Levou*', ou aquele dançarino de '*Dançando na Chuva*'... ah, sei lá, um pouco de cada. Tem também os samurais...

Meu primeiro conselho para essa esposa foi: "Pare de assistir filmes!"

Se você não sabe o que quer, como exigir que seu marido o saiba? Esta ilusão do amor hollywoodiano é que tem levado muitos casamentos ao fracasso. Esse amor roteirizado, treinado, com diretor produzindo o ator, não compete com a vida real. Na vida real, aquele galã da novela provavelmente já se casou três, quatro vezes, tem uma vida amorosa infeliz, e talvez até tenha batido na mulher dele. Não podemos viver a realidade baseada em fantasia.

Uma das piores coisas que você pode fazer é comparar seu cônjuge a alguém, seja este alguém real ou imaginário. Isso é capaz de matar o casamento. Se você compara seu marido com o da televisão, prepare-se para ficar frustrada.

O mesmo se aplica para os homens. Você, homem, passará pelo mesmo se embarcar na praga chamada 'pornografia'. Colocando de lado a parte moral da questão, o resultado deste vício é que muitos homens não conseguem mais ser estimulados por suas mulheres, só pela pornografia e masturbação. Ou seja, aquilo que é real, a intimidade com a esposa, já não serve mais. Você deixa de ser o homem que sua esposa precisa, fica frustrado porque sua mulher não é aquela que viu em um vídeo produzido, e acaba vivendo de fantasias — criando assim uma data de expiração em seu casamento.

Nenhuma mulher gosta de ser comparada assim. Para ela, é humilhante saber que o marido só se sente realizado assistindo a esse tipo de vídeo. Ela não fica excitada como ele e ambos não conseguem chegar à intimidade total. O homem que se faz dependente desse estímulo está desmoralizando a mulher, fazendo com que ela se sinta insuficiente para ele, exatamente o contrário da necessidade mais básica que ela tem.

PARTE IV

Fazendo a Blindagem

CAPÍTULO 17

NECESSIDADES BÁSICAS DA MULHER

Quais as necessidades mais básicas de uma mulher? Podemos resumi-las em uma frase: ser valorizada e amada. Foi assim que a inteligência espiritual definiu a principal responsabilidade do marido para com a esposa:

> *Marido, ame a sua esposa, assim como Cristo amou a Igreja e deu a Sua vida por ela. Quando o homem ama a sua esposa como ao seu próprio corpo, ele está fazendo um favor a si mesmo, já que ele é um só com ela.* (Efésios 5:25-28)

Note que, a princípio, um paralelo é feito entre o amor do marido pela esposa e o amor de Cristo pela a Igreja. Ou seja, o amor d'Ele é usado como padrão a ser seguido. Nosso modelo de amor para com nossa esposa não deve vir de filmes, livros, pais, parentes, ou amigos. O Autor do casamento apontou o amor de Jesus por nós como referência para os maridos. E que tipo de amor foi o d'Ele? Um amor marcado por entrega de si mesmo, sacrifício, cuidado, e renúncia — não por emoção.

Em seguida, o homem é levado a entender que amar a esposa é amar a si mesmo. Se eu trato bem da Cristiane, estou na verdade cuidando de mim. Se a maltrato, é como se eu estivesse ferindo a mim mesmo.

Lembra-se da ideia de que os dois "serão uma só carne"? O homem precisa ver sua esposa como extensão de si mesmo e não descuidar das necessidades dela.

A esposa é um presente de Deus para o marido[15]. Deus criou a mulher para o homem, e a forma como criou o homem também fez dele um complemento para a mulher. Se o marido rejeita, maltrata, ou repudia a esposa, é como se estivesse rejeitando o presente de Deus (o mesmo quando a mulher rejeita o marido). Quando se despreza a mulher, dizendo que "mulher só quer gastar", ou se fala mal do homem, dizendo "homem é tudo igual", na verdade, se está falando mal de Deus, o Criador de ambos.

A esposa está sob os cuidados do marido. A origem da palavra marido no inglês (*husband*) remete à ideia de "cuidador, administrador". Este significado está bem de acordo com o papel do marido, pois quando o homem se casa, ele se torna responsável por sua mulher, por tudo o que acontece com ela, e por cuidar dela. Isso na verdade é amor. Amar é muito mais uma atitude do que apenas sentir. O mundo diz: "Se acabou o sentimento, acabou o amor." Esse tipo de amor-sentimento é o que gera monogâmicos em série — acaba o amor por um, vai para outro, acaba de novo, vai para outro etc. O verdadeiro amor não é fundamentado em sentimento, mas no cuidado que o marido deve à esposa pelo compromisso que assumiu com ela.

VALORIZÁ-LA E AMÁ-LA — MAS COMO?

Na prática, a esposa se sente valorizada e amada quando:

O marido lhe oferece segurança: essa questão não se refere apenas à segurança física ou financeira, mas segurança em todos os sentidos da palavra. O dicionário define segurança como:

---

15 Provérbios 18:22.

> conjunto das ações e dos recursos utilizados para proteger algo ou alguém; diminuir os riscos ou os perigos; garantia; aquilo que serve de base ou que dá estabilidade ou apoio; amparo; sentimento de força interior ou de crença em si mesmo; certeza, confiança, firmeza; força ou convicção nos movimentos ou nas ações[16].

Há várias maneiras pelas quais o homem pode passar segurança ou não para a mulher. Quando ele é fiel, por exemplo. Uma necessidade básica dela é saber que o marido, ao sair para o trabalho ou qualquer lugar que seja, se manterá fiel a ela. Quando o homem começa a flertar com outras mulheres, talvez por ser muito extrovertido, passa insegurança para a esposa. Esse jeito brincalhão, que muitas vezes cria amizades inapropriadas com outras mulheres, talvez tenha de ser mudado a fim de passar segurança para a mulher (o ciúme da mulher às vezes é decorrente da falta de segurança que o marido passa). Se ele é irresponsável, imaturo, indefinido, tem um temperamento forte, gasta com facilidade, ou tem um vício, gera insegurança também. Às vezes ele quer que ela confie nele enquanto ele não passa nenhuma firmeza para ela pelo seu comportamento. O homem que fala alto, grita, bate a porta, fica alterado etc., pode achar que está se mostrando muito forte e seguro, porém, é o contrário. Se ele não se mostra em controle de si mesmo, que dirá do resto da família e da situação? Mostre-me um marido "esquentado", que vive cheio de raiva, e eu lhe mostrarei uma mulher insegura, desvalorizada, e mal-amada.

Quando a mulher não se sente segura, imediatamente levanta muralhas para se proteger do que aquela insegurança pode lhe trazer. O instinto dela diz que se ele não está cuidando dela nem protegendo-a, ela tem que fazer isso por si mesma. Isso também gera um círculo

---

16 Dicionário Priberam de Língua Portuguesa @ 2012.

vicioso, onde ele se sente desrespeitado por ela, se retrai, e ela então se vê na obrigação de tomar decisões, iniciativas e lutar por si mesma, aumentando assim o senso de desrespeito nele.

O homem tem que ser equilibrado e seguro em todos os sentidos. Para proteger e cuidar da esposa, ele tem que ser forte, na maneira certa. Não pode ser um viciado ou um indefinido. Uma hora quer uma coisa, outra hora quer outra. Se ele é imaturo, irresponsável e não mostra liderança firme, pode ter certeza: ela vai acabar tomando a frente dele, para sua própria sobrevivência... Homens, acordem!

Ele a escuta: isso é muito difícil para o homem, já que ele geralmente não gosta de prestar atenção nem de ouvir detalhes. Ele gosta de resolver os problemas e não apenas de ouvir a respeito deles, o que normalmente a mulher faz quando está com suas iguais. Ter seu desabafo ouvido por uma amiga já é o suficiente para que a mulher se sinta bem. Eis aí outro problema: você quer que sua esposa compartilhe tudo com você, mas não quer ouvi-la. É por isso que às vezes a mulher tem mais intimidade com as as amigas do que com o próprio marido!

É frequente o homem ficar chateado por descobrir que a mulher falou algo que ele considera privado para outra pessoa. O que ela pode fazer, se o esposo não quer ouvir o que ela tem a dizer? Ela errou, mas... Ele também. Se não encontra ouvidos disponíveis em casa, há grande probabilidade de que se abra para ouvidos solícitos na rua. Isso representa um grande perigo. Uma mulher carente, com as necessidades mais básicas negligenciadas, é um alvo fácil para o conhecido "cafajeste"— aquele cara do trabalho, sempre tão simpático e atencioso, que conhece, intuitivamente, essas necessidades e tem dado a muitas dessas mulheres casadas o que os maridos não tiram tempo para dar: ouvidos. Sem atenção, essas mulheres caem feito filhotinhos de foca nas mãos do predador.

Homens: limpem os ouvidos, não desprezem, especialmente se ela está desabafando. Não tentem resolver os problemas, apenas ouçam. Como já explicamos anteriormente, a mulher lida com o estresse de modo bem diferente de nós, homens. Ela precisa falar e colocar para fora tudo que está lhe atormentando por dentro. Isso não quer dizer que ela precise de uma orientação sua, apenas uns bons ouvidos e um abraço para lhe passar a segurança de que você está ao seu lado.

A intimidade do casal começa no ouvir um ao outro. Se vocês não dialogam ou conversam, provavelmente têm uma intimidade muito fraca, pois ela não se constitui só de sexo. A intimidade está muito além do sexo. E outra dica para os homens: para evitar problemas depois, quando ela estiver falando, pare o que está fazendo e preste atenção! Pior do que não ouvi-la é fingir que está ouvindo... Se não pode prestar atenção agora, avise, senão isso vai voltar para lhe morder depois.

Eu tive que aprender a ouvir. Não gostava de ficar ouvindo nem contando detalhes. Quando a minha esposa me perguntava "Como foi o seu dia?" o máximo que eu respondia era "Foi bom", terminando ali a nossa conversa da noite. Aquilo estava matando a nossa intimidade... Então comecei a envolvê-la mais na minha vida para que ela se sentisse participante do meu dia.

Sente-se a escolhida: ela tem a necessidade de sentir que dentre todas as mulheres do mundo, você a escolheu, e que é a única para você. Há muitas mulheres que você poderia ter escolhido, mas escolheu a ela. Ela está acima da mãe, dos filhos, dos irmãos e dos amigos. Quando visitar seus parentes, ainda que exista um familiar que não goste da sua esposa, você chegará de mãos dadas, demonstrando que ela é importante, e irá defendê-la a todo custo. Se há uma mulher no seu trabalho ou círculo social que faz sua esposa se sentir insegura por qualquer razão, é sua responsabilidade passar segurança para ela com suas atitudes (não apenas palavras). Um marido que conheço faz isso com uma pequena regrinha: não dá carona para mulher, por respeito à esposa. Imagine como ela se sente por isso? No mínimo como a mulher nesta linda carta de Graciliano Ramos à sua futura esposa:

> "Tenho observado nestes últimos tempos um fenômeno estranho: as mulheres morreram. Creio que houve epidemia entre elas. Depois de dezembro foram desaparecendo, desaparecendo, e agora não há nenhuma. Vejo, é verdade, pessoas vestidas de saias pelas ruas, mas tenho certeza de que não são mulheres. (...) Morreram todas. E aí está explicada a razão por que tenho tanto apego à única sobrevivente."
> (Graciliano Ramos, *Cartas de amor a Heloísa*)

A mulher precisa se sentir única. Ela normalmente já é bem insegura por natureza. A sociedade também contribui com isso bombardeando a sua imagem com o que é bonito e feio na mulher, sempre a comparando com o que é aceitável: o corpo ideal, o cabelo, a pele, o estilo de roupa, enfim. Você não vê o mesmo ataque aos homens porque o homem normalmente não liga tanto para a aparência dele quanto a mulher. Se um amigo fala que ele está barrigudo, eles riem juntos; se uma amiga fala o mesmo para ela, aquela amiga entra automaticamente no livrinho negro...

É por isso que a mulher não se cansa de perguntar ao marido se está bonita ou se ele a ama. O homem, que não entende o raciocínio por trás disso, logo diz: "Quando eu casei com você eu provei que te amo. Se mudar alguma coisa eu te aviso." Parece óbvio para você, mas para ela não é tão simples assim. Cuidado com a maneira que você fala com a sua mulher, isso também pode contribuir com a sua insegurança a seu respeito.

Está sempre no seu radar: o homem deve manter a mulher sempre no seu radar, ou seja, estar sempre consciente e atento sobre como e onde ela está, com quem, o que a preocupa no momento, o que está fazendo e precisando. O radar dele normalmente é em trabalho, contas, projetos e preocupações. Mas ainda que o foco dele esteja nessas coisas, de tempos em tempos aquele ponteiro do radar passa, e ele se lembra dela.

Se ao terminar o dia você não tiver se lembrado dela em nenhum momento, quando chegar em casa certamente será recebido com cara feia. Como protetor dela, você tem que estar a par de todos os seus passos, não porque você a esteja espionando ou controlando, mas para que cumpra seu papel de cuidador.

Muitos casais estão caminhando para o divórcio justamente porque se desligaram um do outro. Não se importam mais com o que o outro faz ou aonde vai. Vivem indiferentes um ao outro. É assim que o amor se esfria. Todo relacionamento precisa de investimento constante. Se ele a esquece devido ao trabalho ou aos novos projetos, ela se sente desvalorizada e, muitas vezes, desamada. Muitas mulheres vivem mergulhadas em ciúmes e a raiz não foi o homem ter dado a entender que a estava traindo, e sim não ter feito com que ela se sentisse valorizada.

Se ela fica doente, ele espera que a mãe ou as amigas cuidem dela, enquanto o certo é que ele venha fazer isso sempre que possível. Se ela está entrando em novos projetos, é responsabilidade dele saber como esses projetos estão. Ela é sua responsabilidade, não pode ser deixada para lá como se fosse qualquer mulher no mundo.

Certa vez, uma esposa nos contou que seu marido nunca tinha tempo para ela devido ao trabalho. Então ela decidiu marcar umas férias para os dois com três meses de antecedência, com o consentimento dele. Na semana anterior às férias, ele disse que não podia mais ir devido ao trabalho e ela teve que ir com uma amiga e os filhos. Ora, como você acha que aquela mulher se sentiu ao ver que o marido tinha acabado de colocar o trabalho em primeiro lugar?

Sente-se atraente: quando ela faz aquela pergunta que todo homem teme: "Você acha que eu estou gorda?", você, homem, não vai mentir, mas tem de ser diplomático... A mulher tem a necessidade de se sentir atraente, porque a competição é grande: revista, jornais, TV, mulheres na rua. A pressão é tão forte que até muitas modelos que são referências de beleza se sentem feias. Essa necessidade já vem com ela desde a infância. A garota adora um elogio enquanto o garoto não se importa tanto com isso. A mulher precisa de elogios, eles não devem ser economizados.

Ele deve ter um linguajar que a faz se sentir mulher. Se ela se sente feia, logo vem a baixa autoestima e isso não é bom, nem para ela nem para ele. Quando a Cristiane engorda um pouquinho, logo me pergunta o que eu acho e sempre digo: "Ótimo, assim tem mais de você para eu amar!"

Sempre vai ter uma mulher mais bonita que a outra, não tem como uma mulher ganhar sozinha o troféu da mulher mais linda do mundo, isso é impossível, até porque beleza é algo muito subjetivo. Mas para os olhos do marido, a esposa tem que ser a mulher mais linda do mundo. Ele tem que ter olhos somente para ela.

O marido tem que aprender a ser amante de sua mulher, olhando para ela além dos defeitos. Se ele fizer isso, a mulher pode ser considerada "feia" diante dos padrões da sociedade e mesmo assim sentir-se a mais sexy do mundo por causa de como o seu marido a faz se sentir. O homem inteligente faz a mulher se sentir atraente para ele.

Recebe afeto: o contato físico é fundamental para a mulher. Muitos homens sentem dificuldade de demonstrar afeição física devido ao histórico familiar. O garoto cresce com aquelas expectativas de ser forte, de não chorar, de não precisar de nada nem ninguém para crescer. Mas o fato é que a mulher não é assim, o afeto fala muito a ela.

A proximidade física do homem e da mulher fala muito mais do que palavras. Muitos casais, com o passar dos anos, vão se separando, dormem em camas separadas, vivem respeitosamente na mesma casa como irmãos, mas são indiferentes um com o outro. Quando vem a vontade de fazer sexo, o homem acorda a mulher à noite e só diz: "vamos lá!". Aí ele quer que ela esteja pronta, enquanto durante o dia, a semana, ou o mês inteiro, ele não deu a ela nenhum carinho.

Às vezes o homem tem vergonha de beijar e abraçar a mulher em público. Outros não gostam de dar as mãos. A mulher sente essa necessidade, principalmente quando está estressada, e quando ele nega esse contato físico, ela se sente rejeitada. Se você quer ter uma mulher que se sente valorizada e amada, e doida por você na cama, deve saber que esse afeto físico tem que estar sempre presente no seu relacionamento, principalmente nas horas que vocês não estão na cama.

Por traumas passados, algumas mulheres não gostam de afeto físico. Casos assim precisam ser tratados especificamente.

Cristiane:
Sempre ouvi falar que nós mulheres somos complicadas, que não sabemos o que queremos, que, para nos agradar, o homem tem que praticamente deixar de ser homem, mas agora você pode entender o porquê desse mito. Tudo bem, somos um pouco complicadas (ok, bastante), mas isso é devido a nossa insegurança, que já explicamos de onde veio. Está em nosso DNA. No entanto, não é por isso que somos difíceis de agradar. O problema é que somos muito diferentes dos homens. O que para um homem não é tão importante, para a mulher é muito e vice-versa. É fácil dizer que a mulher não sabe o que quer. A questão é: não seria isso razão para cuidados maiores em vez de críticas?

Como mulher, já venci muitas inseguranças, mas infelizmente, por natureza, tenho que batalhar contra elas quase diariamente. Essa é uma batalha feminina que nunca acaba. Não adianta o marido pensar que só porque deu um carinho em um dia na semana passada, já fez o seu papel para com ela. Amar e valorizar a esposa é um conjunto de coisas que precisam ser feitas para que esse amor realmente transpareça através de você.

Quando a mulher ama, ela se dá. Aliás, ela adora se doar para as pessoas, sempre pensa em todos, até nas pessoas que não gostam dela. Você, marido, ganha muito com esse jeito feminino de ser, mas cuidado: quando a mulher se cansa de se doar, pode ser tarde demais para você mudar.

TAREFA

PARA O MARIDO

Que necessidades básicas de sua esposa você precisa suprir com mais dedicação? O que você vai fazer sobre isso a partir de agora, para fazê-la se sentir valorizada e amada?

PARA A ESPOSA

Como você poderia ajudar seu marido a compreender as suas necessidades mais básicas, sem cobrar nem impor?

/CasamentoBlindado

Homens, postem isto:
Já sei como fazer minha esposa se sentir valorizada e amada.

@CasamentoBlind

Homens, tuítem isto:
Já sei como fazer minha esposa se sentir valorizada e amada.
#casamentoblindado @CasamentoBlind

Mulheres, postem isto:
Estou ajudando meu marido a entender o que mais preciso dele.

Mulheres, tuítem isto:
Estou ajudando meu marido a entender o que mais preciso dele.
#casamentoblindado @CasamentoBlind

CAPÍTULO 18

NECESSIDADES BÁSICAS DO HOMEM

Antes de falar sobre o que os homens realmente querem (dica de antemão para as mulheres: não é apenas sexo), vamos voltar a nossos amigos edênicos, Adão e Eva. Falamos anteriormente como Deus os criou com autoridade compartilhada sobre toda a terra. Não lhes foi dado a entender que o homem fosse maior que a mulher, nem que ela fosse menor que ele. A ideia imediata, quando Deus idealizou a mulher, foi fazê-la uma parceira, mais especificamente uma auxiliadora para o homem, alguém utilmente adequada[17] para ele. Ou seja, os dois juntos seriam mais capazes e felizes do que sozinhos.

Ao criar a mulher, Deus deu a ela atributos peculiares que o homem não tem: feminilidade, delicadeza, sensualidade, o poder de ser mãe, emoções mais aguçadas, doçura, ser o imã da família, detalhista, organizadora nata — para citar apenas alguns. A combinação de todos os atributos únicos e primordialmente femininos faz da mulher um atrativo natural para o homem. Ele *quer* tê-la ao seu lado. Quando Adão viu Eva pela primeira vez, não resistiu e exclamou: "Por essa vale a pena deixar pai e mãe!"[18] Até aquele momento, ele não tinha visto nada igual... Na-

[17] Gênesis 2:18,20.

[18] Gênesis 2:24.

turalmente, não queria perdê-la. Por isso, todo homem tem dentro de si um desejo natural de agradar a mulher. Quando ele a ama, fica quase abobalhado por ela. E quando a mulher não é sábia, isso pode ser algo muito perigoso — não só para ele, mas para os dois. Afinal, o que acontece com ele, afeta a ela também.

Foi então que Eva, com seu jeitinho de mulher, conseguiu convencer e levar Adão a fazer o que era mau. Obviamente, Deus logo viu que aquele poder precisava ser controlado. Se ela foi capaz de levar o homem a tal atitude, e ele não foi capaz de resistir a ela, algo tinha que ser feito para alcançar o equilíbrio. Quer dizer, Deus reconheceu que a mulher, na verdade, era mais forte do que o homem. A sua aparente fraqueza, somada ao fato de ser desejada por ele, a colocou em uma posição de grande poder e influência sobre o marido. Por isso, parte da maldição que lhe caiu foi: *...E ele te governará.*

Nasceu então ali o conceito de que o homem seria o cabeça da mulher e ela seria o seu corpo, ou seja... (sobe música sinistra de filme de terror...) submissa a ele. Mulher, antes de você fechar esse livro e jogá-lo no lixo com raiva, deixe-me explicar o que isso realmente quer dizer. Submissão ao marido provavelmente não é o que você pensa. Faço uso agora do jeitinho da mulher, e passo a bomba para ser desarmada por minha esposa...

O ENVENENAMENTO DE UMA PALAVRA

Cristiane:

Obrigada, meu querido marido!

Mulheres, leiam com atenção estas palavras dirigidas a nós:

Esposa, deixe seu marido liderá-la, assim como você aceitou a Cristo como líder. O homem oferece liderança à sua esposa, conforme Cristo à igreja, não dominando, mas cuidando, pois ela é o Seu corpo. Assim, como a Igreja se submete a Cristo, ao passo que Ele oferece essa liderança, a mulher deve se submeter ao seu marido. (Efésios 5:22-24)

"Submeter-se" no passado não tinha a conotação negativa que tem hoje — graças ao veneno injetado na palavra por homens e mulheres que pouco entendiam do conceito. Algo que era perfeitamente positivo e virtuoso se tornou quase um palavrão para as mulheres. Dizer que a mulher deve ser submissa ao marido hoje em dia é pedir para ser chamado de troglodita. Se as pessoas pensam que submissão ao marido significa que a mulher deve ser capacho dele, que ele é o macho, e que por isso pode dar uma porretada na cabeça dela e arrastá-la pelos cabelos quando quiser, então eu concordo com elas que realmente não devem se submeter. Porém, submissão, no sentido original da palavra, como designado por Deus, não tem nada a ver com isso.

Submissão ao marido não é ser uma Amélia, tampouco uma ideia machista para mandar na mulher; significa apenas uma maneira inteligente de se lidar com a parceria no casamento. Na Bíblia, a palavra está relacionada a humildade, brandura, cumplicidade, confiança na liderança, maleabilidade, docilidade e respeito. É o contrário de desafiadora, rebelde, inflexível e resistente. Quer dizer que a mulher precisa de certas qualidades para trabalhar em parceria com o marido, a quem deve respeitar como líder. Você notou o versículo acima, quando diz que a esposa deve deixar o marido liderá-la? Olha só o nosso poder! Somos tão fortes que Deus nos orientou a "permitir" que nossos maridos nos liderem. Sim, permitir, porque senão acabamos mandando mesmo... Mas Deus quer que usemos nossa força de maneira diferente, mais sábia.

Primeiro temos que entender que ser submissa não quer dizer você é inferior ao marido. É apenas um papel que você deve cumprir para o funcionamento da sociedade chamada casamento. Em todo lugar onde duas ou mais pessoas se propõem a trabalhar juntas por um objetivo comum, alguém tem que liderar e alguém tem que se submeter. Todo país tem um governante, toda equipe esportiva tem um capitão, toda empresa tem um patrão, toda escola tem um diretor. Em todo lugar os conceitos de liderança e submissão trabalham juntos. E não quer dizer que o líder é melhor que o liderado como pessoa. Apenas cumprem papéis diferentes.

Já agora, seja qual for sua situação como mulher na sociedade, você é submissa a várias autoridades e lideranças — muitas das quais você não conhece e provavelmente nem gosta. Mas você tem que se submeter para o bom funcionamento da sociedade ou do grupo ao qual você pertence. Esta é a parte prática da submissão. É algo necessário em toda sociedade com objetivos comuns. Agora veja que esquisito: somos motivadas a nos submeter a todas essas lideranças que nem conhecemos, mas ao mesmo tempo a nos rebelar contra nossos maridos, que nos amam? Vamos usar nossa inteligência. Submissão é uma maneira inteligente de se lidar com a parceria no casamento.

Mas aí você pergunta: "Por que *eu* tenho que me submeter, e não ele?" Seja honesta: você se sentiria realizada tornando-se líder do seu marido enquanto ele se resigna à posição de banana no casamento? Você não teria um homem a seu lado. Nenhuma mulher gosta de homem que não toma iniciativa, que precisa ser mandado e dirigido o tempo todo, e que não tenha pulso forte. Aliás, ela até despreza homens assim.

Acredite: nós não precisamos liderar. Temos outra força, que é a influência. Com ela, podemos conseguir o que quisermos de nossos maridos. Esta influência nada mais é do que a submissão feita com inteligência. Lembre-se, o homem já está "vendido" para a mulher. Ele almeja agradá-la. Por isso, o marido pode ser o cabeça, mas a mulher é o pescoço. E se for sábia, ela pode virar a cabeça para onde quiser... É tão assustador que temos que tomar muito cuidado com esse poder, para não destruirmos a nossos maridos e a nós mesmas.

Uma das coisas que mais ouvia quando atendíamos casais em Houston era essa frustração da mulher: "Meu marido não toma a frente das coisas, eu é que tenho que resolver tudo lá em casa, não aguento mais!" Mal sabiam que a culpa era delas...

A mulher que não se submete a seu marido acaba castrando-o sem querer. Não é a intenção dela, mas ela o faz um joão-ninguém. Sem respeito, o homem perde a essência masculina. Quando você não lhe cede esse papel no casamento, ele não se sente respeitado e deixa de cumprir o seu papel de homem da casa.

O VERDADEIRO LÍDER

O outro lado da moeda é que a submissão bíblica da mulher presume a liderança bíblica do marido. Quer dizer, a mulher não é ordenada a se submeter a um líder que lhe faça mal, mas a um que se sacrifica e se entrega por ela, que a trata como extensão de si mesmo — o líder tipificado pelo Senhor Jesus. O verdadeiro líder quer o bem de seus liderados. Por isso, ao dispensar sua liderança, ele procura fazer o que é melhor para aqueles que lidera. O marido sábio, que espera a submissão de sua esposa, deve liderá-la assim. Ele deve se fazer digno de ser seguido.

O verdadeiro líder não é um ditador. Procura ouvir as opiniões e necessidades de seus liderados. Suas decisões são para beneficiar a todos, não apenas a si mesmo. Por isso, sua liderança ganha respeito, e não precisa ser imposta por força. Há uma harmonia no relacionamento: o líder busca o melhor para seus liderados, e estes por sua vez confiam na liderança dele e com alegria se submetem sem resistência. Foi assim que Deus designou: homem e mulher, cabeça e corpo em perfeita harmonia.

Porém, note bem: é a mulher que tem o maior poder para criar esta harmonia no casamento. É ela que é convidada a "deixar" o marido liderar. Ou seja, o poder está nas mãos dela.

E se ela souber usar esse poder, não irá querer outra coisa. O que poucas não entendem é que são raras as vezes em que a mulher verdadeiramente submissa se submete. Por eu me submeter ao Renato, são raras as vezes que fazemos as coisas só do jeito dele. A esposa que se submete ao marido consegue tudo dele. Ele fica tão feliz pelo respeito que ela lhe dá que o seu desejo é agradá-la, e assim, acaba fazendo o que ela quer. Mulher, se a sua cabeça está dando voltas agora, porque o que está lendo aqui soa tão diferente de tudo o que já ouviu, respire um pouco, pare, e leia de novo. Este é um dos segredos mais simples e mais desprezados na história da humanidade!

Porém, não tenha dúvida: assim como é um sacrifício para o homem mostrar os sentimentos para a esposa, também é um sacrifício para a mulher deixar o marido liderá-la. Vai contra a natureza dela, e é aí que muitas têm perdido no amor. Não querem "sair perdendo" do relacionamento enquanto, na verdade, a mulher que se submete é que sai ganhando.

E a tempo: se você, marido, não é um bom líder para sua esposa, não lhe passa segurança, é egoísta em suas decisões, se mostra irresponsável em seu comportamento (como quando se entrega aos vícios, por exemplo), não atende às necessidades dela nem cuida dela com todas as suas forças, como espera que ela se submeta a você? Por isso, a submissão da mulher ao marido é limitada pelo momento em que ele começa a agir de forma que venha feri-la. Se ele insiste em ser um mau líder e quer caminhar para o buraco, ela não pode segui-lo para lá, tem que deixá-lo ir sozinho.

Portanto, se o marido preenche as necessidades básicas da mulher, que se resumem em fazê-la sentir valorizada, amada e segura a seu lado, ela por sua vez verá a submissão a ele como algo natural — ainda que às vezes tenha que frear a si mesma para deixá-lo liderar. Agora podemos entender e explorar a necessidade mais básica do homem: respeito.

HOMEM QUER ARROZ COM FEIJÃO

Em minhas andanças pelas terras de aconselhamento de casal, já vi quase tudo ("quase" porque sempre tem alguém que nos surpreende com um comportamento que nunca vimos). Mas se tratando de homens, especificamente, cheguei à conclusão de que o homem é muito simples e fácil de agradar. Já vi homens tolerarem das esposas, sem reclamar: falta de sexo, ter que comer fora todos os dias porque ela não quer cozinhar, servir de babá enquanto ela sai com as amigas, gastar todas as economias dele e deixá-lo endividado, crises de TPM, e até assistir com ela a um show da Celine Dion. Verdadeiros heróis. Mas uma coisa ainda não vi: homem que aceitasse não ser respeitado pela mulher.

Tire tudo do homem, mas não lhe tire o respeito. É o arroz com feijão dele no relacionamento. Pensando bem, ele não pede muito. Mas muitos não têm recebido nem isso das esposas. E você já sabe o que acontece quando uma necessidade básica não é suprida. O sujeito vira um animal e parte para a luta pela própria sobrevivência.

Quando o marido não tem o respeito que precisa dentro da própria casa, vai buscá-lo lá fora. E há duas coisas principais que ele normalmente busca para preencher o vácuo: o trabalho ou outra mulher.

O sucesso no trabalho preenche a necessidade de respeito do homem. Todos o admiram, reconhecem seu valor, ele se torna requisitado, e tudo isso o faz se sentir apreciado. Por isso, ele se entrega ainda mais ao trabalho, a fim de receber mais desse respeito. E se aparece outra mulher, como costuma aparecer para esses homens de sucesso, e ela o aprecia de uma forma que a esposa não faz, temos a fórmula para o término do casamento.

Por isso, a esposa sábia não discute nem reluta sobre essa necessidade básica do marido. Ela apenas a supre. E é assim que ela o faz, veja:

Exalta a força do marido: quando a esposa faz o homem se sentir forte, demonstra respeito por ele. Infelizmente, muitas têm caído na agenda hollywoodiana de destruir a imagem masculina. Criticam-no por não ser "sensível", ridicularizam o homem publicamente, denigrem sua imagem e não fazem segredo disso. Há mulheres que fazem certos comentários e gozações maldosas dos maridos na frente dos outros, até envergonhando-os diante dos filhos. Muitos filhos já não respeitam o pai por verem que nem a mãe respeita. Ou seja, sem querer, muitas mulheres tiram do homem a sua força.

Vendo-se como um fraco, ele nem tenta tomar iniciativas mais ousadas, porque a esposa o influenciou a pensar que é incapaz. Assim, a mulher dá um tiro no próprio pé. Ele, com a autoconfiança destruída, se torna um fracassado. As palavras ofendem e entristecem a ponto de fazer o homem se sentir derrotado, enfraquecido. Como é que um homem assim poderá passar segurança para ela? A mulher sábia faz o seu marido se sentir um herói, como se ele pudesse conquistar o mundo. Dentro e fora de casa, ela o levanta com palavras e atitudes, exaltando as qualidades fortes dele. Assim ela o prepara para o mundo e colhe com ele os benefícios de suas conquistas.

O deixa ser o cabeça: ela pratica o conceito de submissão inteligente, que falamos anteriormente. Nas poucas vezes em que não há acordo entre eles e uma decisão dele venha a contrariá-la, ela permite que ele tenha a palavra final (claro, nada que venha feri-la). A mulher deve respeitar esse direito dele de dizer 'sim' ou 'não'. Mesmo quando ela sabe ou presume qual será a decisão dele, faz questão de consultá-lo antes de fazer qualquer coisa para reforçar a ideia de que a decisão dele é valiosa e importante para ela.

Um problema comum nos casamentos atuais é o marido anulado, que "tira o time de campo". Já que nada que ele fala é respeitado por ela, acaba deixando de opinar e liderar. Se ele discorda ou não de alguma coisa, ela nunca dá ouvidos. Se ela quer fazer algo, não importa o que ele pensa. Então ele assume a seguinte posição diante dela: "Vá em frente, faça o que você quiser. Não importa o que eu acho. Se eu concordar ou discordar, você vai fazer de qualquer jeito, então, vá em frente." Com relutância e mágoa, ele defere as decisões para ela. A mulher pensa que está ganhando, mas na verdade está castrando o marido. A ironia é que tais mulheres vivem reclamando que os maridos não tomam a iniciativa e não participam. Mulheres, entendam: homem nenhum gosta de entrar em uma situação sabendo que *sempre* irá perder. Ele simplesmente deixa de participar.

A mulher sábia consegue praticamente tudo do marido. É só ela deixá-lo pensar que a ideia foi dele... A Cristiane já dominou isso como uma arte! O segredo é trazer o assunto para ele, dar as informações que ele precisa para tomar a decisão, e deixar que ele decida. E se por acaso a decisão dele não for o que você esperava, acate-a mesmo assim. A semente está plantada. Lá na frente, o desejo de agradar a mulher cobrará dele que faça algo por você.

É sua fã número um: ela admira o marido mesmo com todos os defeitos, como uma fã de verdade. O que caracteriza um verdadeiro fã é que mesmo quando o time está afundando, ele ainda está lá torcendo. É como o seu time do coração, por exemplo. O time pode perder dez jogos seguidos, virar piada e ser rebaixado para as divisões inferiores, mas ainda assim você continua torcendo, esperando que um dia ele ganhe. Isso é ser fã e torcedor.

Todo homem carece de admiração, já que suas realizações são muito importantes para ele. E, como todo homem, também tem seus defeitos. Mas a esposa sábia não fica criticando nem jogando os holofotes nos seus defeitos. Em vez disso, encontra razões para admirá-lo. Essa admiração trabalha no subconsciente dele e o acaba levando a ser o homem que ela sempre quis. Ela exalta as qualidades positivas e finge que não vê as negativas. Não há nada mais desmoralizante para um homem do que ter a própria mulher como sua principal crítica.

Reconhece-o diante de todos: a mulher naturalmente gosta de desabafar, contar a razão de seus estresses para a amiga, a mãe, ou outra confidente. Aí está o perigo: revelar pontos negativos do marido para outras pessoas. Em vez disso, seja uma embaixatriz de seu marido. Represente-o bem e reforce assim o respeito por ele.

Procura ser atraente para ele: é necessidade básica do homem se sentir atraído fisicamente pela esposa. O homem é muito mais atraído pelo visual do que a mulher, por isso, a esposa deve cuidar de sua aparência física. Interessante que antes do casamento, as mulheres são muito mais cuidadosas a esse respeito do que depois, como se só pelo fato de ter conquistado um homem, agora não precisem manter a conquista. Se ele gosta de vê-la maquiada, ela deve se maquiar por amor, para manter a química entre eles. Às vezes, por saber que a esposa é sensível, o marido não faz esse tipo de exigência, mas cabe a ela saber das necessidades dele. A mulher tem de se cuidar para manter a chama da atração física. No entanto, ela deve fazer isso para o seu marido, e não para outras mulheres, como costuma acontecer. Procure saber o que agrada seu marido. Às vezes a mulher quer ser magérrima por causa da moda, quando o próprio marido não gosta disso. Se a revista tal diz que a última moda é apagar todas as rugas e expressões do rosto com Botox®, ela segue fielmente; mas se o marido diz que adoraria vê-la com um batom vermelho, ela rapidamente diz que não gosta.

O que para muitas revistas femininas e suas leitoras é muito importante esteticamente, nem sempre é para o marido. Um exemplo clássico disso são as celulites. A mulher tem paranoia delas e a maioria dos homens nem sabe o que são!

Cristiane

Nós, mulheres, não devemos querer competir com as modelos photoshopadas das revistas. Devemos, sim, investir em nossa feminilidade, que também chama muito a atenção de nossos maridos. A feminilidade faz parte da beleza da mulher, mesmo que a moda não acentue mais isso.

Anos atrás eu vivia reclamando do meu nariz, só porque percebi que não era o tipo de nariz "perfeito", arrebitado como os das modelos. Comecei a indagar sobre a possibilidade de "arrumá-lo". Mas só pensei nisso depois de casada, o que foi tarde demais. O Renato nunca deixou, e com o tempo me fez gostar do meu próprio nariz. Descobri que queria mudá-lo por causa da sociedade e não porque realmente precisava, até porque o Renato sempre disse que foi uma das coisas que mais chamou a atenção dele!

Às vezes nós, mulheres, queremos nos embelezar pelos motivos errados e acabamos ignorando o que realmente interessa aos nossos maridos. Descobri há alguns anos que o que o Renato acha mais sexy em mim é a minha autoconfiança, o que nem sempre esteve em alta. Ou seja, na época em que me achava sem graça e vivia tentando mudar o meu estilo de cabelo, o meu estilo de roupa e a minha maquiagem, estava deixando de ser sexy! Com todas aquelas inseguranças, todo o investimento físico não adiantava nada em meu casamento.

A mulher segura se torna uma caça interessante para o homem. Afinal, ele é caçador. Imagine você um caçador na floresta, todo camuflado, rifle apontado, movendo-se sorrateiramente em direção à caça... Todo aquele ritual. De repente, o veadinho nota o caçador e em vez de fugir, corre em direção a ele e diz: "Me mata com esse rifle, me mata, me leva pra casa!" Eu lhe garanto: o caçador perderia logo o interesse! A graça de caçar é a dificuldade.

Da mesma forma, o mistério na mulher é o que encanta o marido. Ele tem que percebê-la segura de si, para que se motive a cortejá-la. Segura, mulheres — não demasiadamente difícil.

Lhe dá espaço: o homem precisa de espaço, um tempo para relaxar e processar seu estresse. É a famosa caixinha do nada, citada anteriormente. Muitas esposas não dão nem tempo para seus maridos respirarem. Eles mal chegam em casa e elas já estão jogando neles todo estresse do dia. A esposa sábia escolhe a hora certa de falar, o que falar e como falar. Isso é de grande valor para o homem. Ela se faz ainda mais atraente para ele, pois ele vê nisso o respeito que a mulher tem por ele e a autoconfiança de não ficar atrás dele o tempo todo.

É claro que esse espaço tem o seu limite. O marido que está sempre querendo espaço e nunca reserva um tempo para conversar com a sua esposa está deixando o casamento morrer aos poucos. Isso a fará insegura e frustrada e ela não poderá ser a esposa que ele precisa e quer. Homens, espaço é uma coisa, preguiça de cuidar do relacionamento é outra. Há vida fora da caixinha!

NINGUÉM MERECE

Quero enfatizar que o que acabamos de relatar neste capítulo até aqui são maneiras de suprir a necessidade mais básica do homem, que é ter o respeito de sua mulher. Talvez você, mulher, tenha um marido que não seja merecedor deste respeito atualmente, devido às coisas negativas que ele faz.

Lembre-se, porém, de uma coisa: *A melhor coisa a se fazer sobre as necessidades básicas de alguém é supri-las.*

A verdade é que ninguém "merece" nada. A mulher pode dizer que o marido não merece o seu respeito ou o homem pode dizer que a esposa não merece a sua atenção, mas o fato é que, se vocês ainda estão juntos e querem blindar o casamento, têm que cumprir seu dever para com o outro. Não fique esperando que ela ou ele mereça, faça o que *você tem que fazer* e verá que a outra pessoa acabará se fazendo merecedora.

Mulher: respeite seu marido, porque assim você conseguirá tudo dele.

Marido: faça sua mulher se sentir amada e valorizada e você colherá frutos desta entrega por toda a vida.

QUANDO AS NECESSIDADES BÁSICAS DELE SÃO AS DELA E VICE-VERSA

Em um de nossos cursos em Houston, uma esposa nos perguntou depois da aula em que explicamos sobre as necessidades básicas do homem e da mulher: "Eu acho que sou o homem da relação. O que vocês disseram que eu preciso, é ele que quer; e o que eu vivo insistindo que ele me dê é respeito. O que fazer?" Ela era uma policial, acostumada a ser durona e pouco sentimental, e tinha se casado com um marido que gostava de... atenção.

Parece que este cenário tem se tornado mais comum atualmente. Não é difícil de entender, com todo o processo de emancipação da mulher e da afeminação do homem nas últimas décadas. O que temos visto é que quando o homem é muito emotivo, a mulher acaba tendo que ser a mais racional, já que dois emotivos não chegam a lugar algum. Mas isso é algo de que ela mesma acaba se lamentando, pois mesmo a mulher durona e independente gosta em certos momentos de ter um homem forte a seu lado. Este novo fenômeno tem dificultado ainda mais o relacionamento de alguns casais. O homem emotivo quer respeito, mas não faz por *onde*, e a mulher racional quer segurança, mas também não pode confiar no seu marido...

Quem está em um relacionamento assim, atenção:

- Se você é um marido sentimental, precisa vencer suas inseguranças para fazer sua esposa feliz; ser menos emotivo e mais racional; procurar passar firmeza e maturidade para sua esposa.

- Se você é uma esposa muito independente, racional, talvez até mandona, precisa equilibrar o seu jeito e deixar seu marido ganhar mais espaço dentro do relacionamento. Convide-o para tomar decisões junto com você. Deixe-o ter a última palavra.

Se cada um se colocar no seu lugar, os dois poderão andar juntos pelo resto da vida.

Cristiane:

Eu sou mais detalhista que o Renato e penso nas coisas que ele se esquece de pensar, enquanto ele é mais racional do que eu, pensa mais nas coisas que eu, na minha maneira impulsiva de pensar, não penso. Ele é forte. Quando estamos em situações difíceis e quero chorar e me esconder em um canto, ele, com a sua força, me abraça e me faz sentir protegida. A esposa sábia reconhece os atributos de seu esposo e vice-versa.

Eu nunca teria imaginado que o capítulo sobre as necessidades básicas do homem seria mais longo do que o sobre as da mulher... Por que será? É a sua força, mulher. Precisa de mais palavras para convencer... Use-a com inteligência.

TAREFA

PARA A ESPOSA

Que necessidades básicas de seu marido você precisa suprir com mais dedicação? O que você vai fazer sobre isso a partir de agora, para que ele se sinta respeitado?

PARA O MARIDO

Como você poderia ajudar sua esposa a compreender as suas necessidades mais básicas, sem cobrar nem impor?

/CasamentoBlindado

Homens, postem isto:
Estou ajudando minha esposa a entender o que mais preciso dela.

@CasamentoBlind

Homens, tuítem isto:
Estou ajudando minha esposa a entender o que mais preciso dela.
#casamentoblindado
@CasamentoBlind

Mulheres, postem isto:
Agora entendo o homem e o que ele realmente quer.

Mulheres, tuítem isto:
Agora entendo o homem e o que ele realmente quer.
#casamentoblindado
@CasamentoBlind

CAPÍTULO 19
SEXO

Antes de mais nada, quero dar as boas-vindas aos homens que decidiram ler este livro: este provavelmente é o primeiro capítulo que você se interessou em ler. E também às mulheres que estão frustradas sexualmente: há uma luz no fim do túnel. Quero apenas gentilmente lembrá-los de que há uma razão especial para este capítulo estar quase no final do livro. A prática de tudo o que foi ensinado nos capítulos anteriores é o que lhe proporcionará uma ótima vida sexual. Se você ignorar o que falamos até aqui, provavelmente tirará apenas proveito parcial deste capítulo. Portanto, faça o serviço completo e volte ao início do livro. Garanto que valerá a pena!

A vida sexual saudável é uma das principais ferramentas de blindagem do casamento. E nunca é demais enfatizar isso. A maneira mais rápida de descobrir a saúde do relacionamento do casal é procurar saber como eles estão na cama. Se minha esposa e eu tivéssemos direito a apenas uma pergunta para descobrir a situação de um casal em nosso consultório matrimonial, ela seria: "Como está a vida sexual de vocês?"

O sexo no casamento é como uma cola que mantém o casal junto. Ele é o mistério que faz os dois se tornarem um — literalmente e também em todos os outros sentidos. O sexo fala, e muito. Ele comunica sentimentos e pensamentos que as palavras não podem expressar. Quando você não procura seu parceiro sexualmente, essa atitude fala na mente dele ou dela coisas como: "Não sou suficiente para meu marido/esposa... Por que ele(a) está me rejeitando? Será que tem outra pessoa? Talvez haja algo de errado com a minha aparência... Ele(a) não me quer por perto." Por outro lado, quando o casal mantém uma vida sexual sadia e ativa, as mensagens não verbais são: "Meu marido me acha atraente... Minha esposa está satisfeita comigo... Nós somos suficientes um para o outro... Não há motivo para que meu marido/esposa tenha olhos para outra pessoa." As consequências dessas mensagens em sua mente podem estabelecer ou destruir o seu casamento. Ignore isto ao seu próprio risco.

O sexo não só fala como também cura muitos males no relacionamento. É cientificamente provado que a atividade sexual age como uma limpeza, uma desintoxicação mental e física no casal. Por isso, quanto menos vocês o fazem, mais distantes se sentem, e mais oportunidades dão para que haja problemas entre vocês. Em um casamento sem sexo, qualquer probleminha se multiplica por mil. Por outro lado, é raro um casal ter uma manhã conturbada depois de uma ótima noite na cama... Coisas pequenas são relevadas, pois os dois têm crédito suficiente nas contas emocionais — onde o sexo é a moeda mais forte.

É possível detectar quando um casal está bem e ativo sexualmente ou não observando seus temperamentos. Irritação, mau humor, frieza e falta de consideração um com o outro são sinais certos de que a cama tem sido usada apenas para dormir. Tal é o poder do sexo.

O recado é: façam sexo, façam-no bem e façam regularmente. Mas, para muitos casais, é mais fácil falar do que fazer. Vamos desvendar este mistério.

ONDE COMEÇA E TERMINA

Ao contrário do que muitos pensam, sexo não é apenas o que acontece quando marido e mulher se despem e têm relações sexuais. Para entender melhor, pense em um sanduíche. Quando você quer comer um sanduíche, logo pensa se vai querer de frango, carne, linguiça etc. Mas não pensa só no principal, que vai dentro. Você pensa também no tipo de pão, na cebola, na alface, no tomate, na mostarda... Em tudo o que vai complementar e realçar o sabor daquela carne no sanduíche. A carne pura em si é comível, mas com o resto do sanduíche é muito melhor.

Assim é o sexo. É claro que são dois corpos físicos que se envolvem no ato, mas o ato em si é apenas a carne do sanduíche. É o que vai no meio. Porém, antes e depois é onde está o verdadeiro começo e fim do que chamamos um ótimo sexo. O antes e depois é trabalho da mente. Sim, o sexo começa e termina na mente. O ato físico é o veículo de expressão, mas a mente é seu motorista e destino ao mesmo tempo. A mulher geralmente saca isso melhor do que o homem. Sexo para ela está conectado com tudo. Lembra-se dos fios no cérebro feminino? Ela pode ficar excitada por coisas que nunca excitariam um homem, simplesmente porque ela associa tudo com tudo. Portanto, não se espante, marido, se você um dia tirar o lixo para fora de casa sem ela pedir, por exemplo, e quando voltar ela estiver olhando para você como quem quer ir para a cama naquela hora. Não tente entender, apenas aproveite!

Já para o homem, sexo é algo bem simples. Para ele sentir vontade, basta ela estar presente. O homem é como se tivesse um único botão de ligar e desligar para fazer sexo. A mulher é como a cabine de um Jumbo 787, cheia de botões, que o homem não sabe por onde começar. Pressionou um botão errado, aperte o cinto de segurança e coloque a máscara de oxigênio!

Por isso, cabe aqui uma dica especialmente para os homens:

Sexo começa do pescoço para cima.

Costumo ouvir dos homens que nos procuram para aconselhamento: “Minha esposa nunca está a fim… Sempre com uma desculpa… Parece que só eu gosto de ter sexo, ela não… Não quero que ela sinta como se estivesse me fazendo um favor… Para ela uma vez por mês está bom, e olhe lá…”

Meus caros, sexo para a mulher é algo muito, muito diferente do que para nós, homens. O erro de muitos maridos é pensar que a mulher vê o sexo como eles, ou seja, um prazer físico, associado com aliviar a tensão. Para usar outra analogia gastronômica (daqui a pouco vai dar fome), sexo para a mulher é uma cereja no bolo da intimidade. É uma expressão de quão íntimos, amigos e amantes vocês são — não apenas na cama, mas durante todo o dia.

Não sei se você já comeu cereja pura, sem o bolo. É um pouco azeda e sem graça, não é? Não satisfaz, e dá logo vontade de comer outra coisa para tirar aquele gosto. Pois é, é assim que a mulher vê o sexo que não é precedido de intimidade. Azedo e sem graça. Não é algo que ela anseia fazer de novo. Mas quando a cereja vem em cima do bolo, aí é diferente. O bolo é o principal, e a cereja realça o sabor. Ótima combinação.

O bolo é a intimidade que precede a cama. Diga-se de passagem, quando a mulher ouve a palavra "intimidade" pensa principalmente em "conversa"; o homem já pensa em colocar a mão em certos lugares. Ela pensa em descobrir o que o homem pensa, especialmente a respeito dela; e também adora quando toda a atenção dele está nela, para o que ela fala. Isso, sim, é o que fortalece a intimidade do casal.

Portanto, se você só tem dado cereja para sua esposa, agora entende a reação azeda dela. Seja melhor amante de sua mulher se tornando melhor ouvinte e melhor conversador. Capriche no bolo. Conecte-se com ela.

Não estou falando de se tornar um cafajeste, usar conversa fiada só para conseguir o que quer. Esteja certo de que ela logo irá notar sua falsidade, e aí nem cereja azeda você vai ter... Estou falando de um sincero interesse na pessoa que está dentro do corpo de sua esposa. Se você entender isso — que sexo para a mulher começa acima do pescoço —, vocês serão muito mais felizes na cama e em outros lugares. E aí vai faltar bolo para tanta cereja...

"Não gosto de sexo."

Essa frase é quase tão impossível quanto dizer "não gosto de ar". A única diferença é que ninguém morre por falta de sexo, mas dizer que não gosta de sexo não é algo plausível. A não ser que haja algo fisicamente errado com você, sexo é *bom e otimamente delicioso*. Foi criado por Deus, e Deus não faz nada ruim. Se alguém diz que não gosta de sexo é porque nunca soube o que é ou então sabe, mas o parceiro ou parceira não. Portanto, se o marido gosta, mas a esposa não, é responsabilidade dele é ajudá-la descobrir o quanto é bom *para ela*. Enfatizo aqui "para ela" porque o alvo do ato sexual é dar prazer ao parceiro. Por isso, muitas mulheres não ligam para sexo, se sentem usadas pelos maridos apenas para o prazer deles.

Quero deixar algo bem claro aqui: o orgasmo da mulher é obrigação do marido. Sexo é para dar prazer ao parceiro e não apenas buscar prazer próprio. É essa atitude egoísta que leva muitos a dizerem "não gosto de sexo". Todo mundo gosta de sexo quando ele é feito da maneira designada por Deus — para cobrir o parceiro de prazer.

Para que isso aconteça, cada um tem que colocar o prazer do outro como prioridade. A ordem óbvia e lógica desta prioridade é o prazer da mulher primeiro, depois o do homem. Por ela normalmente ser mais lenta que ele, se ele buscar o próprio prazer primeiro, ela ficará a ver navios.

Concluindo então que sexo é ambos, necessidade e prazer, e que fortalece e protege o casamento, quais as dicas para uma ótima vida sexual? Temos cinco para você.

5 INGREDIENTES PARA UMA ÓTIMA VIDA SEXUAL

1. Limpe a mente: primeiro limpe sua mente de todo pensamento sujo sobre sexo. Talvez você tenha que desinfetar sua mente de informações poluídas que colheu em roda de amigos(as), revistas, material pornográfico e outras fontes dúbias. Há muita sujeira, distorção e desinformação rolando por aí sobre o assunto. Entenda uma coisa: quando Deus criou o homem e a mulher, eles não precisaram de revista pornográfica nem de manual para fazerem sexo. Ele projetou o sexo também para o prazer do casal e capacitou a ambos para satisfazer um ao outro sem necessidade de interferência de terceiros. Você e seu cônjuge são suficientes entre si para alcançarem o prazer sexual mutuamente. Portanto, não veja o sexo como algo sujo nem proibido. Ele é um presente de Deus para vocês. É uma das únicas coisas que são exclusivas entre os dois. Amizade não é exclusiva ao casamento, gostar de coisas em comum não é exclusivo ao casamento, tampouco fidelidade (você pode ser fiel ao seu trabalho, por exemplo). Mas o ato sexual é algo exclusivo do casal. Por isso, trate-o com a importância, a pureza e o valor que merece.

2. Use a mente para conectar: lembre que sexo, especialmente para a mulher, está ligado a tudo o que antecede o ato. O sexo começa e termina na mente. Separe tempo em sua mente para notar as qualidades que você admira em seu cônjuge. Isso é uma decisão consciente e voluntária que você tem que tomar, senão as preocupações sobre tudo o que não é relativo ao seu parceiro ocuparão seus pensamentos. Estresse é o maior gerador de impotência e frigidez. Você tem que separar tempo em sua mente para se conectar com seu parceiro, não importa quão ocupado ou estressado possa estar por trabalho ou outra razão. Desligue-se do que está roubando sua atenção de seu cônjuge. Comente a roupa dela, a sua beleza natural, aquela parte do corpo que mais gosta; pergunte sobre o que ela está pensando, seus planos e projetos, suas preocupações, ouça atentamente e ofereça apoio, segurança e encorajamento. A mulher não deve esperar que o homem seja tão aberto como ela sobre seus pensamentos, pois ele não precisa disso para se sentir "conectado". Mas ela deve regar o dia dele com um comentário de admiração aqui e ali, um toque físico em um momento inesperado, uma olhada sensual, um elogio sobre uma característica masculina dele — como sua força, firmeza e inteligência para os negócios. Tudo isso é o pré-sexo.

3. Foque no parceiro: o prazer de levar seu parceiro ao prazer deve ser tão prazeroso para você quanto o seu próprio prazer. Uau... Tente falar essa frase com a boca cheia de farofa! Realmente aqui está um dos segredos principais sobre fazer seu marido (ou sua esposa) louco por você. O foco é a outra pessoa, não você! Se ela alcançar o prazer, o seu será uma consequência. Por isso, leve em conta o que é importante para a outra pessoa. Um ponto crucial que normalmente difere entre homem e mulher é a questão da privacidade. Ele não vê tanto problema se alguém no quarto ao lado ouvir gemidos e suspiros. É crédito para a virilidade dele. Já ela, se não tiver um ataque do coração ao saber, nunca mais vai olhar na cara daquela pessoa só de vergonha. E nem mencione se a criança entrar no quarto para saber por que a cama está fazendo tanto barulho. Portanto, homens, foquem no que é importante para ela. A mulher tem que se sentir absolutamente segura e ter privacidade para se soltar. Tranque a porta do quarto. Invista em isolamento acústico nas paredes do quarto, se necessário. Respeite-a e seja discreto. Aliás, a mulher tem que se sentir segura não somente com respeito à privacidade, mas também a você. Se você costuma mentir para ela, esconder informações, agir irresponsavelmente com dinheiro e ter um temperamento imprevisível, ela não se sentirá à vontade nem segura com você. Não lhe avisamos que o sexo para ela está ligado a tudo? Agora, uma dica para as mulheres: se o seu marido realmente se esforça para lhe levar às nuvens, então, em seguida, leve-o para ver as estrelas. É a sua vez de focar nele.

4. Descubram e explorem um ao outro: ninguém é igual a ninguém. O que uma mulher acha o máximo, a outra detesta. Por isso vocês devem ser amantes um do outro, descobrir o que lhes excita. Quais partes do corpo que ela gosta que você toque? Quais não gosta? Trate de descobrir com sua própria mulher, pergunte, explore, não confie em fontes externas como sites e revistas. Isso é algo muito pessoal. Alguns homens querem que suas mulheres se sujeitem a coisas que eles gostam (ou que leram em algum lugar que "as mulheres gostam"), por isso algumas esposas sentem-se desconfortáveis com a prática sexual. É muito comum encontrar nas capas de revista coisas como "7 maneiras de enlouquecer um homem na cama". Isso vende, pois as pessoas são ignorantes no assunto, e assim abrem a mente para muitas besteiras. Cuidado com o que você traz para dentro da sua mente e de seu quarto. Nem tudo o que está nas revistas (aliás, quase nada) é bom para você. O prazer sexual começa em você aprender a explorar a pessoa com quem está casado. Não me interessa se a revista fala que a mulher gosta disso ou daquilo. E se minha esposa não gosta? Nem toda mulher é igual. Elas não são robôs nem foram criadas em série. O casal tem de dialogar, conversar, descobrir o que um gosta, o que não gosta, e se adequar.

Também é importante saber qual a frequência ideal para o seu cônjuge. Por exemplo, a esposa pode não sentir falta de fazer sexo; uma vez por semana está bom para ela. Já o marido quer todo dia. Nesse caso, os dois devem encontrar um meio-termo. Talvez ela tenha que ceder um pouco mais para que possam se relacionar sexualmente três vezes na semana. E ele também terá que sacrificar para que três vezes na semana sejam suficientes. Ou duas. Ou quatro. O importante é buscar se ajustar tendo em vista o outro. Não imponha algo sobre a outra pessoa, especialmente o sexo. Se é forçado, se não é natural, não será prazeroso. Se não for bom para um, não o será para nenhum. Respeite os limites da outra pessoa. Se você gostar de receber sexo oral, por exemplo, mas sua parceira não gosta de dar, não imponha.

5. Invista nas preliminares: qual foi a última vez que vocês se beijaram apaixonadamente? Ou que fez uma massagem demorada em seu parceiro? Ou tocou em sua esposa com verdadeiro carinho? Passou os dedos nos cabelos dela, tocou-lhe o pescoço e culminou com um abraço? Todo o romance que se desenrola durante o dia e horas anteriores ao sexo culmina com o momento em que os dois de fato se envolvem no ato. Este momento requer grande domínio próprio do homem. Estudos indicam que em média o homem leva de dois a três minutos para ejacular depois da penetração. Já a mulher precisa em média de sete a doze minutos para alcançar o orgasmo. Dá para ver o problema? Portanto, o homem precisa subir a montanha com calma para não chegar ao topo enquanto a mulher ainda estiver colocando as botas... Neste ponto é que o homem inteligente, que vem praticando todos os passos explicados até aqui, leva a vantagem. A mulher que vem sendo preparada 24 horas por dia por ele não vai precisar de tanta preparação na hora do ato sexual. Contudo, ainda assim, ele precisa se controlar e acompanhar o passo dela, em vez de impor o dele a ela. Mulher, você poderá ajudar seu homem nesse ponto mantendo relações com ele periodicamente. Se ele só faz sexo com você uma vez por mês ou menos, vai ficar difícil para ele se controlar quando vocês estiverem juntos.

ESPERA AÍ, AINDA NÃO ACABOU!

Falamos que o sexo começa e termina na mente, e que o ato físico em si é apenas a carne do sanduíche. Isso quer dizer que depois de os dois terem seus respectivos orgasmos (sim, esse é o alvo), o sexo em si ainda não acabou. É claro que a esta altura os dois estarão fisicamente cansados, e o homem principalmente vai querer virar para o lado e dormir. Mas não o homem que leu o Casamento Blindado! Este sabe que o momento imediatamente após o ato sexual é quando sua mulher está se sentindo mais próxima e conectada com ele. Portanto, esta é a hora de manter o contato físico, o carinho, as palavras doces e os elogios. Ele não deixa, de forma alguma, sua esposa se sentir usada. Ele sabe que esta é a melhor hora para fazê-la se sentir amada e — honestamente — também para começar a prepará-la já para a próxima vez!

A SOGRA QUE PEDI A DEUS

Cristiane:

Pouco antes de me casar, muito jovem e inexperiente, minha mãe me instruiu algo sobre sexo que guardei sempre comigo: "Nem sempre você vai ter vontade de fazer amor com o seu marido, mas não vá pelo que você sente. Faça mesmo assim. Depois que começa, você acaba sentindo vontade. Nunca diga não a ele para não deixá-lo se sentir rejeitado." E até hoje o Renato agradece!

Tanto o homem quanto a mulher gostam de sexo. Eu não creio neste mito que diz que a mulher é menos chegada a sexo do que o homem. O problema é que muitos homens não sabem como a mulher vê o sexo. Para ela, sexo é o clímax de um dia de amor produtivo: o diálogo, as carícias, o cuidado, o olhar, a paciência, enfim, tudo de bom derivado do amor que ela presenciou de seu marido durante o dia. Se o homem praticar isso, é capaz de a mulher acabar querendo mais sexo do que ele...

Mas a verdade é que nem todos os dias serão regados de romantismo. Haverá dias ruins e dias normais. Não fique esperando que todas as noites ou todos os encontros íntimos entre vocês sejam marcados por fogo e paixão. Não é assim. Não viva de fantasias dos filmes. Muitas vezes vocês terão que começar o ato sem estar altamente excitados um pelo outro. Outras vezes seu parceiro lhe procurará e você não estará a fim. Mas, quando isso acontecer, decida entrar no clima. Não dê lugar à preguiça. Vá em frente e participe. Nunca rejeite seu parceiro ou parceira. Lembre-se: o sexo fala. Uma rejeição sem boa razão pode começar a criar monstrinhos na cabeça de seu cônjuge. É por isso que os casais devem fazer amor mesmo quando estão cansados. Com o estilo de vida atarefado que vivemos hoje, quem não está cansado ao fim do dia? Uma coisa é certa: quanto mais você o faz, mais você quer fazer; quanto menos você o faz, menos vai querer fazer.

O assunto é tão sério que a Bíblia diz[19] que você não tem o direito de dizer não ao seu marido ou esposa quando ele (ou ela) quiser se relacionar sexualmente. Mulher, não se trata de se tornar escrava sexual de seu marido. A explicação dada é muito mais bonita e profunda: seu corpo não é seu, é dele, e o corpo dele não é dele, é seu. Vocês pertencem um ao outro. Se um negar o prazer ao outro, estará rompendo a aliança do casamento, além de dar lugar ao diabo. (Quantos não estão abrindo as portas para ele no casamento por causa disso?)

A insatisfação sexual por um dos dois estar sempre indisponível ao cônjuge muitas vezes culmina em adultério, que é uma das principais causas de casamentos desfeitos. É claro, se a razão de você negar sexo ao seu cônjuge tem a ver com dores ou outra dificuldade física, conversem e procurem, juntos, um médico.

FASES E ÉPOCAS

Um sinal de aviso aos casais na estrada da sexualidade: fiquem atentos às fases e épocas do casamento e da vida de vocês. Há certos acontecimentos, fatores e mudanças que inevitavelmente afetarão a vida íntima. Não quer dizer que será necessariamente ruim, mas vocês terão que se adequar e ter mais compreensão um com o outro. Uma óbvia consideração é que o sexo aos cinquenta anos não será mais como aos vinte. Outra é se há uma brecha muito grande entre as idades, ele com 45 e ela com 35, por exemplo.

Logo após uma gravidez, a mulher não estará tão disposta a fazer sexo como antes. O marido terá que entender que a chegada da criança muda tudo no casamento, e uma dessas mudanças é o cansaço da mulher por

---

[19] 1 Coríntios 7:3-5.

cuidar do bebê (se não acredita, tente cuidar dele por 24 horas e verá), a mudança no corpo dela e a falta de dormir o suficiente. O marido tem que entender e diminuir suas expectativas com respeito à esposa nesse sentido. A esposa, porém, não deve deixar isso se tornar uma desculpa. Seu desejo sexual pode ter diminuído, mas o dele segue igual... O bebê precisa de você, mas também de um pai. Não descuide de seu marido.

O homem que passa por momentos difíceis no trabalho também costuma diminuir sua libido. O fracasso profissional é desmoralizante para o homem e pode causar até impotência. Com sabedoria, a esposa deve apoiar o marido e fazê-lo se sentir "homem"— com sua constante admiração, seu apoio e encorajamento.

Mudanças nos horários de trabalho (que dificultam aos dois ficarem juntos), viagens longas e questões de saúde são outros fatores que podem afetar a atividade sexual de vocês. O conselho é que fiquem atentos aos sinais e façam as devidas compensações para não permitir que isso lhes afete.

PODE ISSO?

Poucos assuntos conjugais geram mais dúvidas e perguntas do que o sexo. Constantemente somos perguntados se pode isso ou aquilo no ato sexual. Em vez de detalhar tais perguntas aqui, quero colocar um ponto importante para os casais, como um guia geral. Os casais mais frustrados sexualmente são aqueles que se preocupam demais com o assunto. Normalmente são aquelas mulheres que ficam superpreocupadas em vestir lingeries sensuais (uma redundância pois, para a maioria dos homens, praticamente qualquer lingerie é sensual), visitar o *sex shop*, querendo saber o que esta ou aquela revista diz sobre sexo, extremamente preocupadas com uma gordurinha extra que apareceu e o que o marido vai achar. Ou aqueles homens que caíram no vício da pornografia e masturbação, e deixaram de ser amantes da mulher real que têm ao lado para fantasiar com mulheres que eles nunca terão na realidade.

Querido leitor: não se guie por pessoas que não são exemplos de felicidade conjugal. As celebridades e supostos *experts* de relacionamentos tão glamourizados pela mídia são em sua maioria pessoas infelizes no amor. Casados pela terceira ou quarta vez, divorciados, traem e são traídos, ou nunca acharam um verdadeiro amor. Se há alguém de quem você *não* quer receber conselhos para sua vida amorosa é dessas pessoas.

Portanto, não deixe que a confusão deste mundo complique o que Deus fez simples. Siga estas regras de bom-senso: seja amante de seu marido ou esposa. Descubram um ao outro. Não imponha nem exija nada que o outro não goste. Não faça nada contrário à natureza (como sexo anal). Foque no prazer da outra pessoa e não seja egoísta. O resto, vocês mesmos desenvolverão a dois.

Se você quiser checar várias perguntas específicas e nossas respostas sobre sexo, visite nossa página no www.casamentoblindado.com/sexo

TAREFA

Preciso falar?

CAPÍTULO 20
AS 27 FERRAMENTAS

Ao longo dos anos do nosso casamento, e também aconselhando casais com todo o tipo de problema conjugal, Cristiane e eu desenvolvemos o que chamamos de ferramentas para lidar com diversas situações. Algumas delas criamos para nós, outras aprendemos ou adquirimos de outros sábios casais. Selecionamos as melhores e colocamos aqui para você tê-las à sua disposição.

Toda casa precisa de uma caixa de ferramentas. Elas são úteis para pendurar algo na parede, ajustar uma gaveta ou desentupir um ralo. Todo casamento também precisa de certas ferramentas de auxílio. Estas 27 ferramentas lhe ajudarão a consertar e manter seu casamento. Nem todas se aplicam à sua situação atual, mas essas informações lhe ajudarão a montar a caixinha de ferramentas que será útil em um momento de emergência em seu casamento. Qualquer caixa de ferramentas é assim, você não precisa de todos os itens guardados ali para executar um trabalho, mas é sempre bom tê-los, pois nunca se sabe quando serão necessários.

Muitas dessas ferramentas são coisas que você já sabe, mas não pratica. A força delas está na prática conjunta com outras ferramentas, então talvez você já tenha tentado usar uma delas sozinha, sem resultado. Tenha suas forças renovadas para aplicá-la novamente, em conjunto com outras. Pode não ter resolvido antes deste livro porque você não sabia o que sabe agora. Vá em frente e abra a sua caixa, coloque as ferramentas lá dentro, uma a uma, e aprenda em que situações usá-las.

1. Não durma com o problema

Não vá para a cama com um problema não resolvido entre vocês. Acreditar que se resolverão mais tarde só fará com que os problemas se agravem. A Bíblia aconselha: *Irai-vos e não pequeis; não se ponha o sol sobre a vossa ira, nem deis lugar ao diabo*[20]. Ou seja, não é errado se irar, e sim deixar que essa ira continue no dia seguinte, a ponto de fazer uma besteira por causa dela. Dizem por aí que o tempo cura tudo, mas quase nunca isso é verdade. Uma ferida aberta só piora com o tempo. Um problema é como um monstrinho verde recém-nascido. Frágil, pequenininho e aparentemente inofensivo, ele se alimenta do silêncio, da indiferença, e cresce durante o sono. Se ninguém fizer nada a respeito, em pouco tempo vocês terão um enorme monstro verde de estimação, que mastigará seu casamento e fará vocês dois em pedaços. Quanto mais cedo você o matar (no ovo, de preferência) menor será o estrago. É bem fácil identificar se mataram ou não o tal monstrinho. Se vocês forem dormir de costas um para o outro, em quartos separados ou sem se tocar, significa que a questão ainda não foi resolvida e o monstrinho ainda agoniza. Voltem a conversar até a reconciliação.

Esta ferramenta foi algo que eu desenvolvi com a Cristiane para resolver o problema do tratamento de silêncio. Combinamos: “A partir de agora, quando tivermos um problema, vamos conversar sobre ele e não vamos dormir até que esteja resolvido”. Claro que isso resultou em muitas noites indo dormir às três da manhã, mas abraçadinhos. Acordávamos bem no dia seguinte, sem arrastar nenhuma carga negativa do dia anterior. Quando começamos a ser bem rígidos com essa ferramenta, o tratamento do silêncio acabou. Aprendi a resolver o problema na hora. Problema adiado

---

[20] Efésios 4:26,27.

é problema piorado. Muitos casais passam por essa situação. Seu cônjuge quer resolver o assunto, mas você não quer porque acha que já resolveu, ou porque está chateado. Ignore suas emoções e faça o que é certo. Usar os "Dez Passos para Resolver Problemas" explicados no capítulo 6 lhe ajudará aqui. A frase *"não deis lugar ao diabo"* no versículo acima é reveladora. Quando a ira é mal resolvida você está dando lugar ao diabo. A qualquer momento da relação ou você está na presença de Deus ou na presença do diabo. Perceba isso. Você deve desenvolver a sensibilidade para discernir quando está na presença de um ou de outro. Fique atento aos sinais. É fácil saber. Quando Deus está presente, o relacionamento está bem. Quando o diabo está presente, as coisas ficam amarradas. Quer dizer que ele achou uma brecha. Então, sem demora, vá e feche essa brecha, já!

Quando usar: sempre que houver algo mal resolvido, "no ar", entre vocês; quando você está carregando algo dentro de si contra o parceiro; quando um está dando um gelo no outro.

2. O amor nunca fere

Não existe justificativa para ferir seu cônjuge, quer seja de maneira física, verbal ou emocional. Estar nervoso não é motivo para magoar a outra pessoa. Quantas vezes ficamos irritados com algo que aconteceu no trabalho? E o que fazer quando isso acontece? Bater no patrão, chutar a cadeira? Não. Aprendemos a administrar essa raiva sem ferir o outro. Porque se ferirmos nosso chefe (ou qualquer outra pessoa na empresa), eventualmente ficaremos sem emprego. Você aprende a administrar essa raiva para evitar constrangimentos com os colegas de trabalho. Deve fazer o mesmo com a pessoa amada. Nunca aja com agressividade. Não é desculpa dizer que é nervoso ou pavio curto, pois o verdadeiro amor não machuca. Isso também inclui certas palavras baixas, que às vezes, na hora da briga, o casal joga um no outro. Xingam e falam palavrões como se aquela pessoa não representasse nada.

Ora, não se trata dessa maneira quem faz parte do nosso próprio corpo. Mantenha um alto nível, não xingue, não ataque o caráter.

Casais felizes adotam um padrão elevado de tratamento um com o outro, se recusam a aceitar um comportamento nocivo. Quanto menor for a tolerância ao mau comportamento em um relacionamento, mais feliz será o casal com o passar do tempo. Se a mulher xinga o marido, por exemplo, e ele revida, ambos quebraram as regras do comportamento civilizado. Se não consertarem aquele fato, pedindo desculpas e se comprometendo a nunca mais agir daquela maneira, pronto! Aceitou-se o cruzamento da linha uma vez, da próxima vez ela será cruzada novamente, até alcançar uma linha ainda mais perigosa. Atendemos a muitos casais que, ao nos contar a discussão que tiveram, usam a seguinte frase: "Desculpa, mas eu tenho que ser sincero e falar o que eu sinto". Nem sempre o que você sente tem de ser falado. As emoções nos fazem pensar coisas loucas. Muitas vezes o que você sente não é o que você realmente pensa. Se externar algo movido pelo impulso, causará uma ferida da qual seu cônjuge pode não se curar.

Quando usar: quando suas emoções afloram e você quer explodir com a outra pessoa. Guarde esta frase: "o amor nunca fere". Aja civilizadamente. Se a outra pessoa está lhe ferindo, insista — com respeito, sem atiçar ainda mais — que mantenham o alto padrão entre vocês. Talvez tenha que apontar isso mais tarde, depois que os ânimos se acalmarem, mas não deixe passar.

3. Não generalize

Não importa como você completaria essas frases: "você nunca..." ou "você sempre...". Ambas causarão problemas. Não use o pincel de uma situação para pintar todo o caráter do seu companheiro. "Você *sempre* faz o que quer, *nunca* o que eu quero", "você *nunca* me ouve". Esse tipo de afirmação raramente é verdadeira, e só serve para aborrecer seu companheiro. Lide com as situações individualmente e resista à tentação de relacionar o problema atual a um problema passado. Cuidado com as palavras *nunca, sempre, nada, tudo e toda vez*. São palavras absolutas e não deixam opção. Evite-as.

Na maioria das vezes este é um problema feminino. A mulher sente determinada atitude do marido *como* se ele sempre fizesse aquilo, de tantas vezes que ela se lembra de já ter passado por aquela sensação. Ela exprime o que está sentindo, não propriamente o fato. O problema é que, se a mulher diz: "Você nunca sai comigo", o sujeito automaticamente se lembra de que ele a levou para sair uma vez, dois meses atrás, e responde: "Nunca? Mas eu te levei para ver aquele filme...". E o foco se volta para ela. Quando você generaliza, a pessoa não lida com o problema que você trouxe, ela tende a se lembrar de algo que contrarie o que você está dizendo. Se você está ouvindo generalizações, como lidar? Entenda que ela não está dizendo que você "nunca", ou que você "sempre", ela está expressando a sensação que tem diante daquela situação. Ouça "sinto como se você nunca me levasse para sair" em vez de "você nunca me leva para sair". Seja paciente. Não se irrite e mantenha o foco no problema que ela está trazendo.

Quando usar: em toda comunicação entre vocês. Se escapar uma palavra dessas em algum momento, desculpe-se e remonte a frase. Se seu parceiro generaliza, aponte o erro para não repetir no futuro, mas foque no que ele ou ela está realmente querendo dizer e lide com aquilo.

4. Pare de reclamar e comece a orar

Seu companheiro insiste em fazer algo errado, não quer mudar, você já vem reclamando há anos e nada acontece. Você já percebeu que não adianta reclamar com ele? Reclame com Deus. Peça a Ele que toque o coração do seu companheiro e lhe dê sabedoria para lidar com aquilo. É natural que, quando atacada, a pessoa não consiga enxergar o erro que você aponta, pois está empenhada em se defender. Mas Deus pode fazer com que ela veja o erro dentro de si. A oração tem mil e uma utilidades. Além de ser uma ferramenta capaz de trazer a mudança que você não poderia fazer sozinho, também lhe ajuda a lidar com o estresse, ao colocar a ansiedade em Deus. Ele aguenta a frustração, a raiva, o mesmo assunto por quanto tempo for. Já o cônjuge pode não reagir tão bem. Pense bem, você está indo a quem criou o casamento para resolver seu problema, está reclamando direto com a fábrica! Como se ligasse para o SAC de uma empresa e pudesse falar diretamente com o dono. Mas seja perseverante. Nem sempre a resposta vem na manhã seguinte. Insista em oração a Deus. Ore por você também, para não ser parte do problema. Peça sabedoria para lidar com a situação.

> Cristiane:
> Quando percebi que o meu marido não estava mudando através das reclamações constantes que eu fazia, concluí que não poderia lidar com aquela situação sozinha e busquei a Deus. Essa ferramenta é a mudança de direção: deixar de agir com emoção e passar a agir pela fé, por meio da confiança em Deus. Mas não se engane. Deus não faz mágica, não faz tudo sozinho. Ele age quando você faz a sua parte para somar à d'Ele. E se você não souber qual é a sua parte, peça orientação a Ele. Nós, mulheres, tendemos a reclamar muito, acabamos sendo chatas, achamos que conseguiremos resolver o problema reclamando. Passei a orar a Deus pedindo que mudasse meu comportamento. Eu queria parar de chorar e passar a agir pela fé, e consegui através da oração. Só Deus pode fazer o seu marido ou a sua esposa mudar. Só Ele pode mudar o interior de uma pessoa. Antes eu orava para mudar o Renato, mas depois que pedi direção a Deus, que me mostrasse o que deveria fazer, passei a buscar a mudança em mim primeiro, e foi assim que comecei a ver o resultado nele. Deus não somente nos dá conforto e paz, mas direção para saber o que fazer. Funciona em todas as situações de nossa vida.

Quando usar: quando tudo o mais falhar.

5. Mostre apreciação

Muitos casados se sentem tentados a ter um relacionamento extraconjugal simplesmente porque encontram alguém que os aprecia mais do que o seu cônjuge. Quando você percebe seu parceiro distante ou você mesmo se sente distante, precisa conscientemente se esforçar para demonstrar sua consideração a ele. Por exemplo, cozinhe algo que ele goste, faça um jantar especial, espere por ele de banho tomado e perfumada, esteja em casa quando ele chegar. Procure saber como ela está, ligue para ela durante o dia, note sua roupa nova, saiam para fazer algo que ela goste. É muito fácil se descuidar depois de muitos anos juntos.

Existem várias situações que desviam o foco do casal, fazendo com que esqueçam um do outro com o passar dos anos e entrem na fase da indiferença. Depois que os filhos vêm, consomem toda a energia do casal, a mulher vive só para eles e o marido se sente de lado. Ou os dois estão batalhando para crescer uma empresa, ou para pagar as dívidas. Ou os filhos finalmente se casam e o casal fica como dois estranhos, sem saber como se relacionar, pois perderam aquilo que os conectava. A ferramenta de mostrar apreciação é muito útil neste momento.

Identificar a fase da indiferença é fácil. Observe o casal. Os dois não formam mais uma unidade. Cada um vive em seu mundinho. Um na frente da TV, o outro grudado ao computador. Um vai dormir antes do outro. Saem sozinhos, vivem vidas independentes, têm muito pouca coisa em comum. O casal que vive assim raramente mostra apreciação, pois para apreciar você precisa notar a outra pessoa. É possível reverter este quadro, mesmo após vários anos de indiferença, basta querer. Lembra-se das coisinhas que vocês faziam no namoro e no início do casamento? O cuidado que tinham um com o outro? É isso que você terá de resgatar. Repito a frase que você encontra muitas vezes neste livro (pois não pode ser esquecida): casamento feliz dá trabalho. Até hoje tenho que investir em meu casamento. É um trabalho contínuo e recompensador. Uma frase que gosto que os casais gravem é: o que meu cônjuge precisa de mim agora? Se você não sabe, pergunte ou tente descobrir (nem sempre ele vai falar. Ou pode dizer "nada" quando, na verdade, teria uma lista para recitar, em ordem alfabética). Se pergunte: *"O que posso fazer por ele(a)?"* Ela pode estar estressada, ou para baixo, precisando de sua companhia, de encorajamento, e saber que tem alguém forte ao lado. Às vezes basta uma palavra, ou o apoio silencioso, sinalizando que tudo vai dar certo, que é uma fase e vocês vão vencer. Se ela está doente, precisa se sentir cuidada, ou pelo menos saber que você se preocupa, caso outra pessoa faça esse trabalho.

Mulheres, não pensem que esta é uma tarefa só para os homens. Às vezes o homem está passando por uma situação em que se sente derrotado e precisa de uma palavra que mostre a ele que você ainda o vê como forte. Um aviso: a maioria dos homens não sabe receber elogio, mas isso não significa que não goste. Você pode já ter passado por isso. A mulher elogia a roupa, e ele dá de ombros. Não se intimide! Acredite, ele só não quer perder a pose... Isso é bem comum e involuntário, quase como um defeito de fabricação. Ainda que a pessoa não saiba receber elogio, não deixe de elogiar. Não se preocupe, está fazendo efeito.

O psicólogo John Gottman, respeitado especialista em relacionamentos, conduziu um estudo que o levou a concluir o seguinte: para cada experiência negativa que o casal tem, são necessárias cinco experiências positivas para compensar aquela negativa. Digamos que o casal tenha tido uma troca de palavras ríspidas que chateou um ao outro. Para nivelar esta situação negativa, terá de praticar cinco ações positivas para zerar a equação. O índice de Gottman nos leva a crer que experiências ruins são cinco vezes mais poderosas do que as boas. É por isso que se o marido faz algo que leva a esposa a perder a confiança, um mês depois ela ainda se lembra do fato. Quanto mais mostrar apreciação, mais impressões positivas você acumulará em seu relacionamento.

Quando usar: sempre, especialmente quando notar distância e indiferença entre vocês.

6. O que seu cônjuge pedir vai no topo da lista

Muito do estresse no relacionamento se deve ao pensamento de que não se é tão importante para o companheiro quanto outras coisas ou pessoas. Então, quando o seu companheiro lhe pedir algo, coloque no topo da sua lista, faça disso uma prioridade para que ele não precise pedir novamente. É uma regrinha simples, mas que vale ouro.

O marido pede: "Amor, compra uma lâmina de barbear para mim, a minha acabou." A esposa responde com um "Ah, tá", mas não estava prestando tanta atenção. No dia seguinte, ele vai procurar as lâminas e elas não estão lá. Ele fica um pouco chateado, mas releva, a mulher se desculpa e promete comprar da próxima vez. E a história se repete no dia seguinte. É uma coisa boba? É, casais brigam por coisas bobas. Mas por que eles brigam? Porque aquela coisinha boba está falando algo muito grave aos ouvidos da pessoa, como: "Eu não sou importante para você", "Se sua mãe pede uma coisa, você larga tudo, corre lá e faz; mas quando eu peço, você não faz". Esse é o problema. O problema não é a lâmina de barbear, mas a mensagem escondida na atitude. Esta é uma regra que você deve absorver em seu dia a dia. Ela pediu algo, então faça rápido, pois vai fortalecer a noção de que vocês são os primeiros na vida um do outro. Pense bem. Quando seu patrão pede algo, você já tem o hábito de fazer logo. Você sabe que aquela pessoa é importante porque tem influência sobre você. Muito mais ainda no casamento! Seu marido/esposa é muito mais importante. Talvez exista algo que seu cônjuge tem lhe pedido há muito tempo e você ainda não fez. Desde as coisas menores até uma conversa séria que vocês precisam ter. Execute agora mesmo, como prioridade, como prova de consideração.

Quando usar: sempre, que ele(a) lhe pedir alguma coisa.

7. Cuide da aparência

Muitos que faziam questão de cuidar bem da aparência antes, enquanto namoravam, veem o casamento como uma licença para andarem feios. Na verdade, é justamente depois do casamento que você deve se cuidar como nunca. Não faça pouco do seu companheiro, achando que já o conquistou. Procure estar sempre bonito para seu cônjuge, controle seu peso, veja a maneira como se veste, use maquiagem, se ele gosta. A limpeza e arrumação da sua casa também são muito importantes. Algumas mulheres não gostam de maquiagem e seus maridos gostariam que usassem um batom ou um lápis nos olhos. A mulher acredita que o marido tem de gostar dela ao natural, *"é assim que eu sou"*. É claro que não vou gostar da Cristiane por causa dos brincos ou da maquiagem, mas se a mulher sabe que o marido gosta, deve fazer um pouquinho de esforço para agradá-lo. É como a comida, se você não gosta, mas ele gosta, você vai fazer aquela comida para agradar.

Casamento é isso, viver para agradar ao outro, para fazer a outra pessoa feliz. Tudo bem, eu concordo que não é justo cobrar da pessoa que ela seja alguém que ela não consegue ser, mas fazer algum esforço para agradar o seu cônjuge não tira pedaço, é muito válido e certamente você se sentirá melhor. No meu trabalho, tenho que usar terno, gravata, camisa, calça social e sapatos. Em meus momentos de lazer, meu desejo era usar chinelo, short e camiseta, pois quase nunca visto esse tipo de roupa. No início, quando a gente ia ao cinema, eu ia de moletom e chinelos, queria estar bem confortável. Para ela aquele era um momento especial, então saía bem arrumadinha. Imagine esse casal! Ela não dizia nada, mas ficava com vergonha de mim. Quando finalmente comentou: "Com essa roupa, parece que você desistiu da vida". Primeiro eu fiquei chateado, mas depois entendi. A gente raramente sai, então, quando sai, tenho de honrá-la, estar à sua altura. Faço um esforço por amor a ela, porque ela gosta. Mas por mim, ia de chinelo!

Aconselhamos a um casal cujo marido estava insatisfeito sexualmente. Reclamava que sempre que procurava a esposa era rejeitado. Enquanto ele falava, notamos que ela estava sem jeito. Pedimos para que ficasse um de cada vez na sala, para que pudéssemos conversar com mais privacidade. Então ela desabafou: *"Ele fala que eu nunca quero que ele me toque, mas se pelo menos ele tomasse banho todos os dias!"* A mulher tinha de ser uma heroína para aguentar momentos íntimos com um sujeito que não tinha o menor asseio. Ele estava tão acostumado com a falta de higiene que nem sequer imaginava que esse era o motivo do abismo entre os dois. Algo tão fácil de resolver! Sabonete, água, toalha e pronto! Fim dos problemas daquele casal.

> Cristiane:
> Você representa seu cônjuge, por isso depois que você se casa sua responsabilidade com a aparência é ainda maior. A aparência diz muito sobre como você se sente, se você é feliz, se está realizada, vai mostrar isso em seu exterior. Se você ama, respeita e valoriza seu marido, é natural que mostre isso no seu exterior. Você pode estar mal por dentro e bem por fora, mas de maneira alguma conseguirá estar bem por dentro e mal por fora. Se você está bem em seu interior, tem de mostrar em seu exterior, não apenas em seu jeito de se arrumar, mas em seu semblante, um sorriso, um olhar carinhoso... A mulher que recebe o marido em casa mal humorada está feliz? A mulher que sai de cara amarrada, desarrumada, está feliz? Se o marido olha para a esposa e vê uma mulher amarga e relaxada, como ele se sentirá? Se você está irritada por causa daquele período delicado do mês, avise ao seu marido, não deixe que ele pense que o problema é ele, ou que você não está feliz. A aparência não é tudo na minha vida, mas se eu me amo, por que não vou me cuidar? Ainda mais agora que tenho alguém para representar.

Quando usar: sempre. E procure saber o que agrada seu cônjuge no que diz respeito a aparência. Também comunique suas preferências, mas não imponha nada.

8. Nunca ridicularize seu companheiro

Quer de forma privada ou pública. Ser bem humorado não é a mesma coisa de zombar. Cuidado com as piadas de mau gosto. Não exponha falhas e fraquezas do seu cônjuge a terceiros. "O amor *cobre* todas as transgressões", disse o sábio rei Salomão[21]. O amor encobre os defeitos da outra pessoa. Ainda que seu companheiro esteja errado, demonstre seu apoio, em vez de expor seus erros. Ridicularizar é desrespeitar. Não faça comentários que diminuam seu cônjuge ou que exponham algo que ele mesmo ainda não havia exposto para os outros. "Ah, o Roberto não sabe nem somar. Sabia que ele só estudou até o quarto ano?" Em que você acha que isso acrescenta em seu casamento? Sarcasmo, ironia e desprezo também são fatais para o relacionamento. "Você vai fazer uma lista para não esquecer? E desde quando você é bom com listas?" Essas atitudes geralmente demonstram que a pessoa se acha superior à outra. Lembre-se: o amor não fere.

Quando usar: sempre. Atenção dobrada quando estiver em uma discussão esquentada ou entre amigos.

9. Beba da santa água

Há uma história de um vilarejo onde as contendas conjugais aumentavam desenfreadamente. Cansada das brigas com o marido, uma esposa vai se aconselhar com o sábio do lugar: "O que devo fazer para acabar com as discussões com meu marido?", perguntou. O velho sábio lhe deu uma garrafa com água e disse: "Esta água é santa. Toda vez que seu marido começar a discutir, beba um pouco, mas é preciso mantê-la na boca por dez minutos antes de engolir. E diga a todos os seus vizinhos e suas amigas com o mesmo problema para fazer igual." Em pouco tempo, ninguém mais discutia naquela vila. Convites para discussões sempre batem à porta do casamento. Entenda que você não é obrigado a aceitar todos eles. Se seu

---

21 Provérbios 10:12.

cônjuge faz um comentário que lhe provoca a revidar, eu tenho uma boa notícia: você pode dizer não e decidir não comparecer a essa briga. Você não vai ignorar o problema, mas terá domínio próprio, principalmente se decidir controlar a língua. Os ânimos se acalmarão e você terá evitado uma discussão desnecessária, que só serviria para afastar vocês dois. Não é excelente? Ganhar em uma discussão não é tão importante quanto resolver o problema. Se você percebe que seu companheiro está alterado, segure as pontas e feche o zíper sobre os lábios. Nunca me esqueço de um casal de Singapura, que frequentava a nossa igreja em Londres. No dia em que fizemos uma oração especial por seus cinquenta anos de casados, perguntamos qual teria sido o segredo de uma vida a dois duradoura, e o marido nos respondeu: 'Quando eu estava nervoso, ela se calava. Quando ela estava nervosa, eu me calava.' Isso realmente funciona.

Quando usar: quando se sentir provocado a devolver palavras duras com outras mais duras ainda.

10. Inicie a conversa brandamente

Se as suas conversas já começam em tom grosseiro, inevitavelmente, acabarão em briga, mesmo que haja muitas tentativas de acalmar os ânimos depois. Alguns exemplos clássicos: se o marido pergunta, "Você precisa de dinheiro?" (começou bem), e a esposa responde: "Só para as contas que você deveria ter pago na semana passada" (começou mal). As facas da acusação e do sarcasmo começam a voar. Quando a conversa começa bem, são grandes as chances de terminá-la bem. Escolha cuidadosamente as palavras, teste a frase mentalmente e veja se soa bem. Se você achar que a pessoa pode não entender, mude a ordem da frase, escolha outras palavras. A conversa ficará mais lenta e você terá tempo de pensar e não dizer uma bobagem. Se notar que começou a perder a linha, respire fundo, peça perdão e comece de novo.

Cristiane:

Uma maneira eficaz é falar de como o seu cônjuge lhe faz sentir, em vez de tratá-lo como se ele fosse a personificação do problema. Por exemplo, se o seu marido é grosseiro com você, não é sábio chamá-lo de grosso, pois assim você já começa o assunto no ataque, e ele com certeza vai se defender. Mas você pode falar de como se sente quando ele fala com você... "Amor, quando você está ocupado e eu lhe pergunto uma coisa, as vezes a maneira que você me responde me faz me sentir mal." Notou a diferença? Não é ele quem a faz sentir-se mal, é a maneira que ele a responde que faz isso. Se concentre no que você pensa e sente a respeito em vez de no que você acha da pessoa em relação ao problema.

Quando usar: sempre que for tratar de algum assunto delicado entre vocês.

11. A gaveta dos problemas perpétuos

Sinto lhe informar, mas certas coisas que nos irritam e que consideramos "defeitos" em nosso parceiro, para nossa tristeza, nunca mudarão. Talvez ele seja bagunceiro para sempre. É possível que ela sempre vá ser apegada com a mãe. Enfim, há coisas em cada um de nós que são parte de nossa identidade, e não mudarão. Em vez de se frustrar e ficar sempre confrontando a outra pessoa sobre aquilo, pegue esse problema e ponha-o na gaveta dos problemas perpétuos — um lugarzinho no seu cérebro reservado para lhe lembrar de que é em vão ficar debatendo sobre aquele assunto. Portanto, o melhor que você pode fazer é aprender a lidar com ele. Ponha mais cestos de roupa em lugares estratégicos da casa. Pegue sem reclamar as outras que ele, mesmo assim, ainda vai jogar no chão. Aceite a amizade de sua esposa com a sua sogra, junte-se a elas! Se é um problema tolerável, que dá para administrar, então use essa ferramenta. Desista de mudar a outra pessoa, pois isso não é possível. Como já dissemos lá no começo: você só pode mudar a si mesmo. Tire seu foco dos defeitos do outro, do que ele não faz e do que a seu ver está errado. Valorize as qualidades do seu cônjuge e o conteúdo da gaveta terá cada vez menos importância em seu relacionamento.

Quando usar: quando identificar um problema perpétuo.

12. Apague os últimos dez segundos

Às vezes precisamos deixar passar algumas coisas. Uma palavra fora do contexto, um comentário desnecessário no momento de ira... Avalie a situação e veja se vale a pena encrencar com isso. Algumas vezes sua esposa vai pisar no seu calo e você vai querer explodir, porém, lembre-se: você não *precisa* explodir. Quando usa uma filmadora e não gosta do que acabou de filmar, você volta e grava novas imagens sobre as imagens desnecessárias. Da mesma forma, use este mecanismo mental de "pare, volte e apague", dizendo a seu cônjuge: "Tudo bem, vou fingir que não vi nem ouvi o que acabou acontecer. Começamos com o pé esquerdo. Vamos recomeçar."

Essa ferramenta de apagar os últimos dez segundos também é de minha invenção. Percebi que às vezes a Cristiane agia por impulso ou movida por uma frustração, e acabava falando o que não queria falar e vomitava o que estava sentindo. Em vez de criar caso, comecei, até de uma forma bem-humorada, a dar sinal de que ela não devia ter falado aquilo. Se ela solta algo que dá uma espetada em mim, digo: "Espera aí, deixa eu voltar a fita aqui. Ok, tomada 2. Ação!" Quando ela ouve isso, já entende que o que disse pegou mal e tem a oportunidade de falar novamente. A propósito, se você falhou na ferramenta de começar a conversa brandamente, tem outra chance nesta ferramenta de apagar os últimos dez segundos. Use esta ferramenta com bom humor e mude a situação. Ajude a outra pessoa, releve, dê um desconto.

Quando usar: quando a outra pessoa pisou na bola e a sua vontade é fazer ele(a) engolir a bola.

13. Não deixe a linguagem corporal cancelar suas palavras

Especialistas em comunicação afirmam que mais de 90% da comunicação é não verbal. Note esse número. Mais de 90%! Coisas como: comportamento, tom de voz, olhar, expressões faciais e linguagem corporal são responsáveis por quase tudo que transmitimos. Nossas palavras carregam apenas 10% da nossa comunicação para a outra pessoa. Preste atenção em seu dia a dia e verá o quanto essa definição é verdadeira. Se você diz: "Ok, eu te perdoo", enquanto seu rosto (e aquela viradinha de olhos) diz: "Só estou dizendo isso porque você pediu, mas no fundo eu sei que você nunca vai mudar" (sim, você pode falar tudo isso só com o olhar), isso não vai fazer com que seu perdão pareça sincero.

Além da expressão facial e corporal, algo que fala mais do que suas palavras é seu comportamento recente. Se você diz "Eu vou mudar", mas o seu comportamento diz que você já prometeu cem vezes e nunca cumpriu, suas palavras não serão críveis para a outra pessoa. Nem adianta reclamar. Preste atenção nos sinais que envia sem palavras. É muito comum, durante a conversa, o marido cruzar os braços e dizer: "Tudo bem, pode falar". Na verdade está dizendo: "Eu preferia estar em qualquer outro lugar a ter esta conversa. Depois você não poderá me culpar por não ter ouvido". Tudo isso pode ser falado sem que se abra a boca. Uma expressão corporal mais aberta e receptiva é segredo de boa comunicação. Não queira ter um bom resultado em uma conversa em que você mantém uma postura fechada e defensiva, tom de voz sarcástico, suspiros audíveis. Mantenha sempre em mente que seu parceiro não é inimigo, seu objetivo é terminar a conversa bem. Estar aberto ao diálogo é pré-requisito para que isto aconteça. Procure se comunicar com seu cônjuge de forma carinhosa, prazerosa e desarmada. O que vocês querem é um bom relacionamento, não é? Queira isso com todas as suas forças, com todo o seu corpo – literalmente.

Quando usar: em toda comunicação.

14. Reconstruir a confiança é trabalho em dupla

Se houve infidelidade, ou quebra de confiança em seu relacionamento, seja você o culpado ou a vítima, ambos terão de trabalhar pesado — e juntos — para reconstruir a confiança. Um erro comum é a pessoa ferida jogar toda a culpa para cima da outra que traiu: "Quem errou foi você, estou desconfiado porque você me deu razão." Ela acredita que o outro, exclusivamente, é quem tem de trabalhar para resgatar a confiança. Sinto lhe informar, mas não é. Os dois têm que trabalhar nisso. Isso vale para qualquer situação em que haja perda de confiança. Por exemplo, a mulher gastou o dinheiro que não deveria ter gasto, agora o homem não confia mais valor nenhum na mão dela. No caso de infidelidade, a dor e a desconfiança — "será que vai acontecer de novo?" — estarão sempre como fantasma em sua cabeça. O culpado terá de agir diferente para provar que houve, de fato, uma mudança. Não reclame, apenas faça o que tem de ser feito. É o preço a pagar por sua infidelidade. Elimine o telefone secreto, não apague mais mensagens do celular, dê acesso aos e-mails e ao Facebook. Entre as coisas que não pertencem mais à sua realidade estão: sair e não falar aonde vai, ter momentos do dia em que o outro não sabe com quem ou onde está, segredos, esconder informações da outra pessoa. Manter essas atitudes só continuará alimentando a desconfiança. Para que a confiança seja resgatada, a pessoa que traiu terá de gravar em sua mente a palavra *transparência*: quando você é transparente, não tem nada a esconder e passa a ser digno de confiança.

Seja transparente em tudo e não reclame. Não venha com a história de "E a minha privacidade?", ou "Não estou mais fazendo isso, tem de confiar em mim." Você abriu mão de sua privacidade no dia do casamento. E se seu cônjuge está lhe dando perdão e uma nova chance, é sua transparência que servirá de ponte para a reconstrução da confiança, não suas promessas. É como o cidadão que comete um crime e é levado ao tribunal. Por ser réu primário, recebe o benefício de responder em liberdade. O juiz coloca algumas restrições: não pode viajar, tem de se apresentar mensalmente durante determinado tempo — mas não o manda para a prisão. A pessoa que cometeu um crime e recebe esse tipo de sentença fica feliz da vida. Ela pensa: "Terei de me comportar, me reportar algumas vezes, mas pelo menos não estou na cadeia!" Ela aprecia essa chance. Assim também o que traiu tem de apreciar a nova chance e a única maneira de fazer isso é sendo transparente.

Se você foi a vítima, pare de lembrar ao seu cônjuge o que deixou no passado e evite alimentar desconfianças. Não suponha nem tire conclusões precipitadas. Lide com os fatos no presente. Se seu parceiro não mudar, você pode ter de avisá-lo que não haverá terceira chance, mas enquanto ele ou ela não prova o contrário, não fique retornando ao passado desnecessariamente. Se ela se comprometeu em mudar, não banque o detetive, investigando o que não há para ser investigado, nem insinue que ela ainda está lhe traindo. É muito irritante e frustrante tentar mudar e ver que o outro nunca acredita na mudança. É comum uma pessoa traída começar a ver coisas que não existem. É o medo lhe controlando. Mas seja racional. Paranoias não resolvem. Faça planos e se prepare para a possibilidade do outro não mudar, mas deixe o plano "na gaveta", use somente caso seja necessário. Assim, você já tem resposta para o medo, se o pior acontecer. Enterre o passado e passe com o carro em cima vinte vezes, para que não seja possível sequer saber onde ele foi enterrado. Não volte para levar flores, nem para cuspir no túmulo. Esqueça. Auxilie seu parceiro nessa reconstrução, é um trabalho em equipe. É difícil? É, ninguém disse que seria fácil, mas só assim vocês começarão a reconstruir a confiança perdida.

Quando usar: quando houver traição, mentiras ou qualquer quebra de confiança no relacionamento e vocês decidirem por uma segunda chance.

15. Durma antes do problema

Não se trata de uma contradição à ferramenta número 1, que lhe aconselha a não ir para a cama deixando um problema não resolvido para o dia seguinte. Aquela dica é para ajudá-lo a lidar com problemas que *já ocorreram*. Esta ensina a lidar com o estresse *antes* que o problema aconteça. Muitos dos problemas no casamento se originam de situações de estresse em um ou ambos os parceiros. Se você ficar atento para detectar o problema ANTES de acontecer, poderá evitá-lo. Observe a linguagem corporal, o tom de voz, e o nível de estresse de seu cônjuge. Dê-lhe o espaço suficiente. Pessoas lidam de maneira diferente com estresse. Como regra geral, os homens precisam de espaço e as mulheres precisam falar. Claro, há exceções, existem mulheres que também precisam de silêncio e homens que querem desabafar. O importante é entender: se um está em um nível de alta irritabilidade, não adianta o outro querer resolver o problema naquela hora. Inclusive, um adendo à primeira regra: se o problema já aconteceu e você vê que a pessoa está perigosamente alterada, então é melhor dar uma pausa e esperar os ânimos se acalmarem. Não será uma boa conversa se as pessoas estiverem funcionando à base de emoção e irritação.

Essa ferramenta é semelhante à regra do "*time out*" no basquete. Quando a equipe começa a perder muitos pontos seguidamente, o técnico pede tempo, interrompe o jogo e reúne os jogadores para lhes passar instruções. É estratégico principalmente porque quebra a vantagem do adversário. Lembre-se de que há um adversário em seu casamento também. Não dê brecha ao diabo. Se você insiste em ficar cutucando seu cônjuge na hora em que os ânimos estão alterados, então está dando vantagem ao adversário. Dê uma pausa. Concordem em falar mais tarde sobre o assunto. Apesar de o nome da ferramenta ser "Durma antes do problema", não significa necessariamente que você tenha de dormir, apesar de uma boa noite de sono ser uma das melhores maneiras de fazer uma higiene mental e emocional. Mas também pode ser uma pausa de vinte minutos, ou de uma hora. A ideia é dar condições a seu parceiro para recobrar as forças e o equilíbrio emocional.

Quando usar: tenha esta ferramenta sempre à mão para detectar sinais de estresse no parceiro, ou em si mesmo, e se valer de uma pausa ou outra forma de se acalmar antes que gere problemas.

16. Ensaie para a próxima vez

No casamento raramente você tem um problema novo. Vocês não vão discordar somente uma vez sobre dinheiro, nem sobre a educação das crianças. O mais comum é ter de lidar com problemas reciclados, que voltam de tempos em tempos. Quando se depara com um problema recorrente, o que fazer? Primeiro, resolva o conflito imediato, usando aqueles dez passos que ensinamos no capítulo 6. Em seguida, se pergunte: *como podemos evitar que isso aconteça novamente?* Ou: *O que faremos se isso voltar a acontecer?* Então, assim como roteiristas planejam o que acontecerá na próxima cena de um filme ou de uma novela, escreva seu próprio "roteiro" para a próxima vez. O que vocês farão quando uma situação similar ocorrer? Decida o que vai acontecer, qual o papel de cada um, e que ambos estejam de acordo. Quando a situação surgir, ambos saberão o que fazer, sem exaltar os ânimos.

Como é isso na prática? Por exemplo, o marido esquece a data do aniversário de casamento. Ele é ruim em lembrar datas e a esposa se irrita muito com isso. Pelo jeito de ele ser, há uma grande chance de que no próximo ano ele esqueça de novo. Algumas pessoas não são ligadas em datas, é um defeito de fabricação (ferramenta 11 aqui, talvez?). O casal deve resolver o problema de a esposa estar chateada hoje, mas também combinar como vão lidar com isso das próximas vezes. A esposa pode anotar na agenda do marido logo no início do ano (simples, não?), avisá-lo com alguma antecedência, colar lembretes pela casa... "Mas aí não tem graça!", diz ela. Entenda uma coisa muito importante:

nossas altas expectativas podem nos levar a querer que nosso parceiro seja como somos, que o importante para nós seja importante para ele(a), mas nem sempre é assim. É necessário fazer um ajuste em suas expectativas para evitar problemas recorrentes. Há um abismo entre o real e o ideal. Quanto maior o abismo, maior a frustração, mais problemas vão acontecer. Esqueça o ideal e lide com o real. Mesmo que o real não seja suficiente, é ele que você tem, é em cima disso que você terá de trabalhar por um resultado melhor.

Esta ferramenta se aplica a todas as situações. Muitos discutem com respeito à criação dos filhos, um é mais linha dura, o outro é mais flexível, e os filhos logo percebem isto e começam a jogar um contra o outro. Então vocês dois têm que ensaiar isso para a próxima vez. Combinem, por exemplo, que da próxima vez em que o marido disser não ao filho e a criança for até a mãe querendo mudar o que ele decidiu, a esposa confirmará o que o marido disse, ainda que ache que ele foi muito duro. Vocês podem até conversar sobre isso depois, longe da criança, mas jamais deixem que o filho perceba que um discordou da decisão.

Outra situação clássica é o problema recorrente a respeito de dinheiro. Você esperava que seu cônjuge lhe consultasse antes de gastar tanto dinheiro, mas ele não o fez. E agora? Alguns casais sentam e combinam: "Até tal valor, você gasta, passando de tal valor, fale comigo para decidirmos juntos." Isso é roteirizar. Quando a situação aparecer, você já sabe como resolver, por causa do *script* prévio. Novamente retomamos a comparação com o mundo corporativo. Na empresa, você tem de resolver problemas e prevenir que aconteçam novamente. É exatamente o raciocínio desta ferramenta. Você verá uma redução considerável dos problemas.

Quando usar: sempre que identificar um problema ressuscitando dos mortos. Geralmente acompanhado do pensamento: "Já vi esse filme antes."

17. Proteja suas noites

Últimas notícias! A noite é um momento para se relaxar. Se você geralmente discute problemas e expõe suas tristezas quando seu companheiro chega do trabalho, por exemplo, você arrisca estragar o clima ideal para um agradável momento de união e intimidade — leia "sexo". Um casal lidou com essa situação concordando em não mais falar sobre problemas depois das oito da noite! Funcionou para eles, e você deve descobrir o que funciona para você. Não esqueça que se vocês dormirem brigados, não dormirão como se fossem um. Essa é a hora do dia em que você deve investir mais no seu relacionamento, o contrário do que muitos têm feito. Não veem a hora de o parceiro chegar em casa para reclamar das contas que precisam ser pagas ou do que a professora disse sobre as crianças.

No quadro do "Laboratório", da Escola do Amor, tivemos um casal com esse problema. Na hora do jantar, ela reclama que ele demora para comer, e ele pede para ela lhe dar um tempo porque ele quer relaxar. Em determinado momento, ela diz: "Para que relaxar na hora da janta? Tem muita coisa para ser feita, lavar as louças, quem tem tempo para relaxar?" Por causa das muitas coisas a serem feitas em casa, as noites desse casal são conturbadas. Como poderão investir na intimidade no único tempo do dia que eles têm juntos se não podem nem mesmo ficar à vontade? Proteger a noite é proteger as horas que antecedem o momento íntimo de vocês. Muitos casais ficam dias, semanas e até mesmo meses sem se relacionar sexualmente por descuidar das noites. A pessoa está pensando que vai ter uma noite legal, mas por causa de uma palavrinha na hora do jantar, os planos vão por água abaixo. Não esqueça de que o sexo começa na mente. Quando você não protege os momentos anteriores a estar com seu parceiro na cama, elimina o clima e mata qualquer possibilidade de uma noite agradável sob os lençóis.

Quando usar: todas as noites e outros momentos que antecedem o ato sexual.

18. Resgate seu companheiro(a)

Todos nos sentimos sobrecarregados uma vez ou outra. Uma esposa pode chegar em casa após um terrível dia no trabalho e ainda ter dezenas de tarefas para fazer antes de finalmente poder apagar as luzes e ir dormir. Um marido dedicado deve ser sensível a esta situação e ajudar a aliviar o seu fardo sempre que possível. Ele vem para socorrê-la: "Eu guardo as compras enquanto você olha o dever de casa das crianças..." ou "Eu dobrarei as roupas e levarei o lixo para fora enquanto você prepara o jantar." Arrumar as próprias coisas também ajuda! Da mesma forma, a esposa deve ser uma auxiliadora do marido e entrar em cena quando ele estiver sobrecarregado. Amar significa cuidar. Isso pode vir junto com a ferramenta 17. A esposa, estressada, chega em casa e quer descansar a cabeça, o marido reconhece que ela está em frangalhos e pede uma pizza para que ela não precise preparar o jantar. Ela se sente valorizada e cuidada. Da mesma forma, se o marido estiver estressado e a esposa resolver deixá-lo descansar em sua caixinha, também estará ajudando. Você percebe que seu cônjuge não está bem, então se ele não fez o que normalmente faria, vá lá e faça. Não crie uma tempestade, esteja ali quando ele mais precisa. É uma ferramenta para emergências. Socorrer um ao outro quando um deles está suportando mais do que consegue. Lembre-se da pergunta: *o que meu cônjuge precisa de mim agora?* De ânimo, de cuidados médicos, de orientação, de ajuda prática, ou simplesmente da minha companhia?

Cristiane:

Nunca gostei de impor os deveres de casa ao Renato, sempre fui o tipo de esposa à moda antiga, rainha do lar, cujo esposo não precisa se preocupar com nada. Entretanto, um dia, já não aguentava mais, estava sobrecarregada com responsabilidades dentro e fora de casa. Morávamos com outros dois casais e quando era a minha vez de fazer o almoço, cozinhava para um batalhão de pessoas.

> Depois tinha a cozinha para limpar e o resto da casa, além do café da tarde e do jantar... Chegava o fim do dia e eu estava exausta! Foi quando peguei uma gripe feia, fiquei de cama e fiquei na mão. Nunca me esqueço do que o Renato fez por mim, ele veio como socorro. Ele vivia me falando em contratar uma empregada para limpar a casa duas vezes na semana, mas por eu não conhecer nenhuma e ter aquele receio de fazerem de qualquer maneira, nunca tomava a iniciativa. Ele ligou para a pessoa, assinou um contrato de duas semanas e organizou tudo para mim. Lembro-me de me sentir apreciada e valorizada por aquele simples gesto. Ele me socorreu quando eu mais precisei.

O assunto dos afazeres domésticos merece um comentário especial. A sociedade mudou muito, mas a mentalidade de alguns ainda está lá atrás. Se vocês têm discussões constantes sobre a casa, façam uma lista e definam quem será responsável pelo quê. Quem vai tirar o lixo? Quem vai cortar a grama? Quem vai limpar o quarto? Um dos dois? O filho? Melhor contratar alguém? Em uma empresa, todo mundo sabe quem faz o quê, quem faz o café, quem limpa a sala de reuniões... Tudo deve estar bem definido. Se um achar que o outro vai fazer, ninguém faz nada. Defina as tarefas semanais, diárias e mensais da casa e combine quem fará o quê. Se você tiver filhos, eles podem ajudar, a família será uma equipe no cuidado com a própria casa. Coloque a lista na geladeira, para ninguém esquecer. É uma maneira prática de resolver esses problemas.

Quando usar: sempre que perceber seu cônjuge sobrecarregado ou sem condições de executar suas tarefas.

19. Não faça ataques pessoais

"Você é um mentiroso...", "Você é estúpido...", "Você é teimosa..." Quando você diz coisas desse tipo para o seu cônjuge, é sinal de que seu relacionamento desceu aos níveis mais baixos de desrespeito — uma viagem da qual é difícil retornar. Ataques pessoais mostram que você perdeu de vista que seu verdadeiro inimigo é o problema, não seu parceiro. Quando você xinga o cônjuge, está xingando a você mesmo, já que foi você que escolheu se casar com ele! Não presuma que seu parceiro está mentindo. Duas pessoas podem ver a mesma cena e testemunhá-la em versões diferentes. Não quer dizer que estão mentindo, apenas relatando seu ponto de vista. Chamar seu cônjuge de mentiroso por não concordar com sua versão dos fatos pode ser uma grande injustiça, por isso mantenha o foco no problema e não parta para acusações contra seu caráter. Não é inteligente. Não posso vestir a Cristiane do problema e atacá-la como se ela fosse o próprio problema. Tenho de saber separar as coisas. Eu odeio o problema, mas continuo amando a Cristiane. O que você deve ter em mente é que vocês são amigos e irão trabalhar juntos contra a adversidade que estão enfrentando. Foram vítimas do problema, ambos se tornaram inimigos dele e agora devem descobrir como resolvê-lo, de mãos dadas.

Quando usar: em qualquer conversa, especialmente quando seu parceiro lhe irrita.

20. Não projete

Se você teve uma experiência ruim no passado, quer tenha sido com seu pai, mãe, ou em um relacionamento anterior, torna-se muito fácil projetar injustamente as suas inseguranças do passado em seu companheiro. Por exemplo, uma mulher que tenha sofrido abuso por parte do pai pode ter traumas não resolvidos, o que faz com que ela reaja mal a qualquer figura de autoridade, inclusive ao próprio marido. Ou então um homem que teve uma má experiência no relacionamento anterior e que agora acha que sua esposa lhe será infiel assim como a sua ex-mulher. Se eu fui traído no passado e projeto minhas experiências traumáticas em minha esposa, quando ela fizer uma coisinha que lembre o comportamento da outra, vou atacá-la com ciúme, desconfianças, e ela jamais entenderá o porquê. Ela está inocente no assunto, mas eu já estou atacando como se ela tivesse feito o que a outra fez comigo. Você joga uma memória sobre a outra pessoa como se ela fosse a culpada. O exemplo que demos anteriormente da mulher que foi abusada e traz traumas para o relacionamento, merece um pouco mais de atenção. Pode ser que ela não consiga se satisfazer por causa do abuso, que tome nojo do ato sexual. O marido não tem culpa, não foi ele quem abusou dela, mas ela não conseguiu lidar com a situação. Este problema tem dois lados, o do projetor e o da tela que está recebendo a projeção.

Como a pessoa traumatizada consegue lidar com a situação? Aí entra o poder da fé. Psicólogos e psiquiatras com certeza podem contribuir, mas a sabedoria humana e a medicina têm limites. A fé em Deus, no entanto, não tem limites e pode curar as feridas mais profundas. Deus lhe dá capacidade de perdoar e até de — literalmente — esquecer. Ele mesmo usa esse poder. Diz, em Isaías 43:25: *"Eu, eu mesmo, sou o que apago as tuas transgressões* ***por amor de mim, e dos teus pecados não me lembro"*****.** Deus, que tem a capacidade de lidar com qualquer fato, decide voluntariamente não lembrar mais de nossos pecados porque sabe que não é uma informação útil, prática. Se a pessoa se arrependeu e quer mudar de vida, Ele faz o processo de limpeza mental e não há necessidade de voltar ao passado. Se você não consegue fazer isso sozinho, procure ajuda de Deus. Também vale a pena lembrar que a outra pessoa não tem culpa do que aconteceu. Portanto, seja justo. Se você está lidando com alguém que passou por essa situação, seja paciente. Você, sabendo da bagagem que está atrás, sabendo com quem você está lidando, consegue compreender, dar os descontos necessários e não reagir mal. Use a cabeça para ajudar a quem ainda está preso às emoções.

Quando usar: Assim que identificar um trauma ou acontecimento do passado como raiz de algum problema em seu relacionamento.

21. Entrem em um acordo sobre como educar as crianças

Quando não há uma frente unificada sobre a criação dos filhos, você cria um alto nível de estresse no casamento, sem falar na confusão e frustração dos seus filhos. E nunca discuta na frente das crianças. Se vocês discordarem de alguma coisa, conversem em particular. Um pode ser muito duro com as crianças, devido à sua criação, e o outro pode ser muito mais tolerante, também por conta de sua infância. Ambos os métodos funcionam, dependendo da ocasião, dose um pouco dos dois. Não diminua seu parceiro por ele educar os filhos de uma maneira diferente da sua, simplesmente combinem previamente como isso será feito. Criança é criança (adolescente é uma criança com um corpo mais desenvolvido), não funciona com a cabeça, é guiada pelas emoções, pois sua mente ainda não se desenvolveu por completo. Infelizmente, pelo processo natural, seus filhos não estão tão desenvolvidos emocionalmente quanto você gostaria. Eles vão chegar lá. Até que isso aconteça, precisam de rotinas e disciplina: limites, hora para acordar, para dormir, sentar à mesa para fazer as refeições junto com a família, hora de chegar em casa (no caso de adolescentes), saber quando falar e quando ficar calado.

Crianças vão sempre tentar apertar os botões, testar os limites. Claro, é válido deixar que descubram as coisas, mas não é saudável deixá-las muito à vontade. Os pais são os responsáveis por estabelecer essas regras, sem violência, com diálogo. Lembrem-se da ferramenta 16 de roteirizar previamente. Os filhos não podem receber informações conflitantes. Caso um deles comece a reclamar do pai ou da mãe, jamais diminua a imagem de seu esposo ou esposa diante de seus filhos. Para treinar seus filhos para o mundo, você deve utilizar limites, consequências e recompensas. É como dirigir um carro. Você não pode exceder o limite de velocidade, a lei determinou consequência para aquele comportamento: a multa. Se você recebe uma cartinha do Detran em casa e tem de pagar pela infração, da próxima vez será mais cuidadoso e procurará não exceder o limite estabelecido. Muitos pais se esquecem de mostrar as consequências aos seus filhos. Não estou falando de nada muito severo, seja equilibrado, não é medo o que você quer gerar na criança. A questão não é punir, mas treinar a mudar de comportamento, isso é possível com consequências a um comportamento errado e recompensas quando fazem alguma coisa certa. Esta semana ele não se atrasou para ir à escola? Merece uma sessão de cinema no final de semana. A vida é assim. Se você trabalha bem, espera que o patrão reconheça, não é mesmo? Se isso acontece, sente-se motivado a continuar o bom trabalho e se aprimorar ainda mais.

Se o seu filho já é adulto e ainda mora com você, não pode viver uma vida de eterno adolescente. Ele também deve contribuir, ajudar nas contas, arrumar a casa, ter consequências. Infelizmente, muitos pais hoje em dia estão criando delinquentes por medo de serem julgados pela cultura que coloca os filhos contra os pais. Acabam criando filhos totalmente despreparados para a sociedade. Antigamente, um rapaz de dezoito anos já era um homem pronto para ter suas próprias responsabilidades e dirigir sua família. Hoje em dia, um rapaz de dezoito anos não sabe nada da vida porque os pais estão deixando a sociedade criar seus filhos. Você tem de estabelecer uma cultura própria dentro de casa, a sua cultura. Pense bem, se até entre os bandidos existem regras (algumas bastante rígidas), por que vocês não terão regras?

Quando usar: desde a decisão de serem pais, diariamente, ajustando o comportamento de vocês em relação a criar os filhos. Lembre-se: esta é uma grande responsabilidade, vocês estão formando um ser humano.

22. Lembre-se de que vocês estão no mesmo time

O que é mais importante, ser feliz ou ter razão? Estar bem no casamento ou provar que você está certo? Pessoas individualistas são péssimos cônjuges. Casais devem aprender a trabalhar em equipe — porque são uma. Priorizem o bem da equipe. Vocês estão sempre lado a lado. Algumas vezes terão de concordar em discordar. Discordar não precisa trazer uma briga.

Unam-se contra os problemas, jamais deixem que eles lhes dividam. Nunca se esqueça de que o importante é que o time saia ganhando e não apenas um de seus jogadores. Como trabalha um time? Um dos fundamentos do basquete é o que se chama de "entrosamento de equipe" e consiste em passar a bola de mão em mão entre os jogadores até que ela chegue a alguém que possa fazer a cesta. Note que o objetivo *pessoal* de cada jogador é, naturalmente, fazer muitas cestas e tornar-se o cestinha da equipe, mas ele abre mão de qualquer objetivo pessoal pelo sucesso de seu time. Naquele momento não é importante qual dos jogadores, individualmente, irá fazer a cesta, mas que a melhor estratégia seja tomada para que o jogador melhor posicionado consiga acertar o alvo e aumentar a pontuação do time. Se o último a receber a bola errar a cesta, não será linchado pelos outros. Todos estão empenhados no esforço conjunto e sabem que o trabalho da equipe continua. Outro aspecto de uma equipe é reconhecer os pontos fortes e fracos de cada jogador. Cada um faz aquilo em que é melhor fazendo, e todos se complementam. A Cristiane é melhor organizadora e realizadora do que eu, e ótima contabilista. Ela lida com as finanças. Eu sou melhor estrategista e planejador, penso mais nos detalhes. Ambos combinamos nossas forças para o bem do casamento.

Quando usar: desde o primeiro dia de casamento, até que a morte os separe. Principalmente nas discussões em que houver discordância, sinais de individualidade e problemas que os dividam.

23. Problemas com dinheiro são problemas de confiança

Contas de banco separadas, reter informação de ganhos e gastos do seu companheiro e decisões de compra sem consultar um ao outro são alguns sinais de que há um sério problema de confiança em seu relacionamento. Descubra por que você não consegue confiar em seu cônjuge ou por que ele não confia em você em relação ao dinheiro — e lide com essa situação. Aí está a raiz. Questões relacionadas a dinheiro são uma das principais causas de divórcios. Não estamos falando aqui de problemas financeiros do casal, mas de problemas entre vocês sobre dinheiro. O marido acha que a esposa gasta demais ou a esposa reclama que o marido não consegue poupar. Vocês discutirão até a velhice se não resolverem a raiz. Como posso ajudar minha esposa a aprender a gastar com mais sabedoria? Tirar seu cartão de crédito não resolverá o problema. Se eu tiro o cartão, ela continua com o problema e ainda acrescenta mais um: a mágoa por minha atitude. Devo me perguntar: "O que eu realmente quero?" Eu não quero tirar o cartão, quero que ela me ajude a confiar mais nela. Quais as opções para lidar com a raiz deste problema? Teremos de sentar e fazer o orçamento da casa juntos? Darei a ela um limite para fazer pequenos gastos até que desenvolva essa habilidade? Eu, como cabeça, tenho que ajudá-la. Por outro lado, se você admite não conseguir controlar seus impulsos consumistas, ou tem um vício que consome o dinheiro, e não sabe como controlar o que passa por suas mãos, aceite a ajuda do seu cônjuge, pelo bem do time. Trabalhando juntos para resolver esta situação, vocês encontrarão a melhor saída para equilibrar as contas e eliminar essa fonte de desgaste de seu relacionamento.

Quando usar: no momento em que questões relacionadas a dinheiro se tornarem uma fonte de estresse em seu casamento. Busquem a raiz da desconfiança.

24. Não interrompa o seu companheiro

Quando vocês tiverem um desentendimento, permita que seu cônjuge explique o seu ponto de vista antes de você começar a falar. Resista à tentação de se defender ou de contra-atacar. Isso mantém a discussão em nível racional ao invés de emocional. É também importante se concentrar em UM PONTO de cada vez. Não saia de um determinado assunto até que ele tenha sido resolvido, só então prossiga ao próximo assunto. É o problema dos dois cérebros novamente. O homem tende a fazer isso naturalmente, tirando a caixinha correspondente. A mulher já vê as conexões com tudo ligado àquele problema. Rapidamente a discussão envereda por tópicos paralelos e sobe para o nível irracional. *Sobre o que estamos discutindo afinal?* Ouça tudo primeiro. Não pense que já entendeu antes do outro terminar de falar. Não fique pensando no que vai responder antes de terminar de ouvir. Não é uma disputa, você não tem que se defender, nem tem que ganhar a argumentação. Você deve entender o problema (não achar que entendeu) e só depois falar. Se o interesse é resolver o problema, deixe a pessoa falar.

Claro que isso não é uma desculpa para você que fala muito dominar a conversa. Já vi muitos casais em que um é um orador nato e o outro tem dificuldades de se expressar. É muito chato ver esse casal discutir porque um domina a conversa e o outro nem consegue abrir a boca. Uma boa dica para não perder o foco é pegar um papel e escrever qual é o problema que vocês têm de resolver. Por exemplo: *nossa casa está caindo aos pedaços e já falei várias vezes.* É isso que vocês querem discutir, então não vá para a sogra, nem para o carro, nem para o cachorro. Permaneça naquele assunto, em um ponto só. Resolva aquele, e só depois vá para os próximos.

Quando usar: em qualquer discussão, quando lhe dá vontade de interromper ou de dominar a conversa.

25. Tenha senso de humor

Estimule o senso de humor de seu companheiro. Ria o máximo possível. Se vocês não fazem sorrir um ao outro com frequência, considere a alternativa! Acho que uma das coisas que mantêm nosso casamento muito gostoso é o senso de humor. É a maneira de aliviar a tensão e manter a coisa interessante entre os dois. Vocês estão casados para uma longa jornada — que esta jornada seja estimulante, e não chata. Cristiane e eu temos uma rotina sem muita vida social. Mesmo assim, nunca é chato quando estamos juntos, justamente por causa desse bom humor. Fazemos uma piada um para o outro, comentamos algo engraçado, sempre com leveza, várias vezes no dia. Existem casais que não gostam de ficar juntos, é tão chato ficar um ao lado do outro que acabam cansando. Em nosso caso, a convivência é tão leve e divertida que não conseguimos ficar separados. Temos brincadeiras e piadas que nunca vamos dividir com ninguém, ou das quais ninguém vai rir, porque são piadas internas. A propósito, mulheres, mais uma dica: homem geralmente gosta de contar piada. Eles não têm os assuntos que vocês têm entre si; as mulheres são normalmente mais sérias. Homens quando se encontram não falam de cabelo e de roupa, eles gostam de rir. O marido pode ser muito frustrado porque tenta trazer humor para o relacionamento e a mulher o acha bobo e sem graça (e pior — diz isso para ele), depois reclama de ele ficar na televisão. Qual é a graça de conversar com alguém que lhe diminui só porque você está à vontade e que o obriga a se manter tenso e sério o tempo todo? Ainda que o humor de vocês seja diferente, você mulher tem de aprender a achar seu marido engraçado.

Em tempo: responsabilidade e maturidade nada têm a ver com cara fechada. Pelo contrário, uma pesquisa recente realizada pela Accountemps, especializada em recrutamento nas áreas financeira e contábil, mostrou que 79% dos diretores financeiros acreditam que o bom humor é fundamental para que o funcionário se encaixe na empresa. Se isso fosse indicativo de irresponsabilidade ou falta de seriedade, acha mesmo que executivos experientes colocariam como item importante na hora de contratar pessoal? Não esquecendo que as vantagens vão além do trabalho e da saúde de seu relacionamento: já se sabe que o bom humor melhora o funcionamento do sistema imunológico, estimula a criatividade, a memória e ainda ajuda a diminuir a sensação de dor. Sem contar o aumento na autoestima. É muito legal quando você tem outra pessoa rindo das suas piadas. Isso traz intimidade. Seu cônjuge pode preferir ficar com os amigos porque eles riem de suas piadas! Se você não acrescenta nada, não é uma pessoa agradável e despreza o que a pessoa fala, por que ela iria preferir sua companhia?

Quando usar: enquanto estiver respirando. Apenas cuidado para não ofender seu parceiro com um humor que ele(a) não aprecia ou em momentos inapropriados.

26. Certifique-se de que tem toda a atenção dele

Esta é uma ferramenta especificamente para o uso das mulheres. Mencionamos anteriormente que devido às diferenças entre os cérebros feminino e masculino, mulheres tendem a ser multitarefas e homens monotarefas. Ela consegue fazer muitas coisas ao mesmo tempo, ele se sai melhor focando toda a sua atenção em uma coisa de cada vez. Por isso, mulher, quando você quiser falar algo muito importante para seu marido, certifique-se de que ele esteja olhando para você e desengajado de qualquer outra tarefa! Porém, cuidado.

Isso normalmente quer dizer que você terá que interromper o foco dele do que for que esteja fazendo. Escolha bem o momento, fale brandamente — e mesmo assim esteja preparada para lembrar o sem-noção novamente mais tarde, se for realmente crucial.

Quando usar: sempre que precisar que o cérebro oposto registre algo importante.

27. Mantenha o romance vivo

Um casamento não se baseia em emoção, mas em muito esforço e perseverança. Porém, um pouco de romance ajuda bastante. É muito importante que marido e mulher sempre façam coisas especiais um para o outro. Se não formos cuidadosos, o trabalho, os filhos e as outras responsabilidades e pressões tomarão todo o nosso tempo. Certifique-se de ter momentos a sós. Levar trabalho para casa regularmente, passar horas em frente à TV, permitir que as crianças tenham todo o seu tempo e atenção são comportamentos que fazem com que casais se distanciem. Vocês precisam ter esses momentos "a sós". Planeje com antecedência.

Hollywood nos fez acreditar que romance é uma coisa complicada, elaborada e cara, mas não é. Romance pode ser definido simplesmente como "fazer algo fora da rotina, que mostre o seu amor pela outra pessoa". Não precisa ser algo grande, na maioria das vezes o romance está nos detalhes. Você, homem, talvez não se julgue romântico, mas a coisa é muito simples, é só fazer com espontaneidade. Nem sempre você precisará gastar dinheiro para ser romântico. Eis algumas ideias: faça uma ligação no meio do dia, perguntando à esposa como ela está, deixe um bilhetinho inesperado, uma cartinha como as que você escrevia quando eram namorados (pode colocar sob o travesseiro ou junto com as escovas de dente, ou mesmo dentro da mala, quando forem viajar).

Dar flores já virou clichê, nem sempre funciona. Se vocês tiverem um gato, por exemplo, leve em consideração o temperamento do bichano. Se ele atacar o buquê e despedaçar as flores, pode não ser muito romântico. Se decidir arriscar mesmo assim, escolha flores que gatos possam comer (nunca se sabe, não é?). Você também pode desligar os telefones, fazer pipoca, alugar um DVD que ela goste para assistirem abraçadinhos no sofá (não durma durante o filme, isso não é romântico). Enfim, seja criativo, faça algo diferente, mas simples, que mostre que você pensa em seu cônjuge nos momentos mais triviais. Para ajudar, sua tarefa de casa é fazer algo romântico para o seu parceiro este fim de semana. Vamos começar a praticar?

Quando usar: no mínimo uma ou duas vezes no mês, e sempre que a rotina fizer o relacionamento chato. Essa é uma ferramenta de manutenção. Surpreenda seu cônjuge.

CAPÍTULO 21
O AMOR CARO

Um casal completava cinquenta anos de casado e resolveu comemorar. Ao ser perguntado sobre o segredo de permanecer casado por tanto tempo e em harmonia, o marido respondeu:

— Sabe o biquinho do pão? É a minha parte favorita. Por cinquenta anos, todas as manhãs, eu tenho dado aquele biquinho para ela.

Respondendo a mesma pergunta, a esposa disse:

— Sabe o biquinho do pão? Eu odeio! Mas por cinquenta anos eu tenho aceitado sem reclamar...

Esta pequena ilustração revela o grande segredo do que é a base do casamento. Em uma palavra: sacrifício. Por cinquenta anos ele abriu mão daquilo que gostava por amor a ela, e ela também abriu mão de sua vontade por ele. Pense na fundação de uma casa ou edifício. Ela sustenta aquela estrutura. Assim é o sacrifício no casamento. É o que ninguém enxerga ao olhar o casal, de fora, mas a felicidade deles é resultado dos sacrifícios que fazem um pelo outro.

DEZENOVE ANOS EM COMA

Desde que eu soube deste caso, nunca o esqueci. Para mim, é um dos melhores exemplos do que é o amor verdadeiro, o amor-sacrifício. Jan Grzebski era um ferroviário polonês. Em 1988 ele sofreu um forte golpe na cabeça enquanto tentava engatar dois vagões de trem e entrou em coma. Jan foi desenganado pelos médicos, que também encontram um câncer em seu cérebro. Segundo eles, a recuperação era impossível, e ele não sobreviveria. Gertruda Grzebska, esposa de Jan, ignorou aquela palavra derrotista e decidiu levá-lo para casa e cuidar dele sozinha.

Jan não falava, não andava, não se comunicava de maneira alguma, nem interagia. Todo o relacionamento que tiveram não existia mais, o marido forte com quem convivia há tantos anos era agora um bebê totalmente dependente de seus cuidados. Ela terminou de criar sozinha os filhos, enquanto se esforçava para manter vivo o marido, que era capaz apenas dos movimentos mais básicos, como respirar, engolir, abrir e fechar os olhos. Ainda assim ela se revoltava quando alguém sugeria eutanásia (com a desculpa de "interromper o sofrimento"), pois acreditava que o certo era dar a ele a chance de se recuperar. Todos os dias, Gertruda falava com o esposo como se ele pudesse ouvir, cuidava para que ele não ficasse muito tempo na mesma posição na cama, virando seu corpo para evitar as temidas úlceras de pressão, comuns em pessoas acamadas, que podem levar à morte por infecção. Os filhos foram crescendo, se casaram, e lhes deram netos. Gertruda levava o marido para todas as principais festas da família, como se ele pudesse participar delas.

A incansável Gertruda teve sua recompensa em 2007. Após dezenove anos em coma, Jan finalmente despertou, aos 65 anos. Os médicos creditaram a recuperação dele à esposa, que optou pelo caminho mais árduo. Jan estava ainda mais ligado a ela, pois se lembrava de que Gertruda esteve ao seu lado quando ele mais precisava. Ela fez o que era certo e melhor para ele, abrindo mão de sua própria vida para cuidar do marido, sem cobrar nada dele por isso. Acreditou, quando nem os médicos acreditaram, esperou, perseverou... e foi recompensada.

Durante o coma, Gertruda descrevia o esposo como "um cadáver vivo", mesmo assim permaneceu ao seu lado. Não houve sentimento no que ela fez, nem romance, foi puro sacrifício, o verdadeiro amor —

mas você consegue pensar em uma atitude mais romântica? Nenhuma história de amor é mais bonita do que as que envolvem o amor sacrificial. Gertruda recebeu uma merecida medalha de honra ao mérito do presidente polonês, por sua dedicação e sacrifício, tamanha a raridade desse tipo de amor nos dias atuais.

Diante da realidade que Gertruda viveu por dezenove anos, as perguntas são inevitáveis: o que *você* teria feito no lugar dela? E o que são os problemas que você tem enfrentado no seu casamento? Como desistir de seu cônjuge?

Somente o amor-sacrifício é capaz de vencer tudo. É o amor caro, genuíno. Cuidado com imitações baratas.

PERDER PARA GANHAR

Sacrifício é a maneira de colocar em prática tudo o que ensinamos até aqui. Na realidade, toda pessoa de sucesso está bem familiarizada com o conceito de sacrifício. Em qualquer área da vida, se alguém conquistou algo de grande valor, realizou grandes feitos, obteve grandes vitórias, com certeza cruzou a ponte do sacrifício. Ele é o caminho mais curto para o sucesso. Mas, é claro, não é o mais fácil.

O que é sacrifício? Digamos que está extremamente frio, eu tenho dois casacos, e alguém ao meu lado está tremendo. Eu lhe ofereço um deles e fico com um. Isso não é sacrificar, é dar. Mas se eu só tenho um casaco e o entrego, estou sacrificando. É você perder agora, porque tem certeza que vai ganhar algo de muito maior valor lá na frente. E às vezes, esse algo de maior valor é a sua própria consciência de saber que fez o que era certo, e não o que sentiu vontade de fazer. É o que fez Gertruda.

O amor verdadeiro é o amor marcado pelo sacrifício. É caro. Como já dissemos aqui, amor não é sentimento. Ele inclui sentimentos, mas não é definido por eles. O mundo tem associado amor com sentimento em uma receita bastante indigesta: pega a palavra "amor", a vontade de estar junto, o ciúme, a cobiça, o desejo sexual... junta tudo e — através do cozimento na música, nos filmes, na arte em geral — faz o público acreditar que isso é amor. Não é. É pirata. O que define o amor são duas coisas conectadas:

Fazer o que é certo para a outra pessoa. Tenho de ser justo com a pessoa que amo. Farei o certo por ela, independente do que sinto ou deixo de sentir, do que eu acho ou deixo de achar e do quanto vai me custar.

Sacrifício. Se o seu amor se resume a uma sensação gostosa, ele não sobreviverá às tempestades. O único amor que sobrevive a tudo é o que não se baseia em sentimentos, mas em sacrifício. Quem diz que "o amor acabou" é porque não conhece o amor. O verdadeiro amor jamais acaba.

O egoísmo dos dias atuais impede que muitos casais coloquem esse conceito em prática, acreditando que se prejudicarão ao sacrificar, mas quem tem escolhido trilhar esse caminho por amor, não se arrepende. Não quero que você pense que deverá sofrer ou que seu casamento será uma cruz a ser carregada eternamente. O sacrifício não é um fim em si mesmo, ele é um meio para conquistar algo maior. Como a pessoa que tem como meta passar em um disputadíssimo concurso público, para ganhar um salário três vezes maior do que o atual. Se não sacrificar, abrindo mão do lazer por horas de estudo, talvez um curso preparatório ou dias quebrando a cabeça sobre os livros, dificilmente conseguirá algum resultado. Comece a sacrificar pelo seu casamento e você colherá um relacionamento maravilhoso, cheio de paz, compreensão, companheirismo e fidelidade... Que compensa todo o sofrimento que você teve de enfrentar no princípio. Pelo resultado alcançado, você faria tudo de novo. Faça o teste.

Talvez você diga: "Mas não há limites? E se meu cônjuge não me corresponde? Estou preso pelo resto da vida?"

Sem dúvida há pessoas que não querem o amor de outras. Há quem rejeite até o amor de Deus. Por isso, é impossível ter um relacionamento com tais pessoas. Nem Deus força ninguém a amá-Lo ou a segui-Lo. Ele sacrificou por todos, mas nem todos aceitam o Seu sacrifício nem as condições para ter um relacionamento com Ele. O amor é incondicional, no que diz respeito à compreensão das fraquezas da outra pessoa. Mas um relacionamento, um casamento, não é e nunca pode ser incondicional. Para que duas pessoas vivam juntas, certas condições têm de ser cumpridas. Eu amo a minha esposa, mas se ela me trair eu não vejo como continuar um relacionamento com ela. Sei que ela sente o mesmo a meu respeito. A fidelidade é uma condição para o nosso casamento funcionar. Dar uma nova chance diante de um arrependimento sincero? Talvez. Cada caso é um caso, e cada um tem a sua fé e seus limites. Mas uma coisa é certa: um bom relacionamento exige participação de ambas as partes. Se a outra pessoa não lhe quer, então talvez o seu sacrifício seja mais bem investido em outra pessoa.

COMO SE PRATICA NO CASAMENTO

Listo aqui alguns exemplos (há muitos mais) de sacrifício no casamento, para você entender como e quando isso se aplica na prática:

Sacrifício na comunicação – Tive que aprender a me comunicar mais com a Cristiane. Não era o meu jeito chegar e conversar, geralmente estava muito cansado e queria ficar calado. Comunicava-me por sílabas. Por amor, sacrifiquei esse modo de agir, respondendo às suas perguntas. Ainda hoje, ela me faz perguntas e eu me vejo fazendo um esforço, pois não quero conversar sobre aquilo, não vejo sentido de falar aquilo, mas penso: Não importa o que eu sinto, vou fazer o que é importante para ela. Se o marido é mais calado e a mulher se comunica muito, é sacrifício para o homem ser mais comunicativo com sua esposa. Por outro lado, a esposa que fala demais, exige, cobra, impõe, é insuportável. Ninguém aguenta. Ela se tornará uma pessoa mais agradável ao seu marido se sacrificar, diminuindo o ritmo e eliminando as cobranças. Se os dois fizerem isso, alcançarão o equilíbrio saudável, mas se apenas um fizer, metade dos problemas se resolverá... E a outra metade acabará seguindo o novo padrão e se resolverá também, mais cedo ou mais tarde.

Sacrifício de humildade – Você sacrifica quando engole seu orgulho, dá o braço a torcer e admite que o outro está certo. Isso é sacrifício porque fere, mas você não quer alimentar um coração duro, então sacrifica seu orgulho e assume o erro.

Sacrifício no lazer – Você sacrifica se sua esposa gosta de sair e você sai com ela para agradá-la, ou um dos dois não gosta de sair e o outro fica em casa, sem reclamar. Seu marido adora futebol e você não entende qual é a graça de ver um monte de homem correndo atrás de uma bola. Mesmo assim, senta ao lado dele e se esforça para aprender a admirar aquele esporte, vendo com os olhos do seu esposo, porque é importante para ele. Você fica feliz com a felicidade de seu cônjuge.

Sacrifício no sexo – Quando você é egoísta e não sacrifica no sexo, seu objetivo é se satisfazer e ponto final. A partir do momento em que você aprende o que é sacrifício, consegue colocar o prazer do outro em primeiro lugar. Nunca haverá um insatisfeito, pois sua meta será satisfazer a outra pessoa e você não estará satisfeito enquanto ela não estiver. Só através do sacrifício é possível alcançar o prazer mútuo.

Sacrifício no temperamento – Tolerar hábitos que lhe irritam, mas que você irá ignorar conscientemente. Raciocine: comparado ao conjunto que compõe o relacionamento, aquilo é insignificante. Você não vai transformar algo pequeno em um problema.

Sacrifício das emoções – Esse talvez seja um dos maiores sacrifícios, pois diz respeito a algo ligado diretamente ao coração. Impulsividade e sentimentos levam casais a estourar a ponto de magoar, alimentar raiva e dormir em quartos separados. É necessário sacrifício para controlar os instintos emotivos que os levam a cometer atos impensados. Não deixarei a emoção me fazer insultar minha esposa, tenho de respeitá-la. Não irritarei meu cônjuge com reclamações sem fim, que desembocam em uma briga inútil e desnecessária. A Cristiane deixou de reclamar comigo para reclamar com Deus, pedindo uma mudança em meu comportamento. Ela sacrificou suas emoções pela dependência de Deus.

Sacrifício nos objetivos – Muitas vezes, quando seu objetivo pessoal exclui seu casamento, é necessário sacrificar. Quando um coloca seus objetivos individuais acima do relacionamento, aquilo fere a relação. Esse é o motivo de muitos casamentos de celebridades terminarem em divórcio. Se você coloca a carreira acima da união, por exemplo, o parceiro se sente mero acessório. É difícil aturar essa situação por muito tempo. Vocês têm de sacrificar seus objetivos pessoais para encontrar objetivos em comum.

Sacrifício nas amizades – Se alguém tem sido uma influência negativa no seu casamento, uma pessoa que seu cônjuge não confia ou se sente desconfortável com sua amizade, você terá de sacrificar a amizade pelo seu casamento. Amizades do sexo oposto que geram ciúmes, e às vezes até alguns parentes, terão que ser mantidos a distância.

PERDÃO: O MAIOR DE TODOS OS SACRIFÍCIOS

Se o seu cônjuge já lhe causou muita dor e decepção, e vocês estão tentando seguir em frente, é necessário que você aperte o botão "reiniciar" em seu relacionamento. Quando seu computador trava, você tem de reiniciá-lo para que ele apague o que estava dando problema, certo? Da mesma maneira, para seu casamento funcionar você tem de reiniciá-lo através do perdão.

O perdão não é algo que sentimos *vontade* de fazer. Sua vontade é de punir a pessoa. Você acredita que perdoar faz com que a pessoa não sofra as consequências de seus atos, então guarda rancor, como forma de vingança. Existe um ditado que diz que guardar mágoa é como tomar veneno de rato e esperar que o rato morra. Pense bem, o rato não vai morrer! É você quem está tomando o veneno, é você quem vai morrer, enquanto o rato continuará vivinho da silva, correndo para lá e para cá, fazendo suas ratices e roendo tudo que encontrar pela frente. Quem perde com isso?

A mágoa escraviza, é um fardo e, por isso, não combina com inteligência. Para que carregar um fardo que não precisa ser carregado? A outra pessoa já esqueceu e olha para a frente, mas você está aí, ruminando o passado. Perdoe, não porque a outra pessoa merece, mas para não carregar algo que nem ela está carregando. Mágoa é um lixo emocional. Quando alimenta mágoa, você está comendo lixo. Você ingere a comida mais podre e tóxica que poderia imaginar, carrega nas costas o saco de lixo orgânico em decomposição que lhe servirá de jantar e faz questão de se agarrar a ele quando alguém lhe pede para deixar aquilo para trás.

Sei exatamente o que é isso. Eu tinha mágoa de uma pessoa da minha família, que teve parte da culpa pela separação de meus pais. Em minha adolescência, prometi a mim mesmo que na hora certa daria o troco, para ela pagar pelo que fez. Quando comecei na igreja e ouvi o pastor falar sobre perdoar os inimigos, meu primeiro pensamento foi: *Você não conhece a pessoa que destruiu a minha família. É fácil para você falar isso porque você não sabe o que passei.* Talvez seja o que passa em sua cabeça enquanto lê sobre o perdão. Eu também não entendi, no início, mas com o passar do tempo percebi que ela não estava pagando nada com minha mágoa, eu é que estava pagando. Quando entendi que devia perdoar para o meu bem, me interessei em saber como poderia fazer isso, já que não tinha vontade alguma.

ENTÃO, COMO PERDOAR?

A primeira coisa que você precisa saber a respeito do perdão é que ele não nasce de uma vontade, mas de uma decisão. Decidir perdoar nem foi tão difícil, já que eu havia entendido: era o certo a se fazer. Precisava agora conseguir seguir em frente. O segundo passo era começar a orar pela tal criatura, pedir a Deus por ela. Muitos que continuam carregando seu lixo emocional dizem orar por seus inimigos. No entanto, o que falam em suas orações não se encaixa nessa categoria. Por exemplo, não espere resultado positivo contra a mágoa se você diz: *"Senhor, faça o João pagar pelo que fez"*, ou *"Deus, pese a mão sobre a Maria"*. Isso não é orar por seus inimigos! Isso é despejar seu rancor em algo que Deus não vai ouvir. A Bíblia nos orienta a abençoar os que nos perseguem[22] e reforça: *Abençoai, não amaldiçoeis*. Este é o ponto.

No começo, minha oração não era sincera. Eu começava a orar por ela, pedia para Deus abençoá-la, mas queria mesmo pedir para Ele mandar um raio em sua cabeça. Ignorando minha vontade de vê-la partida em milhões de pedacinhos, continuava minha oração sem graça. Com o tempo, aquela pedra em meu coração se desfez e eu passei a ver aquela pessoa com outros olhos. A oração me ajudou a mudar a maneira de enxergar. Então, dei o terceiro passo: passei a olhar para a frente. Percebi que tinha de ser prático, olhar para trás não era inteligente. O que ela fez, já estava feito. Se ela tivesse que pagar alguma coisa, pagaria diante de Deus, eu não tinha mais nada com isso. Percebi que eu também era cheio de falhas, não podia exigir dela perfeição, pois não sou perfeito. Se Deus, que é perfeito, me visse com o mesmo rigor com que eu via aquela pessoa, estaria perdido! Mas se recebi o perdão d'Ele, como não perdoaria também? *Perdoai nossas dívidas assim como nós perdoamos os nossos devedores*[23]. Se você não perdoa, nem o *Pai-nosso* você pode orar, já pensou? É injusto eu querer algo que não estou disposto a dar.

Aí está a diferença entre o amor verdadeiro e o amor sentimento. Seu coração, o centro das emoções, estará sempre pedindo para fazer o que você tem vontade em vez de fazer o que é preciso. Você sabe que o certo é ir falar com seu esposo, mas não sente vontade de ir. Seu coração faz com que sua cabeça o justifique, dizendo: *por que eu tenho de falar? Ele é que estava errado!* Mas se você usa a cabeça e domina seu coração para não viver por suas emoções, vai e faz o certo, ainda que contra a sua vontade.

É uma guerra constante. Não posso prever o que vou sentir, ninguém tem esse controle. O sentimento vem. Mas eu tenho o controle de minha cabeça, posso determinar o que vou pensar, como vou reagir

---

22 Romanos 12:14.

23 Mateus 6:12.

diante daquele sentimento. Tenho de usar minha inteligência quando meu coração está usando o sentimento contra mim.

Acha difícil? Mas você mesmo faz isso todas as manhãs, principalmente às segundas-feiras, quando o sacrifício é naturalmente maior. Você não quer levantar da cama. Sua vontade é continuar deitado. Programa o despertador para "mais cinco minutinhos" e desaba de volta ao mundo dos sonhos. Mas quando ele toca novamente, sua cabeça diz: *Não, você não pode faltar. Não pode chegar atrasado de novo. Tem que trabalhar.* Você se levanta, se arrasta até o banheiro, lutando contra si mesmo. Se for necessário, se enfia embaixo do chuveiro gelado só para mostrar ao seu coração quem é que manda. Resignado, ele não insiste mais e você consegue tomar seu café da manhã e ir para o trabalho. Se não fizesse isso, não teria emprego, não é mesmo? É assim que se vence essa guerra dentro do seu casamento. É um sacrifício, sim, mas perfeitamente executável. Tudo que é bom é caro.

TAREFA

Que sacrifícios você precisa começar — ou continuar — a fazer pelo seu relacionamento?

/CasamentoBlindado

Postem isto:
Eu não quero um amor barato, por isso sacrifico.

@CasamentoBlind

Tuítem isto:
Eu não quero um amor barato, por isso sacrifico.
#casamentoblindado
@CasamentoBlind

CAPÍTULO 22
E AGORA?

Esperamos que você tenha despertado para o fato de que o casamento no século 21 não é mais o que tradicionalmente foi. Estamos em um novo mundo, envolvidos por uma cultura de relacionamentos descompromissados e rodeados por um conjunto de novas ameaças que há apenas alguns anos não existiam. Para quem ainda quer se casar e permanecer casado, a blindagem do relacionamento não é um luxo, mas uma necessidade.

E o que fizemos neste livro até aqui foi exatamente o contrário do que o mundo está fazendo. Enquanto as palavras da moda incluem progressismo, avanço, modernidade, curtir, ficar, pega-mas-não-se-apega etc., nós voltamos ao início de tudo, fomos lá atrás, no Jardim do Éden, e trilhamos os passos do homem e da mulher até aqui. Descobrimos assim o que é o casamento em sua essência, o que funciona, o que é o amor marcado pelo que faz e não pelo que sente, quais as maldições peculiares ao homem e à mulher, como elas afetam o relacionamento dos dois, e como lidar com elas. Entendemos também as diferenças fundamentais dos sexos e seus conflitos inerentes. Aprendemos a buscar a raiz dos problemas e resolvê-los usando a razão em vez da emoção. Encontramos dezenas de ferramentas práticas que você pode usar no dia a dia de seu casamento para resolver e prevenir problemas.

Você conheceu um pouco mais sobre Cristiane e eu, e esperamos que nossas lutas e experiências tenham contribuído positivamente para o seu casamento. Procuramos passar para você uma ideia realista do que é o casamento, sem rodeios, revelando suas dificuldades, mas também suas alegrias e beleza. Casamento feliz dá trabalho, sim, mas o salário vale a pena! Queremos levantar a bandeira do amor verdadeiro, desbancar os mitos e a desinformação que pragueja os relacionamentos de hoje em dia, e mostrar que é possível ser casado e muito feliz. Sinceramente cremos que a felicidade total só é conhecida por quem é bem casado, pois para isso fomos criados. E ela é possível. Não deixe que ninguém lhe diga o contrário.

Cristiane e eu não nos consideramos "sortudos". A felicidade de nosso casamento se deve totalmente às nossas decisões, muitas vezes contra os nossos sentimentos, e à prática da inteligência espiritual, que é a obediência aos conselhos de Deus. Se não tivéssemos feito isso, e continuado a fazer, seríamos mais uma estatística. Qualquer pessoa, incluindo você, que quiser e praticar esses conselhos, também pode ter um casamento muito feliz. Quanto a isso, não podemos fazer pouco caso. É somente pela fé prática que estamos aqui. A nossa inteligência nos recusa a crer que é possível ser feliz no amor sem conhecer o Verdadeiro Amor, que é Deus. Tudo o que você quiser realizar na sua vida, não só no seu casamento, é possível através de sua fé n'Ele — e mesmo as respostas que você possa não ter encontrado neste livro. Por isso, nosso conselho principal em resposta à pergunta "e agora?" é este:

Procure conhecer pessoalmente o Deus da Bíblia através do Senhor Jesus. Ele não quer que você se torne um religioso, mas que desenvolva um relacionamento com Ele.

Além disso, temos a mais absoluta certeza de que os princípios e ensinamentos práticos que você aprendeu neste livro funcionam. Não são sempre fáceis de praticar, mas são certeiros. Difícil não quer dizer impossível, e a demora nos resultados não quer dizer que nunca vão chegar.

Seja paciente e perseverante. Não espere que a mudança total venha em questão de dias, nem cobre isso do seu parceiro. Comece com o primeiro passo e siga trabalhando.

Sugerimos que você foque em alguns pontos, a princípio: um, dois ou três pontos principais que lhe marcaram, que você sabe que são os que exigem uma mudança mais urgente. Trabalhe nesses pontos até que estejam integrados à sua vida. Depois volte aos outros capítulos e trabalhe nas outras áreas. É como uma reeducação alimentar. Você quer emagrecer, mas sabe que não adianta cortar drasticamente as calorias e passar fome, isso não funciona. Mas se você mudar sua alimentação aos poucos e se exercitar mais, o resultado virá naturalmente e de uma maneira permanente. Mantenha o foco na mudança e o esforço contínuo, e alcançará seu objetivo.

Não desista. Como diz o ditado, "uma caminhada de mil milhas começa com um primeiro passo". Da prática virão os resultados.

Cristiane e eu realmente queremos ser um impacto positivo em sua vida. Gostaríamos de sugerir alguns passos que você pode tomar a partir de agora a fim de maximizar os resultados no seu relacionamento e até ajudar outras pessoas ao seu redor. Aqui vão algumas dicas:

Reveja partes do livro que chamaram a sua atenção ou que você acha que precisa entender melhor. Você ficará surpreso com o quanto isso lhe ajudará a absorver e guardar os pontos mais importantes. Vai ajudá-lo a se lembrar do que você aprendeu e a saber como agir em situações futuras.

Se não cumpriu alguma das tarefas, ainda há tempo. Volte e trabalhe nelas. Não subestime o poder de implementá-las. Sentindo vontade ou não, faça!

Mantenha contato conosco através de nossos sites e blogs. Gostaríamos muito de receber seu *feedback* e continuar lhe ajudando. Siga, deixe um comentário, assista aos nossos vídeos, conte-nos suas experiências:

- Blogs: www.renatocardoso.com & www.cristianecardoso.com
- Facebook: www.fb.com/CasamentoBlindado; www.fb.com/EscoladoAmor

- Twitter: @CasamentoBlind; Renato @bprenato; Cristiane @criscardoso
- E-mail: livro@casamentoblindado.com

Torne-se um aluno da "The Love School" (A Escola do Amor) – assista-nos de 2ª a 6ª, às 11h, pela www.iurdtv.com, e aos sábados, às 12h, pela Rede Record. Os horários estão sujeitos a mudança, portanto, confira sempre a nossa página no Facebook para as últimas informações: www.fb.com/EscoladoAmor.

Faça um bem a alguém lhe presenteando com uma cópia deste livro. Talvez você conheça alguém que vai se casar em breve e que precisa aprender cedo para fazer certo lá na frente. Com certeza conhece pessoas casadas que precisam blindar seus relacionamentos. Presenteie-lhes com um livro. Eles irão lhe agradecer de todo o coração e jamais se esquecerão de você.

De tempos em tempos, Cristiane e eu fazemos o "Curso Casamento Blindado" para grupos seletos de casais. O curso ao vivo é divertido e muito prático. Os ensinamentos do livro saem do papel para a vida e você tem acesso a muitas informações extras. Considere participar. Detalhes sobre os próximos cursos estão em www.casamentoblindado.com

Aconselhamos que guarde a sua cópia deste livro para você voltar a lê-lo daqui a seis meses. Mudanças levam tempo e precisam de persistência. Por isso, busque agora no seu calendário a data a seis meses de hoje e marque lá: "Reler livro *Casamento Blindado*". As pessoas que fizerem isso verão resultados muito maiores.

Considere fazer a Caminhada do Amor com seu cônjuge, assim que puderem, e pelo menos uma vez por ano. Explicamos mais sobre o que é neste link: www.bprenatocardoso.com/the-love-walk/

Feliz casamento blindado!

Renato & Cristiane Cardoso

AGRADECIMENTOS

Antes de tudo, ao inventor do casamento, Deus. Para os menos entendidos, criar homem e mulher tão diferentes um do outro e pô-los para viver juntos pode parecer uma piada de mau gosto. Mas Ele sabe o que faz, sempre. Somos gratos a Ele também por ter-nos presenteado com a vida um do outro. Renato não seria Renato sem Cristiane, que não seria Cristiane sem Renato. É difícil explicar.

Aos problemas que passamos em nosso casamento, que foram duros, mas bons professores.

Ao Bispo Macedo e Dª Ester, talvez o casal mais sólido e feliz que conhecemos, e que mais nos influenciou. Obrigado pelos ensinamentos, muitos dos quais permeiam este livro.

A David e Evelyn Higginbotham, que nos ajudaram a desenvolver este trabalho no Texas, sempre com ótimo *insight*.

A Vanessa Lampert, que pesquisou, revisou, leu e releu este livro mais vezes que qualquer pessoa deveria ser permitida.

E a toda a nossa equipe e alunos do Casamento Blindado e da The Love School. Vocês têm grande parte nesta obra. Alegrem-se conosco!

Renato e Cristiane Cardoso

Referências Bibliográficas

Capítulo 1

P.23: http://www.ionline.pt/mundo/uniao-termo-certo-mexico-quer-casamento-renovavel-dois-dois-anos

P.23: http://noticias.r7.com/videos/mexico-cria-casamento-renovavel-para-solucoes-conjugais/idmedia/4e85e84f3d146409c15fb55a.html

P.24: http://www.nytimes.com/2012/02/18/us/for-women-under-30-most-births-occur-outside-marriage.html?_r=1

P.24: https://www.hcfr.org/pressroom/journal-news-releases/do-children-need-both-mother-and-father

P.26: http://www.theatlantic.com/magazine/archive/2010/07/are-fathers-necessary/8136/

P.27: http://www.dailymail.co.uk/femail/article-2080398/Facebook-cited-THIRD-divorces.html

P.27: http://www.dailymail.co.uk/news/article-1334482/The-marriage-killer-One-American-divorces-involve-Facebook.html

P.27: http://internet-filter-review.toptenreviews.com/internet-pornography-statistics.html

P.27: http://www.safefamilies.org/sfStats.php

ChristiaNet, Inc. "ChristiaNet Poll Finds that Evangelicals are Addicted to Porn." Marketwire, 7 Aug. 2006. Web. 7

P.27: Dec. 2009. <http://www.marketwire.com/press-release/Christianet-Inc-703951.html>

Pastors.comsurvey.@td.im "Wounded Clergy." Hepo & Freedom Counseling Services, Media A-Team, Inc., March

P.27: 2002 Web. 7 dec. 2009. <http://www.hopeandfreedom.com/hidden-pages/private/wounded-clergy.html>

P.28: http://noticias.r7.com/vestibular-e-concursos/noticias/mulheres-sao-maioria-nas-universidades-do-mundo-20111022.html

P.28: http://www.terra.com.br/istoe-temp/edicoes/2037/artigo116712-1.htm

Capítulo 2

P.32: No livro The 7 Habits of Highly Effective People, Part 1 [Os 7 hábitos das pessoas altamente eficazes].

Capítulo 4

P.49: http://www.reuters.com/article/2009/07/14/idUSSP483675

P.49: http://www.barna.org/barna-update/article/15-familykids/42-new-marriage-and-divorce-statistics-released

Capítulo 6

P.73: http://en.wikipedia.org/wiki/5_Whys

Capítulo 7

P.84: Peter Ahlwardts, Reasonable and Theological Considerations about Thunder and Lightning (1745)

http://www.evolvefish.com/freewrite/franklgt.htm

Capítulo 8

P.93: http://en.wikipedia.org/wiki/soulmate

Capítulo 11

P.117: http://www.lexiophiles.com/portugues/e-a-vaca-foi-para-o-brejo

Capítulo 15

P.164: http://www.thirdage.com/love-romance/the-male-vs-the-female-brain?page=1

P.164: http://web.sfn.org/index.aspx?pagename=brainfacts

P.165: p. LOUANN, Brizendine. The Female Brain . Three Rivers Press, 2007.

P.165: GUNGOR, Mark Laugh. Your Way to a Better Marriage. Atria Books, 2008.

Capítulo 16

P.172: HOOKS, Bell. Feminist Theory: From Margin to Center. Cambridge: South End Press, 2000 p.26.

P.174: Veja só a razão disso no Brasil:"1977: É aprovada a Lei do Divórcio (nº 6.515), uma antiga reivindicação do movimento feminista. "http://www.brasil.gov.br/linhadotempo/epocas/1977/lei-do-divorcio

Capítulo 17

P.184: Merriam–Webster's Collegiate Dictionary - etymology of husband, husbandry : ORIGIN late Old English (in the senses 'male head of a household' and 'manager, steward'), from Old Norse húsbóndi 'master of a house,' from hús 'house' + bóndi 'occupier and tiller of the soil.' The original sense of the verb was 'till, cultivate.'

Capítulo 20

P.228: http://marriagegems.com/tag/five-to-one-ratio/

P.252: http://accountemps.rhi.mediaroom.com/funny-business

Esse livro foi composto na font Plantin light 11/17 e impresso pela Edigráfica sobre papel offset 63 g/m². para a Editora Thomas Nelson Brasil em 2014.

SCOTT TUROW

OS LIMITES DA LEI

Tradução de
ANA MARIA MANDIM

Revisão técnica de termos jurídicos
CARLOS EDUARDO ARIANO JAPIASSU
Professor de direito penal da UERJ e da UFRJ

EDITORA RECORD
RIO DE JANEIRO • SÃO PAULO
2008

CIP-Brasil. Catalogação-na-fonte
Sindicato Nacional dos Editores de Livros, RJ.

T858L
Turow, Scott, 1949-
Os limites da lei / Scott Turow; tradução de Ana Maria Mandim. – Rio de Janeiro: Record, 2008.

Tradução de: Limitations
ISBN 978-85-01-07887-2

1. Estupro – Ficção. 2. Romance americano. I. Mandim, Ana Maria. II. Título.

07-4564
CDD – 813
CDU – 821.111(73)-3

Título original norte-americano
LIMITATIONS

Direitos exclusivos de publicação em língua portuguesa somente para o Brasil adquiridos pela
EDITORA RECORD LTDA.
Rua Argentina 171 – Rio de Janeiro, RJ – 20921-380 – Tel.: 2585-2000
que se reserva a propriedade literária desta tradução

Impresso no Brasil

ISBN 978-85-01-07887-2

PEDIDOS PELO REEMBOLSO POSTAL
Caixa Postal 23.052
Rio de Janeiro, RJ – 20922-970

Para Vivian e Richard

Poucos gostam de ouvir os pecados que gostam de cometer.

Shakespeare
Péricles, Ato I, Cena I

1

A ARGUMENTAÇÃO

— COM A DEVIDA vênia desta corte — ressoou Jordan Sapperstein da tribuna —, este caso tem de ser anulado. Vossas excelências não têm escolha.

Sentado atrás do alto tribunal de nogueira, a cerca de quatro metros de distância, o juiz* George Mason reprime o impulso de reagir com uma careta aos exageros de Sapperstein. O juiz raramente hesita em deixar claro para os advogados que suas alegações não são convincentes, mas fazer caras e bocas, como seu pai o advertira quando ainda era um menino na Virgínia, é simplesmente falta de educação.

* No Brasil, o juiz da Corte de Apelação é conhecido como desembargador. No restante do mundo, entretanto, emprega-se juiz para todos os níveis hierárquicos (do juiz criminal ao da Suprema Corte). Por se tratar de um regionalismo brasileiro, adota-se nesta obra a forma juiz.(*N. do E.*)

Na verdade, George Mason está mais absorto no caso o *Povo versus Jacob Warnovits e outros*, do que atento às palavras do célebre advogado ao iniciar sua sustentação oral. Antes de ser eleito para o cargo de juiz, aos 47 anos, George fora advogado criminalista, perpetuamente absorvido por sentimentos conflitantes — aversão, divertimento, curiosidade, inveja — em relação aos que infringiam a lei. Desde o primeiro instante, no entanto, em que o departamento de Protocolo da Corte de Apelações o indicara aleatoriamente para o caso *Warnovits*, ele se sentia inseguro quanto à tarefa. Teve dificuldade em ler os resumos ou assistir à gravação do julgamento na Suprema Corte do condado de Kindle, onde 19 meses antes, os quatro jovens réus haviam sido condenados por estupro e recebido pena mínima de seis anos. Agora, o juiz pensa o que sempre pensa cada vez que o assunto lhe vem à mente: casos difíceis produzem leis ruins.

Como membro sênior da banca de três magistrados, o juiz Mason, em sua toga negra, ocupa a posição central na comprida bancada entre seus dois colegas. O juiz Summerset Purfoyle, com sua face de noz talhada pelo tempo e um chumaço de cabelo branco, talvez tenha hoje uma aparência mais imponente que em seus tempos de famoso cantor de blues. O outro juiz, Nathan Koll, baixo e vigoroso, a papada caída como um croissant sob o queixo, observa Sapperstein, desde as primeiras palavras deste, com olhar sombrio e impiedoso.

Atrás dos advogados, os funcionários encarregados da segurança se acomodaram apertados nos bancos de nogueira em número possivelmente igual ao dos espectadores que fizeram fila à porta do tribunal, deixando a atmosfera quase tão quente quanto a de um dia calorento do início de junho. Na primeira fila, repórteres e ilustradores registram com pressa tudo o que podem. Atrás deles, o público — estudantes de direito, fãs de julgamentos, amigos dos réus e partidários da vítima — está atento, após acompanhar três casos cíveis apresentados durante a manhã a esse mesmo trio de magistrados. Nem mesmo a imponência do plenário da Corte de Apelações, com suas colunas de mármore vermelho que se erguem a uma altura de dois andares até um teto abobadado, dissimula completamente a corrente de controvérsia de alta voltagem que há muito agita o caso *Warnovits*, que assumiu significados complexos para milhares de pessoas que não sabem coisa alguma dos princípios legais em questão e pouco mais sobre os fatos básicos do processo.

A vítima do crime é Mindy DeBoyer. Embora o nome dela, como suposta vítima de estupro, nunca seja citado nos freqüentes relatos públicos. Mais de sete anos atrás, em março de 1999, Mindy tinha 15 anos e estava entre os integrantes do turbulento grupo participante de uma festa para os jogadores do time de hóquei no gelo da Escola de Ensino Médio de Glen Brae. Naquele mesmo dia, Glen Brae perdera a final do campeonato estadual. Os jogadores estavam irritados pela pressão de seis partidas em seis dias e por ter chegado tão perto do título e perdê-lo. A festa, na casa dos pais do segundo capitão do time, Jacob Warnovits, que haviam viajado a Nova York para um casamento, saiu do controle desde o início. Mindy DeBoyer, segundo seu próprio testemunho, ficara "incrivelmente chapada" com uma mistura de rum e pílula que lhe fora oferecida por Warnovits e, de alguma forma, terminara desmaiada no quarto dele.

Warnovits alegara que a havia encontrado em seu cômodo e interpretado a posição de Mindy, parecida com a de Cachinhos Dourados na cama de um dos três ursinhos, como uma proposta. O júri nitidamente rejeitou a explicação, provavelmente porque Warnovits convidara três outros atletas do time para também violarem a jovem, que estava inconsciente e sem reações, como uma boneca de trapos. Warnovits gravou em vídeo cada estupro, usando a câmera de uma maneira que teria escandalizado até um pornógrafo. A trilha sonora, um discurso desprezível de Warnovits, terminou depois de mais de 50 minutos com a recomendação aos amigos que levassem Mindy dali e ficassem "de bico calado".

Quando acordou, às cinco da manhã, em meio a latas de cerveja vazias e guimbas de cigarro na sala de estar dos Warnovits, Mindy DeBoyer não tinha idéia do que acontecera. Principiante sexual, embora não mais virgem, sentia-se dolorida e notou que a frente de sua saia estava virada para trás. Mas não se lembrava dos acontecimentos da noite. Após entrar furtivamente em casa, telefonou para os outros jovens com quem estivera na festa, mas ninguém se lembrava com quem ela havia saído. Conversando com sua melhor amiga, Vera Hartal, Mindy DeBoyer chegou a se perguntar se não teria sido estuprada. Mas tinha 15 anos e não queria envolver nenhum adulto na história, ou admitir onde havia estado. Ficou quieta, não disse nada a ninguém.

E a vida continuou. Os quatro jovens se formaram no ensino médio e foram para a faculdade, exatamente como Mindy DeBoyer dois anos e meio depois. Sentindo-se mais seguro com o passar do tempo, Jacob Warnovits não resistia, de vez em quando, a entreter seus colegas da irmandade com o vídeo. Acontece que um dos estudantes conhecia a família DeBoyer e, após uma longa conversa com a irmã, avisou à polícia, que chegou à sede da irmandade com um mandado de busca. Mindy DeBoyer assistiu horrorizada ao vídeo, e Warnovits e os outros três jovens foram rapidamente indiciados em 14 de janeiro de 2003.

Do ângulo em que George Mason vê o caso, a principal questão legal é a prescrição, que, sob a lei estadual, normalmente impediria acusações de delito grave mais de três anos após o crime. Mas a tormentosa questão social é que Mindy DeBoyer é negra. Embora tão abastada quanto os garotos que a estupraram, os pais dela, um advogado e uma administradora de empresa, não se abstiveram de questionar em público, em sua comoção inicial, se uma jovem branca teria sido tratada da mesma forma em Glen Brae, subúrbio a que a integração racial chegara de má vontade.

As acusações raciais subiram de tom em Glen Brae. Famílias que conheciam os quatro garotos proclamavam que suas vidas estariam arruinadas depois do fato e por um crime em que a vítima realmente nada sofrera. Insinuavam que homens estavam sendo punidos por seus delitos de criança só por causa da raça. A forte discussão entre vizinhos transbordou para a imprensa, onde os pontos de vista dos DeBoyer obviamente prevaleceram. Vários relatos retratam os réus como garotos ricos mimados que quase escaparam impunes após uma noite de brutal diversão na senzala, muito embora nenhum dos numerosos nomes feios aplicados pelos garotos a Mindy no teipe fizesse menção à raça dela.

Os substanciais instrumentos de defesa apresentados na apelação dos jovens permitiram-lhes a liberdade sob o pagamento de fiança, e todos os quatro, agora por volta dos 25 anos, estavam sentados ao lado dos jornalistas na fila da frente.

O destino de cada um nas mãos de Jordan Sapperstein, vestido num terno risca-de-giz de fundo creme com grossas listas negras, gesticulando com freqüência, intensificando as ênfases com movimentos do cabelo ondulado, estilo pajem. O juiz Mason jamais conseguiu entender inteiramente o que um ser humano quer dizer a respeito de si mesmo quando exibe um penteado como o do Deslumbrante Jordan, mas Sapperstein é o que Patrice, a mulher do juiz, em seus momentos de ironia, chama de ADT — Advogado de Televisão.

Sapperstein é um californiano que fez nome vinte anos atrás como professor de direito em Stanford com duas impressionantes vitórias na Suprema Corte dos Estados Unidos. Tornou-se uma celebridade desde então por sua disposição em se pôr num estado de ofegante agitação durante 30 segundos todas as vezes em que uma luz vermelha brilha acima de uma câmera de TV. Está sempre no *Meet the Press* (Encontro com a Imprensa) na CNN, na *Court TV* (TV Justiça), sua onipresença é tão grande que se tem a impressão de que ele vai aparecer até no fundo da cena quando se grava um jogo de futebol em que um sobrinho participa. Há rumores de que as desesperadas famílias de Glen Brae lhe pagaram centenas de milhares de dólares para que participasse da apelação.

George acha que, ante alguns tribunais, a notoriedade de Sapperstein possa ser uma vantagem e dar cobertura a um juiz inclinado a modificar o processo. Mas não ali, naquela banca de juízes. A preeminência de Sapperstein foi um chamado à luta para Nathan Koll, colega de George. Koll, que deixou o posto de respeitado professor da Escola de Direito de Easton para aceitar uma indicação para a Corte de Apelações por um período de cinco anos, gosta de tratar advogados como se fossem alunos seus, fazendo-lhes uma exuberante saraivada de perguntas cheias de pegadinhas com o objetivo de minar suas posições. Os debochados há muito apelidaram esse estilo socrático de interrogatório em sala de aula como "o jogo em que só um pode ganhar", e ali também não há vencedores com Nathan. A verdade é que, para ele, cada caso, não importa qual seja o assunto, apresenta o mesmo desafio: provar que ele é o advogado mais inteligente do tribunal. Ou talvez do universo. George não tem certeza sobre os limites do sentimento de grandeza de Nathan.

Além disso, com sua voz de cervejaria e estilo inquisitorial, Koll prende a atenção, e interrompe abruptamente Sapperstein não muito depois de o advogado iniciar sua sustentação oral com uma citação de um festejado jurista, apimentada, por sua vez, com palavras da Suprema Corte dos Estados Unidos.

— O instituto da prescrição em processos de crimes hediondos, "encontrados e admitidos pacificamente pela jurisprudência", refletem implicitamente o entendimento do legislador de que a gravidade moral de uma ofensa pode ser medida pela urgência com que o castigo é buscado. A experiência da humanidade, em geral, "não permite que crimes de fato permaneçam impunes" — declama Sapperstein.

— Dificilmente, dificilmente — responde Koll de imediato. Mesmo sentado, aos olhos de George ele parece um zagueiro de futebol americano, pronto para bloquear o ataque, curvado à frente, as mãos fortes bem abertas, como para impedir qualquer tentativa de se desviar dele. — Prescrição, Sr. Sapperstein, se funda nas preocupações de que as memórias enfraquecem e as provas se dispersam com o tempo. O que não deveria nos preocupar, uma vez que existe um videoteipe do crime.

Sapperstein não vai recuar agora, e a peleja acadêmica entre o juiz e o advogado continua por vários minutos, dois pavões do mundo jurídico sacudindo as plumas. Para George, contam muito pouco as impressões de conhecidos estudiosos da lei sobre por que a jurisprudência anglo-americana favorece a prescrição. O único fato concreto é que a legislação neste estado votou por um deles. Como juiz, George acha que sua principal tarefa é simplesmente solucionar quaisquer dúvidas sobre o significado das palavras que os legisladores usaram.

Normalmente, poderia interromper a disputa com essa observação, mas, pensando melhor, prefere manter-se a distância neste caso. Além disso, raramente é fácil introduzir uma observação de viés quando se está sentado com Nathan Koll. O juiz Purfoyle, à direita de George, tem várias questões anotadas em seu bloco amarelo, mas Koll ainda tem de deixar a arena, apesar das várias e bem-educadas tentativas de Summer de intervir.

A atenção de George é atraída pela entrada barulhenta no tribunal de um de seus dois escrivães, Cassandra Oakey. Cassie não pode ir a lugar algum sem desviar as atenções: é muito impetuosa, alta e atraente, e totalmente destituída de autocontrole. Mas enquanto avança em direção à mesa dos escrivães, no fundo do tribunal, George percebe que ela não está atrasada, como ele poderia supor. Cassie fixa nele os grandes olhos escuros com expressão de urgência, e George vê que ela está segurando um bilhete. E, com isso, um pequeno vinco de horror se forma na testa do juiz. Patrice, pensa. Isso acontece com George Mason várias vezes ao dia. Perdido nas questões profissionais que sempre o dominaram como um canto de sereia, sente-se desconfortável e egoísta quando sua memória se volta para a própria casa: Patrice está com câncer. Faz dois dias que está hospitalizada para uma radioterapia pós-operatória, e o maior medo de George é que algo tenha saído errado.

Cassie se aproxima lentamente e chega perto o bastante para entregar o papel dobrado a Marcus, o oficial de justiça grisalho, que o estende a George. Mas o juiz descobre que o assunto não é o seu próprio bem-estar, nem o de sua mulher. Dineesha, sua secretária, escreveu:

Tivemos notícias outra vez de Número 1. Marina gostaria de lhe fazer um resumo do que descobriu com o FBI, mas tem de ir embora à uma da tarde. Existe alguma possibilidade de o senhor suspender a sessão por meia hora para falar com ela?

George levanta um dedo de anuência na direção de Cassie. Koll agora começou a atacar Sapperstein a propósito de seu outro argumento principal, que é: o vídeo de estupro era demasiado vívido e provocador para ser mostrado ao júri sem cortes substanciais, especialmente as exibições priápicas dos garotos uns para os outros e dos exames ginecológicos de Warnovits em Mindy feitos com a câmera.

— O senhor não estaria afirmando — diz Koll — que o videoteipe, ao menos de certa forma, seria inadmissível?

— O videoteipe, excelência, tal como o júri o viu, não deveria ser aceito como prova.

— Mas apenas com base em que alguns elementos foram indevidamente prejudiciais?

Sapperstein já esteve em tribunais o suficiente para pressentir alguma armadilha, mas suas evasivas apenas tornam mais intensos os esforços de Koll para esmagá-lo.

Chega, pensa George. Olha para a mesa dos escrivães. Lá, John Banion, o outro escrivão de George, tem os dedos nos botões que controlam as três luzinhas em cima do painel que indicam quanto tempo ainda resta ao advogado para a sua argumentação. No momento, a lâmpada alaranjada do meio está acesa em frente a Sapperstein. Banion, uma figura tranqüila e fechada, no início dos 40 anos, sempre fora objeto de comentários feitos pelas costas pelos outros escrivães, que o chamam de "o druida", porque é arredio como um eremita. Mas com o passar dos anos, John provou estar perfeitamente sintonizado com as necessidades profissionais do juiz, e George baixa o queixo não mais de uma polegada antes de John apertar a luz vermelha, sinalizando a Sapperstein que seu tempo acabou.

— Obrigado, Sr. Sapperstein — diz George, interrompendo-o no meio de uma frase.

Na distante mesa dos advogados, próxima à dos oficiais de justiça, o promotor substituto do condado de Kindley, Tommy Molto, levanta-se com um bolo de papéis nas mãos para responder pelo estado. Pedindo licença, George cobre seu microfone, um bulbo negro sobre uma haste negra, para conversar reservadamente, primeiro com Purfoyle e depois com Koll. Este não consegue fazer uma cara feliz, mas, assim como Purfoyle, concede a George, como juiz-presidente, a gentileza de um recesso de meia hora antes da conferência que, normalmente, se seguiria logo após a última argumentação. Ali os três juízes vão decidir sobre os três casos que ouviram durante a manhã e combinar entre si a redação dos votos da corte.

— Avise Dineesha que vou falar com Marina — diz o juiz a Cassie após acenar para ela. Sentada num banco ao lado do juiz, Cassie está pronta para sair, mas George a detém: — O que foi que Número 1 disse?

Os olhos castanhos da jovem se desviam, e, fazendo uma pausa, sacode o cabelo louro e liso cortado em rigoroso estilo franjado.

— O mesmo lixo — sussurra, finalmente.

— Mais votos de saúde e felicidade para mim? — indaga George, sem saber se sua piada soa corajosa ou imprudente.

— Isso mesmo — diz Cassie.

Mas a hesitação dela sobre a mensagem desperta a curiosidade de George, que faz um gesto com a mão, pedindo mais informação.

— Ele, ela, essa coisa, eles... quem quer que seja... mandou um link — responde Cassie.

— Um link?

— Para um site na internet.

— Que site?

Cassie franze as sobrancelhas sem disfarçar.

— É chamado "Observador da Morte" — responde.

2

NÚMERO 1

O juiz George Mason está no último ano do mandato de uma década na Corte de Apelações do Estado para o Terceiro Distrito de Apelações, área composta principalmente pelo condado de Kindle. A chance de ir para a Corte de Apelações surgira inesperadamente, apenas um ano depois de ter sido eleito um dos juízes da Suprema Corte, e presidir um tribunal criminal alguns andares abaixo no mesmo prédio, a Suprema Corte de Apelações. Muitos amigos o haviam desaconselhado a considerar a possibilidade de ir para a Corte Superior, prevendo que se sentiria isolado e passivo após uma carreira nas linhas de frente dos tribunais de combate, mas ele se ajustou bem ao trabalho — ouvir argumentações, refletir sobre os resumos e antecedentes, redigir acórdãos. Para George Mason, a lei sempre servira para decifrar os enigmas fundamentais que a vida lhe oferecera para solucionar.

Na Virgínia, tinha sido tradição familiar, remontando a seu grande homônimo, o lendário patriarca americano George Mason IV — o George Mason real, como o juiz sempre pensava sobre o seu antepassado. Durante seus anos de estudante em Charlottesville, a carreira jurídica fora mais uma das muitas e pesadas expectativas que seus pais lhe colocaram sobre os ombros e da qual estava determinado a escapar. Com o diploma na mão, fugiu dali, passando dois anos como marinheiro num cargueiro de carvão, trabalho que lhe proporcionou uma alternativa para o Vietnã. Seu navio subia o rio Kindle e contornava os Grandes Lagos, e, em suas horas solitárias no posto de observação, quando o dever exigia que observasse as ilimitadas extensões de água à frente, tão vastas como a vida adulta que se estendia diante dele, ficou chocado ao surpreender-se preocupado com as intensas questões de certo e errado, justiça e poder, minuciosamente analisadas a cada noite à mesa de jantar de seu pai. No fim de sua turnê, estava ansioso para se inscrever na Escola de Direito de Easton, tornando-se assistente do defensor público após a formatura. Ele amava os extremos grosseiros do crime, que o levavam tão longe daquilo para o qual fora criado, mas foi a pátina de cavalheiro sulista que favoreceu seu sucesso. Com blazer de botões dourados, mocassins e sotaque gentil, parecia lançar um encanto sobre o ambiente, como se sua presença desse a todos — policiais e juízes, promotores e funcionários do tribunal — a certeza de que nenhum deles pertencia ao mundo de aflição, ódio e ignorância que causavam os crimes. Só ele sabia que seu desempenho era uma paródia.

Então, continuara, mais seguro do lugar que ocupava agora do que aquele que deixara. Popular entre os colegas, foi eleito presidente da Ordem dos Advogados do condado de Kindle, no fim dos anos 1980. Continuou a ter sucesso e a ser respeitado, mas nunca foi o mais bem-sucedido advogado da cidade, onde seu amigo Sandy Stern seria sempre o primeiro a ser chamado diante de um caso criminal complicado. À medida que se cansava de advogar, George descobriu-se atraído pela ambição que sempre ocultara do pai: ser juiz. Era uma esperança débil, dado o desprezo que sempre demonstrara pelos escorregadios acordos entre os líderes das facções que controlavam esses assuntos. Concluiu que estava condenado para sempre quando concordou, no fim de 1982, em representar um advogado que se tornara testemunha federal e cujas gravações secretas haviam causado a prisão de seis juízes e nove advogados, num escândalo de suborno que atingira a Suprema Corte do condado de Kindle. Numa dessas demonstrações que a vida dá de perpétuo desafio das expectativas, George se viu apontado como símbolo da independência da advocacia, e os partidos lhe imploraram que disputasse o cargo, ansiosos para atender aos clamores por reforma. Ele ganhou a eleição para juiz em 1994, fato que o fez suplantar dezenas de candidatos mais experientes quando abriu uma vaga na Corte de Apelações para a eleição de 1996.

Dando como certo que George quer conservar o cargo, uma pergunta vai aparecer este ano nas eleições do condado: "George Thomson Mason deve ser reeleito para um novo período de dez anos como juiz da Corte de Apelações?" De vez em quando, ao ler os registros de um julgamento, George deseja vivamente pegar uma testemunha evasiva à parte e submetê-la a um novo interrogatório, e não raro lamenta as restrições dos salários públicos. Vez por outra, há momentos em que deseja xingar os juízes esportivos de Trappers Park ou é obrigado a responder com expressão pétrea a certas brincadeiras — em que se sente prisioneiro das formalidades de seu papel. Até a doença de Patrice, no entanto, não tivera nenhuma dúvida em candidatar-se novamente e está quase certo de que vencerá as eleições. Os panfletos que anunciam a candidatura devem ficar prontos em poucas semanas, mas ele ainda não a formalizou, precaução para o caso de a vida lhe reservar mais surpresas.

Agora, com a toga sobre o braço, George entra rapidamente em seu gabinete, um espaço imponente de pé-direito alto e mobiliário marrom-escuro. O debate no caso *Warnovits* chegara a um impasse, com Nathan Koll empenhado em mais grandiloqüência. O juiz Mason se sente feliz por poder escapar durante meia hora antes de enfrentar seus colegas de tribunal numa reunião.

No escritório externo, Dineesha, a secretária do juiz, trabalha numa grande mesa. Ela lhe passa vários recados de telefonemas — a maioria pedidos para que George esteja presente em eventos públicos —, mas existe apenas uma comunicação que interessa a ele no momento.

— Então, o que o meu correspondente favorito tinha a dizer em meu favor na manhã de hoje? — pergunta.

Desde que esse negócio com o Número 1 começou, há três semanas, Dineesha passou a imprimir os e-mails, de forma que o tribunal seja avisado o mais rápido possível sobre novos episódios. Calma e digna, Dineesha trabalha com George há quase 20 anos, tendo-o seguido desinteressadamente do confortável confinamento da prática privada para o setor público. Ela ajeita seu cabelo armado e imóvel, um monumento ao vigor dos polímeros elásticos do laquê.

— Excelência, o senhor não precisa se preocupar com isso — diz Dineesha tranqüilamente. — Com o Número 1, tudo é número 2.

Piadas, especialmente com alguma coisa que possa, mesmo remotamente, ser considerada "imprópria", não são característica de Dineesha, e ele interpreta o sorriso contido dela como sinal de indignação em seu favor.

Ninguém na sala de audiências do juiz aprendeu como se referir à pessoa, seja quem for, que está tentando perturbá-lo. "O assediador" foi a expressão inicialmente usada por George, mas seria dar cartaz demais a alguém que não se manifestava fisicamente. Vingador. Nêmesis. O louco dos loucos. A ironia tornou-se reação comum. O autor das mensagens era chamado de fã Número 1 do juiz e, logo depois, simplesmente Número 1.

George agora não sabe se está mostrando força de caráter ao examinar as mensagens ou apenas irresistível curiosidade. Sua desculpa é que mais cedo ou mais tarde alguma coisa lhe dará uma pista da identidade do remetente. Dineesha faz uma careta, mas abre o e-mail do dia enquanto George se inclina sobre seu ombro.

Como todas as mensagens anteriores, esta parece ter sido enviada pelo próprio George e retornado. O remetente aparece como "administrador do sistema", enquanto "mensagem não entregue" aparece na linha do assunto, seguida de algumas linhas em código, e logo após aparece a mensagem que George supostamente enviou, consistindo em poucas palavras e um link na internet. Seguindo as instruções do juiz, Dineesha clica nas palavras azuis. O nome do site, "Observador da Morte", em grandes letras pretas, salta da tela, acompanhado de um desenho esquematizado de uma coroa de flores sobre um ataúde e uma pergunta incisiva: “Você já se perguntou quando vai morrer? Ou como?” Segue-se um comprido questionário que inclui perguntas sobre idade, histórico de saúde e ocupação, mas George volta à página com a mensagem que Número 1 na verdade enviou para o computador do juiz. Ela diz: “Eu sei a resposta.”

Desde a defensoria pública, após a conclusão do curso de direito, George recebeu algumas mensagens de ódio, que simplesmente ignorou. Réus acusados de delitos graves, ainda que seis testemunhas de acusação e fotos de câmeras de segurança os mostrem cometendo os crimes, têm uma habilidade notória, após vários meses na penitenciária, de explicar para si mesmos que estariam em liberdade se tivessem tido um advogado “de verdade”, em vez de um profissional que recebesse o salário do mesmo estado que dava emprego ao promotor. Os criminosos mais ricos que George defendera em sua carreira particular, às vezes, também se tornavam impertinentes, em especial quando descobriam que todo o dinheiro pago meramente pavimentara o caminho para a prisão. Em sua atual posição, litigantes infelizes também desabafavam em algumas ocasiões. Nenhuma dessas mensagens venenosas jamais culminou em nada pior que um par de ex-clientes algemados olhando furiosos para ele no tribunal, onde apareciam após uma nova prisão.

Mas a inteligência fria das mensagens de Número 1 torna-as mais difíceis de esquecer. Elas não têm assinatura, à diferença da maior parte da correspondência que George recebeu ao longo dos anos, de autores erráticos sempre ansiosos para fazê-lo recordar-se, exatamente, a quem prejudicara. E, naturalmente, de eventos recentes em Cincinatti, onde um juiz da corte estadual e sua família foram encontrados mortos, deixando a todos os que usam toga negra sentindo-se sob risco maior.

A primeira mensagem que retornou dizia, simplesmente: "Você vai pagar." George pensou que fosse uma mensagem enviada por engano e a apagou. Mas houve uma terceira e uma quarta com as mesmas palavras em poucas horas. George imaginou que fossem spam. Você pagará — menos. Pelo seguro do carro. Pagamentos de hipoteca. Viagra. Dois dias depois, apareceu outra: "Eu disse que você vai pagar. E vai." Desde então houve várias, e cada uma delas com significado menos ambíguo. "Você vai pagar. Com sangue." E depois: "O seu sangue." Depois: "Você vai sangrar." E, finalmente: "Você vai morrer." Seu escrivão, John Bannion, acabara de entrar no gabinete do juiz quando a mensagem que falava em morte estava na tela, e George pediu a John para dar uma olhada. O escrivão pareceu ficar muito mais chocado que seu chefe e insistiu em chamar a segurança do tribunal.

A segurança do tribunal chegava agora de novo, na pessoa de sua bonachona chefe, Marina Giornale, que apareceu rapidamente na saleta de recepção quando George estava debruçado atrás de Dineesha. Com menos de 1,60m, Marina procura compensar a falta de estatura com energia. Ela cumprimenta com uma risada rascante e ruidosa de fumante e aplica seu robusto aperto de mão. Usa com descontração um boné preto e não está maquiada. Com o casaco cáqui comprido que faz parte do uniforme e um largo cinto preto, tem a aparência maciça de um freezer ainda encaixotado.

— Existe na internet um site chamado "Observador da Morte"? — pergunta o juiz enquanto a conduz à sua sala particular. George fecha ambas as portas, uma que leva à recepção e outra ao pequeno escritório vizinho dividido por seus dois assistentes.

— Oh, sim. Estive ao telefone com o administrador da rede durante toda a manhã, e ele ficou me dizendo que este é um país livre.

George Mason IV tinha sido uma das forças motoras por trás da Carta de Direitos, e o juiz com freqüência se diverte imaginando quantas horas seriam necessárias nos Estados Unidos de hoje para seu famoso antepassado desistir da Primeira Emenda. Não existe liberdade que não seja também um caminho para o vício. A internet dera origem a comunidades desafiadoras de lunáticos que antes se reuniam secretamente, em envergonhado isolamento, com suas inquietantes obsessões.

— E, então, o que diz o FBI? — pergunta George, sentado atrás de sua enorme mesa. Marina senta-se numa cadeira de braços em frente a ele.

— Vão rodar o software de perícia forense no seu HD — diz ela —, onde talvez encontrem alguma coisa, mas têm 99% de certeza de conseguir o de sempre na captura de cabeçalhos de e-mails.

— O quê?

— É um tiro no escuro, não há forma de descobrir quem está fazendo isso.

— Ótimo — disse George.

— O que sabe sobre rastrear e-mails, excelência?

— Coisa nenhuma.

— Nem eu — diz ela. — Mas tenho boas anotações.

Com outra risada rouca, ela pesca um pequeno bloco no bolso do casaco. Marina é prima da lendária e há muito falecida chefe do condado de Kindle, Augustine Bolcarro. Sendo o nepotismo o que é, George pensara que Marina não daria conta do recado. Estava enganado. Ex-investigadora da polícia do condado e filha de outro detetive, Marina tinha intuições astutas de alguém que havia sido ensinada a vida inteira. Retornou pessoalmente todos os telefonemas dele e, mais admirável ainda, percebeu que sua própria equipe, reduzida pelos constantes cortes de verbas da corte, precisaria de ajuda. Envolveu o FBI, que está ansioso para ajudar, pois o uso de redes interestaduais torna as ameaças a George um caso federal. Dois técnicos silenciosos ficaram ali durante um dia inteiro da semana anterior examinando o disco rígido do juiz.

— Os técnicos do FBI dizem que o que conseguiram é uma variação de uma coisa chamada ataque de ricochete, quando alguém "imita" (ela faz sinais de aspas com os dedos) seu endereço eletrônico, colocando-o onde está escrito "De". Parece que se descobre como fazer isso em 15 minutos. É simples como são essas coisas, mas funciona. Quando o FBI examinou os cabeçalhos, parecia que todas as mensagens tinham sido enviadas através de um servidor aberto de correio eletrônico nas Filipinas.

— Servidor aberto de correio eletrônico?

Ela levanta uma sólida mão.

— Um servidor aberto de retransmissão de correio. Os spammers armaram a maioria deles. Às vezes, alguém bobeia com os esquemas de segurança de seu site na internet e todo o mundo o usa até o dono descobrir. Mas se o servidor é aberto, qualquer um pode se conectar. Ele envia uma mensagem sem checar de quem é. E programas de segurança abertos em geral não deixam registro de quem trafega por eles. Os agentes do FBI dizem que este pode estar relacionado com um site da internet hospedado na China, de propriedade de uma empresa de Londres. O que estou querendo dizer — diz Marina — é: boa sorte para o senhor.

Decepcionado, George fica olhando para os objetos à sua volta enquanto pensa no que fazer. Uma das compensações da Corte de Apelações é o espaço gigantesco das salas. Suas instalações medem quase cem metros quadrados, grandes o suficiente para guardar todas as bugigangas e lembranças de quase três décadas de profissão. A decoração, entretanto, é uma questão estritamente governamental: expansão oceânica de tapetes azul-claro e muitos móveis pesados de mogno fabricados pelas indústrias do sistema penitenciário.

— Marina, isso não ajuda nossa teoria sobre Corazón, ajuda?

Esse nome é a razão de ele ter fechado as portas e, além disso, baixar a voz. A menção de Corazón poderia aumentar o alarme em sua equipe.

— Peço desculpa por discordar, excelência. A Seção de Crime Organizado está me dizendo que algumas dessas gangues latinas estão bem envolvidas nisso. Muito roubo de identidade pela internet. Não estou descartando Corazón totalmente. Os meninos e meninas do FBI também gostam dele.

Com base nos indícios até agora, Número 1 poderia ser qualquer pessoa do mundo que tivesse um computador e o endereço eletrônico do juiz. Com pouca coisa para prosseguir na investigação, Marina fez uma relação dos casos que George julgou nos últimos três anos. Um nome se destacou: Jaime Colón, conhecido por todos como "El Corazón". "Corazón" era o infame Inca, ou cabeça, da gangue de rua Los Reyes Latinos, com centenas de integrantes e um "assento" na Todo-Poderosa Nação Latina, a gangue de crescimento mais rápido dentre as três maiores do estado.

Décadas atrás, quando visitava regularmente a penitenciária estadual em Rudyard como defensor público, George sempre ficava impressionado com o fato de alguns detentos serem considerados tão brutais que assustavam até os assassinos e ladrões que estava defendendo. Assim é Corazón — tão perverso, dizem, que os relógios param e os bebês choram quando ele passa.

Pouco mais de um ano atrás, o juiz escrevera a sentença que confirmara a prisão de Corazón por ataque com agravante e obstrução da Justiça e, mais especificamente, o aumento de sua condenação para sessenta anos de prisão. Corazón espancara, em pessoa, com um cano de aço, a namorada e os dois filhos, de 5 e 7 anos, de um rival que estava preso e testemunharia contra ele num caso de narcóticos. Mas os esforços de intimidação de Corazón não cessaram ali. Quando foi preso, com base num teste de DNA do material encontrado sob as unhas das vítimas hospitalizadas, e elas tiveram a prudência de fugir para o México antes do julgamento, Corazón jurou vingar-se do juiz, dos promotores, dos policiais e de quem quer que tivesse ajudado a mandá-lo para a prisão.

Em conseqüência, Corazón agora está preso na isolada penitenciária de segurança máxima do estado, numa cela que é um bloco de concreto de 2,5 por 2,5 m, onde não se comunica com ninguém exceto os guardas e sua mãe, de quem recebe uma visita monitorada por mês. Mesmo assim, a completa maldade de Corazón fez dele o primeiro suspeito. O plano de organizar a intimidação de um juiz enquanto está preso incomunicável é um desafio que ele superaria, especialmente se pudesse fazer isso com pouco temor das conseqüências. Uma sentença mais longa não significa nada para um homem de 42 anos. Se for pego, sua principal punição será receber por algum tempo uma mistura sem gosto chamada bolo de farinha em vez de comida verdadeira.

— Agentes do FBI o visitaram na semana passada — diz Marina. — Corazón adora sair e sentir a brisa, e nem deu bola para seu advogado. Os federais o interrogaram sobre dois garotos de sua organização que tinham sido mortos — diz Marina —, mas deram um jeito de falar no seu nome.

— E?

— Nem piscou. Mesmo assim, queriam que ele soubesse que estavam na pista dele.

Quando se trata de resolver crimes, a resposta óbvia em geral é a correta — o marido ciumento é o assassino de sua ex, o empregado demitido é o sabotador das linhas de montagem da fábrica —, mas o juiz não acredita que um homem que usou um cano de aço para silenciar testemunhas se daria ao trabalho de fazer uma coisa tão cautelosa como enviar e-mails anônimos.

— Não estou convencido de que foi Corazón, Marina. Francamente, ainda acho que quem está fazendo isso vai ficar só falando.

Os loucos paranóicos são as pessoas que George aprendeu a temer — eles atacam pensando que estão se protegendo. Mas uma pessoa racional, disposta a destruir, não manda avisos, simplesmente porque eles tornariam suas represálias mais difíceis de cumprir. George está convencido de que o único objetivo de Número 1 é perturbar sua paz de espírito, meta civilizada demais para Corazón.

— Acho que esse doido fala sério, excelência.

Desafiado a debater, George escolhe ficar calado. Ele há muito compreendeu que as pessoas que fazem cumprir a lei se vêem como cavaleiros protetores — podia-se apostar uma bela soma, por exemplo, em que Marina Giornale cresceu lendo tudo que podia sobre Joana D'Arc. Quanto mais graves julgar as ameaças, mais importantes elas a tornam.

— E o FBI e o meu pessoal concordam numa coisa — diz ela.

— Que é...

— Está na hora de o senhor ter um segurança.

— Não — respondeu George, como reagira antes à idéia de uma escolta. Um guarda-costas seria um incômodo infernal e, muito pior que isso, algo que não poderia esconder de Patrice. Ele não dizia nada à esposa sobre as ameaças e não tinha intenção de fazê-lo. A própria situação dela já despertava bastante preocupação no momento. — Não poderei lidar com isso em minha casa, Marina.

Ciente da doença de Patrice, Marina lançou a George um olhar de compreensão antes de massagear o queixo e olhar para cima.

— Olhe, excelência, que tal essa idéia? Sua casa é sua casa. Não posso lhe dizer o que fazer lá dentro. Seu telefone não está na lista, não é?

O telefone fora da lista havia sido pedido por George em seus dias de advogado para evitar o telefonema às três da manhã de um cliente colarinho-branco que acabava de despertar do pesadelo de ir para a prisão.

— Mas quando o senhor chega a uma propriedade do condado, excelência, está entrando no meu território. Então, com todo o respeito, curvando-me diversas vezes perante a sua autoridade e dançando a dança dos sete véus — ela sorri, acentuando as maçãs do rosto, uma criança cativante —, ainda terei de pôr uma pessoa com o senhor. Quando penso nos Dez Mandamentos, excelência, não consigo nem pensar em como explicaria por que deixei o senhor sem proteção.

Ela está dizendo que ele não pode exigir dela que cometa um erro em sua função de zelar pela segurança, o que equivaleria a negligência na profissão do juiz. Ele dá um tapa na perna, resignado, e Marina rapidamente lhe estende a mão, despedindo-se.

George a acompanha até a porta. Quando a abre, Banion está do outro lado, tendo à mão a minuta de um parecer que acabara de chegar do gabinete de outro juiz. Na soleira da porta, Marina se volta para ambos.

— Vocês atraíram uma multidão e tanto esta manhã.

Ela se referia à horda que tentara entrar para assistir ao debate no caso *Warnovits*, e que ela e sua equipe foram chamados a controlar.

A menção do caso causou um mal-estar imediato no juiz. É como uma refeição ruim, uma briga com a mulher, algo que se carrega até o fim do dia e estraga o seu humor.

— Detesto esse caso — responde. Não é novidade para Banion. O juiz o encarregara de rever partes do videoteipe que Sapperstein dissera que não deveriam ter sido mostradas ao júri após ter chegado a um ponto de não suportar mais assisti-las. Sempre impassível, John exibe pouco mais que um franzir de testa. Mas Marina replica.

— Por quê? Pensei que vocês vivessem para decidir sobre os grandes casos.

Ela está com a razão. De fato, é parte do enigma maior das reações dele ao caso. George quis ser juiz porque esse trabalho é importante, porque confiam nele para ser a consciência da comunidade e aplicar as tradições da lei que o tempo enobrece. Freqüentemente, sente o peso da responsabilidade, embora raras vezes se queixe. Mas agora balança levemente a cabeça, num gesto de decoro, fingindo que é a dignidade e não uma profunda mistificação que o impede de responder.

3

TELEFONEMA AO HOSPITAL

GEORGE CAMINHA RÁPIDO PELO corredor privativo dos juízes rumo às salas destinadas às conferências, adjacentes ao salão de apelações. Na verdade, está um pouco adiantado em relação à hora marcada para o encontro com Purfoyle e Koll, mas deseja falar antes com Patrice, e pára diante de uma grande janela, onde a recepção do celular é melhor. Sabe que evitar as linhas telefônicas do condado existentes em seus escritórios para telefonemas pessoais é uma tola e desconfortável reminiscência do pai, mas, como juiz, nunca despreza a expectativa de que deve dar o exemplo em questões grandes e pequenas. Veste terno e gravata todos os dias e exige a mesma coisa de sua equipe, não obstante os trajes mais informais usados por seus colegas quando não têm de comparecer ao tribunal. Está determinado, no mínimo, a ter uma aparência condizente: alto, bem-vestido, cabelos grisalhos e uma elegância convencional para seus 50 e tantos anos. Um cara branco comum.

— Tudo bem. Cansada. Não foi um dia ruim — diz Patrice, quando George consegue falar com ela no hospital. Ele tentou diversas vezes pela manhã, mas a resposta foi sempre a mesma. No momento, a interação de Patrice com a raça humana se limita ao telefone. — Eles acham que minha contagem Geiger vai estar baixa o suficiente hoje à noite para você poder entrar no quarto. Muitas mulheres querem o coração de um homem, Georgie. Aposto que nunca pensou que arriscaria sua tireóide.

— Com todo o prazer, colega — ele responde, um termo afetivo mútuo. — Qualquer órgão que você queira.

Os Mason sempre recarregaram as baterias na companhia um do outro e na forma de se relacionar, através de um humor leve. Mas, no momento, suas tiradas são mais sinceras. Para muitos homens que George conhece, o casamento é uma guerra contra seus próprios anseios, mas ele está entre os poucos felizardos. Agora, mais de trinta anos depois do casamento, é capaz de dizer que nunca amou ninguém como Patrice.

Nos últimos dias, tem sido inundado por esses sentimentos. O nódulo na tireóide de Patrice fora detectado em 10 de fevereiro, e ele chorou ao se ver numa loja no dia seguinte, lendo a poesia melosa de cartões do Dia dos Namorados. Mas, no momento, sente-se obrigado a manter essa torrente de afeto para si mesmo. Porque agora, para Patrice, o único comportamento aceitável é o que considera "normal" — sem dramas e, certamente, sem proclamações do tipo de que Patrice, sendo quem é, zombaria, como "bobas e piegas".

— Que tal se eu levar o jantar? — pergunta George. — Podemos comer juntos. Deseja alguma coisa em especial?

— Nada de ervilhas verdes. Algo apimentado.

— Comida mexicana?

— Perfeito. Depois das oito fará 36 horas. Mas não vão deixar você ficar aqui muito tempo, colega.

Ontem, às seis da manhã, levara Patrice ao West Bank Lutheran-Sinai Hospital. Ali, ela engolira uma grande pílula branca de iodo-131 e agora não pode ter contato físico com outros seres humanos. A radiação que emana dela e extermina todas as células da tireóide, especialmente as instáveis, que têm passeado perigosamente por outras partes de seu corpo, também pode matar a glândula saudável de outra pessoa. O tratamento tem um longo registro de sucessos, mas é incômodo para quem o experimenta. No momento, Patrice estaria menos isolada numa ilha de leprosos, onde, ao menos, teria companhia. No West Bank, fica sozinha num espaço pequeno e branco de concreto, assentado num suporte de chumbo. O objetivo da decoração é evitar a aparência estéril de um quarto de hospital, mas acabou produzindo um aposento semelhante ao de um quarto de motel barato, com a mobília gasta e uma colcha fina de chenile. Todos os objetos que saírem da área devem ser destruídos por uma equipe especial ou ficar de quarentena — os livros e revistas que Patrice tem lido, sua roupa íntima, e os resíduos na comadre que é obrigada a usar. Seu pulso e temperatura são monitorados eletronicamente, e os atendentes do hospital servem as refeições por uma bandeja de chumbo na porta.

Ontem, George não recebeu nem sequer permissão de entrar no quarto. Em vez disso, ele e a mulher se falaram por interfones instalados de cada lado de uma grande janela na parede junto à cama de Patrice, em que ela pôde levantar a persiana. Para George, a comparação com sua vida profissional foi inevitável. Com quantos clientes e em quantas instituições conversou dessa maneira? E para quantos desses presos havia olhado sub-repticiamente com a habitual mistura de empatia e distanciamento, enquanto os prisioneiros punham a mão aberta no vidro ou choravam, com uma criança ou amante do outro lado, sentindo só então a pontada mais aguda do confinamento e, dessa forma, do crime. Com sua própria mulher isolada desse jeito, George não conseguia livrar-se da convicção infeliz e vulgar de que havia falhado. A conversa deles foi indiferente e agitada. Depois de 33 anos, revelou-se que sua vida em comum era mais uma questão de graça divina que de vontade mútua. Patrice está doente, e ele, não. Não existe esse negócio de ter câncer juntos, avisou um assistente social a um grupo de pessoas casadas.

— Houve debate esta manhã? — pergunta Patrice. — Como foi?

— A maioria de casos sem interesse. Mas ouvimos o caso *Warnovits*. Aquele do estupro no colégio, lembra-se?

— Aquele que está no noticiário? O advogado é bom?

— Não exatamente, mas estou junto com Nathan Koll, que plantou algumas armadilhas para os advogados. E agora tenho de ir para a sala de conferências e observar enquanto ele se abraça e dá tapinhas nas próprias costas. Tenho de ir agora.

— Vá, então, George. Eu telefono se algo mudar no contador Geiger.

Desligando, ele olha para o cânion aberto pela rodovia 843, que separa a Corte Central de Apelações e o Center City e, mais além, as torres do centro da cidade, sólidos monumentos ao capital. O verão está chegando, uma estação de plenitude e promessas, mas seus sentimentos permanecem outonais.

George está fora dos trilhos e sabe disso. Venerado como calmo e equilibrado, ultimamente tornou-se propenso a perturbar-se, como acontece com o caso *Warnovits*. Tem sido, às vezes, rabugento com a equipe e ficado absurdamente distraído. Cerca de dez dias atrás perdeu o celular — quem sabe onde? Notou que isso acontecera quando estava a caminho do almoço na Ordem dos Advogados a que comparecera com vários colegas. Fizera Dineesha vasculhar suas salas enquanto seus auxiliares ligavam para o Center City. Agora está usando o celular de Patrice.

Alguns poderiam pensar que Número 1 o está deixando nervoso. Isso certamente não ajuda, mas esse estado de espírito é anterior ao primeiro e-mail que recebeu de seu atormentador anônimo. A insegurança está nitidamente ligada ao diagnóstico de Patrice. Ele se convenceu, com todas as suas fibras, de que sua mulher não vai morrer. Os médicos chegaram o mais perto possível de dar garantias de que isso não acontecerá. As chances dela são de 19 em 20, e essa probabilidade não leva em conta seu bom estado de saúde fora a doença — esguia, atlética, bronzeada, ainda bonita.

Mesmo assim, como disse Harrison Oakey, amigo de George, doenças nessa idade são como as luzes que piscam no saguão do teatro. Se a vida é uma peça em três atos, então a cortina subiu para o *finale*. Depois que John Banion leu a mensagem de Número 1 dizendo "você vai morrer", o juiz tentara acalmar o assistente com uma piada enquanto esperavam por Marina.

— Esse cara não tem futuro no jornalismo — dissera George. — Essas notícias são velhas.

Mesmo assim, a ironia não leva muito longe. Os fatos calam fundo. E com eles vem o inevitável cálculo de perdas e ganhos. George tende a ser rigoroso, até duro, em suas autoavaliações. Marido. Pai. Advogado. Juiz. Nestes dias, parece olhar com frieza para esse placar.

4

A CONFERÊNCIA

NATHAN KOLL É UM intelecto formidável, senão tedioso, academicamente semelhante a um general de quatro estrelas com o peito coberto de medalhas: primeiro em todas as matérias com honras latinistas, ordens, um estudioso da lei, e assim por diante. Um verdadeiro crânio. George sempre se pergunta como Koll vê a si mesmo. Provavelmente como os advogados se imaginam: numa torre de racionalidade gelada. Mas Nathan é de fato uma pessoa excêntrica. Simplesmente não gosta de tomar banho. Inalar o odor de seu corpo é como enfiar um serrote no nariz. Dividir com ele a pequena salinha onde os juízes vestem suas longas togas negras antes das apelações é um sofrimento que muitos lamentam. As pontas de suas unhas são escuras, e o cabelo preto ondulado é colado à testa.

George há muito encara a falta de vontade de Nathan de se render até mesmo ao sabão e à água como efeito de sua notável veia paranóica, na qual o feroz compromisso do homem de vencer todas as discussões pode ser visto como uma forma de provar que está a salvo de todos. Não que Nathan algum dia possa admitir isso em nível pessoal. Nunca diz "eu quero", "eu acredito", "eu preciso", nem reconhecerá que qualquer outra pessoa tenha sentimentos de orgulho. Tudo é apresentado meramente como matéria de lógica implacável, mas com freqüência é traído por vestígios de um risinho de escárnio no canto da boca.

Fora do tribunal, Koll se mantém distante como uma pessoa que estoca alimento e água à espera de uma catástrofe a qualquer momento e se recusa a dar a quem quer que seja, até à própria equipe, o endereço de sua casa ou o telefone. Ele só pode ser acessado pelo BlackBerry. Tem uma mulher de fisionomia asiática e aparência acabada. George encontrou-se com ela duas vezes, mas nunca ouviu sua voz.

Nathan ocupa interinamente uma cadeira da Suprema Corte do estado, que será cortada depois de 2008 por questões orçamentárias. Aceitou o posto certo de que isso o levaria à Corte de Apelações em Chicago após a eleição de John Kerry. Dadas as atuais realidades, Nathan gostaria de manter sua posição indefinidamente, mas há pouca chance. Há anos não existe expectativa de abertura de vagas no tribunal. Mais exatamente, Koll não teria o menor apoio dos outros juízes a quem conseguiu irritar, até o último deles, incluindo George. O juiz Mason não se importa mais com o fato de Koll e ele freqüentemente terminarem do mesmo lado nos debates, ou que Koll seja um inestimável e esperto aliado, hábil em usar as análises de custo/benefício em detrimento dos conservadores, que tendem a reagir como se ele tivesse invadido a oficina onde guardam as ferramentas. Nathan vê a si mesmo como um protetor dos humildes desinibido, mas essa é uma parte tão pequena do desfile bizarro que é seu desempenho diário no tribunal que não passa de uma mentira virtual por omissão.

Neste momento, George se detém à porta da sala de conferências que fica ao lado do salão de apelações. Como tudo o mais no velho tribunal, a sala tem um acabamento clássico e se parece um pouco com a sala de jantar privativa de um clube masculino, até o lustre barato. Para proteger o segredo das deliberações, não há janelas, e até os auxiliares que farão os primeiros votos são excluídos das reuniões, para que os juízes possam falar livremente, sem necessidade de concessões para manter as aparências na presença dos mais jovens.

O outro integrante da sessão da manhã, Summerset Purfoyle, está sentado com Nathan à mesa de conferências estilo Chippendale, grande o bastante para permitir que todos os vinte componentes da Corte de Apelações se reúnam nas raras ocasiões em que se sentam todos à mesa. Com Koll ali, Summer pegou uma cadeira a uns bons três metros de distância e George se acomodou do lado oposto.

Como o juiz mais graduado do grupo, George preside e põe os casos em discussão na ordem em que foram ouvidos durante a manhã. Em geral, o trabalho do tribunal se divide igualmente entre assuntos cíveis e criminais e, mais diretamente, em justiça para os extremos dos Estados Unidos: os muito ricos e os muito pobres. Como regra, as apelações cíveis só fazem sentido quando há muito em jogo em termos financeiros ou pessoais, porque quem apela tem de depositar títulos em garantia para que o vencedor da questão seja pago e depois mandar a conta para um advogado que dará uma repassada cuidadosa nos registros a fim de corrigir erros.

Do ponto de vista do direito penal, os assuntos refletem as realidades do andar térreo dos tribunais, onde os acusados são, em maioria esmagadora, homens jovens e pobres, representados por advogados pagos pelo estado. Em nove entre dez casos, a decisão do tribunal de apelações será a última chance verdadeira para homens que receberam longas sentenças na prisão. A Suprema Corte do estado raramente concede nova revisão para casos criminais. O trabalho de George não é julgá-los novamente. Mas assume com a solenidade de um compromisso religioso sua obrigação de ser capaz de dizer, considerados todos os aspectos, se o acusado teve um julgamento justo.

Os três juízes examinam os casos cíveis discutidos antes do caso *Warnovits* sem muito debate. Os dois primeiros, uma disputa pela custódia de uma criança e uma briga entre duas empresas em torno de direitos aéreos, são confirmados; o terceiro, um veredicto de danos pessoais de US$ 9 milhões contra um fabricante de caldeiras de calefação, tem de ser posto de lado porque o juiz que presidiu o julgamento, um idiota chamado Myron Spiro, cujas decisões a Corte de Apelações freqüentemente modifica, não permitiu uma defesa legítima. Como juiz-presidente da sessão, George tem o direito de decidir quem será o relator dos casos, mas costuma esperar que os colegas se apresentem voluntariamente, e Nathan, como era de esperar, diz que quer relatar todos os três. Koll escreve rápido como o vento, raramente necessitando da ajuda de seus assistentes, e, algumas vezes, é uma tentação irresistível deixá-lo fazer a maior parte do trabalho. Mas Summer quer o caso da custódia e Nathan concorda, deixando para si os outros dois. Particularmente, George sente-se deliciado ao ver Koll ficar com a modificação do veredicto da caldeira de calefação, porque Nathan não resistirá a submeter Spiro ao ridículo que merece.

— Tudo bem — diz George. — Agora vamos justificar o dinheirão que ganhamos. *Warnovits.*

Como o juiz que preside o grupo, George tem o direito de falar primeiro, mas permanece misteriosamente confuso e deprimido com a questão. Em vez disso, vira-se para Koll.

— Nathan, preciso ouvir mais sobre a questão que você levantou no fim do debate em relação à lei de escuta telefônica do estado.

Na verdade, George sabe tudo de que precisa, porque os motivos são simples. Koll, sempre vitorioso, arranjou uma forma de mostrar ao tribunal lotado, incluindo a fileira de jornalistas, que o celebrado Jordan Sapperstein negligenciara um argumento ganhador.

A vítima adicional dessa exibição fora Tommy Molto, o castigado cavalo de batalha que sucedera Sapperstein na tribuna para falar pelo estado. Os juízes da Suprema Corte do condado de Kindle haviam recentemente indicado Tommy como promotor substituto, tornando-o o segundo sucessor ao mandato ainda não concluído da promotora eleita Muriel Wynn, que mal esquentara a cadeira antes de montar uma campanha bem-sucedida para a Procuradoria-Geral do Estado. O primeiro promotor substituto, Horace Donnelly, renunciou quatro meses depois, quando o *Tribune* descobriu que ele deixara dívidas nos cassinos flutuantes do estado que somavam duas vezes seu salário anual. Molto era a escolha segura, um incansável e implacável promotor que, a essa altura, parece destinado a morrer de hipertensão no meio de alguma arenga no tribunal sobre as miseráveis fraquezas de algum réu.

Hoje, Tommy marcou presença, mostrando que a promotoria atribui significado especial ao caso *Warnovits*. Na verdade, George vê Molto como um promotor melhor que muitos de seus assistentes: é objetivo, responde perguntas sem subterfúgios e faz o melhor que pode com uma sustentação fraca sem fingir que não há lugar para dúvidas. Representando o estado no caso *Warnovits*, a resposta de Molto foi segura, explicando primeiro como o caso cabia confortavelmente dentro das exceções legais às regras da prescrição. Então, repetiu os argumentos de Koll ao contestar a alegação de Sapperstein de que o videoteipe do estupro deveria ter sofrido cortes severos antes de ser mostrado ao júri.

Como também era de esperar, Koll subitamente pareceu abandonar seu próprio argumento.

— Sr. Molto — disse ele —, após a decisão deste tribunal no caso *Brewer*, podemos concordar que o vídeo que mostra Mindy DeBoyer sem o seu consentimento é uma violação da lei de escuta telefônica do estado?

O caso *Brewer*, decidido poucos meses antes, dizia respeito a um jovem faxineiro de uma escola de ensino médio que tinha usado a câmera do celular para fazer imagens do vestiário masculino. Molto balançou a cabeça em cauteloso assentimento. O peso de cada crime e de cada bandido que escapara parecia ter deixado uma marca em seu rosto de aspecto arruinado, e o que restara de cabelo grisalho em sua cabeça estava em pé devido a uma infeliz brisa proveniente do sistema de ventilação da sala. Seu terno, como sempre, parecia ter sido guardado na gaveta da escrivaninha durante a noite.

— Concordo, mas esse crime não foi punido, excelência.

— De fato, Sr. Molto. O crime não foi punido. E a Seção C 6 da lei de escuta telefônica diz claramente, abre aspas: "Prova obtida em violação desse capítulo é inadmissível em qualquer caso civil ou criminal, exceto a acusação por violação deste capítulo." Isso significa, nitidamente, para mim, que o seu videoteipe não deveria ser aceito como prova.

A expressão de Molto era de quem tinha sido apunhalado. Atrás da mesa dos réus, Sapperstein recostou-se em sua cadeira com tanta força que parecia ter sido empurrado por um airbag.

— Você não está sugerindo que temos de absolver com base nisso, não é, Nate? — diz Summerset Purfoyle.

— Por que não? Sem vídeo não há caso.

— Mas Sapperstein não levantou a questão aqui, nem os advogados de defesa no julgamento. Não podemos levantar isso agora.

É da essência da natureza de uma apelação que seja decidida numa espécie de zona crepuscular — apenas o que foi registrado durante o julgamento pode ser considerado. Toda a verdade — o conteúdo dos relatórios policiais, as declarações de testemunhas que não foram convocadas, o que foi dito entre os advogados e o juiz em particular no salão onde se realiza o julgamento ou no gabinete do juiz — não deve ser levada em consideração. É como escrever uma história a partir dos fragmentos deixados por um incêndio. Nesse mesmo espírito, é regra cardeal que as objeções legais que o julgamento não teve possibilidade de corrigir não sejam levantadas na apelação.

— Bobagem dele — responde Koll. — Muito próxima de erro por negligência.

A verdade, percebe George, é que até o surgimento do caso *Brewer*, poucos meses atrás, nem mesmo o melhor advogado poderia ter esperado que uma lei aprovada na década de 1970 para preservar a privacidade das conversas dos cidadãos — e legisladores — de espionagem tivesse sido formulada de maneira ampla o bastante para alcançar também as gravações em vídeo.

— Nathan, essa cláusula tinha o objetivo de impedir que pessoas que espionam tirassem vantagem de seu crime em juízo — diz Summer. — Um sujeito não pode espionar a mulher e depois usar a fita no processo de divórcio. Mas não vejo sentido, em circunstâncias como estas, dizer que os acusados não podem ser processados por nada mais que vigilância ilegal, não importando o quão horrível seja a conduta registrada ali. Por que o legislador iria querer defraudar a vítima dessa forma?

— As palavras da lei não poderiam ser mais claras. É um erro crasso — acrescenta Koll, invocando a doutrina que permite à Corte de Apelações reconhecer erros negligenciados no julgamento quando eles claramente alterariam o resultado.

George reage a isso:

— É preciso que seja mais que um erro evidente, Nathan. Somos árbitros, não jogadores. Não podemos aventar nossos próprios argumentos, a menos que ignorá-los leve a um erro judicial. Esse é o padrão que temos de aplicar.

— E como não é um erro judicial mandar para a prisão quatro homens quando todo o caso contra eles é inadmissível?

George está algo surpreso por Koll estar tão apegado a seu argumento. Ele, com freqüência, força essas áridas exibições acadêmicas para impressionar ou depreciar, e depois as abandona na sala de audiências.

Summerset continua a sacudir a cabeça. Ele foi um famoso cantor de soul que ia à faculdade de direito entre as turnês, uma a cada quatro noites, para poder continuar sua carreira. Quando sua estrela caiu a ponto de se apresentar apenas em festivais de verão ao ar livre e festas de formatura do ensino médio, decidiu capitalizar em cima de seu nome para concorrer a juiz na esperança de uma renda segura. As ordens de advogados brigaram em torno do candidato a juiz que cantava um de seus dois maiores sucessos, *Made a Man for a Woman* e *Hurtin' Heart* em todos os lugares onde fazia campanha, mas o desempenho de Summerset na magistratura tem sido criterioso. Sua indicação para a Corte de Apelações foi a forma de removê-lo do único trabalho em que não se saiu bem — foi um juiz-presidente medíocre da Câmara Cível da Suprema Corte. Ali, não é o mais nem o menos distinguido dos colegas de George. Continua a trabalhar duro e mostra uma sensatez incomum, apresentando interpretações pragmáticas e fundamentadas da lei.

E o ponto de vista que já expressou diversas vezes é que mandar esses jovens para a prisão está longe de ser injusto. A raça, tema eterno da vida americana, poderia ser um elemento de sua avaliação, mas George, que já se sentou com Purfoyle dezenas de vezes, duvida disso. Summer, muito como o próprio George, em geral fica do lado dos promotores, exceto em casos nítidos de má conduta policial. Nathan discute com Summerset por algum tempo, tentando distorcer os fatos com pequenas alterações hipotéticas de uma maneira que lhe permita vencer, mas com freqüência cada vez maior lança um olhar sombrio e de soslaio para George, que, obviamente, tem o voto decisivo.

A pessoa comum poderia pensar que juízes são como imperadores que acenam com seus cetros e fazem o que querem, mas, na experiência de George, todos tentam aplicar a lei. Palavras são às vezes esquivas como peixes, e mentes racionais divergem freqüentemente sobre o significado de casos e leis, mas ainda é a linguagem real que tem de guiar o juiz. George se concentra na pergunta: mandar os garotos para a prisão com base num videoteipe que não deveria ter sido admitido seria um "fracasso judicial"?

De maneira incongruente, é o próprio teipe que lhe vem à mente enquanto procura uma resposta. Os argumentos de Sapperstein exigiram que George assistisse ao vídeo, fechado em seu escritório. Difícil de impressionar quando se trata de crime, George só conseguiu assistir a uma parte do teipe, antes de encarregar Banion de ver quadro por quadro e fazer uma descrição neutra.

Mas os dez minutos ou mais que George viu ainda o impressionam. Mindy DeBoyer foi um corpo inanimado o tempo todo, braços e pernas como uma roupa molhada. As fitas de seu cabelo negro puxadas de propósito para encobrir o rosto, enquanto os quadris nus e as pernas estavam abertas sobre o braço de uma cadeira Chesterfield, e o restante do corpo completamente vestido caído sobre uma almofada colocada embaixo — a cabeça, o coração não existiam. Era um crime na sua forma mais pura, em que a empatia, um dos aspectos fundamentais da moralidade humana, se evaporou, e outro ser humano se tornou apenas o alvo de uma fantasia selvagem. Os atos sexuais eram cometidos com movimentos enfáticos de pura agressão, e a forma com que os garotos se mostravam uns para os outros antes e depois, em meio a gritos animalescos, só podia ser classificada como depravada — não num sentido puritano, e sim porque George sentiu que aqueles jovens estavam dominados por impulsos que normalmente teriam reprimido. Mas se o propósito da lei criminal é declarar categoricamente que determinados tipos de comportamento estão além do tolerável, então este caso certamente exige tal declaração.

— Receio que terei de ficar do lado de Summerset neste caso — disse, e Koll fez uma careta. — Nathan, os réus devem ser julgados pelo que argumentaram e não pelo que não argumentaram. Direi, no entanto, que a alegação de Sapperstein sobre a prescrição me parece muito importante. A Srta. DeBoyer sabia que poderia ter sido estuprada, mas nada disse. Como podemos dizer que o crime foi ocultado?

— Porque esta foi a conclusão do juiz que presidiu o julgamento — disse Summer subitamente. — Ele viu a jovem testemunhar e sentiu que, devido à sua idade e inexperiência, aqueles garotos a impediram de saber o bastante para denunciar o crime. Temos de concordar com o juiz.

Na mente de George, o argumento mais forte de Sapperstein fora exatamente sobre esse ponto, afirmando que o foco do juiz na idade de Mindy significava que ele, essencialmente, criara uma exceção à prescrição para crimes cometidos contra jovens. Neste caso, a vítima tinha um ano até seu 18º aniversário para informar sobre o ataque. Mas Mindy já estava com 19 anos e três meses quando o teipe veio à luz.

Do mesmo jeito que Koll se virara para ele um minuto atrás, George agora se volta para Koll.

— Receio que terei de ficar do lado de Summer neste caso — diz Koll, repetindo as exatas palavras de George. Golpe e contragolpe. Tudo pela majestade da lei.

George pensa sobre o ponto em que eles estão. Três juízes e três opiniões diferentes, num caso que já é altamente controvertido. Como membro mais antigo, George deve costurar um compromisso que não leve o tribunal ao ridículo. Uma modificação, sem que exista concordância sobre o motivo, apenas avivará as chamas em Glen Brae. E o mais importante: seu trabalho é interpretar a lei e não levantar as mãos e dizer: "Quem sabe?" Em função disso, decide ele próprio redigir a minuta da decisão. Anos atrás, antes que Rusty Sabich se tornasse juiz-chefe, quando a Corte de Apelações era um acampamento de aposentados para integrantes capazes leais ao partido, os pareceres eram decididos por rotatividade, e as discordâncias, proibidas. Na prática, os apelos eram destinados a um tribunal de um só juiz, com os advogados no pódio empenhados num jogo de adivinhação para descobrir qual dos três juízes estava de fato decidindo o caso.

— Ficarei com este — diz, e, com isso, põe-se de pé, dando por encerrada a reunião.

Aborrecido como sempre quando não conseguia o que queria, Koll olhou feio para George.

— Estamos confirmando ou reformando a sentença anterior?

— Bem, Nathan, você terá de esperar para ler meu voto. Ele será divulgado em uma semana. — Koll redigirá seu próprio voto, de qualquer maneira, concordando ou dissentindo, dependendo do caminho que George siga. — Este caso... — diz o juiz Mason e se interrompe abruptamente. Ainda não tem idéia de como votará, qual argumento defenderá e qual rejeitará. Capacidade de decisão é uma das exigências de seu trabalho e nisso ele é muito bom. Seu desconforto contínuo com o *Povo versus Warnovits* continua a perturbar, mas subitamente se dá conta do que esteve à beira de dizer. Não tem idéia do que as palavras poderiam significar, mas esteve a ponto de dizer para os colegas: "Este caso sou eu."

5

A GARAGEM

NO FIM DOS ANOS 1980, a direção do condado transferiu a Corte de Apelações do Terceiro Distrito. O litígio se havia tornado um negócio altamente lucrativo no condado de Kindle, da mesma forma que em todos os lugares dos Estados Unidos, e a necessidade de mais salas de audiência para casos cíveis na Suprema Corte, conhecida como O Templo, forçara os juízes de apelação a se alojar a um quilômetro e meio de distância, na Corte Central de Apelações, onde os casos penais eram julgados. Com o dinheiro destinado ao reforço da aplicação da lei durante a era Reagan, o condado construiu um grande tribunal anexo. A maioria dos juízes de apelação foi encaminhada para os vastos espaços do velho edifício, que havia sido erigido com a riqueza de detalhes de arquitetura característica dos projetos públicos da época da Depressão, quando trabalhadores habilidosos eram contratados por pouco dinheiro. Mesmo assim, muitos juízes ficaram infelizes quando tiveram de sair de Center City. Após a inauguração da rodovia 843, a área se deteriorou e, às vezes, é perigosa, com poucos lugares decentes para almoçar. Mas George Mason, que iniciou sua carreira profissional nesse tribunal como defensor público assistente, se alegra todos os dias por estar fechando o ciclo.

Na estrutura anexa do estacionamento de concreto, o juiz Mason atira a pasta no banco do carona de seu automóvel. Vira a chave de ignição para pôr em funcionamento o ar-condicionado — é outra daquelas noites abafadas do início de junho —, mas não tenciona deixar por enquanto o estacionamento. O Lexus LS 400, ano 1994, é um prêmio remanescente de seus tempos de fartura como advogado, e ele conserva o carro devotadamente, em parte porque é o único lugar do mundo que considera exclusivamente seu. Ali, ao fim do dia, reflete sobre os casos e as questões pessoais, é onde finalmente se livra da toga, cujo peso sente em todos os lugares quando está no tribunal, mesmo se não a está usando.

O sombrio estacionamento não pareceria a muitos um lugar apropriado para reflexões, especialmente porque a Corte Central de Apelações é o lugar ao qual muitos cidadãos perigosos devem comparecer todos os meses enquanto estão em liberdade. Mesmo que a garagem seja mantida sob vigilância redobrada pela equipe de Marina durante as horas de expediente, sucessivos cortes orçamentários permitiam que apenas uma pequena equipe permanecesse de guarda após as seis da tarde, quando George normalmente volta para casa. Ao longo dos anos, a garagem foi palco de assaltos à mão armada, de espancamentos e de vários tiroteios, que envolveram as gangues do condado de Kindle em eterna disputa, como os Discípulos dos Santos Negros, os Gângsteres Fora-da-lei e a Todo-Poderosa Nação Latina e seus grupos de réus. O conselho padrão para o estacionamento é: "Entre rápido e saia mais rápido ainda."

Neste momento, o juiz tem os olhos postos em dois garotos, um alto e um baixo, ambos de camiseta, cujos rostos apareceram subitamente e por diversas vezes em seu espelho retrovisor. Pelo olhar deles, deduz que estão ali provavelmente para a sessão do fim da tarde do Tribunal de Narcóticos. Num determinado momento, temeu que o estivessem cercando, mas desapareceram logo em seguida. Mesmo assim, não se sentiu disposto a deixar o local. A vibração imprecisa do perigo à espreita sempre foi um dos motivos da atração que a garagem exerce sobre George, cuja vida profissional inteira se fundamenta na convicção de que ele o conhece melhor nessas sombras.

O assento do motorista é uma peça tão grande e macia quanto uma poltrona da sala de televisão, e ele a movimenta com comandos que estão no volante, reclinando-o levemente, para poder fazer-se a pergunta suspensa há horas. O que o incomoda no caso *Povo versus Warnovits*? "Este caso sou eu", quase declarara aos colegas horas antes.

Eu? Ele quisera dizer "meu", como um gesto de oferta, de boa índole, "Este caso é *meu* problema." Até essa observação parece estranha em retrospecto, já que seu papel, idealmente, é falar pelos três juízes.

E, assim, suas convicções íntimas sofreram um abalo. Ele prossegue meditando, os olhos fechados, seguindo sua memória até que aquilo que busca se revela de repente.

O acontecimento foi há mais de quarenta anos, num mundo diferente. Na Charlottesville daqueles dias, ninguém acharia engraçado ouvi-lo dizer, como primeiranista — nunca como calouro —, que havia ido ali para se tornar um cavalheiro e um especialista. Assistia às aulas de paletó esporte e gravata. Como todos os homens de sua família, não sabia combinar cores. Sua mãe lhe dera um cartão com um índice em que ensinava como combinar as roupas, mas ele o perdera e saía todas as manhãs do dormitório esperando os trejeitos que o saudariam.

Não fora feliz lá. Já começara a sentir a irritação e a raiva que finalmente o trariam até ali, mais de 1.500 quilômetros longe de casa. Ele não teria conseguido fazer uma relação de todas as coisas que o aborreciam — as incansáveis pretensões sociais de sua mãe, a inflexível crença de seu pai de que a fé e a honra eram os credos do cavalheiro do Sul. Ver os anos passarem cercado pelas propriedades improdutivas do sul da Virgínia, onde havia poucas perguntas abertas, sobre Deus, os ianques e os negros, era como crescer dentro de um quartinho escuro. Lá pela altura do ensino médio, estava determinado a fugir e ler Kerouac, Burroughs, Ginsberg, bardos da libertação em que acreditava como uma questão de espírito, mas não tinha idéia de como pôr em prática.

Por isso ainda ser virgem o incomodava tanto. Ninguém esperava, naturalmente, que ele não fosse, incluídos o pastor da igreja que freqüentava, seus professores e seus pais. Era 1964. Mas tanto seu espírito quanto seu corpo ansiavam por liberdade.

Seis semanas após o início das aulas em seu primeiro ano na faculdade, houve a festa inaugural de fim de semana organizada pelos alunos. Após descartar sua namorada do tempo de escola, uma jovem bonita mas de mentalidade tacanha, ele observava com inveja a chegada ao campus de garotas de outras cidades. George se sentia infeliz e sozinho. O laço confiável de afeto masculino que havia sido construído nas primeiras cinco semanas era rompido agora pela atração maior exercida pela outra metade da espécie.

Como recompensa por abandonar a namorada, o companheiro de quarto de George lhe havia comprado uma garrafa de uísque barato. O álcool fora um dos graves pecados condenados em sua casa a que ele mais rapidamente aderira, e logo tomava o primeiro porre de sua vida. Eram mais de dez da noite. Os casais haviam terminado de jantar no restaurante, dançavam na suarenta proximidade das festas da irmandade e se retiravam rumo aos dormitórios para os momentos mais importantes desses jovens, antes que as horas de contato físico terminassem e as jovens fossem para as casas em que estavam hospedadas ou para os dormitórios de colégios femininos próximos em que haviam sido alojadas.

Com a garrafa embaixo do braço, George seguia pelos corredores. As portas da maioria dos quartos estavam entreabertas de 3 a 5 centímetros, de acordo com as regras da universidade, permitindo que trechos do *Meet the Beatles!* gritassem dos aparelhos de som. Consciente de que homens e mulheres estavam nos braços uns dos outros, beijando-se, acariciando-se, apalpando-se, explorando-se, George foi acometido pela saudade.

Nesse estado, encontrou-se com seu melhor amigo, Mario Alfieri. Mario chegara até ali vindo de Queens, com uma bolsa de luta-livre que parecia tão fora de lugar na bem-educada Charlottesville como um ornitorrinco. Exuberante, profano, sarcástico, era o renegado que George queria ser, e os dois rapidamente se tornaram amigos. Descendo a escada e carregando um balde de gelo, Mario segurou George pelo cotovelo.

— Você não vai acreditar — repetiu diversas vezes enquanto se dobrava de tanto rir. — Brierly está com uma garota no corredor do segundo andar que está "puxando um trenzinho".

George conhecia a expressão, mas continuou a olhar para Mario sem entender.

— Sem mentira nenhuma — disse Mario. — Ela está dentro de uma embalagem de geladeira divertindo o pessoal. Então, garoto, escuta aqui. Você está salvo. Salvo. — Mario conhecia a improdutiva história sexual de George. — Vá até lá.

— Você foi?

— Eu tenho um encontro, cabeça-oca.

George conhecera brevemente a jovem. Era irmã de outro lutador e Mario fora persuadido a convidá-la para um encontro sob a promessa de que ela era tão irreverente quanto ele. Pessoalmente, Joan era ainda mais bonita que no retrato, mas também uma dessas raras mulheres que parecem desafiadoras mesmo quando estão imóveis.

— Cinco contra um que não consigo nada com ela — Mario sussurrara para George.

— E a sífilis? — George perguntava então, imaginando o que supostamente acontecia no andar de cima.

— E que tal transar? — Mario puxou a carteira de dinheiro do bolso de trás e enfiou na mão de George a camisinha de emergência que sempre levava consigo. — Tremendo fodão — disse Mario e empurrou o amigo escada acima com as duas mãos.

Ao subir ao andar de cima e afastar-se dos degraus, George deparou com uma cena que parecia ainda mais improvável que a descrição de Mario. Uma grande caixa de papelão, de cerca de 2,40m de comprimento por 1,20m de altura, estava atravessada na porta do quarto de Hugh Brierly, no fim do corredor. Projetando-se para fora das abas da extremidade de um dos lados, George viu uma fralda de camisa branca e quatro pernas nuas, duas com calças masculinas e cuecas abaixadas até os tornozelos. Os dedos dos pés do jovem pressionavam o chão, e a caixa se mexia rápida e desajeitadamente com seus esforços.

Havia, no mínimo, uma dúzia de jovens enfileirados de cada lado do corredor assistindo àquilo, com as gravatas afrouxadas e um copo de bebida na mão. Eles se sacudiam de tanto rir e se davam tapas nos ombros, gritando obscenidades. Mas nenhum deles, por motivo algum, tirava os olhos da caixa. Era como se ela contivesse o segredo do fogo. De vez em quando, um ou dois saíam da fila, espiavam dentro da caixa e gritavam palavrões de encorajamento ao rapaz que ali estava.

George aproximou-se silenciosamente até perceber que havia escolhido o canto da parede onde a fila se formara. Quanto mais se aproximava da dianteira, mais sentia a exigência frenética que se apoderara de todos os espectadores. Ruídos surdos vinham da caixa e, em determinado momento, enquanto George esperava, o garoto que estava lá dentro gritou: "Ponto!" Os homens no corredor irromperam em gargalhadas tão altas que davam a impressão de que iam desprender os tijolos do prédio.

Na frente da fila estava Tom McMillan, outro calouro.

— Vou novamente — disse a George. A garota, explicou McMillan, aparecera sozinha no jogo de futebol, aparentemente abandonada por seu par. Conversara com Brierly e Goren, dois garotos do dormitório, ambos sem encontro também, e fora para ali com eles. Os três beberam durante horas, até ficarem totalmente sem juízo com a mistura da semana, um coquetel de álcool de milho e ponche de frutas consumido diretamente da latinha. Num determinado momento, a garota disse que era o par de todos e isso se tornara o tema de uma conversa cada vez mais obscena entre eles, até os garotos começarem a insistir na idéia de que ela não podia decepcioná-los. Brierly encontrara essa embalagem de geladeira, e a garota, supostamente, entrara nela com ele, ambos rindo-se.

Quando George se aproximava da frente da fila, um calouro chamado Rogers Peterson veio correndo pelo corredor na direção de Brierly.

— Minha nossa! — disse. — Minha nossa! As namoradas de alguns de nós estão aqui. Isso não pode continuar. O que há de errado com vocês? O que vamos dizer às garotas?

— Diga pra não olharem — replicou Brierly, e o grupo que estava ali urrou, às gargalhadas, xingando Peterson enquanto este recuava.

A platéia crescia rapidamente. A notícia se espalhava. Caras de gravata e blazer largavam suas meninas por alguns minutos e vinham correndo. George podia sentir a ansiedade crescer pelo efeito do uísque e observou que tinha muito mais gente olhando que esperando a vez. Mas a fila crescia atrás dele com uma rapidez tão grande que percebeu que não havia tempo para indecisão.

Quando McMillan chegou à frente, Brierly o afastou.

— Nada de bis, por enquanto.

McMillan ainda estava protestando, quando um sujeito baixo e obeso que George não conhecia saiu de dentro da caixa, abotoando as calças.

— Que perdição! — disse, e novamente o corredor estremeceu com as risadas.

Brierly apontou para George.

— O próximo — disse — no túnel do amor! — Somente então George viu que Hugh estava cobrando dinheiro. — Aluguel — disse Brierly. — A caixa é minha.

Sem se dar conta, George pegou dez dólares da carteira, dinheiro para uma semana de gastos.

— Você tem cinco minutos, Mason. Vá em frente.

Ele nem sequer tocou no cinto para abaixar as calças até ter engatinhado para dentro, onde foi invadido por um odor fortíssimo. Alguém, provavelmente a garota, havia vomitado, e o cheiro pesava no ambiente fechado, saturado de hálitos aquecidos e suor. A caixa de papelão era tão baixa que ele não conseguia ajoelhar-se com o corpo dela entre as pernas, e teve de apoiar-se numa das mãos enquanto com a outra desabotoava as calças e puxava-as para baixo. Num tom de voz agudo, a garota falava sozinha, palavras entrecortadas por letras de música, o que pareceu a ele um monte de coisas sem sentido. Em determinado momento, conseguiu discernir uma frase do que ela cantava: "I want to hold your hand", dos Beatles.

Ela se dirigiu a ele quando a tocou.

— Oi, querido — disse com voz cantada, empastada, bêbada, descuidada, parecendo deliciar-se com essa fugidia sensação de estar anestesiada.

Ele queria aproveitar ao máximo a oportunidade e explorou o corpo delgado da jovem sem muita gentileza. Uma saia de lã estava enrolada em torno da cintura e uma roupa íntima de seda tinha ido parar à altura dos ombros. Deitada, os seios eram apenas uma curva suave, os mamilos pequenos como sementes.

Quando entrara dentro da caixa, com o estômago embrulhado pelo calor e pelo cheiro, ocorreu-lhe que teria de fazer mais do que abaixar as calças até os tornozelos. Nenhum dos garotos no corredor saberia o que acontecera. Podia masturbar-se um pouco e depois contar vantagem, como muitos tolos faziam no domingo de manhã. Mas a questão era essa: ninguém ficaria sabendo. Estava livre. E, embora se sentisse aterrorizado, seguia adiante, porque queria acabar com aquilo. Havia dois grupos no mundo: os que tinham e os que não tinham feito aquilo, e ele estava convencido de que as incertezas de sua idade seriam suprimidas se ele cruzasse essa fronteira.

Quando entrou nela, após um terrível momento de desajeitada apalpação, seu corpo foi partido ao meio por um grito de seu próprio coração. Com espantosa clareza, ouviu vozes que o amaldiçoavam. Mas essas eram as vozes das quais estava determinado a se livrar, e então prosseguiu e terminou desse modo, determinado, de certa forma isolado das sensações de prazer. A garota, pelo que se lembrava, havia colocado uma das mãos em suas costas e feito algum esforço para mover-se embaixo dele.

Quando acabou, suspendeu e abotoou as calças.

— Você está bem? — sussurrou antes de engatinhar para fora.

— Oh, querido — respondeu ela.

— Não, falo sério. Está tudo bem? — Tocou o rosto dela pela primeira vez.

A menina cantava novamente, com uma clareza súbita que o amedrontou.

Seus olhos foram ofuscados pela cintilante luz fluorescente do corredor. Alguns homens estenderam a mão para lhe dar tapinhas nas costas e brincar a respeito de sua rapidez — não teria demorado mais de dois minutos dentro da caixa —, mas queria escapar do bando faminto. Eles não tinham idéia do que realmente acontecera. Não era o que pensavam ou o que estavam festejando. Momentos depois, George estava no andar de baixo, tentando fazer o possível para absorver o sentimento de ter atravessado a membrana entre suas fantasias e a vida. O efeito do uísque começava a passar.

Joan, a garota que era o par de Mario Alfieri no encontro-surpresa — e com quem Mario estava destinado a passar os 37 anos seguintes até morrer na segunda torre do World Trade Center, no 11 de Setembro — apareceu à porta do banheiro, que, naquele fim de semana, era o toalete feminino. Ela quase lhe deu um encontrão, enquanto George enfiava a camisa para dentro das calças.

— O que aconteceu com você? — perguntou.

Ele não conseguiu dar uma resposta direta.

— A vida é estranha — disse a ela.

Com o sarcasmo característico de Mario, Joan olhou para ele de alto a baixo e respondeu:

— Comparada com quê?

Ao longo dos anos, sempre que se lembrava desse incidente — o que não acontecia com freqüência — o juiz Mason o descartava como uma brincadeira boba de jovens. Todos tinham uma primeira vez, e metade delas era meio doida. Hesitante. Malsucedida. A vida e o amor se afinavam depois. Nunca havia rememorado inteiramente aquele momento, e jamais em ligação com o substantivo que hoje deveria aplicar: crime.

Ele avalia a palavra. *Crime?* É um advogado, um mestre em distinguir fatos. Não é a mesma coisa de jeito nenhum, embora se sinta desconfortável com os pontos em comum entre o incidente e o caso. A garota estava bêbada. Virtualmente fora de si. Suas ações poderiam ser tomadas como consentimento naqueles dias. Hoje, não. Os homens naquele corredor de dormitório, incluindo especialmente ele, tinham, em todos os sentidos da antiga frase, se aproveitado dela.

Na escuridão de tumba do estacionamento, George Mason sente a batida forte do coração. Isso é sério. Porque percebe que perdeu um dos confortos da meia-idade. Há a dor nas juntas, a perda da audição e a dificuldade em se lembrar de nomes — até câncer. Mas, falando de modo geral, isso não. Embora, neste momento, seu espírito pareça tão etéreo quanto a fumaça. Aos 59 anos, George Mason se pergunta quem realmente é.

6

PATRICE

— JÁ LHE CONTEI sobre minha primeira vez? — George pergunta a Patrice naquela noite no hospital. O tratamento radioativo exige que ela suspenda a terapia de reposição para a tireóide, e Patrice se sente, como diz, "forte como um parasita". Às sete da manhã, deitada na cama do hospital, folheia uma revista. O próprio George está embrulhado como um presente, camisola hospitalar de papel, além de touca e botas descartáveis, e sentado atrás de uma linha pintada no chão, a sete metros da mulher. À noite, depois que o deixaram passar da área isolada do lado de fora do quarto dela para dentro, não chegara nem a três metros e meio da cama quando sua mulher ergueu as mãos, num gesto para impedir que ele a abraçasse.

— George, é melhor não. Sei que a enfermeira acabou de lhe dizer para não chegar perto de mim. — Patrice fez com que deixasse o jantar de burritos que ele trouxera sobre uma mesa, de onde o puxou.

Apesar da distância exigida, a visita tinha sido boa, muito melhor que o contato artificial através de interfones semelhantes aos das prisões. Patrice aguarda a hora de sua possível alta, amanhã à noite, e faz várias observações divertidas sobre o que chama "viver como uma substância perigosa". Mas ele acaba de lhe fazer uma pergunta que parece surgir do nada, e os olhos de Patrice lampejam ao fitá-lo, aqueles olhos de um azul penetrante, claros como pedras preciosas, uma sobrancelha enrugando a testa.

— Estou falando de sexo — diz ele.

— Entendi, George — responde, enquanto volta o olhar para o interfone que está numa haste de metal ao lado da cama. George, no entanto, se sente seguro. Um grande estalido costuma ecoar no microfone antes que o som possa ser ouvido na central de enfermagem. Mais precisamente, suas memórias a partir da garagem parecem uma pedra pesada que rolou da entrada de um mausoléu. Vinha esperando o momento certo de discutir isso com Patrice, mas falou de repente, sabendo que as enfermeiras irão expulsá-lo logo. O adesivo sensível à radiação que colocaram em sua roupa, sobre o coração, continua verde, mas a coloração está diminuindo.

— Contei? — pergunta ele.

George sabe há décadas a história de Patrice. Aos 17 anos com um homem de 26, por quem pensava estar apaixonada. No banco traseiro de um carro. As contorções habituais. Extremidade A. Encaixe B. E percebendo depois que seu maior desejo tinha sido superar a etapa da virgindade e não pelo amigo bonito, simpático e fútil de seu irmão mais velho.

Patrice franze a testa, virando outra página.

— Não que eu me lembre, Georgie — diz e depois acrescenta, num típico comentário mordaz: — Talvez isso signifique apenas que nunca perguntei.

Ele continua, ansioso pela ajuda da esposa.

— Bem, tenho pensado nisso — diz. — No contexto desse caso. Aquele dos quatro garotos de Glen Brae — força-se a falar. — O estupro. Eu disse a você que ele foi discutido hoje.

George ouvira uma reportagem sobre a apelação no rádio, enquanto dirigia para o hospital. Um juiz sugerira que o caso deveria ser totalmente anulado. Seguiu-se uma gravação de Sapperstein grasnando nos degraus do tribunal, como se Nathan Koll não o estivesse empurrando por trás. George constantemente sente saudade de quando o discurso público é estéril e adequado e não um circo para a mídia.

— E como foi? — pergunta Patrice, esquecendo-se do que ele lhe contara por telefone à tarde. O fato de ela levar a profissão dele com tanta leveza é uma das incuráveis dificuldades entre os dois. As realizações dela como arquiteta eram tangíveis. Edifícios podem durar séculos. A beleza, acima de tudo, perdura. Advogados, ao contrário, apenas se atropelam em torno de palavras. Mas é justamente porque vê com tanta freqüência a atividade legal como uma farsa e os advogados como uma horda fervilhante de neuróticos incontroláveis, que Patrice aprecia a descrição que George faz das contendas entre Jordan Sapperstein e Nathan Koll. Em sua visão, são um cartaz virtual da viagem para uma terra chamada Lei. Mesmo cansada, ri com gosto pela primeira vez nesta noite.

— E com quem você fica no meio disso tudo?

— Com Koll, não. Não exatamente.

— Então, com quem?

— Realmente, não sei. Mas estou chateado. Bem... foi por isso que perguntei. Sobre o que falei com você. Porque subitamente percebi que minha experiência não foi tão diferente — agora ele hesita.

— De quê? — Há um tom alarmado na voz dela.

— Deste caso. *Warnovits.*

— Por favor, George. Tenho certeza de que não foi nada disso.

Patrice tenta falar com suavidade, mas a raiva lhe agita a voz no fim das frases: é do jeito que ela havia falado; significa algo que nunca perguntou. Ela não é uma mera espectadora — é isso que está dizendo a George. Sexo, afinal de contas, é importante. A cultura de massa grita isso. Sem mencionar nossas preocupações. Assim como a morte, o sexo permanece como um dos principais propósitos da vida, e, dessa forma, é um território de pesados presságios para quem ingressa ali.

Durante uma pausa da conversa, suas delicadas feições ficam sombrias e seu olhar para ele torna-se muito mais atento.

— Georgie, isso não se parece com você.

— Por que diz isso?

— Não se faça de bobo, George. Não é coisa sua ficar remoendo os casos. Você tem andado distraído. Já encontrou seu celular?

Ele está confundindo tudo. Pode ver isso. As necessidades dela é que devem prevalecer, e a óbvia necessidade dela agora é que George seja o que sempre foi. Equilibrado. Estável. Leal como um cão. Seria ilógico, afinal de contas, pedir-lhe que sentisse pena *dele* por causa da luta que ela travava com a mortalidade. Pior, Patrice interpretaria isso como perda da fé. Quando deixar o hospital amanhã, ou depois de amanhã, pretende usar o termo *curada*. O mal que invadiu suas células certamente terá sido aniquilado e assim não poderá influenciar seu futuro. Ela quer que George lhe dê o braço e caminhem adiante sem olhar para trás.

— Estou bem, colega — responde ele.

Uma batida. Acabou seu tempo. Da porta, faz um ligeiro aceno.

— Amanhã em casa — diz. — Chega de hospitais.

— Chega de hospitais — repete ela.

No espaço fechado entre o quarto e o corredor do hospital, George remove a roupa de papel e a coloca numa bolsa especial que lhe deram quando entrou. Um técnico passa nele um contador Geiger de um laranja vivo, do mesmo tamanho de um walkie-talkie. Está na hora de ir. Caminhando pelo corredor excessivamente decorado, passa por portas que emolduram relances de retratos de angústia. Mas seus pensamentos continuam com sua mulher.

Quando George conheceu Patrice, estava no terceiro ano da faculdade, e ela era uma caloura em Easton. Num sinal de trânsito próximo à universidade, ele olhara para dentro de um conversível MG Roadster, na faixa ao lado, o sol batendo na capota do carro, e se surpreendeu ao ver a motorista. A jovem tinha o tipo de beleza perfeita, límpida, que duraria para sempre; ainda seria linda aos 90 anos. Quando ela surpreendeu George olhando, ele fingiu interesse num dado de espuma pendurado no espelho retrovisor.

— Nunca entendi para que serve — falou pela janela aberta. — Será que é para dar sorte?

Sua impressão era de que o brinquedo dificultava olhar pela janela.

Em resposta recebeu um sorriso simpático.

— Terei de perguntar ao meu namorado — respondeu ela. — Mas o engraçado é que sua pergunta me fez perceber que o melhor naquele cara é este conversível.

Ele pensou então que estava saindo na frente, em vantagem, antes que hordas de caras da sua idade a estivessem perseguindo, talvez antes que Patrice percebesse como poderia se sair melhor. Não há um grama de falsa modéstia quando George declara que se casou bem, arranjou uma mulher que é mais capaz que ele. Ela sabia o que ele era e tinha planos para si mesma. Desejava alguém sólido, confiável, solidário — e que parecesse forte. Patrice fora para a faculdade de arquitetura, se destacara, como ele esperava, e abandonou quase tudo quando o segundo filho deles nasceu. Quando retornou à profissão, trabalhava em residências — não a elevada arte da arquitetura, e sim melodias populares, quando poderia estar compondo sinfonias. Nunca se queixava. Patrice sempre soube quais eram os seus desejos de uma forma muito mais determinada que a maioria das pessoas.

Ele chegara à casa em Nearing onde estavam vivendo fazia quase um quarto de século, tendo comprado o lugar pouco depois de George começar a advogar. Foi um primeiro lar, mas com o tempo se transformou na tela de Patrice. A casa havia sofrido quatro remodelações, cada uma das quais era saudada por Patrice, não por seu marido, como a chegada da primavera. O que começou com um teto plano de estilo campestre é agora uma casa de dois andares e meio, repleta de detalhes artísticos, artesanato e alguns toques de Frank Lloyd Wright, um dos mais notáveis arquitetos americanos, e está três vezes maior que originalmente.

Com um gosto de burrito ainda alojado em suas glândulas gustativas, George pára na cozinha para beber água antes de ir para o escritório olhar o que o correio trouxera e checar seus e-mails. George ainda se sente um pouco envergonhado diante da reação irritada de Patrice quando comparou *Warnovits* com seu próprio encontro décadas atrás. Em alguns momentos, sua mulher tende a exigir perfeição dele. Ele é, fundamentalmente, seu bonito George — cuja beleza nem sequer se aproxima da dela, de costumes finos, estimada por todos, integrante mais velha de uma família que, como lhes disse um amigo há muito tempo — parecia ter saído da capa de um catálogo de moda da loja J. Crew.

Isso funcionou bem para os dois, porque ele é igualmente exigente consigo mesmo, uma tendência que poderia ter sido suavizada pela idade, caso não se tornasse juiz. Como advogado de defesa, recusava-se a condenar seus clientes. Todos os demais integrantes do sistema — policiais, promotores, jurados e juízes — se encarregariam disso, não precisavam de sua ajuda. Mas o dever de um juiz é declarar o que é certo e o que é errado, tarefa ousada porque contém a garantia implícita de que se está acima das fraquezas que se denunciam. Após lembrar-se do que acontecera quarenta anos atrás na embalagem de papelão da geladeira, George via tudo isso como um patético jogo de adivinhação.

O incidente, confinado a fragmentos lembrados após décadas, está voltando à sua lembrança agora em tamanhos maiores. E quando se senta à mesa, George se recorda abruptamente de que aquilo não terminara com Joan, a jovem que se tornaria mulher de Mario, fazendo uma observação sarcástica sobre a vida.

— Santo Jesus crucificado, há uma garota dormindo na biblioteca — diz a George o supervisor do dormitório, Franklin Grigson, no dia seguinte. Às oito horas, o velho dormitório languescia no ar sonolento de uma manhã de domingo.

Grigson e George deviam ser os únicos jovens acordados após a noite de festas. Grigson estava indo à igreja e George voltava do banheiro masculino, aonde fora vomitar novamente. Sentia-se melhor, mas sua cabeça parecia o badalo de um sino.

— Faça a todos nós um favor — disse Grigson. —Descubra com quem ela veio e faça-o levá-la para fora daqui.

Se a garota fosse descoberta, os inflexíveis decanos da universidade revogariam a permissão para a presença de garotas no dormitório durante o resto do semestre.

George se esgueirou até a porta da biblioteca. Era um lugar imponente, com paredes forradas de madeira de carvalho, onde gerações de estudantes tinham entalhado suas iniciais. As profundas estantes estavam completamente abarrotadas de velhos volumes encadernados em couro. No lugar mais afastado da porta, num destroçado sofá vermelho, dormia uma jovem. Era uma criatura esguia, de cabelos castanho-avermelhados, vestindo uma saia quadriculada desarrumada. Um grande buraco se abrira em sua meia na parte inferior de uma de suas coxas delgadas. Com apenas um olhar, George soube quem era.

No andar de cima, George socou a porta de Hugh Brierly, até este aparecer na soleira, só de calças de pijama.

— É mentira — disse Brierly.

Ele alegou que a tinha levado até os degraus da frente do dormitório e se oferecido para arranjar uma carona, mas a jovem já estava ficando sóbria e disse que se cuidaria sozinha.

— Você não a levou para casa? — perguntou George. Um cavalheiro, como a maioria deles, poderia aproveitar-se de uma jovem dentro da embalagem de uma geladeira, mas não levá-la de volta à casa era o rompimento de um código que ensinaram a George ser sagrado.

— Não seja fresco, Mason. Não sei de onde é a garota. Ela apareceu no jogo de futebol. O que eu devia fazer? Levá-la de volta ao Scott? — disse, referindo-se ao estádio.

— Bem, o que é que vai fazer agora? — perguntou George.

— Eu? Você teve tanto a ver com ela quanto eu. Livre-se você da piranha — disse Brierly, e fechou a porta. Lembrando-se do punhado de dinheiro pelo "aluguel" que Brierly cobrara na noite anterior, George esmurrou a porta dele durante algum tempo, mas Hugh não a abriu. Pelo que George ainda se lembra, eles nunca mais se falaram.

No andar de baixo, a jovem tinha acordado. Estava completamente desarrumada. Sentada no tapete oriental puído, encostara-se numa parede, tentando separar as mechas de seu longo cabelo, coladas pelos resíduos do que havia acontecido na noite anterior. Por suas feições avermelhadas, ele deduziu que era alérgica ou estava gripada. O grande alfinete dourado que prendia sua saia escocesa tinha sido colocado de lado e uma grande mancha roxa de bebida cobria a parte de cima da blusa. Quando viu George na porta, a jovem lhe lançou um olhar penetrante.

— O que *você* quer?

Ele se recorda de que a pergunta o deixou sem palavras, porque percebeu que, de fato, desejava alguma coisa dela. Agora, quarenta e tantos anos depois, sentado na grande poltrona de couro de seu escritório, George Mason está imóvel. Rasteja pelos caminhos de sua memória como um especialista em desmontar bombas num túnel. É uma operação delicada. Um movimento em falso vai destruir sua chance, porque espera nem que seja por um segundo entrar na pele daquele jovem que ainda não estava formado em sua essência. O que teria desejado dela quando estava à porta? Não seria perdão. Ele teria ficado muito lisonjeado ao pensar que seu senso moral estivesse tão à frente naqueles tempos. Naqueles dias, nunca lhe ocorreria que ela não desejasse de forma alguma o que acontecera. Ele deve ter sentido culpa por pecar e um pouco de vergonha ao vê-la. Talvez a tivesse visitado no impulso de censurá-la, xingá-la, como Brierly fizera. Mas de pé na velha biblioteca, a sete metros dela, desejara, ridiculamente, improvavelmente, uma coisa mais que todas as outras: um vínculo. Estivera com ela em público, quando fora virtualmente insensata. Mas os dois tinham estabelecido uma ligação num aspecto fundamental. Euclides disse que uma linha reta é a ligação mais direta entre dois pontos, não importando quão aleatórios ou distantes estejam, e, naquele momento, George teria dito que havia uma regra no sexo tanto quanto em geometria. Seria algo instintivo que o ato também carregasse um pouco de ternura? Olhando para a garota, sentiu um desespero profundo por ela nem sequer saber o nome dele.

E então se apresentou. Aproximou-se e, na falta de outro gesto, estendeu a mão. Ela a segurou frouxamente.

— Posso ajudá-la? — perguntou.

Apesar de sua inequívoca boa intenção, a pergunta provocou uma onda de desespero que agitou brevemente o rosto vermelho da garota, antes que ela conseguisse se controlar. Por motivos que George conhecia muito bem, os dedos dela pressionaram as têmporas.

— Me arranja cigarro — disse ela. Levantou o maço vazio que amassara na mão e o atirou no sofá. — Preciso de um cigarro.

Ele ficou ali parado, sentindo o mesmo que um instante atrás.

— Você não me disse como se chama.

Ela fez uma careta, mas desistiu, vendo isso como o preço a pagar pelos cigarros.

— Legal — disse —, legal, George. Me chamo Lolly. Viccino. — Virou o rosto e deixou a cabeça encostar novamente na parede. — Sou Lolly Viccino e adoraria um cigarro.

Enquanto recorda tudo isso, a imagem nítida dos quatro garotos de Glen Brae na primeira fileira da sala de audiências hoje de manhã lhe volta à lembrança. Seus amigos e advogados de defesa exaltaram o bom caráter de cada um dos jovens ao longo dos anos, e em seus ternos escuros, cabelos recentemente aparados, Sapperstein fizera o máximo para que parecessem ao júri pessoas de família. Mas nenhum polimento da defesa, por mais completo, poderia tornar Warnovits apresentável. Ele era nitidamente um bandido, com uma longa folha de registros disciplinares, incluindo quatro prisões anteriores, durante o ensino médio e a faculdade. Mas cada um dos outros três réus, todos agora com diplomas de bacharelado, tinha destacadas realizações. Um deles, um Phi Beta Kappa júnior, honraria a estudantes de desempenho superior, numa faculdade do Leste, planejava trabalhar na equipe de um parlamentar local até ser nomeado; outro era fundador de um programa para ensinar crianças de cidades do interior a esquiar no gelo, e que ainda dirigia como voluntário. O último, até ser preso, trabalhara na equipe atlética da Universidade Mid-Tem, onde ganhou uma bolsa para aprender hóquei.

Do banco, George examinara atentamente os quatro. Um dos jovens estava envelhecendo rapidamente, o cabelo liso rareando, e engordara a ponto de não parecer mais um atleta. O juiz esperava que fosse Warnovits, embora soubesse que a natureza raramente segue os desígnios da justiça. Mas os outros três eram símbolos vistosos de seus potenciais, que observavam a argumentação em torno de seus destinos com olhares rápidos, de descrédito, que se poderia esperar de alguém que descobrisse que apenas cinqüenta minutos de diversão, sete anos atrás, ainda tinham o poder de determinar o resto de suas vidas.

Fitando-os com os olhos da mente, George esboça a diferença entre eles e o jovem no sofá da biblioteca quarenta anos antes. Por que pensar que seu caráter era melhor que o deles? Não é provável que um deles — ou até todos eles — sentisse algum impulso decente, de vergonha ou carinho, por Mindy DeBoyer depois do episódio? Não o bastante, naturalmente, para consertar as coisas, chamar uma ambulância ou os pais dela. Mas quando a vestiram novamente, como uma criança adormecida, e levaram seu corpo inconsciente pela escada, não seria possível que um ou dois não tenham respondido ao apelo caloroso de humanidade?

Um som interrompe, um chiado do computador, para indicar a chegada de um novo e-mail. Ele e seus filhos trocam mensagens todas as noites sobre a mãe, seu humor e sua situação. A foto dos dois rapazes, alegres e bonitos, está sobre a mesa. Patrice e ele tinham feito essa parte muito bem, embora, mesmo quanto a isso, Patrice não resista a um sarcasmo ocasional. "O que foi que fiz de errado?", pergunta sempre que confessa que seus dois filhos são advogados. Peter une as diferenças e atua como advogado especializado em direito urbanístico. Ficou noivo recentemente. Pierce, o mais jovem, trabalha para uma grande firma de entretenimento em Los Angeles.

Mas assim que a caixa de entrada do e-mail se abre, George vê que ninguém é seu correspondente. As linhas "De" e "Assunto" agora trazem os sinais já familiares. As palavras de Número 1, esquecidas após o aviso de mensagem devolvida, são "Bom conselho", seguidas das letras azuis de outro link. Clicando, George é encaminhado para um site de uma conhecida seguradora. O texto de apresentação diz: "Se você é casado, aja de acordo com isso. Sua mulher provavelmente viverá mais que você."

George fecha os olhos, tentando admitir o fato de que Número 1 invadiu sua casa. Mas, até o momento, isso não é pior que um aborrecimento. Seu espírito ainda não voltou completamente da Virgínia de quarenta anos atrás, onde, como um fantasma que vaga silenciosamente, busca Lolly Viccino.

7

O CHEFE

QUANDO O JUIZ GEORGE Mason entra no estacionamento dos juízes, na quarta-feira de manhã, Abel Birtz o espera no patamar do terceiro lance de escadas para saudá-lo. Abel aparecera na véspera, no fim do dia, no escritório do juiz, aproximadamente uma hora depois de Marina sair, e jogou-se no sofá verde Naugahyde da recepção.

— Sou o seu segurança, excelência — explicou.

George esforçou-se para mostrar satisfação.

— Desculpe-me por fazê-lo perder tempo com isso, Abel.

— Que nada. A gente leva isso a sério.

Desde o início, George identificara a falha do plano de Marina de designar-lhe um guarda-costas. Os recursos do tribunal destinados à segurança são pequenos demais para desperdiçar um profissional nessa espécie de joguinho de gato e rato. Abel, ex-oficial de polícia de Kindle, é conversador e inofensivo, mas foi aposentado. O paletó esporte cáqui, com o emblema do tribunal bordado no bolso, necessitaria de mais um metro de tecido para cruzar a barriga maciça. Ao cumprimentar o juiz na véspera, precisou tomar impulso várias vezes no sofá para conseguir pôr-se de pé, o rosto grande e quadrado vermelho com o esforço. E ele, obviamente, tem um quadril artrítico. Caminha claudicante enquanto cruzam a rampa coberta entre o estacionamento e o tribunal. Que Deus nos ajude, pensa George, se Número 1 atacar e precisarmos correr para salvar a vida.

E a presença de Abel ainda causa outro problema, mas George só se dá conta disso quando, ao cruzar a porta que dá para seus escritórios, Dineesha o cumprimenta com olhar constrangido. Embora não seja culpa de nenhum dos dois, Dineesha e Abel têm uma história complicada.

George e Patrice conheceram Dineesha mais de duas décadas atrás, nos encontros da Associação de Pais e Mestres a que Dinneesha comparecia como mãe de Jeb, que ganhara uma bolsa na Morris School. Jeb, que agora é médico especialista em reabilitação em Denver, estava, na época, na mesma classe do quarto ano fundamental de Pete, filho mais velho de George. Mas foi o filho mais velho de Dineesha, Zeke, quem serviu de mediador para fortalecer a relação entre sua mãe e George. Sabendo qual era a profissão de George, Dineesha o procurou quando Zeke foi preso. Não era a primeira prisão de Zeke, mas a nova acusação, de ter-se juntado a outros arruaceiros para incendiar o apartamento de um jovem que tentara sair da gangue, vinha junto com um mandado de prisão. Era uma coisa ruim contra um garoto mau, e os policiais acharam que havia chegado a hora de jogar merda no ventilador. Talvez Zeke estivesse presente ao ato, mas, se assim fosse, George se convencera de que o garoto fora meramente um espectador.

George pegou o caso sem cobrar honorários e venceu, mas Dineesha insistiu em fazer digitação extra em seu escritório como forma de pagamento. Logo, tornou-se um acréscimo permanente à prática advocatícia de George — e Zeke também. Como calouro em Charlottesville, George discutira ferozmente com seus colegas os Direitos Civis, que ele tinha certeza de que desimpediria o caminho para o progresso dos negros. Trabalhe duro. Siga as regras. Estude. George não tinha consciência dos perigos que assediavam os jovens negros, mesmo aqueles como Zeke, que não poderia ter tido pais mais amorosos ou que desejassem o melhor para o filho. Quem sabe onde começaram os problemas de Zeke? Provavelmente por ser, em termos acadêmicos, menos dotado que os dois irmãos menores. É uma regra inevitável da vida familiar, segundo George, que as crianças ocupem o espaço disponível e, na casa de Dineesha, esse lugar foi uma cela na penitenciária de Rudyard, onde Zeke esteve duas vezes. De volta às ruas por enquanto, ainda ia com freqüência à casa dos pais, para comer ou pedir dinheiro. George transferiu a tarefa de dar sermões a seu especialista em amor rude, mas a visão de Abel a três metros da mesa de Dineesha só pode reavivar sua tristeza. Foi Abel Birtz, então um detetive especializado em crimes patrimoniais, que fisgou Zeke num caso de invasão levando-o a cumprir pena pela primeira vez.

George sabe que tudo isso está contido no olhar furioso que recebem quando cruzam a porta, mas Dineesha tem outro motivo para estar aborrecida com a despreocupação com que seu chefe conversa com Abel. Ela dá um tapinha em seu relógio de pulso.

— O juiz-presidente? — lembra a George. — A Alta Corte?

— Minha nossa! — George se vira e corre.

Para calar os protestos dos juízes de apelação que tiveram de se mudar para aquelas sombrias vizinhanças depois da abertura da rodovia 843, a direção do condado construiu um pequeno ginásio para exercícios físicos que inclui uma quadra de squash, que só foi acrescentada porque havia um espaço aberto perfeito para isso bem no meio dos dois andares. O lugar fora apelidado de "Alta Corte" pelos zombadores. Também se pode jogar handebol ali, e o juiz-presidente, Rusty Sabich, prefere o velho jogo, comprimindo uma pequena bola de borracha em suas palmas enluvadas. Ele e George jogam uma partida duas vezes por semana.

— Garoto! — O Chefe veste os shorts de ginástica no pequeno vestiário quando George entra correndo, desculpando-se de maneira atropelada. Os dois criaram uma sólida amizade ao longo da vida profissional. Sabich foi promotor na corte para a qual George tinha sido inicialmente designado como defensor público e durante os primeiros três meses, Sabich freqüentemente sussurrava boas sugestões quando ambos estavam diante do juiz White. "Proponha um julgamento rápido"; "Lembre a ele que os pais vão hipotecar a casa para pagar a fiança." Os dois também tiveram suas disputas, mas enfrentar-se frente a frente num tribunal usualmente consolida boas amizades depois que passa o ressentimento da derrota. Rusty, que tem consideráveis ligações políticas, foi o primeiro a se mexer quando ofereceram a George a chance de concorrer pelo cargo dez anos atrás.

— Preciso falar com você — diz o juiz-presidente.

— Estamos no fim do mandato — responde George.

Uma das muitas reformas de Rusty no tribunal foi uma lei requerendo que todos os casos apresentados fossem decididos até a conclusão do mandato de um ano do tribunal, daqui a duas semanas. Isso havia encerrado a prática de manter no limbo, durante anos, decisões que pudessem desagradar os pesos-pesados políticos. A exigência também força os juízes a manter em dia suas sentenças para evitar um acúmulo impossível de resolver na reta final. Mas não é isso que Rusty tem na cabeça.

— Quero falar sobre outras coisas — responde.

Vão para o banheiro, onde George mergulha as mãos em água quente para diminuir a chance de contusões. O Chefe fica de pé ao lado, já com óculos protetores e comprimindo a bola para amaciá-la.

— Número Um — diz ele e se detém nessas palavras. Um sorriso brilha rapidamente como um peixe na água. — Isso não é brincadeira, George. É coisa séria.

— Rusty — diz George (ele só se dirige ao Chefe pelo primeiro nome quando estão sozinhos) —, como foi que soube disso?

— Marina me contou na noite passada. Arrepiante — acrescenta o Chefe —, especialmente se ela estiver certa sobre Corazón. A única forma de ele engendrar isso, na minha opinião, seria se a Todo-Poderosa Nação Latina subornasse um guarda. E Correções fez de tudo, exceto a árvore genealógica de cada funcionário seu na prisão de segurança máxima. Essas gangues provavelmente têm braços tão longos quanto a máfia nos velhos tempos.

— Rusty, pedi especificamente a Marina para não falar com ninguém sobre esse assunto além de mim, e em particular sobre Corazón. Não quero minha equipe mais assustada do que já está. E, sendo franco, não dou muito crédito a essa idéia.

E menos ainda desde o e-mail da noite passada. Por maior que seja a influência da Nação Latina ou do grupo de Corazón, ou dos Reis Latinos, como poderiam saber da doença de Patrice? Entretanto, a realidade de que Marina está fora de seu controle afasta o pensamento de contar a ela sobre a mensagem. Haveria investigadores em todos os lugares da casa e guarda-costas 24 horas por dia, um cenário para o qual nem consideraria levar a esposa convalescente.

— Calma, Georgie. Sou o chefe dela. E, além disso, ela acha que esse caso pode ser um bom pretexto para nós.

— E qual seria ele?

— Bem, isso nos dá motivo para pressionar a direção do condado a autorizar recursos de emergência para aumentar a segurança nos tribunais.

— E eu sou o garoto-propaganda da campanha? — George nem tenta esconder sua irritação. Ele vem mantendo isso em segredo em casa, e agora Marina, que, obviamente, tem seus próprios planos, quer transformá-lo na principal manchete do jornal local.

— Dificilmente isso aconteceria — diz Rusty. — Dificilmente. Nós explicaríamos o caso à direção sem citar nomes. Mas depois do assassinato em Cincinnati, isso nos dá fundamento para pegar alguns dólares de volta. Eles que contratem menos bajuladores para patrulhar a Floresta Pública.

Marina gosta de brincar dizendo que, no ano anterior, a direção a obrigou a reduzir suas patrulhas de segurança da garagem, formadas por dois guardas, para apenas um agente de polícia e um pastor-alemão, e que, neste ano, querem substituir o pastor por um chihuahua. Com as ameaças de Número 1 como prova, Rusty poderá ser capaz de convencer a direção do condado a realocar recursos, seguidamente adiados devido à reputação de Rusty.

É difícil explicar para os mais jovens como Rusty Sabich se tornou a personificação pública da probidade, uma vez que, há quase vinte anos, quando era subprocurador geral, foi indiciado e julgado pelo assassinato de uma colega. George ficou do lado dele desde o início, e não foi surpresa para ele quando a acusação apresentada contra Rusty acabou virando uma mancada embaraçosa, uma mistura de trabalho pericial ruim, falta de provas e testemunhas pouco confiáveis. O único debate que ainda resta é se o então recém-eleito promotor público, que viu em Rusty um rival em potencial, armou para ele, ou se simplesmente foi ávido demais e chegou às conclusões erradas.

De qualquer maneira, como vítima reconhecida de uma horrível injustiça, Sabich tinha qualificações singulares para ser juiz. Foi eleito para a mesma corte em 1988 e depois levado à presidência pelo mesmo escândalo que levara George a se tornar juiz. Rusty é visto como indicação certa para a Suprema Corte do estado, quando Ned Halsey renunciar ao que é coloquialmente chamado de "cadeira do homem branco", para distingui-la dos dois outros assentos no tribunal reservados para o condado e preenchidos, segundo acordos políticos recentes, pelo integrante de uma minoria racial e por uma mulher.

Mas Rusty cultiva um clima de distanciamento que, às vezes, chega às raias da pretensão. Uma vez acusado de assassinato, para sempre vai manter a postura ereta e a cabeça levantada. Sua vida foi nitidamente dividida pela experiência, como se alguém tivesse pintado uma faixa ali. George compreende, mas, de vez em quando, torce o nariz para a pessoa em que Rusty se transformou após o episódio, muitas vezes deprimido e, algumas vezes, intrometido, como agora, no caso de Marina, e quase sempre em guarda. Dito isso, tem sido um juiz-presidente extraordinário. Tornou-se um administrador hábil ao gerenciar a promotoria e tem usado sua projeção pública para arrancar o controle do tribunal das mãos dos chefetes de partido, transformando-o num respeitável corpo judicial.

Juntos, agora se curvam para passar pela porta de entrada baixa que dá para a Alta Corte. Eles se equiparam fisicamente, ambos de estatura acima da média, saudáveis e cabelos grisalhos. Rusty criou um pouco mais de barriga com a idade, e George pode ser mais rápido agora, porém isso não compensa o que Rusty sabe sobre esse jogo, que aprendeu a praticar desde menino, e sua intuição natural de como cada bola vai bater e voltar. Ele vence com naturalidade e por um antigo acordo marca os pontos de George, dois nos jogos até 21, e um se a partida chega ao décimo primeiro ponto, o tiebreaker. Ainda agitado pelo episódio de Marina, George joga furiosamente e ganha o primeiro set sem prorrogação, por 21 a 17.

— Você não está deixando nada para o segundo set — diz Rusty, quando fazem uma pausa junto ao bebedouro de água gelada.

— Vá embromar outro, velhaco. Acho que você finalmente perdeu o ritmo.

— Mais um — diz Sabich.

George descansa as mãos nos joelhos. Rusty tem razão ao dizer que ele exagerou.

— Então, aqui está meu próximo item, George. Qual é o problema com a sua petição de permanecer no cargo?

— Ainda tenho duas semanas.

— Formalmente — responde Rusty. — Mas, veja bem, George, há 150 juízes da Suprema Corte que gostariam de ascender de posto. Você esteve lá. Todo mundo fica cansado daquela engrenagem. Julgamentos. Moções. Advogados com todas as suas babaquices. Recebi seis telefonemas nesta semana. Sem falar em Nathan.

— Koll? A cadeira de Koll está sendo eliminada por problemas orçamentários, o que levou Jerry Ryan, o juiz eleito para o cargo, a renunciar ofendido. Nathan não será elegível simplesmente por tentar permanecer no cargo.

— Só porque sua indicação só dura mais dois anos, isso não significa que ele não possa concorrer a um mandato completo na cadeira se uma vaga aparecer agora. Aposto que ele manda os assistentes dele lá embaixo duas vezes por dia para ver se você entrou com os papéis. George, você não pode fazer *isso* conosco. Somos seus amigos.

Rusty está sorrindo. Foi ele quem estimulou a Suprema Corte a dar a indicação interina a Nathan, julgando que o acréscimo de um famoso especialista em leis reforçaria a magnitude do tribunal. Mas, por esses dias, diz que gostaria de doar o corpo de Nathan para a ciência — enquanto ainda está vivo.

— É sério, George. Precisamos de você aqui. Não deixe que essas ameaças bobas o impeçam de continuar no posto.

Há uma questão não mencionada. Rusty vem controlando as indicações para o tribunal por mais de uma década e não quer ninguém abandonando o jogo de repente. Se George não estava interessado em continuar, deveria ter avisado o Chefe há muito tempo.

— Não é isso, Rusty. Estou esperando a poeira assentar com Patrice.

— Claro. Mas ao levantar falsas esperanças, acabará fazendo inimigos onde não precisa. Entre com os papéis. E por falar em Nathan, o que ele está aprontando no *Warnovits*? Vi um artigo bizarro na *Tribune* sobre a sustentação oral ontem.

Como todo mundo, Rusty achou hilariante a história do ardiloso ataque de Koll a Sapperstein.

— Então, ele vai divergir nessas bases? — pergunta Rusty.

— Ou concordar em separado.

A idéia de que George poderia votar pela nulidade do processo pega o Chefe de surpresa.

— Acho que a questão da prescrição é forte, Rusty.

— É mesmo?

Os olhos de Rusty se arregalam enquanto faz cálculos. Entre as preocupações de Rusty como Chefe está a manutenção do respeito público pelas decisões do tribunal. Mas há um limite ali. Os juízes sempre perguntam uns aos outros sobre questões legais abstratas, mas é impróprio para um juiz que não está julgando um caso sugerir um resultado a outro juiz.

Sem mais a dizer, Rusty faz um sinal para George voltar à quadra. Na altura da metade do segundo set, com o placar 10 a 10, George percebe que não tem forças para chegar a um tie-breaker. Sua única esperança na partida é vencer o segundo set. Antes de cada ponto, pára para encher os pulmões, forçando-se a pôr todo o ar para fora. Vencendo por 20 a 19 e com o serviço, George termina uma longa corrida com um desesperado salto para rebater um golpe de Rusty. A bola pula da ponta da raquete de George, curva-se como um mergulhador e afunda em câmera lenta até atingir a parede em frente, quase no chão. George venceu.

— Ora, pelo amor de deus — diz Rusty. George não o havia derrotado em dois sets seguidos durante um ano.

George recolhe a bola e já encontra Rusty com a mão na maçaneta da porta.

— Então, deixe-me ver se entendo isso. Koll vota pela anulação porque o videoteipe era inadmissível, você vota pela absolvição por causa da prescrição e Summer dissente de ambos. É assim que isso vai terminar?

George murcha um pouco ao perceber que seu triunfo se deve em parte à distração do Chefe com o caso *Warnovits*.

— Este é um dos cenários. Assumi o relatório e ainda não tenho idéia do que vou fazer, Russ.

— Bem, isso é um alívio. Olhe, George, não deixe Nathan pegar você numa armadilha.

— Armadilha?

— Vá em frente. Absolva com base na prescrição, e o que acontece com o caso?

— *Finito.*

— Certo. Mas e as razões de Nathan?

George encolhe os ombros. Nunca levou esse pensamento tão longe.

— Pense nisso — diz o Chefe. — Se vocês sustentarem apenas que o teipe era inadmissível, os promotores estarão aptos a voltar à estaca zero. Vocês já decidiram que não há impedimento de prescrição e, de acordo com a lei, a promotoria terá um ano após a anulação para reindiciar a partir de quaisquer violações ocorridas naquela primavera pelo mesmo fato criminoso. Certo até aqui?

— Sim.

— O que significa que os promotores vão acusar todos os quatro de espionagem ilegal. Correto? Então, vão esperar para ver qual réu bate primeiro na porta deles para fazer um acordo e testemunhar sobre o estupro. O pior daqueles garotos será acusado de ambos os crimes. E todos terminarão com condenações. Justiça adiada, mas não negada.

— Mas para onde vocês estão indo? — pergunta Rusty. — Três opiniões diferentes? Deveríamos ligar para a Emergência imediatamente. O caso é devolvido ao tribunal que o julgou sem nenhuma orientação sobre se ele pode ir adiante. Ou nós o ouvimos novamente em tribunal pleno, ou uma aposta melhor, a Suprema Corte entra no caso. E aí você estará concorrendo a continuar no cargo após decidir um caso atentamente acompanhado em que deixará em liberdade quatro estupradores brancos ricos com base numa tecnicalidade, opinião que nenhum outro juiz apoiaria e com probabilidade de ser anulada. Pelo amor de Deus, George. Você está buscando encrenca.

Rusty toca no ombro de George, a camiseta ensopada de suor.

— Pergunte a si mesmo se Nathan não tinha tudo isso na cabeça antes de sentar-se no tribunal ontem. Ele vai deixá-lo pendurado na forca e correr para ocupar o seu lugar quando as coisas se virarem contra você.

Sermão encerrado, Rusty sai, deixando George profundamente inquieto naquele espaço grande e branco. Ele não se convenceu sobre Koll. As complexas maquinações que Rusty descreveu estão bem dentro da capacidade de Koll. Mas os compromissos, não. Para Koll, a lei é uma matéria rigorosamente racional, intocada por motivos pessoais. Tendo sido falsamente acusado de assassinato, Rusty é compreensivelmente propenso a ver esquemas complexos e diabólicos para sabotá-lo e a seus amigos.

Mesmo assim, o Chefe nitidamente tem razão em relação às conseqüências práticas de George votar pela anulação do caso com base na prescrição. Feministas e minorias, liberais e conservadores — um juiz que consiga antagonizar-se com todos esses grupos de uma só vez estará procurando problemas no dia da eleição. George tem tanto senso prático quanto qualquer um, mas deixaria de concorrer se tivesse que limitar sua consciência para que ela coubesse numa urna.

E percebe que isso é o que o está aborrecendo mais. A conversa ultrapassou o limite do apropriado. George vê isso acontecer com Rusty volta e meia. Rusty está tão acostumado a seu papel como a própria encarnação da integridade, que considera cada palavra e cada ato seu, não importa o teor, motivados pela retidão de caráter.

Mas o próprio Rusty já reconsiderara o que dissera quando George chega ao vestiário. Sabich está sentado no estreito banco de madeira entre as bancadas de armários, uma toalha cobrindo a barriga, o queixo caído sobre os cabelos brancos do peito.

— George, eu deveria ter calado a minha boca em algum momento. Vamos esquecer tudo aquilo. Peço desculpas a você.

— Sem problema.

— Fico preocupado com sua segurança, você sabe disso.

— Sei. — George acredita nisso, embora as mais profundas preocupações de Rusty sejam sempre em relação ao tribunal, que é seu monumento. — Rusty, não dei atenção aos seus pontos de vista por trinta anos. Agora, é força de hábito.

Ambos sorriem.

— É um caso difícil, Rusty. Estou tendo muitos problemas com ele.

— Vai e volta?

George não está indo a lugar algum. Depois das recordações de ontem, não deseja nem sequer pensar numa decisão antes de ficar mais tranqüilo consigo mesmo.

— Como está Patrice? — pergunta o juiz-presidente. George percebe que a pergunta não é aleatória. É como Rusty está explicando as coisas para si mesmo. Patrice está doente. E o trólei de George está um pouco fora dos trilhos. E talvez tenha razão. George faz um breve relato da situação médica de sua mulher. O médico dissera pela manhã que esperava dar alta a Patrice à noite.

— Ótimo, ótimo — diz Rusty. Então os dois, agora sentados lado a lado no banco do vestiário, ficaram em silêncio, no qual o caso *Warnovits* permanecera, de alguma forma, sendo o assunto.

— Rusty — pergunta George, finalmente —, um juiz é desqualificado se alguma coisa em um caso o faz lembrar-se de si mesmo?

Só depois de falar, George percebe como a pergunta é pesada. Rusty, em alguns momentos, deve ver seu próprio reflexo no rosto de cada pessoa acusada.

— Mas eles devem mesmo fazer com que nos recordemos de nós mesmos, não é, George? Esta não é a qualidade da compaixão? — O Chefe se levanta, estendendo a mão, num gesto de confiança restaurada. — Você acabou comigo.

— Acabei mesmo.

— E o que quer que você faça no caso, será a coisa certa.

George sacode a cabeça, sem se convencer.

— É só que... — diz.

— O quê?

— Você não se pergunta às vezes?

— O quê?

Quando George termina, pode ver pelo súbito escurecimento dos olhos de Rusty que acabara de dizer a coisa mais perturbadora até então.

— Quem somos nós? — George perguntara ao amigo. — Quem somos nós para julgar?

8

A MINUTA

— O ASSISTENTE DE Koll me disse que o voto sobre *Warnovits* já está pronto — diz Cassandra Oakey, entrando no gabinete particular do juiz momentos depois de George chegar, na quinta-feira de manhã. — E então, qual é o negócio?

— Negócio?

— Bem, o que vamos fazer com o caso? Verifiquei com John, você ainda não designou nenhum de nós para começar uma minuta. O prazo termina em duas semanas.

Cassie é a escrivã rotativa do juiz. A outra posição, ocupada por John Banion, é permanente, mas a de Cassie é preenchida anualmente por uma estudante de direito. Em duas semanas, um estagiário da Universidade Northwestern vai começar e, após treiná-lo durante dez dias, Cassie irá trabalhar para uma fundação que representa imigrantes pobres. Ela está destinada às grandes questões na profissão, mas o juiz não pode dizer que ficará triste com sua partida. Conhece Cassie, a filha de Harrison Oakey, um dos antigos sócios e amigo querido de George, desde quando ela ainda estava na barriga da mãe, e, para ajudá-la, deixou de lado os escrúpulos que sempre teve a respeito de contratar alguém tão próximo. Muitos de seus colegas fazem isso, e Cassie é amplamente qualificada. Foi estudante excepcional e, na verdade, lisonjeara George ao aceitar o emprego de assistente em lugar de outro que lhe havia sido oferecido no tribunal federal.

Mas Cassie é uma dessas pessoas bem-dotadas em todos os sentidos — brilhante, ex-estrela do tênis, alta, belíssimos cabelos louro-acinzentados — e a quem o mundo rejeitara tão poucas vezes que ela não aprendeu virtualmente nada sobre limites. Fala fora de hora e sem pensar, muitas vezes com um ar majestático, como se fosse o juiz. Entra subitamente no escritório particular do juiz sem bater, como acabara de fazer, e, apesar das freqüentes admoestações, ainda o chama de George na frente dos outros, liberdade que nem Dineesha se permite mais. De vez em quando, George se sente como um domador de leões que tem de usar uma cadeira para manter Cassie a distância.

— Estamos confirmando a decisão da primeira instância, não é? — diz ela, aproximando-se mais da mesa do juiz. Para Cassie, uma jovem de seu tempo, o caso está fechado. Quando ele hesita, a boca de sua assistente cai um pouco. — Essa *não*! Você não vai com Koll, vai? Sobre o teipe não ser admissível? Isso é totalmente louco, certo? Não podemos considerar fatos novos agora.

— Ainda estou pensando sobre algumas coisas, Cassie.

— É mesmo? O quê, por exemplo?

Senhor Deus misericordioso, ele pensa. Menos de quatro semanas.

— A lei da prescrição me incomoda. Já a li mais de trinta vezes. Ela diz que se os réus se engajam em atos de ocultação, o limite de tempo da lei está suspenso. Abre aspas: durante o período em que tais atos impedem que o crime seja sabido. Fecha aspas. Mas essa jovem disse à melhor amiga que poderia ter sido estuprada.

— Pensei que o juiz que presidiu o julgamento dissera que ela era jovem demais para procurar a polícia.

— Isso foi o que ele disse. Mas Sapperstein tem razão numa coisa. A legislação criou outra exceção para prescrição quando os crimes são contra menores, mas isso não dura para sempre. Uma vez que se completa 18 anos e se é presumivelmente mais apto a entender a vida, tem-se um ano para ir às autoridades. Mindy DeBoyer não fez isso. Será certo permitir ao juiz que presidiu o julgamento se basear na idade dela para estender a lei além da exceção para crimes contra menores?

— Oh — diz Cassie. Aparentemente ela ficou sem uma resposta rápida. — Bem, devo redigir duas minutas? Uma confirmando e outra reformando com base na prescrição?

— John escreveu o memorando da apresentação, Cassie.

Em geral, o assistente que prepara o caso para o julgamento escreve o voto do juiz. Para o caso *Warnovits*, além de resumir o teipe, Banion fizera a pesquisa extra que George pedira sobre a lei da prescrição.

— John disse que não se importava. Tenho mais tempo agora.

Cassie não é democrática — sempre quer a parte mais interessante do trabalho. Banion deve estar aborrecido, mas, por temperamento, não costuma se queixar. Mesmo assim, o juiz vem lutando há meses para impedir que Cassie atropele John e diz que discutirá tudo com Banion primeiro.

Cassie faz que sim com a cabeça, mas fica ali parada, o rosto sombrio por baixo da franja curta do seu penteado.

— Posso dizer uma coisa? — pergunta e, como sempre, não espera a resposta. — Realmente não compreendo como você pode, simplesmente, deixar esses caras livres. Eles tiveram todas as oportunidades na vida. Não merecem mais uma.

— Não é uma questão do que eles merecem. Pessoas escapam da lei o tempo todo, Cassie. A lei não pode aplicar justiça a todas as pessoas culpadas.

— Mas a lei não deve favorecer isso, não é?

— Então, por que exigimos prova além da dúvida razoável? Por que existe uma lei da prescrição?

— Se está me perguntando isso, acho que não deveria existir. Não quando existe um videoteipe.

— Em primeiro lugar, não sou o legislador.

Ela repete as últimas quatro palavras com ele. Aparentemente, ele repisou bastante esse tema no primeiro ano. Ele sabe, por comentários anteriores de Cassie, que ela acha um pouco covarde esconder-se atrás dos legisladores do estado. E tem razão em que tais alegações soam como a versão judicial de "estou apenas seguindo ordens". Mas, para George, nada é mais importante no julgamento do que recusar uma lei mal interpretada.

— E, em segundo lugar — continua —, por séculos a lei construiu o julgamento de que, após certo período de tempo, todo bandido, exceto um assassino, tem o direito de seguir com sua vida e não ficar nas sombras de erros passados. Imagine se o videoteipe aparecesse quarenta anos depois em vez de quatro — diz. O exemplo lhe vem à cabeça instantaneamente, e a razão é tão óbvia que ele se surpreende com que sua voz não tenha saído trêmula. — Pela forma como o juiz que presidiu o julgamento lê a lei de escuta telefônica, os réus ainda poderiam ser acusados daqui a décadas. Gostaria de vê-los no tribunal nessa época?

— Você quer dizer quando todos fossem velhos?

— Sejamos delicados — George sorri — e digamos de meia-idade. Mas se você não deseja que a lei de escuta telefônica permita processar alguém quarenta anos depois, por que permitir isso hoje? Como é que as palavras que os legisladores escreveram mudam de sentido simplesmente com a passagem do tempo?

Ela balança a cabeça loura para a frente e para trás sem desejar responder num sentido ou noutro.

— Vamos lá, juíza — diz George. — Decida.

Cassie se vale da familiaridade de toda a vida que tem com George e lhe mostra a língua como resposta, antes de se retirar bruscamente para seu escritório. O juiz se volta para a janela. Abaixo, as árvores da rua larga com canteiro central em frente ao prédio passaram das belas cores da primavera para as fortes sombreadas do outono.

Ele sabe que Cassie tem razão numa coisa: precisam de uma decisão. No fim das contas, esse trabalho tem apenas uma exigência essencial: decida-se. E não olhe para trás. A capacidade de decidir é, em muitos casos, mais importante do que estar certo. Duas vezes por ano, as decisões de George são modificadas pela Suprema Corte do estado, cujo contingente do sul seguidamente se compraz em colocar os juízes das grandes cidades em seus devidos lugares. Isso aborrece, mas tudo que se pode dizer é: "É isso que eles pensam." O poder sozinho torna a Suprema Corte correta. A lei nesses momentos parece tão arbitrária quanto um sonho. Mas não há nenhum processo sem decisão.

Quando tenta forçar-se a voltar para o caso *Warnovits*, George não consegue escapar de ver seu próprio risco nele. Suas reflexões o transportam imediatamente para a Virgínia e para o dormitório-biblioteca onde encontrou Lolly Viccino na manhã seguinte. Atendendo a seu pedido de cigarros, George voltara da cantina com um maço de Winston e um sanduíche de ovo frito e uma Coca. Ela comeu com voracidade e depois passou o guardanapo delicadamente nos cantos da boca antes de usá-lo para secar o nariz, que escorria.

— Pelo menos há um cavalheiro aqui — disse ela. — As garotas diziam que todos os garotos daqui eram verdadeiros cavalheiros, e decidi vir e ver por mim mesma. — O pensamento a faz sacudir a cabeça. Isso foi o mais perto que chegaram de falar sobre a noite anterior.

Ele não soubera então, ou agora, quais partes dos eventos ela lembrava e com que clareza. Lolly acendeu um cigarro e rapidamente se cobriu com o véu de fumaça.

— Eu estava pensando — ele disse.

— Sim?

— Se poderia ajudá-la a voltar para casa.

Ela virou rapidamente o rosto para ele. Obviamente a ofendera, porque a frase soou como se não fosse bem-vinda ali. Ele esperou uma resposta, mas, num segundo, seus pequenos olhos castanhos, inicialmente duros como vidro, estavam encharcados. Ela apertou o nariz com a mão e com um simples suspiro, breve e profundo, começou a chorar. Isso explicava sua aparência, percebeu George, os olhos lacrimosos, o nariz escorrendo. Parecia estar chorando há dias.

Lolly puxou a manga da blusa até abaixo do pulso e enxugou o rosto.

— Vá embora — disse a ele. Falou um palavrão, repetindo a ordem.

Quando voltou para dar uma olhada uma hora depois, ela não se havia movido. Estava encostada no painel de carvalho, fumando. Metade do maço havia sido consumido. Endereçou a George um olhar letal, depois, reconhecendo-o, mostrou os dentes como se a desculpar-se. Aparentemente, outros jovens tinham despertado e estavam gritando na porta da biblioteca.

Ele sentou-se no chão ao lado dela.

— Minha vida é uma merda — disse ela. — Você não acreditaria no quanto minha vida é uma merda.

— Por que...

— Saí da Columa esta semana — completou ela, referindo-se ao colégio de moças na mesma rua. — Quero dizer, "fui solicitada a sair". Você sabe como eles dizem as coisas.

— Com certeza.

— Eu não estudava. Sabia que isso ia acontecer. Mas... — recomeçou a chorar. A forma como mudava de dura para suave num só instante o confundia. Mas, desta vez, conseguiu contar a história toda. Era muito simples: não tinha para onde ir. Seu pai abandonara a família uma década atrás. No ano anterior, sua mãe conhecera um homem e, assim que Lolly foi para a faculdade, eles se casaram. Agora, a mãe não quer que ela volte por mais um ou dois dias. Não deseja ter de agüentar a carga dos fracassos da filha e colocar o novo casamento sob uma tensão desnecessária. Lolly terá de se virar sozinha.

Naquela época, George sentia que havia muita coisa a qual era demasiado jovem para compreender. Era inimaginável seus pais o rejeitando dessa maneira. Ele conhecia os tipos de adjetivos que sua mãe pensativamente aplicaria a famílias do tipo da de Lolly. Mas o que não conseguiu apreender completamente então foi o que ela lhe disse sobre si mesma. Ele ainda veria centenas, até mesmo milhares de jovens transformarem a rejeição em ódio a si mesmos, uma força de destruição indiscriminada. Nada do que acontecera a Lolly Viccino no dia e na noite anteriores era agora um mistério para George Mason.

Naquela época, entendeu apenas que ela era mais infeliz que ele. George estava sempre assustado com amigos e colegas de classe que mergulhavam no sofrimento. Era como uma profecia. Umas poucas voltas erradas em sua própria cabeça e poderia igualmente ser esmagado. Seus desentendimentos com o pai severo, os desapontamentos de sua mãe — caso se rendesse totalmente a eles, poderia ficar como essa garota, uma aldeia em chamas. E então ficou sentado ao lado de Lolly Viccino em silêncio durante vários minutos, fazendo a si mesmo um sermão com vários ditos cristãos que seu pai teria empregado, mas, ainda assim, imensamente aliviado por não ser ela.

9

O FILHO DE ALGUÉM

NO FIM DO MANDATO, o fluxo de trabalho é pesado. Votos chegam de quase todos os gabinetes do tribunal, e George tem de tomar decisões prudentes sobre quais merecem uma palavra especial dele, em concordância ou discordância, tendo sempre em mente os limites sobre o que ele e seus auxiliares podem fazer no tempo que restar.

Na manhã de quinta-feira, ele não se levantou da cadeira nem para almoçar. Apenas interrompeu o trabalho a fim de telefonar para Patrice. George a levara para casa na noite anterior, mas ela permaneceria sob restrições por mais três dias. Ela não podia sair, já que deveria permanecer a vários metros de distância de outras pessoas. Nesse mesmo espírito, o médico insistira em que, nas três noites seguintes, ela e George não dormissem na mesma cama. Ambos se divertiram com piadas sobre amor radioativo, mas, apesar do intenso olhar de saudade entre os dois, Patrice o mandou para o escritório, onde ele dormiu no sofá-cama. A boa notícia é que ela estava se sentindo menos letárgica desde que recomeçou a tomar a tiroxina sintética.

Prestes a telefonar novamente para ela, George foi surpreendido por um burburinho de vozes irritadas que ressoavam no corredor. De suas mesas no pequeno escritório contíguo, John e Cassie olharam para o gabinete de George e depois se apressaram em ir para o corredor. George os seguiu. Dineesha já se encontrava lá. Abel está batendo boca com um homem de cerca de 30 anos que é, como dizem, um gângster completo, com todos os paramentos de um verdadeiro bandido: jaqueta branca brilhante, calças na altura dos quadris, correntes diversas e entre elas uma corrente dourada com o pingente de uma pistola Derringer em volta do pescoço. Vozes insistentes gritam do rádio que Abel traz no cinto, enquanto o jovem dá um forte tapa em Abel todas as vezes em que este tenta agarrá-lo. O valentão conhece a história de que a melhor defesa é um bom ataque.

— Mande seus cães recuarem, Chuck, do contrário vai haver problemas aqui.

A campainha do elevador ressoa e dois outros guardas de cáqui chegam correndo. Em instantes, outro elevador despeja mais três homens da segurança do tribunal. Todos têm o rádio a todo volume, e o jovem é rapidamente dominado e algemado.

— Perguntei dez vezes a ele o que estava fazendo aqui — diz Abel a Murph Jones, um negro alto que é o segundo de Marina.

— Eu estava procurando o banheiro — responde o sujeito algemado.

— Tem um monte de banheiros masculinos lá embaixo — diz Abel.

O acesso aos elevadores privativos da Corte de Apelações é restrito, com guardas de cáqui exigindo documentos de identidade no saguão a qualquer um que tente entrar. Mas as escadarias de ambos os lados da entrada do prédio são abertas por causa das normas de segurança contra incêndios. Estranhos, inclusive muitos parecidos com esse jovem, sobem pelas escadas o tempo todo e alguns chegam até a perambular pelo corredor privativo dos juízes.

— Há uma multidão lá embaixo — diz ele. Durante as sessões das dez da manhã, os andares de baixo, que abrigam os juizados penais, parecem um terminal de ônibus no horário de pico. — Tenho de ir.

— E o que trouxe você até aqui? — questiona Murph.

— Você sabe, cara. Tenho um comparecimento. Num caso.

Ele quer dizer que recebeu uma intimação da corte para se apresentar em razão de um caso pendente. O objetivo é certificar-se de que pagou a fiança.

— Que tipo de rolo? — quer saber Murph.

— Alguma lei 323. Não vou pegar nada.

Formação de quadrilha é a violação a que se referiu. Viver como bandido. Homens parados numa esquina ou entrando numa lanchonete. Os tiras os detêm para evitar problemas, mas as acusações nunca pegam, exatamente como esse jovem falou.

— Leve-o para baixo — diz Murph.

— Ei, cara — responde o valentão. — Aqui é os Estados Unidos ou o quê? Vou me enrolar se chegar algemado.

Eles vão segurá-lo ali a maior parte do dia, mas, se tudo estiver certo, terão de liberá-lo, provavelmente quando anoitecer. Quatro guardas de cáqui se apossam do jovem, mas não chegam a ir longe no corredor. Param por ordem de Marina, que levanta uma das mãos para sinalizar que está assumindo o controle da situação, enquanto avança rapidamente com passadas largas, surpreendentemente atléticas. Quando chega junto a George, pergunta se ele está bem.

— Não houve nada — diz George. — Abel é o herói.

Ele havia sido mais enérgico do que George esperava.

— Um delinqüente daqueles — diz Abel, mas não termina a frase.

— Não estou gostando disso, meritíssimo — diz Marina depois de ter sido informada do ocorrido. — Estou pensando em Corazón. — Ela baixou a voz para que o valentão, no corredor, não pudesse ouvir, mas o nome que George lhe pediu para não mencionar ainda é audível para a equipe espalhada ao longo da parede. Ao ouvir o nome, Dineesha, John, Cassie, Marcus e os guardas olham ao mesmo tempo.

— Marina, aquele garoto é negro. Ele não pode ingressar na TPNL. Você viu uma estrela, Abel?

Todos os integrantes reconhecidos da Todo-Poderosa Nação Latina têm uma estrela de cinco pontas tatuada entre o pulso e o polegar.

— Santo — diz Abel. — Ele tem o junco chinês na mão.

As tatuagens dos Discípulos dos Santos Negros nos últimos anos estão se transformando em caracteres chineses, pois assim dificulta para a polícia a distinção entre os grupos.

— As gangues latinas e negras são como óleo e água — diz George.

— Pense bem, excelência. O senhor sabe tão bem dos acordos que as gangues fazem no crime quanto eu. Eles trocam os símbolos. Isso dá aos suspeitos óbvios um álibi quando o alvo morre. Corazón sabe que estamos procurando um latino.

Marina tem razão sobre a sociologia das gangues, mas isso não torna esse homem um emissário de Corazón. Pelo simples motivo de que estava desarmado. O sujeito foi até ali em cima para dar uma olhada, mas o roubo e não a violência parece ter sido sua motivação, ou apenas um desejo rebelde de ir aonde não era bem-vindo. Mesmo assim, esta é a primeira indicação de que a presença de Número 1 poderia estender-se além do território da fantasia eletrônica da internet.

Os guardas recomeçam a levar o gângster, quando uma voz ressoa do outro lado do corredor privativo do juiz.

— Ei — alguém diz. — Ei. O que estão fazendo aí com o meu amigo de fé?

Uma figura alta avançava confiantemente pelo corredor. A indumentária era um pouco mais discreta que a do jovem sendo levado preso. As mesmas calças caídas e a jaqueta, mas menos ouro e um gorro de lycra, semelhante aos usados sob o capacete pelos jogadores de futebol americano que têm cabelo comprido. Dineesha emite um som primeiro, mas George reconhece o homem quase ao mesmo tempo. O mesmo acontece com Abel, que não consegue reprimir um assovio do fundo da garganta. É Zeke, o filho mais velho de Dineesha.

Zeke ainda é Zeke, grande e afável, um conversador nato. “Olá, como vão, Sr. Mason, mamãe”, e consegue dar um beijo na bochecha da mãe ao mesmo tempo em que estende a mão para George.

— Excelência — murmura Dineesha, corrigindo-o, e sai sem dizer mais nada. Zeke observa-a sair com um sorriso cansado. Com mais de 1,90m, deve estar chegando agora aos 150 quilos. Deixou crescer uma barbicha enrolada, como alguma nova atitude da moda.

As linhas gerais da história de Zeke casam bastante bem com as de seu colega. Ele acompanhou o cara, Khaleel, à apresentação no tribunal só para se mostrar sociável. Quando Khaleel não conseguiu encontrar um lugar livre no apinhado banheiro masculino lá embaixo, ele o orientou a subir. Conhece a planta do lugar, naturalmente, de suas visitas à mãe.

— É um pouco estranho — diz Marina — que você não tenha vindo aqui para falar com sua mãe.

Zeke dá uma risada.

— Não quero incomodá-la no trabalho — diz.

As palavras de Zeke deixam George alerta. Zeke vai ali com freqüência — com freqüência, aliás, maior do que sua própria mãe desejaria —, andando pelos escritórios, dirigindo cumprimentos a todos, como se fossem lhe pedir autógrafos. É óbvio que Zeke mandou Khaleel cá para cima por outra razão. Talvez Khaleel tivesse ido ali para ver se Dineesha estava trabalhando, para que Zeke pudesse pressioná-la com mais um pedido de dinheiro, ou talvez para ver se ela não estava e Zeke pudesse conseguir um favor de George. Ou talvez, como Marina tem certeza, estivesse armando alguma coisa mais sinistra. Não importa. Os dois contam sua história e não há base para deter nenhum deles. Não que aquilo fosse impedir Marina ou qualquer outro policial de trancafiar os dois por algum tempo, em outras circunstâncias. Mas agora não são simplesmente mais dois valentões. Zeke é filho de uma pessoa que todos conhecem. As algemas são removidas, e os dois amigos caminham tranqüilamente pelo corredor, claramente satisfeitos com o resultado do imbróglio.

— Você sabe o que estou pensando — diz Marina a George. Ele a deixa falar livremente após pedir à sua equipe que retorne aos escritórios. Corazón encontrou Zeke através das ligações entre as gangues que descreveu antes, e Zeke esteve aqui para observar George diretamente, planejando algum tipo de coisa. —Vamos ficar de olho nos dois — diz Marina em voz baixa antes de partir.

De volta ao escritório, George não ouve as vozes de sempre, e há uma atmosfera fúnebre de medo e simpatia por Dineesha. Ela desertara de sua mesa. George acha que pode ter saído silenciosamente ou estar com Cassie e Banion, mas a encontra atrás da porta que dá para os escritórios privativos, sentada sozinha numa cadeira de espaldar reto. Tem um lenço na mão, mas a crise de choro parece ter passado, por enquanto.

— Excelência, eu lhe peço desculpas.

— Por quê? Ele não fez nada.

Ela responde com um olhar.

George ainda vê a teoria da aliança de gangues como fantasiosa. Mas não há como negar que Zeke tenha razões próprias para ser um suspeito. Não há limites para o que Zeke sabe sobre George, tanto mediante seus contatos ao longo dos anos como cliente e advogado, como muito mais ainda pelo que ouve da mãe. Quem sabe qual dos eternos ressentimentos sempre borbulhantes em Zeke o teria levado a uma tentativa de intimidar George? Uma teoria é que George teria explorado Dineesha nas últimas duas décadas. Ou, ainda, ele próprio vingando-se dela. Ou alguma raiva antiga contra a maneira como

George o defendeu. O juiz sabe que entre os muitos projetos educacionais que não levaram Zeke a lugar algum na vida se incluiu o treinamento para programação de computador após sua primeira estada em Rudyard. Se Zeke é o Número 1, então provavelmente mandou Khaleel ali em cima para levantar alguma coisa ou alguma informação que pudesse colocar em sua próxima e desagradável mensagem.

Mas, mesmo que esse fosse o caso, há um certo conforto nele, porque George não estaria correndo perigo algum. Zeke é um enganador, um ladrão, um mentiroso inveterado, cuja maior paixão é provar que pode se dar bem à custa dos outros. A atitude dele no corredor, tirando Khaleel das algemas, é puro Zeke, um momento que vai celebrar e recontar durante vários dias. Mas nada há em sua longa folha que envolva violência real, sem considerar o comportamento de muitos dos quais está rodeado. Se for Zeke, então o objetivo de todas essas ameaças é algum tipo de pagamento, uma fraude criativa que está preparando. Um resgate para parar com as mensagens. Uma recompensa por informações, ou por serviços investigativos. Alguma armação.

De nada adianta dizer a Dineesha que Zeke tinha motivos inocentes hoje ou que não é suspeito de ser o Número 1. Ela já se convenceu do pior e senta-se rigidamente na cadeira, em óbvio sofrimento.

— Meu próprio filho — finalmente diz a George antes de levantar-se e voltar para sua mesa.

10

ACHADOS E PERDIDOS

POUCO DEPOIS DE DEIXAR sua casa na sexta-feira de manhã, o juiz Mason percebe que está sendo seguido. Um Cadillac DeVille, modelo antigo, castanho-avermelhado, aparece no espelho retrovisor quando está a pouco mais que um quarteirão de casa e permanece alguns carros atrás até George chegar ao Independence Boulevard, uma via secundária que usa para cruzar o rio Kindle e entrar na cidade todas as manhãs. Muitas pessoas dirigem do West Bank para o centro da cidade às oito e meia, diz a si mesmo, e muitos, como ele, usam ruas secundárias para escapar da lentidão na via expressa. Mas, quando olha melhor, o carro o preocupa. Está todo "tunado", como diriam os tiras, com a suspensão rebaixada e uma espécie de franja balançando no vidro traseiro. Uma nuvem de fumaça foi pintada em cada pára-lama, e o carro tem uma capota antiga de cor creme estilo carruagem. Típico de gângster. Mason fica um pouco aliviado quando o Cadillac finalmente desaparece. Cinco minutos depois está novamente lá, mudando de faixa a menos de meio quarteirão atrás.

George baixa o volume do rádio para poder concentrar-se e entrar na passagem certa, a aproximadamente 40 km/h. O Cadillac também diminui a marcha. Dois minutos depois, George vira à direita para Washburn e percorre vários quarteirões de ruas estreitas com prédios de três andares. O DeVille desaparece. Mas quando George faz o contorno de volta à Independence, o Cadillac surge velozmente de uma passagem e se aproxima de novo, cerca de quatro ou cinco carros atrás.

Um quilômetro e meio depois, o juiz encosta o Lexus no meio-fio, e o Cadillac pára numa área proibida, 30 metros atrás. Quando George volta ao tráfego, o carro faz o mesmo. Finalmente, a não mais de três quarteirões do tribunal, ele freia subitamente num sinal e o Cadillac não tem saída a não ser emparelhar com ele.

O motorista é um homem magro, branco ou hispânico, com cabelo preto arrepiado com gel. Veste um blusão de couro. Um homem negro de compleição forte, terno e gravata, está sentado no banco do carona. O motorista sorri para George e pisca.

O coração de George se sobressalta de medo antes que compreenda o que está acontecendo. Então, faz um sinal rápido de que está tudo bem, com o polegar e o indicador. Mas está fervendo de raiva. Sem paciência para esperar chegar ao tribunal, encosta novamente o carro para poder falar pelo celular que pegou emprestado da esposa.

— Nós tínhamos um acordo — diz a Marina assim que ela atende a linha particular.

— O quê?

— Você fez um trato comigo, Marina. Eu só teria segurança enquanto estivesse no tribunal. Agora mesmo havia dois policiais do condado me seguindo desde que saí de casa, e estavam num Cadillac que devem ter tomado de algum chefão da droga.

Marina está tranqüila.

— Não era para você ter notado.

— Naquele carro?! Ele é um disfarce para compras no North End. No meu bairro, foi o mesmo que tivesse sido precedido de arautos. Fale sério, Marina! Que diabos está pretendendo?

— Excelência, estou tentando fazer a coisa certa. Depois que aqueles dois indivíduos apareceram no corredor aquele dia, pensei que as coisas estavam ficando um tanto incômodas. Liguei para um conhecido meu, Don Stanley, e pedi que ficasse de olho no senhor, na ida e na volta do tribunal. Não entrei em detalhes. Disse que houve um incidente que me deixou meio de orelha em pé. — Ela, obviamente, falara com Rusty, que lhe dissera que George não gostava que comentassem coisas com gente de fora. Isso seria, especialmente, dividir informação com os tiras do condado de Kindle. Boatos e fofocas se espalham mais rápido na central de polícia, McGrath Hall, que numa escola do ensino médio. Se alguma coisa sobre o Número 1 vazar, chegará rápido aos ouvidos de um repórter.

— Marina, quem está na linha de fogo sou eu. Então, eu decido. Quando encontrarem meu corpo, dou-lhe permissão para convocar uma coletiva diante dos meus restos mortais e dizer: "Eu avisei."

— Por favor, excelência.

— Marina, no meu quarteirão há nove famílias que moram ali há mais de vinte anos. Criamos nossos filhos juntos. Passamos férias juntos. Pegamos a correspondência e os jornais e entregamos uns aos outros. Ninguém se mete na vida de ninguém. E não há jeito de deixar de notar duas pessoas estranhas ao bairro, enfiadas num automóvel de traficante, me seguindo todas as manhãs e à noite. Amanhã ou depois, um de meus vizinhos certamente comentará alguma coisa com Patrice.

Ele luta para conter a raiva, lembrando a si mesmo que a intuição de Marina de que o Número 1 pode ter um pé em sua casa é mais precisa do que ela mesma desconfia. Mas a última coisa que fará a essa altura é falar naquele e-mail. Ele já não tem virtualmente nenhum controle sobre ela. E, durante a noite, ficou mais convencido de que Zeke tem culpa no cartório. Mesmo assim, tenta uma abordagem mais paciente.

— Marina, acho que você não conhece Patrice tão bem como pensa. Deixe-me explicar-lhe, então. Ela é uma dessas pessoas que fazem alpinismo e depois voltam para casa, trancam tudo e ligam o alarme contra ladrões. Ela desenha casas. Acha que todos têm direito a um espaço seguro. Isso seria uma perturbação em seus melhores dias. E estes não são os seus melhores dias.

— Compreendo, Excelência. Só que... — ela pára.

— O quê?

— O senhor sabe, não quero me meter, mas acho que podemos fazer alguns arranjos de segurança que não alarmariam a Sra. Mason. Poderiam até fazer com que se sentisse melhor. Porque eu, de fato, acho que seria melhor para todos, inclusive vocês, se ela soubesse o que está acontecendo.

O autocontrole de George capitula.

— Obrigado, Dr. Phil* — diz, antes de desligar.

Em seu gabinete, o juiz se encontra no meio da manhã com John Banion para discutir o voto de uma decisão sobre um pedido de liminar cautelar preliminar que o tribunal aceitou num recurso de emergência. Diz respeito a uma disputa entre uma rede de cinemas e um distribuidor sobre a receita e os próximos filmes.

— Precisamos fortalecer a seção sobre as ações de reparação — diz George a seu assistente. Banion está sentado diante da mesa do juiz, assentindo obedientemente. O contraste entre a personalidade dos dois assistentes de George dificilmente seria mais chocante. Cinco minutos após ser apresentada a alguém, Cassie poderia falar sobre o atual estágio de seu tratamento odontológico, o valor de sua conta de telefone e fazer observações veementes sobre os muitos jovens que a perseguem. John fala muito pouco, num tom agradável aos ouvidos, e tem um ar permanentemente distante.

Educado na Pensilvânia, retornou uma década atrás para cuidar dos pais, já velhos, e depois enterrá-los. É um advogado extremamente capaz e, durante vários anos após tê-lo contratado, o juiz temeu que Banion pedisse demissão e fosse para um emprego melhor em escritório particular. Mas já na época de George o mundo se tornara cruel para pessoas como Banion — competentes, mas incapazes de se relacionarem com outras pessoas e, assim, atrair clientes. Quando George começou, os

* Phil McGraw, psicólogo americano e personalidade da TV que dá conselhos sobre relacionamento dentro e fora do casamento. (*N. da T.*)

"advogados da sala do fundo" eram a base das grandes firmas de advocacia. Atualmente, elas contratam cada vez mais pessoas que trabalham horas a fio até serem substituídas por versões mais jovens de si mesmas. John, aparentemente, está satisfeito com a vida ali. Trabalha das oito às cinco, aprende muito, lê obsessivamente e faz várias viagens por ano para caminhadas em lugares selvagens.

A solidão, no entanto, é uma situação recorrente. Desde que seus pais morreram, John acostumou-se a um celibato de meia-idade, cada vez mais recluso e excêntrico. Conserva um rosto suave, inocente, mas os cabelos castanhos estão despedindo-se rapidamente, e engordou de forma nítida nos últimos dois anos. Ao longo do tempo, as pessoas parecem ter perdido utilidade para ele. É rotineiro vê-lo sozinho na cafeteria do tribunal, o nariz enfiado num livro — em geral um pesado exemplar de filosofia — ou digitando sem parar em seu computador, enquanto dezenas de pessoas que conhece há anos, e a quem poderia facilmente unir-se, conversam nas mesas próximas. John nunca menciona compromissos sociais, e o pensamento geral é que ele é gay. George, que não se sente muito atualizado a esse respeito, duvida. Por acaso não existem solteirões, incapazes de se adaptar à intimidade com outras pessoas, que mergulham no abraço de suas próprias singularidades?

Mas as peculiaridades de John o tornam em muitos aspectos um herói para seu chefe. O juiz tem especulado muitas vezes que, se pudesse investigar o cérebro de Banion, entraria num mundo mais colorido que um épico hollywoodiano de US$ 200 milhões. Mas John encontrou na lei uma ponte com o resto do mundo. Funciona na hermética zona da Corte de Apelações como um valioso profissional. Na opinião de

George, John Banion é o melhor assessor. Preciso. Talentoso. Discreto.

— John — diz o juiz, enquanto o auxiliar está de pé para receber outra indicação sobre o parecer. — Cassie me disse que você não se incomodaria se ela fizesse os votos do *Warnovits*. Quero ter certeza de que ela não o está atropelando.

— De jeito nenhum, excelência. — Ele olha para o tapete e murmura: — Se ela quer se envolver com aquilo, pode deixar. A minha cota com aqueles garotos já foi cumprida.

Partindo de John, isso é a pura verdade. Em geral, ele personifica a imparcialidade a que a lei aspira em seu ideal. Após nove anos de trabalho com John, George ainda não sabe dizer se ele está do lado da promotoria ou da defesa, dos interesses das corporações ou dos joões-ninguém. Assume sua tarefa com o aparente desinteresse de um sapateiro. Mesmo assim, o juiz tem um breve e paralisante pensamento sobre os comentários que faria Harry Oakey, pai de Cassie e amigo de George, se chegasse a saber que a nova tarefa de sua filha requereria o estudo daquele videoteipe. Não era esse o tipo de educação que Harry tinha em mente quando enviou a filha para os escritórios de George.

O juiz pede a Banion que entregue a Cassie os dois memorandos do tribunal que preparou antes da sustentação oral e lhe diga que pode começar a trabalhar.

— Dois esboços ainda? Confirmando e reformando?

John evita um olhar direto, relutando em confrontar o juiz com sua própria indecisão, mas brota em George a percepção de que começa a fazer um papel ridículo em seu próprio local de trabalho.

— É um caso difícil, John. Pela lei. Parece que estou preso à questão da prescrição. Mas seja para o lado que for, haverá desacordo. Koll quer o caso anulado porque o videoteipe não poderia ser usado, e Purfoyle é estritamente pela confirmação. Preciso organizar minhas idéias.

John parte, mas com a discussão, os pensamentos de George são levados de volta ao *Warnovits*. O caso, quando ele consegue forçar-se a contemplá-lo, permanece ligado às lembranças de Lolly Viccino. Finalmente, como ficou fazendo companhia a ela na biblioteca do dormitório, percebeu que seu aspecto desleixado se devia em parte a que não tivera oportunidade de tomar banho. No fim da tarde, ficou de guarda do lado de fora do banheiro masculino para que Lolly pudesse tomar uma chuveirada. Foi lá que Grigson o encontrou.

— Ela ainda está aqui? — perguntou Grigson.

George contou a história dela ao supervisor do dormitório.

— Bem, sinto muito ouvir isso, Mason, mas se nem o pessoal dela a quer, o que podemos fazer? Ela não pode ficar aqui.

George defendeu sua última posição.

— Não direi isso a ela.

— Bem, você não precisa fazer isso — disse Grigson. — Apenas vá embora, George Mason. Vou resolver o caso. Vá.

O supervisor do dormitório acenou com as costas da mão. No temor que sentiu, George percebeu que o supervisor sabia o que acontecera na noite anterior. Franklin Grigson ia divertir-se descobrindo as preferências de Lolly Viccino.

George pensa agora em sua mesa que fracassou com Lolly Viccino duas vezes. Não fez nenhuma objeção em seu favor, nem, de forma mais prática, acompanhou-a do dormitório a alguma das casas que alugavam quartos, onde provavelmente poderia ter financiado uma boa estada para ela após uma conversa franca com Hugh Brierly sobre o "aluguel" que cobrara na noite anterior. Em vez disso, fez o que os garotos fazem em situações difíceis — escondeu-se. Ao visitar a biblioteca uma hora depois, viu que o último remanescente da presença de Lolly era o prato sujo da cantina cheio de guimbas de cigarro. George tocou uma ou duas com a ponta dos dedos, dominado por coisas que não conseguia explicar. E ainda assim sabia, da mesma maneira que na noite anterior, que uma mudança fundamental se iniciara nele.

Por um segundo, a culpa de George penetrou-lhe como uma adaga em seu coração. Como pôde não ter feito esforço algum para descobrir o que acontecera com ela? Ao menos ver se havia passado aquele dia a salvo? Ou saber da marca que tudo aquilo deixara nela?

Banion bate na porta e retorna do pequeno escritório dos assistentes com o rascunho de três novos parágrafos a serem inseridos no voto sobre o cinema.

— John, se eu quisesse localizar alguém que conheci há quarenta anos na Virgínia, existiria algum meio de fazê-lo?

Seu assistente podia pesquisar qualquer coisa na internet.

— Qual é o nome, excelência?

Assim que George diz o nome, percebe que é uma tarefa impossível até para John. Considerando-se o curso natural dos acontecimentos, ela se casou, e, como em geral acontece com as mulheres da Virgínia da idade dela, abriu mão do nome Viccino. E Lolly poderia não ser seu nome na certidão de nascimento. Sem mencionar o fato de que George não tinha idéia de quando ela nascera nem do lugar de nascimento. O juiz balança a cabeça ostensivamente para mostrar que mudou de idéia.

— É algo pessoal, John. Não perca tempo com isso. Eu mesmo posso fazer uma busca numa noite dessas. Só queria ter uma idéia de como fazer.

Banion havia rabiscado num bloco os nomes de alguns sites na internet, mas a noção de que o assunto é pessoal é tão boa quanto derrubar um portão. John faz muito poucas perguntas, se as faz, sobre a vida dos outros, e assim parece não se dar conta da curiosidade de todos sobre ele. Neste inverno, esteve de cama por alguns dias com uma grave infecção nos brônquios. Trabalhando em casa, relutantemente pedira a Dineesha que lhe levasse um conjunto de resumos de que necessitava. Ela é a única pessoa do escritório com quem ele parece ter algo semelhante a uma relação pessoal — trocam presentinhos no Natal —, mas Dineesha nunca estivera na casa dele. Quando retornou, o suspense era palpável. Cassie; os escrivães dos escritórios vizinhos; Marcus, o mais antigo oficial de justiça do tribunal; e o próprio juiz — todos aguardavam alguma descrição do que Dineesha vira. Ela era digna demais para satisfazer-lhes a vontade, mas, no dia seguinte, quando levou a George uma correspondência por mensageiro, o juiz disse a ela:

— Me permite a ousadia da pergunta?

Após encostar delicadamente a porta, Dineesha fez um breve, mas vívido retrato. O bangalô de estuque em que os pais de John o haviam criado tinha fendas visíveis nas paredes externas e algumas telhas faltando no teto. Mas a verdadeira confusão era dentro. Não que estivesse sujo, disse Dineesha, mas o bangalô estava tão entulhado de pilhas de papel que ela quase não conseguiu passar pelo corredor central. Era como se ele tivesse um centro de reciclagem em casa. Parecia que não jogara fora nenhum jornal ou revista nos últimos dez anos. Estavam empilhados em colunas que iam até o teto na sala de estar, onde havia também uma virtual fortaleza de livros, com paredes de dois metros e meio formando uma espécie de casamata. Sob o peso, o assoalho começara literalmente a ceder. Dois periquitos voavam livremente pela casa numa confusão estridente.

George é tirado desses pensamentos por um zumbido que vem de algum lugar do aposento. O som, não-familiar, o assusta um pouco até perceber que vem do celular de Patrice, que faz um som baixo e intermitente quando toca. Enfiando a mão no bolso do paletó pendurado atrás dele, o juiz vê letras na telinha cinzenta. Uma mensagem de texto, a primeira que recebe em sua vida. Fica levemente satisfeito ao ver que está atualizado com os novos tempos antes de ler o que está escrito.

"Número 1", murmura para si mesmo, "você está começando a me dar nos nervos." Não pode mais levar isso na brincadeira. É o primeiro momento que exige um esforço consciente de sua parte para controlar o medo. Não são tanto as palavras — "Vou te pegar" — que o assustam. A ameaça não é novidade. O que o assusta é o número do qual a mensagem vem. É do telefone dele, George. O celular desaparecido do juiz está nas mãos de Número 1.

11

TEMPERAMENTO

ÀS TRÊS DA TARDE, Marina, que estivera trabalhando com a companhia de telefone durante várias horas, chega com uma de suas assistentes, Nora Ortega, mulher magra, negra e silenciosa a quem já trouxera algumas vezes para fazer anotações. George faz questão de estender a mão para Marina, e ela balança toda a sua figura robusta enquanto a aperta.

— Aquilo foi além do limite, excelência: mandar segui-lo sem o seu conhecimento. Desculpe.

Ele se desculpa também, usando a expressão "velho rabugento". Eles se acomodam na sala como sempre: George atrás de sua mesa; Marina, na cadeira de braços de madeira.

— Então, o que descobriu sobre o Número 1? — pergunta ele. — Algo de bom?

— Temos uma idéia de onde ele estava. A mensagem deve ter vindo do Center City.

Desde o início, eles se convenceram de que o perseguidor de George é do lugar, mas esta é a primeira prova. Mesmo assim, a nova informação parece modesta perto do que George esperava.

— Pensei que pudessem determinar a posição de um celular melhor que isso.

— Se ele estiver ligado, sim, excelência. Mas não se estiver desligado. O que acontece com o seu, naturalmente. Ele provavelmente já estava desligado quando o senhor recebeu aquela mensagem.

— Então, como podem dizer que ele estava no Center City?

— O meu cara lá não entrou em detalhes. Há o governo de um lado e a União das Liberdades Civis do outro, e ele explicou isso disfarçando. Mas o que acho que aconteceu é que um telefone celular normalmente emite sinais em dois canais, e a companhia tem uma gravação do segundo, chamado canal de controle de dados, que inclui a localização do celular com o qual o seu telefone se conecta. O máximo que podem dizer é que a mensagem foi enviada através da torre no alto da St. Margareth. Ele poderia estar em qualquer lugar num raio de 3 quilômetros.

— Então, você reduziu o número de suspeitos para cerca de 200 mil?

— Exatamente — diz Marina com um sorriso. — E interrogaremos todos ainda esta manhã.

George fica aliviado ao ver que ela recuperou seu senso de humor em relação a ele. Ela tem na mão o celular extra de Patrice, que trouxe de volta após retirar dele toda a informação de que a companhia necessitava.

— Fico me perguntando como ele conseguiu esse número — diz Marina.

— Foi gentileza minha — diz George. — Eu estava tentando encontrar o telefone que havia perdido. Então, liguei para ele. Fazia sentido para mim. Deixei recado na caixa de mensagens. "Aqui é o juiz George Mason. Se você está com esse telefone, por favor, ligue para mim no número..." Fiz isto algumas vezes.

— E como ele teria entrado na caixa de mensagens sem a sua senha?

— Toda a seqüência está programada no telefone quando você digita a tecla certa. Obviamente, ele descobriu isso.

— É claro — responde Marina.

— Sabem se ele telefonou para mais alguém? Deu alguma pista de quem é? Ele se entregou de algum jeito?

— Na verdade, não. A companhia diz que não houve sinais nas duas últimas semanas.

— E isso significa que...

— Se ele usou o celular, as chamadas são livres, faz parte do seu plano. Correio de voz. Coisas assim. Ele é esperto — disse Marina. — Mas já sabíamos disso.

Agora ela quer ouvir de novo a história de como o celular de George desapareceu e as medidas que sua equipe e ele tomaram para encontrá-lo. Depois de mais alguma conversa, chega-se à conclusão de que faria mais sentido incluir na conversa todos os que haviam participado da busca, e George chama todos. Dinesha e Cassie ocupam o sofá cinza ao lado de Nora; Marcus, alto e barbudo, fica à porta, palitando os dentes. Para não passar despercebido, Abel entra por último e, com muito esforço, senta-se num banco baixo de estilo colonial, ao lado de John Banion.

George notara que o telefone não estava no bolso de seu paletó quando saía do Hotel Gresham após o evento da Associação dos Magistrados comemorativo ao Dia dos Juízes, há duas semanas, mas sua última recordação nítida de estar com o celular foi quando estava saindo de seu escritório na noite anterior ao evento. A equipe e ele tentaram reconstituir seus passos durante o período. Banion ligou para a seção de achados e perdidos do hotel, Marcus checou para ver se o juiz não o havia deixado no detector de metais do tribunal naquela manhã. Cassie telefonou para o restaurante onde George jantara na noite anterior e saiu para procurar dentro do carro dele. Dineesha cobriu os escritórios. O próprio juiz vasculhou sua casa quando retornou.

— A verdade, Marina, é que até hoje eu estava convencido de que a qualquer momento levantaria uma pilha de papéis e o encontraria. — Nas últimas horas, encaixando as informações que tinha, George desenvolvera outra teoria: Zeke o havia pegado. Ele agora suspeita de que a ida até lá em cima na véspera foi um esforço para levantar algo mais. George vê o episódio da seguinte maneira: Khaleel deve ter andado para cima e para baixo no corredor até ver que todos se haviam ausentado por um minuto de seu escritório. Então, fez sinal a Zeke, que subiu e pegou o telefone. Assim, se alguém o encontrasse ali, Zeke poderia dizer que fizera uma visita. O juiz, no entanto, reluta em discutir essa tese com Marina até ter falado antes com Dineesha. Não é uma conversa que gostaria de ter.

— Talvez eu possa ajudar — diz Marina. — De acordo com os registros que a companhia emitiu, sua última chamada cobrada foi no dia em que você o perdeu, às 12h12. De apenas um minuto. — Ela lê o número para o qual ele havia ligado: o do outro celular de Patrice.

— Devo ter ligado para saber se ela estava melhor — diz o juiz. — Um minuto significa que provavelmente deixei mensagem na caixa postal *dela*. Foi por isso que ele esqueceu que fizera a chamada.

— E onde você estava?

Ele não consegue se lembrar. Houve tantos momentos roubados em tantos corredores ultimamente, conversas breves e sussurradas apenas para que Patrice saiba que ele está pensando nela.

— Você se lembra de quando saímos para o hotel? — George pergunta a Cassie. Ele convidara os dois assistentes para o Dia dos Juízes, mas John, como fazia todos os anos, se afastara da multidão.

Cassie olha para as mãos, procurando lembrar-se.

— Tínhamos que nos encontrar com os outros juízes no saguão principal às 11h45. Cinco minutos antes, já havíamos saído daqui, com certeza.

O Chefe insiste em ser pontual em todas as coisas. Todos os juízes do Tribunal de Apelações, uma dúzia e meia, exceto dois ou três deles, e todos os seus assessores tinham sido transportados pelo pessoal de Marina em várias caminhonetes. George e Cassie se lembram de estar no primeiro veículo que partiu.

— Então o senhor telefonou do hotel, excelência?

Agora ele parece se recordar. Teria parado ao lado do banheiro masculino? Cassie se lembra de que o juiz saiu por alguns minutos antes de aparecer na recepção. Mas, às vezes, uma lembrança vaga é muito sugestiva. Nem ele nem Cassie tinham conversado sobre esse dia depois. Talvez Número 1 estivesse com o telefone na mão às 12h12 e apertado a tecla de discagem rápida para ver aonde ela o levaria. Mas por que exatamente essa? Pensando agora, o juiz está bastante certo de que desligou a ligação quando ouviu a mensagem de voz de Patrice.

— É tudo do que me lembro — responde George com uma frase usada por advogados que passa por verdade no tribunal.

— Ele tirou o telefone do seu bolso ali — disse Marina.

— Isso não ajuda muito a teoria de Corazón, ajuda? — diz George. Não faz mais sentido ficar escondendo o nome depois que Marina rompera o silêncio no dia anterior. Após um segundo, o juiz percebe que Zeke também se tornou um suspeito muito menos provável a partir do momento em que o telefone foi roubado no hotel.

— Não acho isso.

— Ora, Marina. Você acha que um garoto com as calças nos quadris e linguagem de presidiário vai andar no encontro da Associação dos Magistrados do condado de Kindle, com duzentos juízes e seiscentos advogados presentes, e enfiar a mão no bolso do meu paletó?

— Meritíssimo, o senhor sabe o que acontece com as gangues hoje em dia. Policiais trabalham disfarçados, e elas também. O senhor realmente acredita, excelência, que, se fizéssemos um levantamento da ficha de todos os servidores, guardas de segurança e pessoas da recepção que recolhem os casacos não encontraríamos nenhuma pessoa ligada à TPNL? Um quarto dos guardas presos está envolvido com ela. Que diabo, não é para sair falando isso, mas há umas duas pessoas da minha equipe a quem a seção de Crimes de Gangues tem perguntas a fazer. Se Corazón quisesse pegar seu celular, acharia alguém para fazer isso.

O empirismo nunca guiará o trabalho da polícia. Os investigadores inventam suas teorias e amoldam as provas a elas. Esquecem o ódio que existe entre as gangues negras e latinas, e a quase impossibilidade de ter George como alvo numa multidão de oitocentas pessoas. Corazón ainda é o cara. Há momentos em que George não consegue evitar cair de volta nas garras do perpétuo antagonismo que sentia como advogado de defesa em relação aos policiais e a seu hábito de buscar atalhos para a verdade. E aqui ele chega ao âmago da verdadeira questão do que existe entre ele e Marina: ela está mais ou menos insistindo em que ele fuja amedrontado.

— Posso ser franco? — pergunta-lhe o juiz.

Ela faz uma brevíssima pausa.

— Claro.

— Talvez você deva se perguntar o quanto vale insistir em Corazón.

— Vale?

— Usei o termo deliberadamente. Quanto você acrescenta ao seu pedido de aumento do fundo de emergência à direção do condado quando apresenta um nome como Corazón? Dez por cento? Vinte por cento?

Marina suga as bochechas para dentro da boca.

— Eeeepa — diz ela e olha por cima do ombro para observar a reação de Nora. — Meritíssimo, acho que está começando a esquecer quem está do seu lado.

Quando George Mason chega em casa naquela noite, encontra Patrice adormecida no quarto deles e desce silenciosamente para a ampla cozinha que ela planejara anos atrás. Há uma profusão de luzes provenientes de um lustre retangular de madeira e vidro. Os armários combinam com painéis de vidro alemão craquelê e outros painéis cor-de-rosa, todos os elementos se conjugando para combinar com a lareira que ficava na sala de estar quando compraram o imóvel. O lugar é cálido, tranqüilo, e é provavelmente seu lugar favorito na casa, mas nesta noite o ambiente não consegue alterar seu estado de espírito. A solidão só o faz lamentar-se. Ele ainda não se recobrou da segunda discussão com Marina. É uma questão de orgulho para ele nunca perder a calma, e, justificadamente ou não, foi impensado atacá-la verbalmente na frente de todos. O pior de tudo foi o olhar no rosto dela. George sabe a essa altura da vida que quem segue a profissão do pai, como ela o fez, será especialmente vulnerável à opinião de homens mais velhos. Ela foi embora com o rosto vermelho e triste, o que doeu tanto em George quanto se um furador de gelo atravessasse seu coração.

Então, no fim do dia, Cassie entregou ao juiz as duas minutas das decisões potenciais no caso *Warnovits*, na esperança de que ele as olhasse no fim de semana e escolhesse uma. Ao examinar as páginas na bancada central da cozinha, George fica ainda mais deprimido. Ambos os esboços fazem sentido, naturalmente. Não existe truque analítico que tenha aprendido na escola de direito ou desde então que o permita pegar um ou se concentrar no outro isoladamente. Por um século e meio o ensino jurídico se centrou na análise da jurisprudência de juízes como George que estão nas cortes recursais. Em seu tempo, os professores discutiam esses julgados, exatamente como o fariam agora, em termos das preocupações e visões políticas e das convicções da jurisprudência que os orientavam. Após dez anos em seu atual posto, ele vê muito do que foi ensinado como romântico, senão completamente equivocado.

Na maior parte do tempo, não importa quais sejam as suas bandeiras políticas ou filosóficas, ou se você gosta ou não da lei. O que descobre é que a sua decisão já está pré-ordenada. Mesmo quando consegue imaginar uma tendência para outro resultado, a lealdade à instituição da lei, e mais particularmente a outros juízes, bons homens e boas mulheres que se sentaram onde está sentado agora e fizeram o melhor que puderam para solucionar casos semelhantes, levam-no a seguir o mesmo caminho que eles trilharam. O exercício da escolha de que seus professores falavam existe apenas marginalmente, em não mais de três ou quatro casos por mandato.

Mas o caso *Warnovits* é um desses, em que nem os termos da legislação, nem decisões anteriores rendem uma resposta segura. Por mais feio que o crime tenha sido, os garotos foram processados depois do período de tempo que a lei normalmente permite. O juiz do julgamento — Farrell Kirk, nenhum Cardozo,* mas um sujeito razoável — fez uma leitura justa da lei de escuta telefônica e uma estimativa equilibrada do testemunho, e Sapperstein está igualmente certo ao dizer que, fazendo isso, Kirk apagou os limites claros que os legisladores traçaram sobre o período de tempo em que a idade da vítima poderia prolongar o prazo para o indiciamento. Com os argumentos essencialmente equilibrados, a verdade é que a lei neste caso será o que George Mason disser. E, neste momento, o melhor que tem a fazer é decidir no cara-ou-coroa. Chega a puxar uma moeda de 25 centavos do bolso e a coloca sobre a bancada, ao

* Benjamin Nathan Cardozo foi um dos mais respeitados e influentes juízes americanos. (*N. da T.*)

lado dos esboços. Nem para Patrice ele jamais admitiu que, nos últimos nove anos e meio, decidiu dois casos dessa forma, embora fossem pequenas questões cíveis em que a lei decisória era uma mixórdia inextricável.

O juiz ainda estava olhando para a moeda quando Patrice entrou, passando as mãos no rosto para espantar o sono. Por reflexo, inclinou-se para beijá-lo, depois mudou de idéia e se deteve. Ela ainda terá uma dose mínima de radiação até domingo de manhã.

— Uau — diz, olhando para ele. — O que o barman disse quando o cavalo entrou na taverna?

A velha piada provoca nele um sorriso cansado: Por que a cara comprida?*

— Não — ele diz —, esta não vale.

Ele recebe um sorriso forçado quando Patrice vai à geladeira buscar uma garrafa d'água. Ainda está de costas, quando ele pergunta:

— O que você diria se eu não concorresse para continuar no cargo?

— O quê?

— Tenho pensado sobre isso. Poderia trabalhar menos e ganhar o dobro. Nós poderíamos viajar.

Ela finalmente completa sua lenta virada para ele.

— George, você ama esse trabalho, sempre amou esse trabalho. Como chegou a pensar nisso? O que foi que mudou?

Ele levanta as mãos. Ela o olha sem muita benevolência. Se tem alguma reclamação de seu casamento, é o jeito direto de

---

* Trocadilho com a expressão "long face", que significa cara comprida, triste. No caso do cavalo, ele pode até estar alegre. (*N. da T.*)

Patrice pôr o dedo na ferida. Seu pai, Hugo Levi, fora um preguiçoso filho-da-mãe, um advogado sem diploma que entrara no ramo da embalagem. Ele próprio tinha sua história triste — a mãe morrera quando tinha menos de 5 anos —, e ele punia a família, assumindo freqüentemente uma distância pétrea, e, nesse estado de espírito, emitia julgamentos impiedosos. Tendo crescido no Velho Sul, não houve noção bíblica contra a qual George mais lutasse que a de que os pecados dos pais são punidos nas gerações seguintes. Ele desprezava a sugestão de que um ser humano devesse simplesmente curvar-se à destruição e, pior ainda, à idéia de que não pudesse ficar livre dos efeitos daquilo que desprezava. Mas George está numa idade em que começa a reconhecer a sabedoria das Escrituras. Patrice ansiava o abraço desse homem firme e, ao fazer isso, absorveu em si mesma uma parte dele. Ela nunca teve uma forma gentil de expressar suas decepções. E está obviamente desapontada agora.

— Olhe, colega. — Ela se inclina na bancada ao lado dele, mais próxima do que esteve em muitos dias. — Quero dizer uma coisa. Tentei não fazer isso, mas você tem de ouvir: pare de sentir medo. Posso ver isso em você, George. Você está amedrontado. E isso me deixa muito mal. Olho para você e fico pensando no que será que os médicos lhe disseram que não disseram a mim? Você está tornando isso muito pior que o necessário. Já é muito difícil lidar comigo mesma. Não posso cuidar de você também. Você poderá ter a sua décima primeira crise de meia-idade quando chegar a hora. Mas agora é a minha vez.

— Patrice...

Sua mulher sai da cozinha, virando-se para dizer apenas mais uma palavra:

— Não.

12

RECEBENDO A MENSAGEM

GEORGE ESTÁ HÁ POUCOS minutos em sua mesa na segunda-feira de manhã quando Dineesha entra na sala vindo da recepção. Deixa a porta entreaberta e se dirige a ele em tom formal.

— Excelência, o juiz Koll pergunta se o senhor poderia lhe conceder um minuto. Ele está aí fora.

— Merda — diz George.

São nove da manhã, e Nathan já veio pedir o voto sobre o caso *Warnovits*. Ele não suporta mais esperar para saber o alvo em que vai atirar em sua discordância.

— Nathan! — exclama George. Uma saudação efusiva para um grande amigo enquanto se dirige à recepção.

No sofá verde, ao lado de Abel Birtz, Koll está encolhido como um passarinho em processo de muda, a face sombria levantada e um olhar tempestuoso. Veste paletó, e sua camisa parece não ter visitado a lavanderia depois de umas três vezes de uso, amassada como o saco de papel do sanduíche do almoço.

— Preciso falar com você — diz e passa direto por George para dentro do gabinete do colega. —Veja isto! — enfia a mão no bolso da camisa. — Olhe para isto, pelo amor de Deus!

Nathan pega um envelope, do qual extrai uma única folha, a parte de baixo manchada de marrom.

— Veio pelo correio hoje de manhã.

Após um primeiro olhar, George coloca o papel sobre a mesa, evitando segurá-lo por mais tempo. É o impresso de um dos e-mails devolvidos que George recebeu: "Você vai sangrar". George percebe que isso explica a mancha irregular na metade inferior da folha. Sangue seco.

— Você falou com Marina, Nathan?

— Bem, pensei em lhe dar primeiro uma chance de se explicar, George. Não posso imaginar o que pretende enviando esse tipo de mensagem para alguém.

George chama Dineesha e ordena que reúna o pessoal da segurança do tribunal e depois explica a situação a Koll.

— Oh, meu Deus — diz Koll várias vezes. — Imagino que você esteja assustado. Ouvi dizer que alguma coisa estranha estava acontecendo. Não tinha idéia de que havia chegado a esse nível.

— Ouviu alguma coisa, Nathan?

— Você sabe, fofocas de auxiliares. Um deles disse que você estava recebendo e-mails desagradáveis. Pensei que fossem spams, não ameaças de morte. Por Deus! Não admira que não esteja querendo concorrer novamente.

Em outras circunstâncias, George consideraria a última observação como uma tática destinada a levá-lo a revelar suas intenções, mas, neste momento, Koll parece completamente desconcertado. Está afundado numa das cadeiras de madeira que ficam em frente à mesa de George, e há uma mancha de suor perto de suas enormes costeletas. O que poderia ser pior para um paranóico do que inimigos reais? Por se tratar de Koll, George não consegue esconder um traço de alegria competitiva. Mesmo em seus piores momentos, nunca ficou tão assustado assim. Ainda não.

— Francamente, Nathan, acho que não é nada sério.

— E por quê?

O raciocínio de George de que um ataque real não seria precedido de tantos avisos não traz a menor tranqüilidade a Koll.

— Você está tentando ler a mente de um lunático. — Nathan se remexe na cadeira, muito agitado para encontrar uma posição confortável. — E por que fui envolvido nisso agora? Isso é o que estou tentando imaginar.

Sendo quem é, Nathan não hesita em desejar que George seja o único desafortunado.

— É o caso do estupro? Toda a publicidade feita em torno dele?

Isso não faz sentido para nenhum dos dois quando discutem a questão. A decisão sobre o caso *Warnovits* é desconhecida, até para eles, sem falar nos apaixonados partidários de ambos os lados da questão. E George começou a receber esses e-mails muito antes da sessão de debate, quando se tornou pública pela primeira vez a participação deles no caso. A identidade dos juízes que participam dos julgamentos está entre os segredos mais bem guardados, a fim de impedir que advogados baseiem sua sustentação oral em decisões anteriores dos juízes que julgam o caso, em vez de se fundamentarem no corpo mais amplo de precedentes do tribunal.

— Pensei que tivesse vindo aqui por causa do *Warnovits*, Nathan. Para pegar meu voto. Vou precisar de mais alguns dias. Francamente, estou tentando descobrir como sair disso com uma maioria real. Não podemos mandar isso para o mundo com três juízes dizendo coisas diferentes. Tenho pensado em me juntar a você e fazer com que a câmara acompanhe seu voto sobre a inadmissibilidade de que o teipe se torne a decisão do tribunal.

Em termos práticos, essa resolução tem muitas virtudes, surgidas do cenário que Rusty traçara na semana anterior. Alguns dos acusados mais jovens — todos — à exceção de Warnovits talvez pediriam um acordo de cooperação com a promotoria para escapar da escuta indevida em troca de testemunhar sobre o estupro. Terminariam com penas mais leves do que os seis anos mínimos impostos para ataque sexual, o que seria um desfecho admissível, na mente de George, dada a vida exemplar que os jovens têm levado. A verdade é que a questão da prescrição tornou este caso ideal para um acordo, que deveria ter sido feito há muito tempo. Mas por alguma razão isso não aconteceu, devido talvez à inflexibilidade do promotor, ou ao ego do advogado de defesa, ou à falta de vontade dos jovens ou de seus pais de aceitar a inevitabilidade da prisão. Da altitude olímpica da Corte de Apelações, não há nenhum relato de por que o acordo não foi alcançado, pois as negociações raramente são registradas. Mas o fracasso em resolver o caso tem um resultado claro: aos tribunais só lhes restam escolhas extremas.

Mas não importa o quão tentador seja bancar o Salomão depois do fato, George permanece bloqueado pela lei. Ele ainda não pode dizer que o veredicto, ou as sentenças, sejam um fracasso geral da justiça, mesmo que a punição para alguns dos jovens seja mais severa do que a que ele imporia. Após mais de trinta anos no sistema judicial, George aprendeu que "justiça" não é mais que resultados aproximados, toleráveis.

Mas ele ventilara a idéia de usar o voto de Koll em grande medida para testar as suspeitas de Rusty sobre Nathan. George está curioso para ver se Koll mostra alguma hesitação em substituí-lo como o alvo principal da ira pública que certamente aguarda o autor de um voto que modifique as punições. E, pelo que se segue, o Chefe pode ter razão.

— Sim. Tenho pensado sobre o mesmo problema — diz Koll. —Três votos divergentes. Alguém tem de ceder. Talvez eu possa concorrer com a lei da prescrição, para que você possa falar pela maioria. Depois escreverei em separado sobre o videoteipe. Mostre-me o seu voto quando estiver pronto. E mandarei o meu por e-mail. Ponto final

Naturalmente, George mal pôde conter um sorriso. Que vã ilusão o fez crer que Nathan esperaria até ver o que George teria a dizer antes de discordar dele? Ouvindo Dineesha saudar Murph, o segundo de Marina, na área da recepção, George se põe de pé.

— A propósito, Nathan. Não tire muitas conclusões sobre o fato de eu ainda não ter preenchido os papéis para me candidatar à reeleição.

— Não?

— Estava esperando que as últimas dúvidas sobre a situação de Patrice se esclarecessem. Mas sua recuperação não poderia ser melhor.

— Oh. — Koll não consegue impedir que seu queixo caia. Ao tentar levantar-se da cadeira, perde momentaneamente o impulso. Mesmo depois da apreensão causada pela ameaça de

Número 1, as últimas notícias podem ser as piores que cruzarão seu caminho hoje.

Durante o fim de semana, George deu a si mesmo o descanso de que precisava. Acordou cedo no sábado de manhã, sabendo que Patrice e ele tinham de vencer a distância entre os dois e insistiu em que fossem para o chalé em Skageon. Dane-se o que os médicos aconselhariam; por conta própria tem lido o suficiente sobre o assunto para saber que, após cinco dias, os riscos para ele são mínimos.

Foi a idéia certa. O tempo estava maravilhoso. Caminharam, prepararam juntos o jantar, tomaram uma garrafa de Courton-Charlemagne e ficaram, finalmente, na mesma cama. Foi exatamente como trinta anos antes, quando as extraordinárias sensações de dormir ao lado de alguém após muito tempo sozinho transformam a noite num único e longo abraço. Essa reunião e os anseios que satisfez foi um tributo ao bem-estar mútuo.

Mas férias terminam, e a visita de Koll trouxera com ela o desanimador nó de sentimentos que há muito acompanha o caso *Povo versus Warnovits*. O juiz medita por um instante, avaliando se está pronto para decidir o caso, e chega aos mesmos e previsíveis resultados. Continua a querer primeiro colocar-se em julgamento, e esse processo permanece incompleto. A idéia vã de tentar encontrar Lolly Viccino, que levantara primeiramente com Banion, na semana anterior, continuava a atraí-lo, embora não pudesse dizer por quê. O que poderia ela fazer para confortá-lo quarenta anos após o fato? Dificilmente pode esperar que diga que o que aconteceu não foi nada demais. A maior esperança é que ela, da mesma forma que ele, tenha sido capaz de superar o incidente, considerando-o parte de uma psicose temporária chamada juventude. Mas ele deixa que sua imaginação vagueie por um instante: o que terá acontecido com Lolly?

Exatamente como procede com os telefonemas, George em geral não faz no computador de seu escritório a não ser o trabalho oficial: não lê e-mails pessoais nem compra entradas de teatro por lá. Mas é evidente agora — ele nunca conseguirá decidir sobre o caso *Warnovits* até saber o que aconteceu com Lolly Viccino muito tempo atrás.

As palavras "Lolly Viccino" não trazem nenhum resultado nos sites de busca. George decide tentar novamente usando seu melhor palpite sobre qual seria o verdadeiro nome dela e digita "Linda".

Uma hora e meia depois, selecionou três possibilidades. Na Escócia, uma Linda Viccino trabalha como professora de inspeção de segurança. A informação no site da diretoria regional da companhia de eletricidade é resumida, mas parece que Linda Viccino ensina outros funcionários governamentais a examinar instalações em busca de situações de perigo potencial. Contemplando essa vida por um instante, ele acredita num final relativamente feliz para Lolly. Ela se formou e conseguiu um emprego. Deixou para trás seu lar infeliz. O que a levou para o outro lado do oceano? Amor, espera George. Essa era a história da maioria de seus colegas de faculdade ou da escola de direito que acabaram como expatriados — encontraram alguém e escolheram o romance em vez dos EUA. Seria bom se aquilo tivesse acontecido com Lolly também.

A segunda Linda Viccino aparece como doadora de cem dólares para o Fundo de Prevenção do Abuso de Crianças em Mississippi. É agradável pensar em Lolly como uma adulta generosa, mas a missão de caridade é vagamente complicadora. Talvez ela seja uma freira, que naturalmente sofre com o pensamento de crianças sendo maltratadas. Ou se vê como uma criança que sofreu abuso — e que George e todos os jovens que conheceu naquela caixa de papelão continuaram com aquele tipo de procedimento.

A terceira Lolly Viccino representa a mais inquietante possibilidade. Seu nome aparece no registro de cemitérios de Massachusetts, não longe de Boston. "Linda Viccino 1945-70." Essa jovem deveria ter nascido um ou dois anos antes para ser Lolly, mas ele analisa a possibilidade. O que mata uma pessoa aos 25 anos de idade? Leucemia. Um acidente. Mas George sabe que a maior probabilidade de alguém morrer tão jovem é de infelicidade. Overdose de drogas. Suicídio. Comportamento impulsivo. Nessa versão de Lolly, não há escapatória para a jovem que declarara: "Minha vida é uma merda, você não imagina como a minha vida é uma merda."

Finalmente, desiste da pesquisa e passa a outro trabalho, quando o voto de desacordo de Koll em *Warnovits* surge em sua caixa de entrada. É o costumeiro bravo desempenho de Koll, passando como um exército em marcha sobre as idéias opostas. George se diverte um pouco com o contraste entre o corajoso conquistador que ostenta seus votos e o homem que se sentou na frente dele, claramente perturbado por Número 1. Não é novidade, no entanto, que a paranóia de Nathan force um elemento de covardia física. A segunda ou terceira vez em que George se sentou com ele na mesma sessão, Koll se recolheu ao silêncio, simplesmente intimidado pela reputação do réu.

Tentando lembrar-se de minúcias do caso, George fica imóvel quando sua memória toma corpo. Ele se lembra agora. *Povo versus Jaime Colón.*

O réu que aterrorizou Nathan foi Corazón.

13

A MÃO DE CORAZÓN

A SEGURANÇA DA CORTE está relegada a uma sala atulhada ao lado do saguão principal, um emaranhado de arquivos de documentos e divisórias para computadores. Os andares mais baixos do prédio da corte central nunca receberam parte do mobiliário confortável destinado aos andares de cima, onde funciona a Corte de Apelações. O painel de carvalho de espessura fina colado nas paredes tem aquele tom amarelado de décadas de demãos de verniz, e as compridas janelas são antiguidades rangentes. Quando ele pergunta por Marina, uma de suas funcionárias de escritório, todas "sugeridas" para a folha de pagamentos pelos integrantes da direção do condado, aponta por cima da cabeça dele para a sala dela sem levantar os olhos da tela do computador.

Marina está ao telefone, e o olhar que endurece seu rosto retangular quando se dá conta da presença do juiz revela toda a história. O passado ainda não foi esquecido.

— Mais tarde — diz ao telefone.

Retratos das irmãs de Marina e suas famílias, de seus pais, e de uma mulher, assistente de um delegado federal, a quem Marina levou na festa de fim de ano do tribunal, estão arrumadas em molduras douradas sobre sua mesa.

— Excelência — diz ela em tom neutro quando desliga o telefone.

— Então — diz George, sentando-se na cadeira que ela oferece. — Só queria que você soubesse que, quando saí daqui na sexta-feira, fui para casa e tive uma briga com minha mulher também. Mas — acrescenta — não chutei o cachorro.

Ela faz um sinal de assentimento.

— É que não temos cachorro.

Ele consegue o sorriso que queria.

— É muito estresse, excelência. Eu não trocaria de lugar com o senhor.

— Quero dizer uma coisa, Marina: sou grato por todas as coisas que fez por mim. Sei que está tentando proteger meu periclitante abrigo.

Ela sorri radiante como uma menininha, mas o sorriso é breve. Resiste a ceder ao charme do juiz.

— Excelência, tenho de ser franca. Meu maior problema em toda essa situação é fazer o senhor levá-la a sério. Mesmo que chance de que eu esteja certa seja de uma em dez, o senhor não pode agir como se fosse zero. Não estaria, talvez, negando-se a aceitar a realidade?

— Anotado — responde ele. — E, na verdade, é por isso que estou aqui. Acabo de me dar conta de que Nathan Koll estava comigo na sessão quando julgamos a apelação de Corazón.

— É mesmo — diz ela. — Koll ficou agitadíssimo quando Murph mencionou o nome. O juiz não vacilaria em envenenar a comida de Corazón na prisão de segurança máxima — acrescenta Marina, que suga as bochechas para controlar sua expressão, mas às vezes se sente como uma professora de jardim de infância, tendo que agradar aos juízes e atender às suas sucessivas exigências. — Diga-me uma coisa: o juiz Koll é um sujeito inteligente, não é?

— Basta perguntar a ele.

— Certo, tudo bem. Como é que alguém que se supõe tão brilhante segura a mensagem com as duas mãos cerca de duzentas vezes? As únicas impressões digitais que servem são as dele e, assim mesmo, há tantas impressões umas sobre as outras, que não conseguimos isolar a maioria delas. Sei que Número 1 provavelmente usou luvas, mas, pelo amor de Deus, nos dêem uma chance de investigar.

— Ele parecia muito assustado, Marina.

— Imagino. Mas o senhor devia tê-lo visto gritando por ter de tirar impressões digitais. O que ele esperava depois dessa?

George só pode fazer uma idéia de quantas fobias de Nathan foram despertadas por ter suas mãos pintadas de preto e pressionadas contra cartões. Ele deve ter ficado completamente ligado, como uma dessas máquinas de jogo eletrônico.

— Por falar nisso, aquilo no papel é sangue de boi — diz Marina. — Acho que Corazón aprendeu a lição sobre DNA. — Ela recua o pé para tomar impulso e põe uma perna curta, apertada nas calças cáqui de seu uniforme, sobre uma gaveta aberta. — Então, está gostando de Corazón agora?

— Mais que isso. Mas posso falar a verdade?

— Hoje é a última vez — avisa ela.

— Meu bastão mágico ainda não está vibrando com Corazón. Você tem seguido Zeke, filho de Dineesha?

— O melhor que podemos. Dois tiras de Kindle fizeram várias visitas à casa dele na sexta-feira, esperando usufruir de sua companhia durante algum tempo. Mas Zeke estava em Saint Louis. Ele tem um novo emprego temporário, trabalha com marketing promocional, para uma das companhias de telefone celular. Dizem que foi tão bem que agora é trainee. Trabalha às sextas e aos sábados até meio-dia.

— Telefones celulares, hein?

— Exato — diz ela. — Tive o mesmo pensamento. Mas ele estava com os cartões de embarque, conta do hotel, relatório de despesas, manuais de treinamento.

— Os policiais acreditaram nele?

— Sobre isso? Sim. Não se pode entrar num avião sem uma foto de identificação. Quer dizer que ele esteve em Saint Louis.

É claro que Zeke poderia ter feito algo mais, como mandar seu parceiro Khaleel enviar um texto para George do telefone roubado, percebendo que um dia em que tinha um álibi era a ocasião perfeita para suas armações. Isso é o que os tiras acham, e é exatamente o que Marina lhe diz agora.

— Mas isso é uma coisa por alto — acrescenta. — Eles não acham que Zeke seja o nosso cara. Mas duas coisas os preocuparam quando estiveram falando com ele. Primeiro, Zeke sabia por que estavam ali. E isso é uma coisa que causa indignação:

pensar que poderia fazer-lhe algum mal depois da ajuda que o senhor deu a ele.

Essa é a linha correta. Mas Zeke é um mentiroso excepcional, o melhor que George já viu entre dúzias de antigos clientes — e muitos advogados.

— Posso perguntar como ele soube que a polícia iria vê-lo?

— Acho que não. — Marina enruga o queixo num sorriso apertado. — E ele ainda insiste naquela história do banheiro quando o pressionaram sobre o colega dele estar no seu corredor. Mas — encolhe os ombros — não foi ele que mandou aquele texto e também não mandou a carta para Koll. O selo de origem diz "Pueblocito", sábado de manhã. — Marina está se referindo às três maiores cidades hispânicas das proximidades, em Kewahnee, onde Corazón tem suas bases. — É muita coisa para Zeke enviar de fora da cidade. Corazón, excelência. É a melhor aposta.

George sacode levemente a cabeça, tentando não parecer irritante.

— Para mim, há qualquer coisa errada com aquela carta, Marina. Venho recebendo e-mails há semanas. Por que meter Koll nessa história de repente? Especialmente quando ela traça uma linha direta para Corazón?

— Assim é Corazón, juiz. O que leva um cara a ficar fora de si e espancar uma mulher e duas crianças com um cano de ferro quando pode mandar trezentos chicanos fazerem isso? Porque ele não tem medo de nada, ele é o fodão. Põe aquilo que o senhor sabe o que é em cima da mesa e diz: "Façam alguma coisa contra mim." E ri até dormir enquanto o senhor fica acordado. É assim que ele goza.

George analisa o argumento.

— Mas até agora foi uma espécie de provocação tecnológica. Muito suave, muito inteligente. Uma folha de papel com sangue seco vem de um filme de horror dos anos 1950.

— Funcionou com o juiz Koll.

— Um e-mail faria o mesmo efeito.

— Não sei, excelência. Corazón recebeu a visita da mamãe dois dias antes de a carta ser enviada.

— Visita monitorada, certo?

— Claro. Mas, com os diabos, juiz, quando começam a falar de "Tio Jorge" em Durango, como é que vamos saber? Isso pode ser código para alguma coisa. Mas deixe-me ouvir a sua idéia. O que o senhor acha?

— Um imitador, talvez? Pode ser que alguém tenha um antigo ressentimento contra Nathan e deu uma de franco-atirador.

Ela encolhe os ombros uma vez mais, fazendo o possível para parecer aberta à possibilidade.

— Meu velho dizia que sempre é possível solucionar crimes com a regra KISS — diz. — Conhece essa?

Ele conhece, mas deixa que ela a diga em prol da amizade dos dois.

— *Keep It Simple, Stupid.**

De volta à sua mesa, George trabalha até quase seis e meia. Patrice voltara a seu escritório e deveria chegar tarde, após escalar as montanhas de papel sobre sua mesa, mas Abel estava circulando pela recepção e, de vez em quando, dando uma olhada para dentro do gabinete do juiz. O dever o mantinha bem além

* Mantenha a simplicidade, estúpido. (*N. da T.*)

de seu horário costumeiro de saída. George queria revisar mais dois votos, porém os jogou dentro de sua pasta. Vai olhá-los à noite em casa.

— Tudo certo, Abel — avisa. — Hora de partir.

Juntos, caminharam sem pressa pela passagem que dá para o setor de estacionamento dos juízes na garagem. Abel claudicando, lançando a perna para fora devido ao quadril artrítico. Quando se aproximaram da entrada, os dois garotos que George vira na semana anterior estavam novamente à espreita. O corte de cabelo os identificava como integrantes de gangue. O mais alto usava o cabelo cortado rente junto às orelhas e comprido na parte de trás, imitando, ao que parece, índios americanos. O outro, o cabelo à escovinha típico da prisão. Apesar do calor, ambos vestiam suéteres com capuz iguais.

Abel olha para eles.

— Não gosto do jeito deles — diz. — O que estarão planejando?

— Esperando uma carona?

— Certo — diz Abel. — No carro que vão roubar. Eles não estão rezando, juiz. Vamos tirá-los daqui. — Estende a mão para pegar o rádio que tem na cintura e alertar a patrulha de vigilância.

Esse é o caminho da sabedoria. Se estivesse disposto a isso, o próprio George teria chamado a segurança do tribunal. Em geral, não se erra ao pensar o pior da maioria dos jovens vistos em torno do edifício. A melhor aposta é que ambos sejam bebês-gângsteres, aprendizes ainda não-recrutados, que estão ali para guardar armas ou drogas para que os integrantes mais velhos possam passar pelos detectores de metais a caminho das sessões de narcóticos no tribunal à tarde.

Mas George sempre resistiu a acreditar nesse tipo de probabilidade como uma verdade em si mesma. O George Mason original fora o autor da frase, de que seu colega Jefferson se apropriou: "Todos os homens são criados iguais." Os sentimentos eram nobres, mas George Mason IV foi proprietário de escravos apesar disso, exatamente como quase todos os antepassados de George na Virgínia. É a mais vergonhosa das muitas heranças das quais George fugiu quando, aos 20 anos, veio para cá determinado a ser um homem de tendência mais liberal. Ao longo da vida, fez um esforço disciplinado para avaliar cada homem por si mesmo.

— Deixe-os, Abel. Não estão causando dano a ninguém. — Após sua briga com Patrice na sexta à noite, ele também se sente no dever de resistir aos medos insidiosos inspirados por Número 1. É melhor ser corajoso. — Eu os vi aqui umas duas vezes na semana passada, não pareciam estar procurando encrenca.

Como se fosse um encontro amoroso, Abel escolta George até o carro. O juiz vira a chave e liga o ar-condicionado, enquanto olha Abel ir embora. George ainda não está pronto para partir. Como sempre, deseja um minuto para si mesmo, neste caso para pensar nas três vidas de Lolly Viccino que vislumbrava há poucas horas em sua mesa. Recosta-se no banco estofado do carro, os olhos fechados. No momento, é a segunda Lolly que o preocupa, a contribuinte do fundo contra abuso à infância. Ela deve estar bem, alguém que aposta na comunidade e no futuro. Imagina uma dama do Mississippi num longo vestido rosa, usando chapéu e luvas, mas ele ri da idéia. Essa nunca seria Lolly.

George está tentando reconfigurar sua visão dela quando é surpreendido por um som agudo ao lado. Endireita-se rapidamente e vê duas coisas: o cano prateado de uma automática encostado solidamente contra o vidro, e a estrela de cinco pontas da Todo-Poderosa Nação Latina tatuada abaixo do pulso da mão que segura a arma.

14

UMA VÍTIMA

DO LADO DE FORA da janela, o cano da arma, a extremidade um ponto totalmente negro, está a poucos centímetros do rosto do juiz. George finalmente percebe que o garoto está fazendo sinais com a outra mão, mas não tem a menor idéia do que ele quer, e o jovem bate novamente com o cano da pistola no vidro como se estivesse repreendendo o juiz. É assim que as pessoas levam tiros, pensa George. Por não cumprir ordens que não compreendem. Depois, lembrando-se de Corazón, percebe que será baleado de qualquer jeito.

Uma corrente de adrenalina pura atravessa seu corpo. Há um caos de idéias conflitantes em sua mente, cada uma urgente como um grito.

Em todos os anos que viveu na periferia do crime, George nunca esteve na ponta de quem sofre a violência. Tudo que sabe é de maneira indireta, de contemplar as vítimas a uma distância clínica dos tribunais, onde tenta avaliar sua credibilidade, e em seus anos como advogado, pôr à prova suas histórias. No julgamento, o sofrimento das vítimas é freqüentemente minimizado; é irrelevante provar se um crime ocorreu ou quem o cometeu. Raramente a vítima consegue dizer o que sentiu além de "tive medo de morrer". E curiosamente, nesse instante, George vê a razão disso. Linguagem, regras e razão raramente capturam estes momentos; eles só são definíveis por sua ausência, exatamente como o zero absoluto é a completa ausência de calor.

A mão livre do garoto novamente traça círculos no ar. George finalmente compreende que o jovem quer que ele baixe o vidro da janela do motorista, e aperta o botão. Mas enquanto o vidro desliza para dentro da porta, um grito fraco ressoa dentro dele. É como se estivesse despindo-se de sua pele. Ele já estava à mercê do rapaz, mas, com o último vestígio de privacidade eliminado, está a caminho de se render espiritualmente.

— A chave agora, puto — diz o garoto. — Entrega, cara.

Em seus anos como defensor público, George fez interrogatório cruzado com incontáveis vítimas de roubos de carro. Sempre desafiava a identificação do réu da mesma maneira. Mediante a pergunta óbvia: "E a senhora estava olhando para aquela arma, não estava, Sra. Jones? A senhora nunca tirou os olhos dela, tirou?" E é verdade. Ele ainda não ousou levantar o olhar. Viu pouco mais que a pistola, uma pequena automática prateada, de cano grosso e coronha negra, e a mão que a segura, onde a estrela azul e negra da Nação Latina está impressa na pele tatuada logo abaixo da manga esfiapada do suéter do garoto.

Mas quando o jovem fala, George olha para cima de maneira submissa. Já sabe que o rapaz é um dos dois que viu a caminho da garagem e que Abel queria afugentar. Este é o garoto mais alto, com o penteado que sempre lembra a George um rabanete raspado. Agora está oculto sob o capuz do suéter, que puxa em torno do rosto, o melhor meio de dificultar a identificação.

É ossudo e não deve ter 17 anos ainda, com a pele escura, cheia de caroços, e olhos nervosos. Mexicano ou da América Central. Tem as maçãs do rosto salientes e o nariz aquilino do sangue nativo. Ao ver os garotos a distância na semana anterior, George os identificara, por suas roupas idênticas e esfarrapadas, como pobres — realmente pobres, presos na pobreza, garotos que raramente têm meios de ir além do bairro em que moram. Seria um milagre se esse garoto alguma vez tivesse tido uma conversa de mais de dois minutos com uma pessoa que trajasse um terno.

E considerando que é inteiramente incompreensível para esse garoto, George avalia as chances de engatar a marcha e fugir. Será que o rapaz ficará surpreso demais para atirar? A idéia vem, e ele a segue. Algum processo mental intermediário se evapora com o medo. A mão de George escorrega para a alavanca, mas instantaneamente o jovem golpeia seu antebraço com força. A dor é intensa, mas George sabe que é melhor não gritar. O garoto é que faz todo o barulho.

— *Porra, puto*! — ele grita. — Porra, cara, você vai berrar tanto, cara. O que é que está armando aí? *Porra* — diz o garoto e, por pura frustração, bate com o lado da pistola novamente no mesmo braço, que o juiz mantém junto ao peito. Desta vez um grito fraco escapa de George e ele se recosta no assento e fecha os olhos por um segundo, lutando contra a dor.

O garoto estala os dedos.

— Passa ela pra cá, puto. Na minha mão, cara.

Ele está exigindo a chave do carro. O braço de George está dormente demais para conseguir movimentá-lo. Vira-se no banco e tira a chave da ignição com a outra mão.

— Agora entrega tudo, cara — repete o rapaz, fazendo círculos com a ponta da pistola novamente. Quer George fora do carro. George percebe que não irão matá-lo ali. Vão levá-lo a algum outro lugar porque têm medo de que o barulho dos tiros atraia a patrulha de vigilância antes que possam escapar.

O garoto diz novamente a George para sair do carro, e George continua a esfregar o braço, agindo como se estivesse muito ocupado com a dor para ouvir. Ele avalia várias frases: "Sou juiz." "Vocês não sabem em que tipo de problema estão se metendo". Mas isso bem poderia tornar as coisas piores. A última coisa de que necessita é incentivá-los. Para esses jovens, a morte de George significa certamente a iniciação na gangue, "com sangue", como eles dizem. Corazón teria passado o serviço para vários níveis abaixo, de forma que o assassinato de um juiz, crime capital, nunca fosse ligado a ele. Por um segundo, George pensa em Marina e Abel, ambos corretos em todas as suas suspeitas. Têm o direito de uma risada amarga à custa dele. Mas George está contente por descobrir que não se importa. Sabia que estava correndo risco. Princípios sempre acarretam algum risco.

Esse instante de satisfação termina quando o jovem empurra o cano da pistola contra a têmpora do juiz para chamar a sua atenção novamente. George se encolhe, e o garoto agarra seu ombro e levanta seu queixo com a ponta do cano da arma. George pode sentir na artéria a pressão do aço frio.

— *Yo, vato* — outra pessoa fala.

Com medo de afastar a cabeça da pistola, George vira os olhos o mais que pode na direção do banco do carona. O segundo garoto que vira pela manhã está na outra porta. É quase 30 centímetros mais baixo que o que aponta a arma. Seus braços pendem ao lado do corpo, mas pelo pequeno recuo do braço direito dele, George sente que também está segurando uma arma de fogo. O segundo garoto vira o queixo.

Num canto distante da garagem alguém entrou pela escadaria oposta. Sem se mexer, George vê de relance roupas escuras. Ele estava esperando ver o cáqui dos guardas de Marina, mas é apenas alguém como ele, outro que está saindo tarde do tribunal, provavelmente um promotor ou defensor público que trabalha num julgamento. Os passos são de mulher, os saltos altos ressoando alto e rápido no concreto. George fica à escuta antes de concluir, desconsolado, que o som está se afastando.

Grite, diz a si mesmo. Ele previra essa situação uma dúzia de vezes em sua carreira, olhando a transcrição de informes policiais e avaliando friamente as opções das vítimas. Se irão matá-lo, relutam em fazê-lo ali, então gritar parece ser a melhor opção. O garoto que está com a automática na garganta de George terá de tomar uma decisão. Correr. Ou atirar. Correr seria a melhor chance de escapar. Mas George sente que esgotou a paciência do garoto. Tentou escapar uma vez. Respeito, o credo das ruas, é provavelmente a questão mais importante ali. E existe um outro problema. O juiz não está realmente seguro de poder emitir mais que um fraco grasnido.

George sempre soube que se pode ficar amedrontado a ponto de sentir dor. O braço direito lateja, e a têmpora direita está sensível, mas também sente dor no corpo. Seus músculos estão contraídos abaixo dos cotovelos por alguma razão. E ele está suando por baixo da camisa.

O garoto se agacha ao lado do Lexus enquanto mantém a mão armada contra a base do crânio do juiz. Um motor é ligado várias filas adiante e um carro vai embora. Enquanto o veículo se afasta, George sente uma onda de desespero. Foi um erro, decide. Devia ter gritado.

— Sai daí, cara — diz o garoto novamente.

George sacode a cabeça.

— Seu *puto*. Levanta a bunda daí, cara, ou ela vai sair por essa janela.

O jovem estende a mão e agarra a gravata de George. Dá um puxão violento, imprensando o rosto do juiz contra a moldura da janela do carro, mas não espera para ver se George mudou de idéia quanto a cooperar. Faz exatamente o que prometeu, usando a gravata de George como uma correia, puxando-o pela janela aberta. Instintivamente, George agarra o cinto de segurança pendurado do lado de dentro da porta, mas isso não ajuda quando o garoto puxa toda a parte superior do corpo do juiz para fora do carro, ao ar livre. Ele é deixado sufocando, com ambas as mãos no pescoço. George sussurra uma dúzia de vezes "certo" antes de o garoto, finalmente, liberar um pouco o arrocho da gravata.

O jovem se afasta devagar da janela e observa George emergir do carro. O outro garoto vem para o mesmo lado do carro, colocando-se atrás do juiz. George estava certo. Ele tinha uma arma.

De pé, George sente as pernas vacilarem. Tem medo de desabar e implora a si mesmo para não cair, não tanto por orgulho, mas por uma sensação de que isso aumentará o perigo.

— Carteira — diz o garoto. Pega o relógio de George e também o anel de formatura. Faz George revirar todos os bolsos do terno e entregar o conteúdo. Depois, os dois rapazes levam George para longe do carro. Ele avança pouco mais de três metros, ainda esfregando o antebraço. Não tem idéia do que está acontecendo e se pergunta se irão matá-lo ali mesmo, afinal, mas isso não faz sentido. Se quisessem, já teria acontecido.

Em vez disso, o primeiro garoto desliza pela porta aberta do carro para o assento do motorista e liga o motor. Acena para o companheiro, que ainda aponta seu revólver preto, provavelmente um 32, contra o juiz.

Por favor, Deus, a mala, não, pensa George. Vão forçá-lo a entrar no carro. Na mala, não. E, com isso, percebe que vai resistir. Podem esganá-lo, espancá-lo com as armas, mas ele não se submeterá. Vai gritar se tiver que fazê-lo. O fim, seja qual for, terá de ser ali.

Seu espírito está concentrado nessa decisão quando ouve o segundo garoto correr. Ele rodeia o Lexus e senta-se no banco do carona, e o rapaz que está na direção dá uma ré no carro. George percebe, tarde demais, que teve uma grande chance de escapar. Tendo recuado o sedã, o garoto olha pela janela aberta para George, que não está a mais de um metro dele. O juiz não fica nem um pouco surpreso quando a arma prateada reaparece.

Atire e fuja, ele pensa. Esse é o plano. Ele entendeu errado. Tudo errado.

— *Puto* — diz o garoto —, pergunte a Jesus esta noite por que hoje não foi o dia do seu enterro. Eu devia apagar você, cara, puxando essa coisa aqui. Devia fazer você beijar esse *cuete* — diz, mostrando a automática.

George leva um segundo para absorver essas palavras e mais ainda para compreender suas implicações. E aí vê: não vão matá-lo. Nunca tiveram a intenção de matá-lo. É um assalto, não um homicídio. Estão ali para roubá-lo e a seu carro.

Por algum motivo, o garoto ainda olha para ele, como se esperasse que George explicasse, ou mesmo agradecesse. E, de alguma forma, George assente.

— Pensei que vocês fossem outras pessoas — diz ao garoto. Ambos ficam espantados com aquilo. George por ter falado, e o garoto pelo que o homem mais velho disse. Os olhos escuros, rápidos, olham em torno intrigados.

— Cara — ele diz, e com isso afunda o pé no acelerador. O Lexus, refúgio particular de George, faz uma curva voando e desaparece de vista.

Ele procura alguma coisa na qual possa sentar-se, mas a coisa mais próxima é uma coluna de concreto, e ele se encosta nela, esperando que o espírito retorne a seu corpo. Durante um momento não faz nada além de respirar, cada inalação uma experiência suprema. Aliviado, está perdendo força. Suas pernas estão pesadas, e espera que essa sensação diminua devagar. Senta-se com as costas contra o pilar, no chão sujo e manchado de óleo. Tenta relembrar todo o incidente, mas fica apenas uma última impressão. Ele estava errado. Tudo que pensou estava errado. Sempre achou que entendia o crime, as causas, a preparação e as conseqüências. Mas trinta anos depois revela-se que, aparentemente, não aprendeu nada de útil. Ou correto. Entendeu tudo mal, resistiu desnecessariamente e, ao fazer isso, colocou-se no único perigo mortal que enfrentou.

Aos poucos, seu espírito parece voltar a seu corpo do lugar próximo onde estivera esperando, preparando-se para a morte.

Todos os seus pertences se foram. Entregou não apenas a carteira, como as chaves da casa, até mesmo os óculos e moedas. Ele não está com o celular de Patrice, mas não se recorda de tê-lo entregue ao garoto e se pergunta se o deixou no gabinete.

Nunca compreendeu de fato, pensa. Nunca compreendeu totalmente. Que no final, ou no início, o ser humano é apenas isso: uma única fibra humilhada que deseja desesperadamente sobreviver. Pensa nas mensagens que vem recebendo e na tola valentia que tenta exibir. Tudo inútil. No momento das conseqüências, nada importa a não ser ficar vivo.

Patrice poderia ter-lhe dito isso. Foi o que deve ter experimentado quando o doutor colheu uma amostra abaixo da laringe de Patrice e disse que não se importava com o que ele sentia. E, assim, George Mason fica ali, sentado no chão cheio de areia, pensando em sua mulher com arrependimento e admiração.

15

SOBREVIVENDO

VOLTAR PARA O TRIBUNAL parece uma viagem sem fim. George bate no vidro da porta da frente com a mão boa durante pelo menos cinco minutos, e quando o vigia noturno, outro integrante inútil da família cáqui de Marina, finalmente se dirige à janela, sacode a cabeça negativamente como se ela estivesse presa a alguma haste flexível.

— O tribunal está fechado — diz o policial antes de virar de costas. Ele provavelmente pensa que George é um advogado que perdeu o prazo e espera que o escrivão do cartório receba a petição de apelação.

— Sou juiz! — George continua a gritar. — Fui assaltado.

Joanna Dozier, uma promotora que está trabalhando até tarde, o reconhece, e a polícia finalmente é chamada.

Esperando os policiais, George sobe para seu escritório. Tira uma pedra de gelo do freezer do pequeno refrigerador e a aplica sobre a manga da camisa. A dor que sente no antebraço é penetrante, profunda e muito diferente, ele suspeita, de uma simples escoriação.

O celular de Patrice está sobre a mesa. Desde que Marina o devolveu, na sexta-feira, ele já o esqueceu mais de uma vez, nitidamente relutando em dar a Número 1 outra chance de assustá-lo. Mas o utiliza para chamar um serviço de chaveiros que trabalha 24 horas por dia. Ainda se recobrando do que aconteceu na garagem, George é atravessado por um novo temor: entregou as chaves de casa, e seu endereço está na habilitação de motorista que se encontra na carteira de dinheiro, que ele também entregou. Quando o sujeito de cáqui chamou a polícia por rádio, a primeira coisa que George pediu foi que mandassem uma equipe para vigiar sua casa.

Em seguida, telefona a Patrice para avisar que o chaveiro está a caminho.

— Roubaram meu carro e perdi as chaves.

— Oh, meu Deus, George. Você está bem?

— Estou bem. A culpa foi minha. Fui avisado diversas vezes para não demorar no estacionamento. Já tinha visto aqueles garotos rondando por ali e quis bancar o durão.

Ele pára de falar, percebendo que está a ponto de desabafar o que vem escondendo. Em vez disso, pede a Patrice que olhe pela janela. A viatura preta e branca da polícia está na esquina.

— Mas como você está? — pergunta ela novamente, quando volta ao telefone.

— Bem, bem. Assustado, claro. Fiquei um pouco nervoso. Preciso fazer uma radiografia do braço. Neste momento, estou esperando a polícia chegar.

— Radiografia? Estou indo — ela diz.

A última coisa de que ela precisa agora é de passar mais tempo no hospital. E seu retorno ao trabalho certamente a deixou esgotada. Mas o chaveiro é motivo suficiente para não sair de casa, e ela finalmente aceita isso.

— Vou levar horas no pronto-socorro e na polícia — diz ele. — Prometo acordá-la quando chegar.

Abel entra quando George desliga o telefone.

— Jesus-todo-poderoso, excelência.

O guarda-costas foi chamado em casa pelo pager e viera correndo de bermudas verdes que revelam um par de pernas finas rosadas. É uma maravilha da natureza o fato de elas poderem sustentar aquele corpo.

— A culpa é toda minha, Abel. Eu deveria ter escutado você.

Abel insiste em ver o braço do juiz. Por qualquer razão, George ainda não o olhara, e sabe que está mal quando não consegue suspender a manga porque o braço está inchado demais. Em vez disso, desabotoa a camisa. Um alarmante calombo de coloração vermelha e azul se estende do pulso ao cotovelo. Abel dá um assovio.

— Excelência, vamos levá-lo para o pronto-socorro. Os rapazes da Área 2 podem muito bem tomar seu depoimento lá.

No pronto-socorro do Masonic, George espera mais de uma hora numa pequena área com cortinado antes que venham buscá-lo para a radiografia. O juiz havia tomado a precaução de levar algum trabalho para o pronto-socorro, mas o braço direito dói quando tenta escrever e a tarefa fica limitada a rabiscos na margem, cujo significado espera poder lembrar-se no dia seguinte.

— Uma fratura fina como um fio de cabelo — diz o médico do pronto-socorro, quando finalmente afasta a cortina e entra com o filme. Ele entrega uma tipóia de lona azul para George e prescreve um analgésico para ele tomar à noite. Fora isso, o juiz poderá tomar ibuprofeno durante o dia quando sentir dor. — Consulte um ortopedista em três dias — diz o doutor ao sair e voltar a cerrar a cortina.

Na sala de espera, Abel se enfiou numa das cadeiras de madeira de braços. Está papeando com um homem que se apresenta como detetive da Área 2. Seu nome é Phil Cobberly, um cara gordo com cabelo castanho despenteado e compleição avermelhada, alcoólica. George aperta a mão dele, usando a esquerda.

— Sabe, excelência, o senhor e eu já fizemos alguns trabalhos — diz Cobberly. — O senhor me pôs para testemunhar no caso *Domingo* há alguns anos. Lembra-se? O gerente-geral de uma dessas gigantescas redes de móveis, que adulterava o inventário e tirava mercadoria pela porta dos fundos. O cara estava ganhando um bilhão e meio e roubava assim mesmo. Seis detetives investigando o caso.

George se lembrava dele. Cobberly testemunhou no inquérito preliminar, com base no relatório conjunto que os policiais haviam feito, identificando a posição de cada integrante da Unidade de Grandes Roubos enquanto observavam o crime. Quando George obteve por mandado os registros pessoais de McGrath Hall, revelou-se que dois daqueles policiais estavam de folga naquela noite. Foi negligência, não falso testemunho, mas com a prova de que a polícia estava querendo testemunhar mais do que lembrava, a promotoria requereu sursis, a suspensão condicional de pena judicial, enquanto os policiais ferviam de raiva.

— É claro que esses pés-de-chinelo que o assaltaram — diz Cobberly — não terão esse tipo de advogado, certo? Seus clientes pagaram a saída. Esses joões-ninguém ficarão atrás das grades.

Cobberly sorri, enrugando o rosto. Para ele, há justiça divina em ver um cara que ganha muito dinheiro libertando bandidos na situação de vítima do crime. Há muito tempo, George desistiu de explicar coisas a tiras como esse.

Abel intervém:

— O juiz deve estar cansado, Philly.

Após desabafar, Cobberly se torna amigável o suficiente para fazer anotações.

— E as tatuagens? — pergunta, por fim.

George diz que a única tatuagem que viu foi a estrela de cinco pontas da Todo-Poderosa Nação Latina na mão direita do garoto.

— Se foi recrutado pelos Reis Latinos — diz Cobberly, referindo-se ao grupo que Corazón ainda lidera —, então deveria ter uma coroa tatuada logo acima, do mesmo tamanho.

— Talvez fosse o que estivesse procurando com o assalto — diz Abel. — Um garoto daquela idade. Sangue por vida — acrescenta. George pensou a mesma coisa quando achava que seria morto, mas a interpretação o surpreende pelo significado de como as coisas acabaram. A iniciação nas gangues requer violência: tiro, facada, arrebentar os rivais; não roubar um Lexus.

— Para mim, pessoal, foi um simples roubo de carro — diz George. — O que eu havia pensado a princípio.

Nem Cobberly nem Abel estão inteiramente convencidos, nem Marina, que entra correndo no momento em que George e Abel se preparam para ir embora. Ela também está de bermuda e com uma camiseta justa na cintura, roupas de uma marca conhecida. Fora do trabalho ela parece bem elegante. Estava a caminho de uma conferência no sul do estado, quando foi avisada pelo pager. A essa altura, George está exausto e cansado do hospital — o mal-estar na maca, o burburinho e as luzes brilhantes —, mas como Marina dirigiu 177 quilômetros em duas horas para voltar, é obrigado a relatar novamente todo o incidente, e eles sentam-se na sala de espera do pronto-socorro.

— Isso para mim não foi coincidência, excelência. Observe o padrão. Corazón eleva a tensão aos poucos. E está chegando mais perto. O senhor disse que esses garotos o estavam espionando havia quase uma semana, certo? Como se o estivessem esperando?

— Eu diria que eles esperavam qualquer um que tivesse uma chave de carro. Fui apenas o cara da vez, porque sou burro o suficiente para ficar sentado ali. Se Corazón quisesse acabar comigo, nunca teria tido oportunidade melhor do que um tiro certeiro.

— Ele faz seu próprio cronograma, excelência. Mandou aqueles garotos fazerem exatamente o que fizeram... roubar o senhor e assustar a todos nós.

George entende a teoria dela. Corazón quer que todo mundo — policiais, promotores, e o juiz mais do que ninguém — saiba que o golpe final se aproxima. Quando acontecer, qualquer pessoa que tiver ajudado a prender Corazón ficará aterrorizada ao ver que o Inca dos Reis Latinos se vinga impunemente — e com um sorriso, porque o próprio estado dará a Corazón uma defesa completa, devido às grades de aço e ao total isolamento dos detentos na prisão de segurança máxima.

Chame de negação, mas George ainda pensa que é exagero da polícia. Os Reis Latinos são uma gangue de rua, não o serviço secreto israelense Mossad, e a marca de Corazón é a brutalidade, não a paciência calculista. Mas George não vai criar caso com Marina novamente.

Quando ele se levanta para sair, ela diz:

— Meia-noite e sete agora, excelência. Haverá policiais dando segurança ao senhor sempre que sair da corte, e meu pessoal dará cobertura ao senhor lá. Não adianta reclamar.

Ele pensa nisso. Por enquanto, o incidente vai servir como explicação para Patrice.

Sua mulher está sentada sobre a bancada da cozinha, e ele pode ver que alguma coisa está errada. Ela pegou a garrafa de Chivas de onde estava guardada para as visitas, e há um dedo de líquido âmbar em seu copo. Duas décadas atrás, George decidiu que precisava impor alguns limites, e nem ele nem Patrice bebem habitualmente em casa. Mas é o olhar impiedoso que pousa sobre ele assim que entra em casa, vindo da garagem, o detalhe mais revelador.

— Ameaças de morte? — pergunta-lhe Patrice, então. — Você vem recebendo ameaças de morte há semanas e não me diz nada?

A notícia foi transmitida pela TV: "Um juiz que vem recebendo ameaças de morte há várias semanas foi assaltado hoje à noite no estacionamento do tribunal, mas a informação é de que ele escapou com ferimentos leves." O telefone não tinha parado de tocar — amigos preocupados, e vários repórteres, que, de algum jeito, conseguiram o número e queriam uma declaração.

Pego de surpresa, a primeira resposta de George é:

— Como é que isso foi parar na TV?

Mas agora os tiras sabem de tudo e não existe essa coisa de segredo em McGrath Hall. Marina também deve ter dado informações sem se identificar, sabendo que a manchete vai repercutir na direção do condado.

— Eu realmente preciso explicar isso? — pergunta a Patrice.

— Sim, você *realmente* tem de explicar isso.

— Achei que estávamos com ameaças de morte suficientes nesta casa.

— Oh, George.

Ela segura a mão boa dele e carinhosamente se aproxima e o abraça.

— Era por isso que você estava tão louco.

Um casamento passa por vários estágios de intimidade. O primeiro, quando se está convencido de que a parte externa de cada um vai derreter-se e os dois vão tornar-se um só; é a fase mais exaltada, celebrada e dramática. Mas, como bom advogado, George pode falar sobre os outros — os momentos iniciais do nascimento do primeiro filho, quando se tenta imaginar como sobreviver ao truque mais engenhoso da natureza, usando o amor para produzir alguém que vai ficar entre os dois. Ou este: na saúde e na doença.

— Foi por isso que você estava falando em não fugir? — pergunta ela.

— Não exatamente. Pelo menos não foi o motivo principal.

— Bem, então qual foi o "motivo principal"? E, por favor, não diga que fui eu.

Ele lhe conta sobre o caso *Warnovits* e Lolly Viccino. Patrice ouve toda a história sem soltar a mão do marido.

— Você tem passado um mau bocado, hein, colega? — Ela o envolve com o braço novamente. — George — diz —, você é um homem bom. Um homem muito bom. A época era outra. Coisas como essas eram comuns, George. Era uma coisa repulsiva, mas não criminosa. Não naquela época. Os tempos mudam. As coisas ficam melhores. A humanidade melhora. E você melhora com ela. Com a ajuda de outros seres humanos. É para isso que existe a lei. Não preciso fazer esse discurso. Você o faz para mim há trinta anos.

— E você não acreditou numa só palavra — diz ele, sorrindo.

Ela leva um segundo para responder.

— Bem — responde —, pelo menos eu estava ouvindo.

Ainda estão sentados juntos, conversando sobre os efeitos do medo e o que ele subtrai da vida, quando o celular zumbe no bolso do paletó de George, pendurado na cadeira. Ele diz a si mesmo para não olhar, mas Patrice se levanta para pegar o aparelho e entregá-lo a ele. George estende a mão para não deixar que ela seja a primeira a ver a mensagem de texto.

A tela diz: "Da proxima vez serah pra valer. Ateh +."

16

O OLHAR PÚBLICO

QUANDO GEORGE SE LEVANTA, às seis e meia, ouve vozes do lado de fora e entreabre a cortina do quarto. Atrás do carro preto-e-branco da polícia, que ficou encostado ao meio-fio a noite inteira, estacionaram três caminhonetes de canais de TV. As longas antenas portáteis, como gigantescos espanadores de cozinha, foram erguidas para a transmissão. Esperando a aparição de George, os repórteres dos canais estão juntos, recostados numa das caminhonetes, bebendo café e jogando conversa fora com os dois guardas ali presentes para proteger o juiz.

— Colega — ele diz a Patrice —, você não vai gostar nada disso.

Marina chega numa caminhonete do tribunal uma hora depois. Três outras caminhonetes também aparecem. George prefere chamar Marina pelo celular para convidá-la a entrar em casa do que aparecer do lado de fora e recompensar as câmeras pela espera.

— Merda — diz ela sucintamente, quando ele lhe mostra a mensagem de texto. — Temos de entregar esse telefone para o FBI. Ver se conseguem montar um tipo de armadilha. Não acredito que ele tenha tido a coragem de fazer isso de novo.

Número 1 sabe perfeitamente o que Marina explicou no outro dia sobre a dificuldade de rastrear mensagens de texto. E, portanto, não lhe interessa saber quem está com o celular agora: a polícia ou George. Ele receberá a mensagem de qualquer jeito.

— Talvez fosse melhor o senhor pensar em ficar por aqui, excelência.

— Será preciso sorte para levá-lo a ter bom senso — diz Patrice.

Mas George sabe que está sendo prudente. Todos os recursos locais de segurança estarão dedicados à sua proteção. Estará mais seguro que o presidente. E seria mandar a mensagem errada ficar em casa e se esconder. Ele assumiu esse trabalho, admitindo que as responsabilidades são, freqüentemente, simbólicas.

Patrice continua a espiar pelas cortinas, examinando a aglomeração cada vez maior na entrada da casa. Há, no mínimo, 12 jornalistas, bem como oito policiais, e, naturalmente, alguns vizinhos. Patrice está tendo ataques sobre o destino de cada planta que semeou nesta primavera, um ato de amor e dedicação que exigiu dela uma energia que, na verdade, não tinha logo após a cirurgia.

Às oito e meia, George abriu a porta da frente com a sensação de que estava entrando num palco. O braço ainda estava inchado demais para pensar em abandonar a tipóia, e o casaco estava sobre o ombro direito à maneira de alguém que foi ferido num filme de faroeste. Olhando à frente, espera parecer cordial mas ocupado, e não dá uma palavra enquanto câmeras e repórteres caminham a seu lado na calçada em frente à casa.

Com mais autoridade que um general, Marina dá um passo à frente enquanto Abel se adianta para abrir a porta da caminhonete. Em nome de George, Marina recita um comunicado de uma linha que ela e ele escreveram dentro de casa — "O juiz está se sentindo bem e ansioso para conduzir os trabalhos no tribunal" —, enquanto os câmeras empurram uns aos outros pela chance de introduzir suas imensas lentes negras pela janela aberta do lado do motorista. Estragando um pouco a imagem de coragem, George olha para trás, para a fileira de flores brancas e delicadas pisoteadas na beira da calçada.

Os veículos saíram em comboio, um carro da polícia na frente da caminhonete de Marina e outro atrás, enquanto as caminhonetes de TV vão para a frente e para trás do comboio em busca de ângulos para as câmeras. George pensa em como isso repercutirá na mídia e ri.

— O quê? — pergunta Marina.

— Piada particular.

Após essa reviravolta que o transforma em herói da guerra urbana, George percebe que não apenas pode libertar os réus do caso *Warnovits*, como ordenar que o estado os indenize e ainda assim vencer as eleições para permanecer no posto.

A manhã se passa em meio a uma procissão de visitantes que vão ao gabinete para demonstrar solidariedade e constantes telefonemas de amigos e repórteres, que George não atende. As únicas pessoas que não pode evitar são seus colegas de tribunal. O Chefe, apropriadamente, é o primeiro a aparecer, instantes após George chegar a seu escritório. Exige um relato completo dos eventos da última noite e sacode a cabeça o tempo todo.

— Nathan está louco — diz então. — Tem certeza de que será o próximo a ser ameaçado. Aposto que encontrou para si um "lugar seguro" a não menos de 500 quilômetros de distância.

Nenhum dos dois consegue reprimir o riso.

— Então, qual é a sua teoria? — pergunta Rusty. — Sobre a noite passada?

Fatos sem relação, explica George, exceto que a tentativa de parecer corajoso em face das ameaças de Número 1 parece tê-lo tornado mais estúpido.

— Ainda não acredita que foi Corazón?

Estranhamente, só agora, após evitar durante semanas, o medo que justificadamente acompanha essa possibilidade invade o juiz. Seu coração bate forte e as mãos se fecham enquanto imagina o que seria ser seguido com intenção mortal por um sociopata cruel como Corazón. Com seu auto-imposto exílio, Koll pode ter tido a atitude correta, se isso for o que realmente está acontecendo. Mas, no fundo do coração, George ainda não acredita nisso.

— Para mim, isso não encaixa — diz ao Chefe. — A única forma de sabermos com certeza será se os tiras desentocarem aqueles garotos e investigarem se têm alguma ligação com os Reis Latinos. E eu não apostaria muito nisso. Meu carro, a essa altura, já foi vendido ou depenado, e aqueles garotos estão cheios de dinheiro.

— Provavelmente — concorda Rusty.

Por volta do meio-dia, o último visitante prestou seus respeitos. George estava fechando a porta, na esperança de terminar algum trabalho, mas ao ouvir a porta raspar no carpete, Dineesha se levantou abruptamente. As mãos estavam cruzadas sobre a ampla cintura, o olhar que dirigiu para ele era esperançoso. Ela é bonitona, matronal, com um penteado que tem o formato de um grande globo, remanescente dos anos 1970, e que nunca abandonou. Ele a faz entrar com o coração pesado. Já viu essa expressão de vergonha mil vezes antes e sabe exatamente o que vem por aí. Existe apenas uma causa.

— Zeke diz que a polícia falou com ele, excelência, querendo saber onde estava na sexta-feira. Estava em Saint Louis. Tenho certeza. Ficamos tomando conta do cachorro dele. E ele diz que tem papéis mostrando que esteve lá.

— Não acho que alguém duvide disso, Dineesha.

— O negócio é que este é um bom emprego para ele. Mas se a polícia telefonar para a companhia, bem...

As mãos ainda estavam entrelaçadas à altura da cintura. Não faz sentido perguntar se Zeke respondeu sinceramente ao formulário de emprego sobre se alguma vez esteve preso ou foi acusado de algum crime. Para um cara como Zeke, tudo é sempre um círculo vicioso. Faça a coisa certa e você nunca porá os pés do lado de dentro da porta.

— Não acho que isso vá acontecer — diz. Ela suspira e sorri.

— Mas uma coisa que aborreceu a polícia foi que eles pensaram que você avisou Zeke de que os policiais iriam vê-lo — diz George.

A boca de Dineesha forma um grande O.

— Não foi assim, excelência. Só estive com ele na quinta à noite. Não estava tentando avisá-lo de nada, apenas dei-lhe um conselho. Ele disse que nunca faria mal ao senhor. Acredito nisso, excelência.

Obviamente, esse é o problema. A mãe de Zeke sempre acreditará no que ele disser. Nenhuma outra pessoa em sã consciência faria isso.

— Dineesha, você não acredita de verdade que ele e o colega dele estiveram aqui em cima para usar o banheiro, não é?

Ela fica sem graça com a pergunta e se senta na mesma cadeira de encosto reto próximo da porta que encontrara no outro dia para chorar escondida por seu filho mais velho.

— Não, não acredito.

— Então, o que vieram fazer aqui? Estavam tentando roubar alguma coisa?

Ela consegue dar uma risada curta e aguda.

— Não, excelência. Justamente o contrário. Estavam tentando devolver uma coisa.

— Do meu escritório?

— Da minha bolsa. Zeke estivera aqui naquela manhã. Por causa do cachorro. E ele pegou as chaves da minha bolsa.

— E por quê?

Ela pressiona os dedos contra o centro dos lábios, decidida a não chorar novamente.

— Ele queria entrar no nosso depósito. Guardamos as coisas dele ali quando ele estava fora. — Prisão, é ao que ela se refere. — E não sei exatamente como, mas Reggie achou duas armas lá, e quando Zeke saiu, seu pai não quis entregá-las a ele. O senhor sabe, ele não pode ter armas de fogo.

É crime federal e estadual um ex-presidiário portar uma arma de fogo.

— Zeke e Reggie discutem sobre essas armas a cada dois meses. Zeke diz que só quer vendê-las, que valem um bom dinheiro. Então, pegou minhas chaves e conseguiu as armas.

Aquele garoto Khaleel está com elas agora, mas acho que fizeram um trato: Khaleel deveria vir aqui e pôr as chaves na minha bolsa quando eu saísse por alguns segundos e, se alguém visse aquilo, diria apenas que as encontrara no corredor, do lado de fora da porta.

Ela tem as duas mãos no rosto.

— Juiz, ele só precisa continuar na direção certa. Tenho a certeza de que ficará tudo bem. Realmente acredito nisso.

Não há como se divorciar dos filhos, pensa George. Para Dineesha, a esperança é eterna. E, assim, a angústia também.

— Excelência, não tenho esse direito...

— Isso ficará apenas entre nós, Dineesha.

Ela se levanta, ainda sob o peso de tudo aquilo.

Dez minutos depois, bate novamente. Mais não, pensa George. Nem de Dineesha. Mas quando abre a porta, ele nota que ela se refez. É assunto de trabalho.

— Murph está ao telefone — diz ela. — A Área 2 pegou os dois garotos. Querem que o senhor vá fazer o reconhecimento.

17

ÁREA 2

O QUARTEL-GENERAL DA ÁREA 2 é uma fortaleza, um reduto de pedra, erguido na virada do século. É freqüentemente utilizado por equipes de TV e cinema quando precisam de uma construção que pareça totalmente inexpugnável. Ao entrar no local, o visitante defronta-se com uma parede recém-construída de blocos de concreto, interrompida apenas por uma pequena janela de vidro à prova de bala, atrás da qual senta-se um policial. No passado, havia na parte inferior da janela um pequeno espaço fechado com uma placa de metal semelhante à que existe nas caixas de correio, por onde as pessoas que estavam livres sob fiança ou seus parentes pudessem passar o dinheiro, mas isso foi antes que algum gângster enfiasse por ali um cano de revólver e ferisse gravemente três policiais. Agora, todos os que entram têm de passar por um detector de metais.

Cobberly, o detetive de rosto vermelho que se divertira caçoando de George na noite anterior, está do outro lado.

— Então, o que sabemos desses rapazes de fino trato, Philly? — pergunta Abel. A caminho da sala de reconhecimento, Abel sabe que o mais jovem fora encontrado em sono profundo no Lexus de George, estacionado numa rua do North End. Uma hora depois, o mais velho chegou ao local a pé, despreocupado, segurando as chaves do carro e um saco com hambúrgueres.

De acordo com Cobberly, os dois são irmãos, os mais jovens de quatro filhos.

— Linda família — diz o detetive. — Papai estava sempre entrando e saindo da prisão por causa da maconha, mas agora há uma espécie de reunião de família. Os dois garotos mais velhos estão presos com ele em Rudyard. Adoro finais felizes — acrescenta.

— Gângsteres?

— Claro.

— Reis Latinos?

— Não. Eles são de Kehwahnee, o território dos "Dois-Seis". Vinte e Seis Loucos da Rua.

— Então, não há ligação alguma com Corazón?

— Não posso dizer isso. Dois-Seis e Reis Latinos fazem seus acordos.

Abel pergunta se os garotos falaram alguma coisa.

— O de sempre — diz Cobberly — "não sei de nada", mas não anotamos. Eles são menores.

Menores não podem ser interrogados sem a presença dos pais, que, na Área 2, tendem a não atender à porta quando a polícia bate. Na ausência deles, um oficial encarregado de menores acompanha o interrogatório. O defensor público da delegacia foi convocado também, já que os garotos serão acusados como adultos. Cobberly, por sua vez, chamou o supervisor. George suspeita de que ele próprio é a razão de uma equipe de mais alto nível ser necessária. Os defensores públicos querem comportar-se cuidadosamente com um juiz, especialmente um do tribunal de apelações que ocasionalmente fica do lado deles.

Quando o supervisor chega, vê-se que é Gina Devore, que supervisionou os defensores públicos no tribunal de George durante os dois anos em que ele presidiu julgamentos na Corte Central. Ela ficou famosa no tribunal por nocautear um dos clientes na prisão quando ele agarrou seu seio. Com 1,65m sobre o salto alto, Gina derrubou o cara, que perdeu os sentidos.

— A melhor e a mais brilhante — George a cumprimenta. Ela o surpreende um pouco com um rápido abraço apesar de estar em serviço. Casada com um tenente da polícia de Nearing, resume numa frase como vão os filhos.

— Como está seu braço? Vi o senhor na televisão.

— Está bem, mas acho que não vou mandar um cartão de agradecimento aos seus clientes.

— Excelência — diz ela —, aposto que, quando o senhor der uma olhada, verá que pegaram os garotos errados.

Ela tem o rosto absolutamente impassível ao fazer a observação, embora tanto ela quanto George saibam que não apenas esses garotos foram presos no carro do juiz, como as roupas de cada um deles — e as armas descobertas sob os bancos dianteiros — combinavam com suas descrições.

A defesa dos garotos, se ela seguir a linha habitual, será de que eles encontraram o Lexus abandonado com a chave na ignição. Na melhor das hipóteses, pura fantasia. Mas se George fizer as identificações, o caso se fechará. Nenhum júri deixará de acreditar num juiz nessas circunstâncias.

Liderada pelo detetive-comandante, Len Grissom, um ossudo e reservado texano, a procissão — dois advogados de defesa, um promotor chamado Adams que havia chegado de Felony Rivers, Cobberly, Abel e vários outros policiais, e finalmente o juiz — entram num cômodo que serve a várias finalidades e onde os policiais da Área 2 se reúnem antes de sair para o trabalho. Parece uma sala de aula, repleta de carteiras escolares com extensões laterais plásticas para apoiar o braço direito. Na frente, uma fileira de lâmpadas de alta voltagem proporciona um grande clarão de luz. Foram instaladas sobre as filas de reconhecimento, tanto para iluminar os participantes quanto para impedir que eles dêem uma boa olhada nas testemunhas.

Quatro garotos entram e se espalham na plataforma de onde, em outros tempos, o sargento do dia anunciava as tarefas. São todos de estatura entre 1,60m e 1,80m, segundo a descrição de George do segundo assaltante. Três dos garotos são provavelmente voluntários do reformatório que serão recompensados pela cooperação com um hambúrguer no carro da polícia no caminho de volta. Todos usam os uniformes azuis da detenção, mas um suéter com capuz é passado de um para outro. Cada um o veste rapidamente e puxa o capuz para o rosto, virando depois para mostrar o perfil direito e o esquerdo.

Quando o desfile de moda — como é chamado — termina, George fixa o olhar no terceiro garoto a partir da esquerda. Gina nitidamente desaprova aquela situação e toma notas em seu bloco amarelo. O problema é óbvio. Dois dos garotos não têm o cabelo cortado rente, que George descrevera a respeito do rapaz mais jovem. Mesmo com essa alusão, porém, ele não está muito seguro sobre o rapaz a identificar. Pelo canto do olho, o juiz pega Cobberly coçando o rosto. Ele usa três dedos e coça a face três vezes, repetindo o comportamento duas vezes. George não diz nada, mas fica olhando fixamente, até que o colega mais jovem de Gina flagra Cobberly.

— O quê? — diz Cobberly.

— Podem tirar esse idiota daqui? — pergunta Gina a Grissom. — Você o reconheceu? — pergunta a George.

— Eu diria que a semelhança mais provável chega de 60 a 70 por cento — responde. Os advogados tomam nota.

Leva mais de meia hora para o segundo grupo de jovens mais altos aparecer, porque Gina exigiu que Grissom encontrasse suéteres para todos eles e cada um surge com o capuz puxado para o rosto, privando George de quaisquer pistas sobre o cabelo deles.

Ele pergunta a Gina:

— Você se incomoda se eu chegar mais perto?

George dá alguns passos ao longo da plataforma. Gina pediu a Grissom para instruir todos os participantes a olhar para a frente, mas quando George segue adiante, o garoto que está prestes a ser examinado não resiste e dá uma olhada para baixo. Seus olhos não ficam nessa posição por muito tempo, mas ele bem poderia apertar a mão de George e chamá-lo de *puto* em homenagem aos velhos tempos.

O juiz pára e aponta.

— Pô, cara — diz o garoto, mas muito baixo. Depois da repreensão de Cobberly, os outros garotos tomam o cuidado de nem sequer olhar na direção de George, mas ele sabe, pela tensão na sala, que pegou o garoto certo.

Em seguida, Grissom leva George e a procissão jurídica para trás da mesa de um dos detetives. Seis revólveres estão sobre a mesa, dois deles indubitavelmente encontrados com os garotos presos. George não entendia nada de armas quando começou como defensor público, mas aprendeu mais do que gostaria sobre o trabalho e permaneceu atualizado sobre o assunto porque com freqüência lê transcrições de julgamento com o testemunho de especialistas em balística. Ele achou que a arma prateada com coronha negra que o garoto apontava para ele fosse uma Kahr MK40, que reconheceu apenas por ser a rainha das armas escondidas. Foi provavelmente "alugada" de uma gangue mais antiga em troca de um percentual do que fosse arrecadado. O segundo garoto tinha um 32 ou 38, também automático. George aponta para a primeira arma sem hesitar. O axioma do tribunal é verdadeiro. É a única coisa que você realmente vê. George escolhe acertadamente a segunda arma também.

— Tanto esforço para a falta de credibilidade do reconhecimento da testemunha — murmura Gina. Com as identificações, George, Abel e Gina esperam os tiras que ficaram atrás da área de detetives com o promotor de Felony Rivers. Teriam uma reunião que, com certeza, concluiria que não precisavam de nada mais para fechar o caso.

— A propósito, nenhuma arma estava carregada — diz Gina a George enquanto esperam. — Só para saber.

— Profissionais, hein?

— Não são novatos. Mas isso conta, certo? Para não terem a chance de matar ninguém.

— Exceto de ataque do coração — diz o juiz.

Os tiras e promotores podem ficar felizes, mas, da perspectiva de George, pegar os garotos certos é apenas o início do problema. A verdadeira questão é se foi Corazón quem os mandou. Gina jamais permitirá que os garotos falem com os tiras, especialmente se Cobberly ou alguém como ele estiver envolvido. George fica revirando o problema na cabeça.

— Como você reagiria se eu dissesse que quero conversar com seu cliente? — pergunta o juiz. — O mais alto deles?

— O que ele ganha com isso? — responde Gina instantaneamente.

— Não sou eu quem cuida do caso.

Ela sorri.

— Algo me diz que todos vão ouvir com muita atenção as recomendações de um juiz do tribunal de apelações.

— Então, vamos ver se deixa escapar algo. É a única forma de ele dizer alguma coisa.

Quando os tiras reaparecem, Grissom gosta da idéia.

— O senhor conseguirá mais desses garotos do que nós, juiz — diz.

Gina sai para informar seu cliente.

O garoto é colocado numa sala de interrogatórios mal-conservada, com uma velha mesa de madeira e três cadeiras, além de numerosas algemas para os pés e suportes esburacados nas paredes. Ele pode ser visto do corredor por um espelho de uma face só. Mesmo assim, Grissom, Gina e o promotor escoltam George ao recinto e permanecem atrás dele enquanto o juiz senta-se na cadeira oposta à do garoto. Há um gancho de ferro no chão usado para algemar os pés dos prisioneiros, mas, como menores, os jovens só têm as mãos algemadas. Pelos termos que Gina estabeleceu, seu cliente não terá seus direitos reconhecidos, o que significa que suas declarações poderão ser usadas contra ele no tribunal, na remota possibilidade de que vá a julgamento.

— Cara, você me derrubou feio, cara — diz ele a George. Está se referindo ao reconhecimento.

— Como assim?

— Cara, nunca vi você na minha vida. Nunca, cara.

— Não me deu a impressão de seus olhos estarem fechados naquela noite, então acho que não acredito nisso.

— Não, não, cara, você me derrubou feio.

O garoto tem um rosto redondo, nariz aquilino e olhos grandes e escuros, inquietos, preocupados. A meia cabeça de cabelo brilha na parte de trás do couro cabeludo. Mesmo mentindo, ele é mais agradável do que quando estava segurando a arma.

Gina fala por trás de George.

— Hector — diz ela —, você não ouviu? Eu disse a você que há duas escolhas: ou você se cala ou pede desculpas ao juiz e responde às perguntas de forma direta.

— *Es verdad*, cara — responde Hector.

— Corta essa — diz Gina. — Ouça o que o juiz quer saber e faça algo bom por você mesmo.

Hector reage à palavra *juiz* desta vez.

— Você é juiz?

Quando George faz que sim com a cabeça, um breve trejeito de sorriso cruza os lábios de Hector. Irá ganhar algum crédito nas ruas por isso. Mas o sorriso desaparece à medida que o jovem reflete. Em seu rosto pode-se ver que ele se torna ciente da gravidade do problema e sua crescente preocupação.

— Então, como vai ser, cara? Não é você que vai me julgar, certo?

— Não.

— Vai ser só um da sua turma, certo?

— Não necessariamente.

— É isso aí — diz Hector. Ele não acredita nisso nem por um segundo. Passa a língua pelos lábios enquanto avalia sua difícil situação. Então, seus olhos negros se erguem, abertos, para George com um aspecto de completa surpresa.

— Então, como é que é isso, cara? — pergunta.

— O quê?

— Você sabe, sentado aí e dizendo "você é culpado, cara. Você não é culpado. Cara, você pega 25." Mas você, *hombre*, vai para os jornais.

As mãos algemadas de Hector desenham círculos no ar enquanto profere essas frases.

— Isso é legal ou o quê?

— Isso, na verdade, não é mais assunto meu — diz George. — Mas quando eu fazia isso, jamais gostava dessa parte.

George nunca encontrara um juiz que não dissesse que proferir a sentença fosse a coisa mais difícil que tinha de fazer.

— *Eso* — responde o garoto — é muito bom.

Quando George era defensor público e tinha conversas assim, costumava fazer a seus clientes o mesmo discurso batido. Esqueça a vida de ladrão, fique na escola, você poderá ser um advogado também. Era 1973, e George acreditava naquilo. De vez em quando ouve falar numa dupla de jovens que mudou de vida, mas ninguém é advogado ou juiz. Atualmente, jovens como Hector riem disso. Aos 16 anos, sabe que essa parte do mundo está fechada para ele.

— Hector, quero saber por que você e seu irmão decidiram me assaltar.

— Cara, não sei nada sobre quem assaltou você. Mas deve ter sido para ver o presidente, né? — Ele se refere a dinheiro.

— Talvez a gente deva perguntar a Guillermo — diz Grissom, referindo-se ao irmão menor.

— Oh, ele é mole, cara. Você não pode acreditar em nada do que ele diz. Ele está por fora, cara.

Mesmo assim, Grissom atingiu o alvo. Hector fica mais sério.

— Esse braço está quebrado, cara? — Aponta com a cabeça para a tipóia de George.

— A fratura é pequena. Dói.

— *Y qué* — diz Hector novamente. — Você tem de trabalhar, certo?

— Se é isso que você chama de trabalho. — George lança um olhar frio para o garoto. — Quero saber por que você me assaltou, Hector. Quero a história toda. É o único meio de Guillermo e você deixarem de ser pressionados.

Hector pensa enquanto George o fita com olhar severo.

— *Y qué* — diz o garoto com ar fatigado outra vez e respira profundamente derrotado. — Conseguimos esse *carnal*, cara. Fortuna? Apareceu pela primeira vez e tudo na semana passada. E aquele juiz, cara, fazia dinheiro grande. Vinte notas de cem, cara. O bônus? Está metido em algum tráfico pequeno, cara. Vinte notas de cem, cara? O que há de errado com isso? Então, Billy e eu... você sabe, íamos dar cobertura ao cara.

— Ajudá-lo a fazer dinheiro?

Hector assente.

— Vimos você, cara. Sentado ali. Umas duas vezes. Então, você sabe, conseguimos os *cuetes*. Mas quando fomos para cima de você, cara, Billy disse: "Não, *vato*, não podemos fazer esse *hombre* de jeito nenhum, cara, parece que ele está rezando." Você estava rezando naquele carro?

George não consegue conter um pequeno sorriso.

— Mas por que eu, Hector, e não outra pessoa?

O garoto recua com um olhar rápido, desdenhoso.

— Cara, aquele carro é bonito, né? Mucho *ferria*. Um bocado de grana.

George teria ficado cético sobre um Lexus 1994, uma virtual antiguidade, ter tanto valor nas ruas, mas Cobberly disse que as gangues mexicanas preferem colocar novos acessórios e reformar carros mais velhos, vistos como clássicos. O estilo antigo agora está na moda.

— Ninguém me indicou? Descreveu o carro?

— Cara, você estava lá. Nós estávamos lá. Não tinha como saber que era juiz, cara. Nada disso. A única coisa que ouvi foi depois, quando fomos para aquele buraco horroroso, alguém dizer que nos tiraria de lá e depois disse "*Mala suerte*, cara, esse cara de vocês está na TV, não posso nem chegar perto disso." Nem ele disse "juiz", cara. — Hector balança a cabeça, pesaroso com seu azar.

— E o cara que arranjou as armas para vocês? — pergunta George. — Vocês não conversaram com ele sobre isso?

— Jorge? Não se pode falar nada com ele, cara. Ele viria aqui e mataria você. — O garoto franze a testa. — Aquele cara, Jorge, vai virar um *vato loco* com a perda das armas.

— Que tal isso, Hector? Você conhece o nome Jaime Colón? El Corazón?

George faz a pergunta da forma mais casual possível, mas Hector pára de falar de repente. Reclina-se e lança um olhar semicerrado, de descrédito.

— Corazón?

— Sabe quem é?

— *Ese*. Você pensa que eu não conheço Corazón? Eu vejo ele bastante, cara.

George toma cuidado para não mostrar nenhuma reação.

— Onde o tem visto?

Hector olha a distância para calcular o tempo.

— Terça-feira à noite, cara, não é? Minha mãe, cara, ela não perde as malditas novelas. Ela *ama* aquele cara. "*Mira. Mira, El Corazón.*" Ela é completamente *loca* por ele.

Quando saíam da sala, Gina segurou George.

— Você acreditou nele?

— Mais ou menos.

— Quero três para ele. E dois para o irmão menor. As pistolas não estavam carregadas.

— Isso é muito pouco.

— Vamos lá, meritíssimo. Primeiro delito como adulto.

Ele se lembra de como se sentiu ao encarar aquela pistola. Seu instinto era dizer seis, mas isso é o que os acusados do *Warnovits* receberam por estuprar Mindy DeBoyer.

— Gina, meu braço está numa tipóia. E esses dois garotos são freqüentadores assíduos do juizado da infância e da juventude. Cinco e três parecem certo para mim, é o que vou pedir à promotoria.

Marina, que veio correndo de sua conferência, perdeu o interrogatório. Acaba de entrar pela área de recepção, quando George e Abel se dirigem para a porta. Grissom vem junto, e os três descrevem o que aconteceu. Marina faz várias perguntas antes que deixem o prédio.

— O que você acha? — pergunta George quando saem da delegacia. Ela parece um tanto desinteressada, sem a energia habitual. Por causa dos acontecimentos na garagem e da viagem programada, perdeu outra noite de sono.

— Não acho que ninguém em seu juízo perfeito desista de Corazón... tenha 6, 16 ou 60 anos.

George tenta não reagir, mas, comparado com Marina, o capitão Ahab ainda daria uma segunda chance a Moby Dick.

— Não que isso agora ainda tenha importância — acrescenta ela.

— Por que não importa mais?

— Recebi um telefonema do FBI, quando estava vindo para cá. Lembra-se de que disse ao senhor que eles passariam um software no seu disco rígido? Quando lhes entreguei a carta de Koll, isso pareceu lembrá-los de alguma coisa. Eles só descobriram uma coisa, mas é muito interessante. Conseguiram descobrir de qual computador veio o primeiro e-mail que o senhor recebeu, excelência.

— E?

Cansada, mesmo assim Marina consegue encarar o juiz.

— Foi do seu computador. O que está em seu escritório.

18

PESQUISA DE COMPUTADOR

George pára na calçada em frente à Área 2 com Marina e Abel, tentando se recompor. É uma mudança rápida, e os carros preto-e-branco estão parados no pequeno terreno atrás da delegacia, enquanto policiais uniformizados, geralmente em duplas, entram e saem à luz esmaecida de uma noite de fim de primavera. Do outro lado da rua, num parque abandonado, poucas árvores permanecem floridas na relva crescida e cheia de lixo. O braço de George o incomoda. Precisa de mais analgésico.

— Meu computador? — pergunta. — A primeira mensagem veio do meu computador?

— Sim, senhor — responde Marina. — Eles finalmente passaram o software e recuperaram o disco rígido, então puderam ver tudo que havia nele. O que quero dizer é que é óbvio que uma mensagem recuperada do HD partiu dele. Mas uma vez que o restante dos e-mails veio através de servidores públicos, conhecidos como "open relays", os técnicos do FBI descartaram isso. Eles só passaram o software para checar novamente a cópia da mensagem que Koll recebeu, para ver se havia alguma coisa ali que não tinham notado, mas, enquanto estavam trabalhando, foram mais a fundo para investigar o primeiro e-mail... aquele que você pensou que havia apagado... e foi quando reconstruíram a mensagem. Foi um alvoroço, a mensagem tinha o endereço IP da sua máquina, passara pelo servidor do tribunal. Isso pareceu bastante estranho, porque não havia cópia na sua pasta de mensagens enviadas. Eles imaginaram que fosse uma imitação altamente sofisticada, e então um deles sugeriu reconstruir a mensagem enviada também. Ela estava lá. Tinha sido apagada.

— E os outros e-mails que recebi?

— Nada. O FBI diz que o primeiro foi o único enviado da sua máquina. O resto apenas "imitou" seu endereço eletrônico... não há sinais deles no seu disco rígido.

— Então, qual é a conclusão? Eu ando fazendo ameaças a mim mesmo?

Marina faz vários trejeitos com a boca.

— Está perguntando a mim ou ao FBI? — responde finalmente.

— Oh, pelo amor de Deus — é tudo que George consegue dizer.

— Bem, não seria a primeira vez que algum maluco em busca de atenção ameaçasse a si mesmo. Isso acontece o tempo todo. Foi por isso que passaram o software. Porque alguém desconfiou que não haviam checado o primeiro suspeito lógico da lista.

Apesar de sua irritação, George percebe que, como perpetrador, ele próprio, provavelmente, faz mais sentido que Corazón.

— Marina, eu estava sentado aqui com John Banion quando uma das primeiras mensagens chegou. Aquela em que chamamos você. Eu não poderia tê-la mandado para mim.

Ela levanta um ombro.

— Pode levar vinte minutos, excelência, entre enviar e receber.

— E qual seria o meu motivo?

Mas isso fica claro quando pensa por um instante. Ele está concorrendo à reeleição e, afinal de contas, pode beneficiar-se ao aparecer como herói para o público.

— Eles também imaginaram como foi que planejei ter o braço quebrado?

— É uma teoria, excelência. O senhor acha que eu estaria falando assim com o senhor se acreditasse nisso?

Conte até dez, pensa George, repetindo cada número, devagar.

— Mas vamos imaginar quem *é* — diz Marina — e deixar a presente suspeita de lado. Estamos procurando alguém que tenha acesso ao seu computador.

— Ninguém tem acesso ao meu computador. Sério, Marina. Qualquer um que se sentasse na minha cadeira e começasse a digitar teria muitas perguntas a responder.

— Não levaria trinta segundos digitar "Você vai pagar", quando você saísse do escritório.

Tentando resolver a questão, George pensa novamente nas mensagens iniciais.

— Então, se estou entendendo: o primeiro e-mail, aquele que diz "você pagará" veio do meu computador. E depois alguém me mandou uma mensagem idêntica, duas vezes, no mesmo dia, de outro computador?

— Certo.

— Por quê?

— Obviamente para chamar sua atenção.

— Não, o que quero dizer é: por que usar o meu computador no início? Não deveríamos ter prestado atenção nisso há muito mais tempo? É como as mensagens para o meu celular? Ou para a minha casa? Número 1 está mostrando como pode invadir meu espaço com facilidade?

Uma sobrancelha se levanta.

— Que mensagens para a sua casa?

— Foi uma só — diz George, mas, por um segundo, teme que ela vá estapeá-lo.

— Você é um paciente horrível, horrível — diz Marina, finalmente.

— Observação devidamente anotada.

Ela leva mais um instante para se acalmar. Agora os dois estão mais ou menos empatados, ambos ofendidos, mas tentando deixar isso de lado.

— Bem — diz ela, finalmente —, se era para o senhor perceber que o e-mail veio de seu computador, por que alguém o deletaria? Os técnicos disseram que as duas... a mensagem recebida e a cópia que ficou do que foi mandado... foram removidas simultaneamente. Cerca de seis horas depois de enviada pela primeira vez.

— Isso significa que ela não foi apagada por acidente?

— Não parece.

— Estou perdido — diz George.

— Tudo bem — diz Marina. — Mas vamos pensar juntos, devagar. Estamos falando de alguém que poderia entrar em seu gabinete quando não estivesse lá e não ser notado. Duas vezes naquele dia. Diga-me quem é essa pessoa.

—Eles sabem os horários de tudo isso?

A pequena caderneta de Marina está no bolso de seu paletó esporte cáqui.

— Enviado às 9h42, e depois apagado dos dois arquivos pouco antes das quatro.

— Então, de fato havia outras pessoas próximas ao escritório nos dois horários.

— Parece que sim. Alguém mais além do senhor conhece a senha do seu computador?

— Dineesha.

— Só Dineesha?

A verdade desaba sobre ele como algo caído do céu. Zeke. Zeke, depois de tudo. É fato provado que ele remexe livremente nas coisas da mãe. Ela tem a senha anotada em algum lugar, e Zeke a encontrou. O juiz fala seu nome.

— Que grandes mentes nós temos — diz Marina. — Foi o que pensei quando o FBI falou comigo. Mas aquela primeira mensagem foi enviada na sexta-feira, quando Zeke supostamente se encontrava em Saint Louis. E ligamos para a empresa para saber se ele estava lá. Ele está limpo.

Limpo e também desempregado, pensa George. O empregador de Zeke em Saint Louis não ficará com ele nem mais um dia após ter de responder perguntas do FBI. Então, a coisa está voltada para Zeke. Esse é o outro lado da história. Mas, como sempre, é pela mãe de Zeke que George sente mais pesar.

— Tudo bem — diz ele. — Onde estávamos?

— Na senha do seu computador. Só Dineesha a tem.

— Certo. Mas se eu estivesse usando o computador e fosse ao corredor por um minuto, a proteção de tela não apareceria por volta de, digamos, quinze minutos?

— Deveriam ser dez — diz Marina. — Então, digamos que alguém tenha entrado naquele momento e usado o computador por apenas um segundo. Quem poderia ter sido?

— Qualquer um da minha equipe.

— Certo. Este será o nosso grupo prioritário. Por causa do tempo. Quem mais poderia estar passando por ali?

— De vez em quando, algum juiz aparece para entregar uma minuta. Hoje em dia, isso é normalmente feito por e-mail, mas às vezes existe alguma questão para discutir, e um dos meus pares traz sua decisão para mim. Suponho que, se eu estivesse fora da primeira vez, essa pessoa teria uma desculpa para voltar.

— E podemos saber com que juízes o senhor estava trabalhando?

— É fim de mandato, Marina. No último mês, provavelmente troquei votos com todos os componentes do tribunal, do Chefe para baixo.

— Certo. Então, já falamos sobre sua equipe e sobre os juízes. E?

— Talvez os escrivães. É possível. Mas se estamos falando de alguém que pode passar por Dineesha, então teremos de incluir gente do seu departamento. Murph e você.

— E isso me colocará na lista de suspeitos, logo depois de você. Quem mais?

— Manutenção. Acho que é só.

— Certo. Por onde começamos?

— Começar o quê?

— Bem, eu gostaria de interrogar sua equipe.

George sabe o que acontecerá. Interrogatórios rigorosos. Dineesha, John, Cassie, Marcus. Eles ficarão em maus lençóis, serão acusados. Não gosta da idéia e diz isso.

— Tem uma idéia melhor? Alguém que poderia ser o primeiro?

— Posso pensar nisso hoje à noite?

Marina concorda. Abel levará George de volta ao tribunal e depois para casa. Eles acabam de chegar à caminhonete, quando George estala os dedos e volta à delegacia para ver Grissom.

— Eu me esqueci — diz. — Onde está meu carro?

Está na oficina, nas mãos dos técnicos que buscam provas. Mesmo apressando o processo — levantamentos, limpeza com aspirador, fotografias —, vai levar algumas horas antes que a promotoria dê sinal verde para a entrega do carro.

Grissom dá um sorrisinho para George.

— Além disso, o senhor não está pensando em dirigir agora excelência, ou está? Não antes de tirar o braço da tipóia.

— Cumprimento da lei — diz George a Abel quando entra na caminhonete.

No gabinete, George descobre que Banion, sempre fiel, deixou papéis em sua cadeira, impressos de uma base de dados de periódicos. O juiz leva um segundo para compreender o que aconteceu. É uma lista de artigos de autores cujos nomes são Lolly ou Viccino. No fim da primeira página, há quatro pequenos pedaços de quilts, retalhos de pano acolchoados, de alguém chamado Lolly Viccino Gardner. John usou outro instrumento de busca para encontrar um telefone e um endereço em Livermore, Califórnia, que está escrito na margem com sua caligrafia ordenada.

George checa o relógio. São duas horas mais cedo lá.

— Ficarei aqui mais alguns minutos, Abel — avisa. Refestelado no sofá verde e envolvido num livro de bolso sobre policiais, Abel faz um aceno enquanto George fecha a porta.

Por quê?, pergunta a si mesmo, mas já está digitando o número. Toca quatro vezes, e quem atende parece um pouco sem fôlego, como se tivesse corrido.

— Meu nome é George Mason. Juiz George Mason. Espero estar falando com uma mulher chamada Lolly Viccino... ou com quem costuma usar esse nome.

Há um silêncio.

— Sou eu.

— E você é a Lolly Viccino que freqüentava o Columa College, em 1964? — pergunta ele, sabendo que a encontrou por um pequeno vestígio de sotaque Tidewater* na única palavra que ela pronunciou.

Lolly Viccino, nesse meio-tempo, está envolvida em suas próprias especulações.

— Isso tem algo a ver com dinheiro? Você está levantando dinheiro para aquele lugar? Irmão, está batendo na porta errada.

— Não, madame — responde George, percebendo que ele próprio parece ser um pouco como era há quarenta anos. — De forma alguma. Não.

* Pronúncia característica dos habitantes da região leste dos estados da Virgínia, Carolina do Norte, Carolina do Sul e Geórgia. (*N. do E.*)

— E você diz que é um juiz?

Ele repete seu título.

— Em DuSable.

— DuSable. Nunca estive lá. Tem certeza de que encontrou a pessoa certa?

— Não, não — diz ele. —Não se trata de assunto oficial.

— Oh — diz ela. — Eu tinha a esperança de que estivesse telefonando para me dizer que herdei uma fortuna de um parente afastado.

Ela ri, então, um som breve e baixo, envolvido pela amargura.

— Temo que não — diz.

— Bem, por que, então?

Ele finalmente diz que fez o ensino médio em Charlottesville.

— E eu conheço você?

— Acho que sim.

— Nós saímos juntos? Acho que não namorei ninguém de lá.

— Não — ele concorda.

— Como foi que nos conhecemos?

Aí está. Não há jeito de ele conseguir arrancar as palavras da boca. E seria cruel relembrar-lhe algo que deixou para trás, por conveniência ou dor. No mesmo dia seguinte ao evento, não tinha a certeza do quanto ela se lembrava. Ele não responde.

— Porque não penso em nada daquilo — acrescenta ela, então. — Nunca volto para aquela parte do mundo. Você volta?

Na verdade, ele também não. Desde que seus pais morreram. Suas duas irmãs estão em Connecticut. Ele abandonou sua cidadania virginiana de então. E parece que Lolly Viccino também.

— É tudo tão velho lá — diz ela. — Fico feliz de ter ido embora. Não falo com ninguém lá de casa, para dizer a verdade. E como é que você diz que conheço você?

— Tenho apenas uma lembrança — diz ele — de ter esbarrado em você. Durante o baile de fim de semana naquele outono. E tenho pensado sobre certas coisas que aconteceram naquela época.

— Bem, tenho certeza de que eu não me lembraria. Não consigo nem imaginar algo daquela época. Eu odiava tudo aquilo.

— Oh.

— Creio que não posso ajudá-lo, juiz. Mason?

— Sim.

Ela fica em silêncio, então. Claro, ele acha que ela conhece o nome. O que é verdade. Não se pode crescer na Virgínia sem ouvir falar em George Mason. Deram seu nome a uma universidade e a rodovias. Se não fosse por isso, George tem certeza de que ela já teria desligado.

— Acho — diz ele — que estou curioso para ver como se saiu na vida.

— Verdade? E por que isso? Como *você* se saiu na sua?

— Muito bem — responde ele instantaneamente. — Muito bem.

Esta, de fato, tem sido a pergunta não pronunciada nos últimos meses, e esta, ele percebe, é a sua resposta. Ele tem quase tudo o que sempre quis. Pode dizer isso já há algum tempo, especialmente depois que chegou à Corte de Apelações. Sua família sempre teve um excelente padrão de vida, com poucos percalços. O juiz Mason acorda todas as manhãs sabendo que a vida foi melhor para ele do que para a maioria das pessoas.

— Não posso dizer isso, vou levando — diz ela. — Tenho vivido assim. Mas estou aqui, sabe? Um dia de cada vez. É assim para a maioria das pessoas, certo? Não é fácil para ninguém, juiz, não é?

— Bem, desculpe se fiz alguma coisa para torná-la mais difícil — responde.

Se ele tivesse sido pressionado para dar uma resposta quando levantou o fone, teria dito que a estava chamando para ajudá-lo a decidir um caso. Ele achava que poderia estar procurando Lolly para saber quanto mal lhe havia feito, e o quão zangada estaria quatro décadas depois. Ou para tentar confirmar suas atuais interpretações. Será que ela estava tentando punir-se ou se degradar quando se juntou a Hugh Brierly e seu companheiro de quarto naquela noite, ou teria simplesmente sofrido um daqueles irrefreáveis enganos da juventude sobre o que poderia ser divertido? Teria sido enganada de algum modo? Ou até coagida? Ou seria possível, se ele fosse até o fim, que aquele não fosse um incidente isolado? Mas revelou-se que seu único e grande desejo era falar com ela como alguém que tivesse aproveitado a vida e agora soubesse mais sobre as coisas. Que olha para trás com arrependimento. Que desejaria ter feito algo doce e não cruel naquele que era um momento importante de sua vida — por si mesmo, em primeiro lugar, e também por ela. E dizer isso a ela.

— Oi, irmão — diz Lolly Viccino em resposta. — Se liga. Você está no Alcoólicos Anônimos?

— Não.

— Porque aquelas pessoas querem que você se lembre de alguém que não vê desde os tempos de Noé e peça desculpas a elas. Foi por isso que saí — diz. — Não vejo o sentido disso. Quem vai me perdoar por toda a merda que fiz? Ninguém. Isso com certeza. Apenas siga em frente. Isso é o que se tem a fazer. Não se pode mudar o passado, não é, juiz? Estou certa? Então, esqueça. É isso que faço.

— Entendo — diz ele.

— É assim que algumas pessoas são. É assim que sou. Então, temo não poder ajudá-lo. Seja o que for, é história antiga.

— Naturalmente.

— Então, obrigada por ligar, juiz.

Agora que reafirmou seu modo de vida, parece decidida a ir embora antes que ele possa lembrar-lhe algo mais. Então, alguém fala por trás dela, uma mulher cuja chegada parece apressar o desejo de Lolly de encerrar a conversa. A última palavra que ele ouve enquanto ela baixa o fone é “desconhecido”.

19

CASSIE

George Mason conhece Cassandra Oakey desde pequena. Ele a segurou nos braços com pouco mais de um mês de nascida e conserva uma recordação nítida de ter brincado de Jogo da Memória com ela uma tarde inteira quando Cassie estava com 7 anos e fora ao escritório com Harrison num feriado escolar, enquanto George se encontrava no estado de suspensão em que sempre ficava enquanto esperava uma decisão do júri. Harry, o eterno animador de torcida, arrastara George a várias partidas de tênis de Cassie durante o ensino médio, quando foi a segunda colocada num torneio de campeonato de equipes. Faltava-lhe rapidez, mas era uma jogadora determinada e poderosa, com um saque que parecia um morteiro.

Mas Cassie Oakey pode — e o faz — entrar e sair dos escritórios do juiz impunemente e, entre os outros integrantes da equipe, ela se aproximaria do computador de George sem o menor nervosismo. Muito mais revelador que isso, Cassie Oakey fora o único membro da equipe que estivera com ele no Hotel Gresham quando o celular dele desapareceu. E Cassie está para deixar o trabalho em duas semanas, com um sentimento de ofensa não aplacada.

— Tem de ser alguém que trabalha nos gabinetes — explica George a Patrice enquanto jantam na cozinha, os dois se servindo de uma comida que pediram de um restaurante há alguns dias, acondicionada em dois recipientes de plástico. — Não faz sentido que alguém mais possa ter mexido no meu computador duas vezes num só dia quando eu não estava lá. O escritório de Cassie fica logo ao lado. Quem mais poderia entrar e sair com tanta rapidez?

— Não acredito nisso — diz Patrice.

— Não acredito que seja nenhum deles. Dineesha?

— Isso é ridículo.

— Banion está comigo há quase nove anos. Marcus... quero dizer, as pessoas podem surpreender você, mas se Marcus é um mago do computador...

— Não — diz Patrice definitivamente sobre o velho oficial de justiça de George.

— Não.

Ele chegara à mesma conclusão sobre Cassie enquanto conversava com Marina na Área 2, mas queria tempo para provar o contrário para si mesmo. Os motivos dela continuam difíceis de entender. Harrison é um piadista contumaz, e George se pergunta se talvez isso não tenha começado como uma espécie de brincadeira, que ela não admitiu quando se tornou óbvio que ninguém achava graça naquilo.

— Tem de ser algum desses problemas psiquiátricos. Você não acha? Alguma questão com o pai dela? Isso simplesmente não faz sentido — diz George.

Patrice resmunga, então:

— O que você dirá a Harry e Miranda?

Em resposta, ele emite um som semelhante. Mas o juiz terá de confrontar-se com sua assistente, se não por outra razão, ao menos para salvá-la de si mesma. A ameaça a Nathan Koll significa que George não pode considerar isso tranqüilamente como uma extensão das ameaças feitas a si. Além disso, Marina vai rever suas anotações hoje à noite e perceber que apenas Cassie estava com ele no almoço. Sua assistente terá de pedir demissão do trabalho amanhã para evitar o interrogatório de Marina e assumir fatos que podem, no final, colocar em perigo a licença para exercer a advocacia. Sempre o advogado de defesa, George já está pensando em como suavizar isso, se Cassie admitir rapidamente. Ele vai precisar da ajuda de Rusty, o que não é garantido. Somos todos fiéis a nós mesmos, e Rusty, afinal de contas, começou como promotor.

George telefona para a casa de Cassie pouco depois das oito e meia. É algo urgente, diz. Ela poderia encontrá-lo para o café-da-manhã às oito horas?

Previsivelmente, ela mais ou menos insiste em saber o assunto.

— É o caso *Warnovits*? Você finalmente se decidiu?

— Bem, esse é um dos assuntos — diz ele. Desde a conversa com Lolly, à tarde, o caso, pela primeira vez em semanas, se parece menos com sua própria dose de iodo-131, raios brilhantes destrutivos através de seu corpo. — Decidi que eu mesmo vou escrever o voto. Uma questão como essa provavelmente justifica que seja mais extenso.

As decisões de George caracterizam-se pela concisão. Sua visão arraigada de julgamento é decidir apenas o que tem de ser resolvido e com o menor número possível de palavras.

— Onde foi que errei? — pergunta ela finalmente. — Foi naquela coisa da prescrição?

— Seu trabalho está bom como sempre. Tenho certeza de que vou usar muito dele e pedir sua ajuda. Só quero pôr a mão na massa para começar.

Ocorre a George que essa discussão não tem sentido. Cassie terá deixado os escritórios amanhã à tarde.

— Então, sobre o que mais você quer falar?

— Será melhor pessoalmente.

Ela suspira com sua característica falta de respeito, indicando que George está enchendo o saco.

— Onde?

Ele havia pensado nisso antes de telefonar e teve uma idéia.

— Que tal no Hotel Gresham?

Se Cassie tem uma consciência, e ele continua confiante em que tenha, ficará pouco à vontade naquele local, talvez isso a ajude a confessar mais rápido o que fez. Como previsto, ela alega que o hotel fica muito longe do tribunal.

— É o único lugar da cidade onde como bacon — diz George. — Cortado à mão e curado na Virgínia. Quando se peca, Cassandra, sempre se volta às próprias raízes.

George não pensa em seu comboio de segurança até a hora em que desperta. A proteção da polícia agora é desnecessária, uma vez que não existem provas de que Cassie esteja envolvida em algo mais que uma guerra psicológica. Mesmo assim, alguém, provavelmente, deverá aparecer. Marina demora a admitir coisas que não são as de que suspeitava. E, além disso, há o problema prático de que George precisa de carona para o trabalho. Deixa uma mensagem de voz para Marina, dizendo que irá sozinho para o tribunal, e chama um táxi, chegando ao Hotel Gresham por volta das sete e meia. Fica de pé no colorido saguão, remanescente da Gilded Age,* com colunas de mármore do tamanho de sequóias e o teto recoberto de uma camada dourada de querubins, enquanto tenta lembrar-se da localização do salão onde se serve o café-da-manhã.

Uma mulher da equipe de segurança do hotel, gorda e amigável, vestida com um blazer e um microfone no ouvido visível por entre os cabelos, aproxima-se para oferecer ajuda.

— Você é o juiz, estou certa? Eu o vi na TV na outra noite. Como está passando?

Nas últimas 24 horas ele freqüentemente se sentiu objeto de olhares prolongados, experiência nitidamente desconfortável. Seu pai sempre desaprovara que alguém chamasse a atenção sobre si mesmo.

— Acho que me sinto muito melhor esta manhã.

— Fico feliz por saber disso. Estávamos todos falando ontem sobre o senhor. Eu tinha a certeza de que o conhecia por causa das notícias da TV. O senhor foi o juiz que perdeu o celular aqui no mês passado, certo?

---

* Gilded Age, ou Golden Age, a era pós-Guerra Civil e pós-Reconstrução, de 1865 a 1901, com crescimento econômico sem precedentes e criação de grandes fortunas pessoais. (*N. da T.*)

Quando ele faz um sinal positivo com a cabeça, ela demonstrou satisfação pela acuidade de sua memória.

— O senhor já o recebeu de volta, não é?

— Não. Ele sumiu.

— Ué, como é que pode? Eu tinha certeza de que alguém de seu escritório esteve aqui para pegar o telefone, que Lucas encontrou perto do salão. Não foi isso?

Ele estava para dizer "não" pela segunda vez quando percebeu que ela falava com conhecimento de causa. Escoltou-o até o escritório de seu chefe, uma gloriosa porta de armário artificiosamente oculta num painel escuro, e esperaram pelo chefe, Emilio, para pesquisar a papelada retirada do arquivo. O que ele exibiu ao juiz foi uma cópia cor-de-rosa dos três formulários usados para devolução de artigos guardados em Achados e Perdidos. Em 26 de maio, no dia seguinte ao que George dera por falta de seu celular, John Banion o havia retirado.

George já tinha pedido ao porteiro para chamar um táxi quando se lembrou de Cassie e voltou rapidamente ao salão. Uma enorme jarra de suco de laranja estava diante dela numa bandeja de porcelana chinesa.

Ele não confia na discrição de Cassie — ela não tem virtualmente nenhuma —, mas se sente mortificado por pensar que suspeitou dela, e a melhor desculpa para o encontro deles no hotel é oferecido pelo formulário de devolução do celular, que George sugere, com alguma habilidade, que esperava pegar.

— Humm — diz Cassie enquanto analisa o formulário. — Eu achava que podia ser John.

— Achava?

— Desde ontem, na verdade. Marina foi até lá para confiscar seu computador.

— Ela não me avisou que faria isso — diz o juiz, irritado, embora, para ser justo com Marina, ela deva ter considerado óbvia a necessidade de apreender a máquina como prova.

— John foi perguntar o que ela estava fazendo lá e por quê. Achei aquilo estranho. Esquisito. — Cassie agita os cabelos curtos e louros. — Francamente, George, sempre achei que o cara poderia ser, secretamente, o assassino do machado.

— É mesmo, Cassie? Eu só achava que ele era sozinho demais.

Ela encolhe os ombros. Os desajustados e sem graça deste mundo não apenas estão muito abaixo dela, como lhe são incompreensíveis. Mas George tem fé em Cassie. Ela tem uma solidariedade infinita com pessoas pobres e discriminadas. Com o tempo, aprenderá que o sofrimento tem muitas faces.

— Imagino que você tenha uma pista de qual foi o motivo dele? — questiona George.

— Ele não é louco por mim.

— Você está deixando o trabalho.

— Certo. — Cassie encolhe os ombros novamente. — Tudo isso foi uma coisa nojenta, George, mas um cara como John... Me pergunto se ele tem idéia de como isso foi assustador para você. Sabe, você é o juiz, e tudo o mais... Acho que ele não percebeu isso.

O garçom põe os pratos diante deles. A comida e a triste verdade sobre Banion os mergulham no silêncio.

Quando começam a comer, Cassie diz abruptamente:

— Eu devia conhecer você o bastante para saber que estava me embromando com aquele negócio de apetite por velhos pecados. — George sente o coração apertado com a perspectiva de ela repreendê-lo por sua falta de confiança, mas, em vez disso, Cassie aponta para o prato dele e diz: — Não tem bacon.

20

PERDOADO

Quando o juiz e Cassie chegam ao tribunal, pouco depois das nove, há dois problemas à espera: o primeiro é que George está sem computador. O segundo é que John, que sempre chega ao trabalho às oito, ainda não apareceu.

Uma técnica do departamento de tecnologia finalmente surge com o que jura ser um clone da máquina do juiz. Como previsto, o computador fica paralisado assim que a jovem vai embora. George ainda está xingando a máquina, quando Dineesha anuncia a chegada de John.

George duvida de que Dineesha saiba exatamente o que está acontecendo — ele fizera Cassie jurar que manteria segredo, promessa que não quebraria com tanta rapidez, mas Dineesha é intuitiva o bastante para sentir a desagregação do pequeno universo dos gabinetes, em especial depois que o juiz havia perguntado diversas vezes por Banion. Com uma expressão curiosamente formal em seu rosto redondo e sério, fez John entrar no gabinete do juiz.

Como é característica sua, Banion não consegue olhar o juiz direto nos olhos. Em vez disso, estende-lhe um envelope.

— O que é isso? — pergunta George.

— Decidi me demitir, excelência. No fim do mandato.

George hesita em pegar o envelope, percebendo que ainda nutre uma pequena esperança de que suas conclusões sobre John sejam tão falsas quanto as suspeitas que teve de Cassie, mais um engano que deve ser acrescentado a uma lista que, ultimamente, cresceu de forma impressionante. Mas o significado do desejo de John de partir não parece ambíguo: a busca por Número 1 acabou. O silêncio paira por instantes entre eles. Isso poderia ser interpretado como algo significativo, mas George sempre experimentou momentos de silêncio como esse com seu assistente. Na companhia de John, a questão de quem deve falar em seguida é freqüentemente um mistério que rivaliza com o do início dos tempos.

— Isto é decepcionante, John. Sente-se, por favor — diz o juiz. Banion mais ou menos deixara a carta na mesa de George e dera um passo na direção oposta. — O que tem em mente? Há algo em vista?

No café-da-manhã, George dissera a Cassie que desejava falar ele mesmo com John antes de envolver Marina. Mas, no momento, não tem certeza de seu objetivo. Nunca acreditou que a confissão em si mesma seja boa para o espírito. Certamente, sem um *quid pro quo*, ela quase nunca é vantajosa no mundo da lei — muitos clientes de George acabaram mal por terem tirado o peso das costas ao reconhecer o que haviam feito assim que foram presos. Nem ele tem coragem para arrancar a verdade de John. Cassie pusera o dedo na ferida. É uma certeza virtual que as ações de John sejam o produto do isolamento, da inabilidade em apreender o significado de seus atos, exceto para si próprio. Essa, naturalmente, é a sinopse emocional de todos os crimes. É a razão pela qual cada crime, em sua essência, é marcado por um elemento de *páthos*.

— Não tenho nada, excelência. Ainda não. Há um emprego como assistente na Suprema Corte do Alasca. Acho que tentarei isso.

— Alasca? Por que ir para tão longe? Está fugindo de alguém?

Qualquer advogado de julgamento tende a crer em algum momento que é um ator digno da Broadway, mas George descobriu no tribunal que suas habilidades tinham escala limitada — um silencioso desprezo por mentirosos e uma dignidade convincente quando se dirigia ao júri. Mas nunca foi muito bom em expressar emoções que não sentia, e falhou mais uma vez agora. Não conseguiu um sorriso convincente com as últimas palavras. Em vez disso, elas emergiram com um duro tom acusatório, e isso era tudo de que John precisava. A face suave de John Banion, de 42 anos, se enrugou para dentro de si mesma como uma maçã podre; ficou vermelho e, exatamente como os filhos de George, 25 anos atrás, começou a soluçar sem controle, dando início ao momento culpado e desconcertante em que George subitamente se sente além de sua zona de conforto no mundo da justiça adulta.

— Não sou eu — diz John, então. — Não sou eu.

Contra todas as provas, George descobre que seu coração se ilumina.

— Quem, então? — pergunta. Mas John está chorando demais para ouvi-lo.

— Não fui eu que fiz uma coisa dessas. Não fiz mesmo, não fiz.

John precisa repetir essas palavras vinte vezes, continuando até mesmo depois de George ter ouvido tudo e dizer uma vez mais:

— Eu sei. Só não compreendo por quê, John.

Banion se engasga, então.

— Eis por quê — diz, e começa a chorar de novo.

— Por que o quê?

— Porque o senhor não compreendia.

— O que eu não compreendia?

— O senhor me fez ficar *olhando* para aquilo! — grita John, tenso em sua veemência. — O senhor me fez olhar para aquele teipe horroroso, nojento. O senhor não conseguiu fazer isso e, então, me fez olhar. *A mim!* Dez, vinte vezes, para que eu pudesse descrever todas as piores coisas. Foi asqueroso!

Banion profere a última palavra com tanta fúria que chega a cuspir. Derrotado na cadeira de madeira diante da mesa do juiz, é uma massa trêmula, chorosa. Sua pele está da cor do nascer do sol, e a face, molhada até o queixo. Mas ele é um homem novo aos olhos de George, não porque está chorando — não se poderia lidar com John sem sentir pena. O que choca é a profundidade de sua raiva.

— Como pôde *fazer* isso comigo? — John está quase gritando. Isso também é uma novidade. — O senhor não mandou que *ela* fizesse isso. Mas eu? O senhor nem perguntou se eu me incomodava. E me disse para olhar sem parar.

O "ela" em questão é Cassie, naturalmente. E Banion tem razão — sobre várias coisas.

O juiz afunda o rosto nas mãos por algum tempo, antes de finalmente se virar para a janela e espiar o dossel de copas de árvores cinco andares abaixo. Não importa o quão equilibrado e gentil ele aspire ser, o mais parecido com Cristo, segundo os ensinamentos de seu pai. Ele se conhece o bastante para saber que sua reação a John seria a raiva. Pior, um sentimento de ter sido ofendido em sua honra. O homem que soluça naquela cadeira traiu a confiança do juiz, inclusive ao revelar-se um louco ultrajante. Também cometeu um crime sério, infundindo medo na vida de George num momento em que ele já estava apreensivo.

Mas sente muito pouco tudo isso. Ao contrário, ainda filho de seu pai, castiga-se a si mesmo. Porque falhou, e muito. Estava muito envolvido em sua crise particular para pensar em outra coisa a não ser fugir. Mesmo sabendo da qualidade profundamente perturbadora daquelas imagens, ele as infligiu a John sem refletir um segundo sobre as conseqüências. E o juiz vê que suas falhas não deixam de conter duras ironias. Lutando para fugir da parte ruim do passado, permanecera assim mesmo seu prisioneiro; foram vestígios de cavalheiro à moda antiga que o fizeram pôr de lado qualquer pensamento de pedir a Cassie que assumisse a tarefa. E a verdade, como John claramente sentiu, é que Cassie estaria muito mais habilitada para o trabalho. Ela poderia ter roído as unhas e comido um saco de pipocas enquanto olhava, embora, num certo nível, Cassie fosse a pessoa mais cosmopolita do gabinete quando o assunto é homem e mulher. O teipe a teria enfurecido, alimentado sua certeza sobre o desfecho apropriado do caso. Mas teria assistido com muito mais calma do que John por uma razão muito mais importante: o teipe não lhe teria dito nada que ela há muito não tentasse evitar, conhecendo o universo humano — ou a si própria.

— E o senhor quer deixar aqueles garotos livres — grita John. — O senhor está querendo deixar que eles façam tudo aquilo — ele tenta encontrar uma palavra, mas ela lhe falta —, todas aquelas coisas terríveis, coisas terríveis, e o senhor está pensando em deixá-los livres quando deveriam ser *punidos*.

— John — diz o juiz Mason. Ele dá a volta na mesa para tentar consolar o homem, mas um tapinha protetor no ombro é o máximo a que pode chegar. — John, você deveria ter dito alguma coisa.

— Isso seria pior! — John soluça e chora mais forte ainda. — Excelência — diz ele —, eu não queria decepcioná-lo.

Os seres humanos fazem algum sentido?, pensa George. Todos nós. Cada um de nós. A lógica de aço da lei, que George pronunciou descuidadamente, é que John deveria ter falado. Mas contemplar por inteiro a situação de John por um momento é reconhecer o quanto isso teria sido impossível. Poderia o retraído John Banion, tão chocado e arrasado pelo que aquelas imagens estimulavam nele — poderia esse homem admitir isso para alguém mais? Não resta dúvida de que teve a certeza de que o juiz ficaria decepcionado com ele.

E havia mais um detalhe: dizer alguma coisa teria exigido que John parasse de ver o vídeo.

— John, sinto muito, peço desculpas — diz o juiz, chocado com a sinceridade profunda com que diz aquelas palavras. Esta é nitidamente a pior parte: em sua cegueira, George arruinou um ser humano perfeitamente apto. Por si mesmo, John pode-

ria ter evitado para sempre o que o juiz o forçou a confrontar.
— Sinceramente, John, peço desculpas.

Ele percebe que, provavelmente, não existe uma única palavra que possa dizer que seja a certa, mas suas desculpas fazem John chorar de novo.

— Não seja insolente! — grita. — O senhor sempre quer ser a melhor pessoa. Eu é que devo pedir desculpas.

O ciclo se repete como indubitavelmente o fez em segredo durante semanas: raiva, depois vergonha. Banion entra em outro prolongado período de choro. Depois, com a face lívida e em lágrimas, subitamente fita George nos olhos pela primeira vez.

— Perdoe-me — diz ele. — Por favor, me perdoe. O senhor pode me perdoar?

Perdão, pensa George. A confissão sozinha pode não ser boa para o espírito, mas o perdão sempre é. Que coisa pequena e simples tem varrido esses escritórios durante semanas como um espírito profundamente desejoso de algo.

— Eu o perdôo, John — diz. — Perdôo, sim, de verdade.
— Dá um tapinha no ombro de John uma vez mais. Banion, na cadeira, está agora enrolando com o dedo seu fino cabelo castanho.

— Eu simplesmente não sou bom nisso — diz ao juiz.

— Em quê?

Banion chora e chora antes de dizer:

— Em ser um ser humano.

21

ACÓRDÃO

Nº. 94 - 1823
NA CORTE DE APELAÇÕES
PELO TERCEIRO DISTRITO DE APELAÇÕES

Povo do Estado	)	Apelação da Suprema Corte
	)	do Condado de Kindle
versus	)	
Jacobs I. Warnovits	)	
Kellen Cook Murphy	)	
Trevor Witt	)	
Arden van Dorn	)	

Ante os juízes Mason, Purfoyle e Koll

O juiz Mason entregou o relatório e decisão da corte:

Este caso vem até a Corte por apelação dos quatro réus a partir de suas convicções sobre acusações de assalto sexual criminoso e as resultantes sentenças penitenciárias impostas a eles pela Suprema Corte do Condado de Kindle. Pelas razões declaradas abaixo, esta Corte confirma as sentenças.

Como os crimes freqüentemente o fazem, este caso provocou paixões, corações partidos, e deixou atrás de si um despertar de vidas para sempre interrompidas. Em essência, nos pede que reconsidere uma questão que há tempos a lei pondera: por quanto tempo e sob quais circunstâncias a punição pode ser adiada antes que a balança da Justiça pese contra ela?

[*Cassie, por favor, insira aqui o seu relatório dos Fatos.*]

A lei da prescrição em nosso estado geralmente proíbe o processamento de crimes qualificados trazidos à Justiça mais de três anos após o crime. [*Cassie, por favor, inscreva a citação da lei.*] As peças processuais das partes discutem longamente as tradicionais considerações políticas, que, pelos debates gravados, parecem ter influenciado nossa legislatura a criar esta lei: o reconhecimento de que as memórias das testemunhas se tornam indistintas com o tempo; que se torna mais difícil montar a defesa quando as provas se dispersaram; e que o pronto processamento maximiza a dissuasão e previne o reavivamento impropriamente motivado de ofensas há muito ignoradas. Ver, por exemplo, *Toussie v. United States*, 397 U.S., 112, 114-115 (1970).

Mas o juiz Holmes nos ensinou há muito tempo: "A vida da lei não tem sido lógica; tem sido experiência". [*Por favor, confira as aspas e coloque a citação. A Lei Comum?*] A lei da prescrição também reconhece que as pessoas mudam com o tempo. Nenhum dos propósitos familiares da lei de incapacitação criminal, dissuasão ou retribuição — são totalmente servidos pela punição daqueles que viveram como inocentes por considerável período desde o seu crime, e então a lei permite que eles sigam adiante sem a ansiedade de um processo em potencial. [*Cassie, cite o caso* Marion *e vários comentários colhidos do voto de Sapperstein.*]

As circunstâncias precisas sob as quais o processo é vedado pela passagem do tempo é um julgamento deixado para a legislatura. A tarefa desta Corte é simplesmente indicar os significados que seus autores pretendiam para as palavras da lei. [*citar lei*] Nossos legisladores estabeleceram que o período de três anos de prescrição está suspenso quando os passos afirmativos de um réu para ocultar seu crime tornam a ocorrência da ofensa desconhecida. [*citar estatuto*] Os réus argumentam que esta cláusula foi aplicada erradamente neste caso. Eles concordam em que a vítima estava inconsciente quando foi atacada, mas sustentam que ela sabia bastante de sua condição após o fato para informar às autoridades que havia sido estuprada. O consciencioso juiz do julgamento, que ouviu o testemunho sobre essa questão, discordou. Ele considerou que, à luz da idade da vítima e de sua inexperiência, a ocultação dos réus privou-a de base suficiente para fazer um relato confiável às autoridades. Os réus atribuem essa conclusão a um erro reversível da lei, destacando que outra exceção à prescrição é especificamente destinada às vítimas menores de idade e que essa lei teria impedido esse processo de começar. De acordo com isso, afirmam que a idade da vítima não foi uma consideração apropriada aqui.

A questão colocada não foi previamente decidida pelas mais altas cortes deste estado. Mesmo assim, não vemos como o juiz que presidiu o julgamento podia determinar que a ocultação dos réus impediu a descoberta de seu crime sem levar em consideração todos os fatos intervenientes, inclusive a idade e a inexperiência da vítima. É uma antiga regra da lei que os réus devem tomar suas vítimas como as encontraram. [*citação de casos*] Estes réus estavam bem cientes da idade da vítima e das vantagens especiais que a ingenuidade dela poderia proporcionar-lhes em esconder seu delito.

Somos fortalecidos em nossa leitura da lei de prescrição por outra consideração. Para mitigar sua ofensa, os réus ocasionalmente observaram que a vítima não sofreu as pesadas cargas psicológicas do estupro porque estava inconsciente no momento do crime. Este argumento sofre não apenas de sua temeridade, mas também do fato de que prova demasiado. Nós creditamos ao testemunho da vítima, como alguém que ainda tem 19 anos de idade e está longe de ser experimentada na vida, que ela sofreu um trauma considerável quando foi finalmente forçada a se confrontar com o que havia acontecido quatro anos antes. Num sentido muito real, o crime dos réus não estava completo até aquele momento. Estamos seguros de que entre os motivos dos legisladores para criar essa cláusula de ocultação estava o de atingir crimes cujo mal não fora sentido até ser descoberto.

Não precisamos imaginar neste caso o quanto a acusação pode ter sido adiada pela operação da cláusula de ocultação antes de os limites do devido processo terem exigido um resultado diferente. [*citações*] A principal prova do crime, o videoteipe, estava na custódia de um dos réus até ser apreendido, e nenhum deles objetou que o teipe tivesse sofrido qualquer deterioração.* Nem um processo iniciado três anos

* Nosso irmão Koll dissente, alegando que o videoteipe de fato era inadmissível de acordo com a lei de escuta telefônica do nosso estado. [*citação*] Este ponto não foi levantado neste tribunal nem no julgamento, e, assim, não podemos considerá-lo nós mesmos, uma vez que não acreditamos que a aceitação do teipe como peça do processo, mesmo supondo que ele tenha sido impedido, permitiu um fracasso da Justiça. Somos levados a essa conclusão pelos resultados do mundo real de uma decisão para reformar nessas bases. Sob nossas provisões de prescrição, o processamento teria um ano da data da anulação para reindiciar os réus por crime de escuta telefônica, à vista do fato de que era parte da mesma transação criminosa pela qual foram originalmente presos. Uma vez que o teipe poderia ser admitido nesse novo caso, a prisão seria uma certeza virtual. Não nos parece um fracasso da Justiça que os réus sejam presos por um crime mais que por outro, particularmente porque o ataque

e dez meses depois do crime está tão distante no tempo para insultar a justiça básica. De fato, está bem dentro do tempo alocado em outras jurisdições, incluindo o período de cinco anos de prescrição seguido nos tribunais federais. [citações] Em acordo com isso, concluímos que o processamento dos réus iniciou-se dentro dos limites de tempo providos pela lei.

[*Cassie: daqui em diante, use o seu rascunho com as mudanças que fiz a lápis.*]

George digitara tudo isso apenas com a mão esquerda. Tentou por um momento tirar seu braço direito da tipóia, mas a dor da digitação se estendia até o cotovelo. Ele tirou o rascunho da impressora e entrava no pequeno escritório de Cassie. Ela estava comendo uma maçã e deu outra mordida enquanto examinava a primeira página.

— Surpresa? — pergunta George.

— Eu sabia que qualquer coisa que você decidisse estaria certa, excelência.

Ela o chama assim não mais de uma vez por mês, e ele recebe isso como um cumprimento. Ele também lhe pede para dar prioridade à minuta, para que possam enviá-la para Koll e Purfoyle no dia seguinte, na esperança de a decisão estar pronta no fim da semana.

---

sexual subjacente poderia ser claramente considerado pelo juiz do julgamento um agravante da sentença, tornando inevitável um período significativo de prisão. Além disso, é muito provável que após uma garantia de imunidade ou acordo de delação premiada envolvendo algum dos réus, um ou mais seriam processados tanto por escuta telefônica quanto por estupro, e poderiam terminar com uma sentença ainda mais longa do que a imposta neste caso. Qualquer réu que sofresse essa conseqüência sem dúvida retornaria a este tribunal para queixar-se do fracasso da Justiça causado pela nossa intromissão.

— Termino isso antes de ir embora hoje — diz ela esfregando as mãos. Assim falou a Mulher Maravilha.

A visão da mesa vazia de John defronte à de Cassie desperta lembranças. Ele se foi há três horas. Dineesha ajudou-o a pôr tudo em caixas. Então, George veio para apertar a mão suave de John, um gesto que o juiz julgou apropriado após nove anos de trabalho em comum. Tanto o juiz quanto o assessor se despediram uma hora atrás e nada disseram a princípio.

— O que será de mim? — John finalmente perguntou, já na porta de saída.

A pergunta não era de forma alguma trivial. Os imperativos eram os mesmos de quando ele pensava que Cassie fosse a culpada: George não pode perdoar isso sozinho. Marina, a polícia do condado, o FBI, a seção de Admissões e Disciplina da Ordem — todos terão de ser informados. John está ante a possibilidade de ser preso e perder sua licença na Ordem. Agora que seu tempestuoso drama interno vazou para o mundo de causas e efeitos, Banion parece profundamente perturbado.

— John, acho que você deve procurar um advogado — disse o juiz. O conselho, infelizmente, constituiu seu adeus.

Com o parecer sobre o *Warnovits* nas mãos e seu atormentador despachado, George se sente como anos atrás, nas raras ocasiões em que vencia uma causa. A visão de seu cliente recuperando a liberdade após o intenso esforço intelectual e físico do julgamento ressoava não como uma prova de justiça — com demasiada freqüência George sabia que o homem era culpado —, mas como uma prova do retumbante poder de sua própria vontade. Naquele estado de espírito, ele se tornava um tufão de alta energia, capaz de mover montanhas de tarefas negligenciadas que haviam crescido em sua mesa.

Agora, desce a escadaria rumo ao cartório do tribunal.

— Quero pegar a petição para vistas — diz George ao funcionário. Ele preenche o formulário de uma só página ali mesmo, e pede duas cópias, uma que levará para a secretária do Chefe. Rusty, como costuma acontecer, vê George pela porta aberta e lhe faz um aceno para entrar no gabinete.

— Bem, agora são duas boas notícias no mesmo dia — diz o Chefe, segurando a petição.

— Qual é a outra?

— Nathan Koll renunciará no fim do mandato.

— Você está brincando...

— Ele diz que não existe emprego que valha ameaças de morte. Ele tomou isso como culpa minha. Quer que eu lhe arranje um ano de proteção policial.

— Você acha que ele dirá aos tiras onde mora ou apenas que cubram um setor de dois quilômetros quadrados?

Ambos riem de Koll.

— Acho que ele não tem tantas razões a temer quanto pensa, Rusty.

Quando George explica sobre John, o Chefe se deixa cair numa cadeira.

— Mas que diabos? — diz, finalmente. — O que será que ele estava pensando?

— É a história comum do tolo — replica George. — Quanto mais John via o teipe, mais ofendido ficava, e mais me culpava por fazê-lo ver aquilo. Ele estava nesse estado de espírito um dia quando saí do escritório por um segundo, e, impulsivamente, foi ao meu computador e mandou o primeiro e-mail para um endereço não existente, sabendo que seria devolvido e reapareceria em minha tela.

— "Você pagará"?

— "Você pagará." Depois que fez isso, pensou novamente, em especial sobre a possibilidade de ser pego. Quantas pessoas poderiam ter acesso à minha máquina? Então, quando saí de novo, ele apagou a mensagem original e a que foi enviada, e, depois, para distrair a atenção da mensagem que viera do meu computador, reenviou-a duas vezes de seu próprio computador através de um servidor aberto.

"E este foi basicamente o ciclo. Raiva, ação, depois remorso e medo de ser apanhado. Naturalmente, eu estava bastante preocupado com Patrice para dar muita atenção às primeiras mensagens, o que apenas enfureceu John e o levou a enviar mensagens mais agressivas.

— E onde ele estava enquanto fazia isso?

— Ele diz que mandou quase todas as mensagens de seu notebook enquanto estava no escritório, a mais ou menos 15 metros de mim.

— Espere aí — diz Rusty. — Não foi aquele assessor que viu uma das primeiras mensagens e lhe disse para chamar a segurança do tribunal?

— Certo, ele enviara a mensagem e, enquanto ela viajava pela internet, entrou no meu escritório para observar minha reação.

— Mas por que ele disse para chamar Marina?

— Bem, antes de mais nada, queria me assustar. Tinha que agir como se tivesse visto a Morte. E que cobertura melhor é ser aquele que diz: "chamem os tiras."

Rusty faz um muxoxo amargo: pessoas.

— A outra coisa — diz George — que deixou John literalmente alucinado foi a idéia de que eu poderia deixar aqueles garotos livres. Ele estava desesperado para que pegassem uma sentença longa.

— Ensine-me uma lição — diz Rusty — ensinando-a a eles. Quem diz que não há sentido na vingança?

Os dois amigos estão sentados lado a lado nas cadeiras de madeira com braços no centro do amplo gabinete do Chefe e trocam o mesmo sorriso triste.

— De qualquer maneira — diz George — enquanto eu dava para ele tarefas sobre o caso, John percebeu que eu estava aborrecido com a questão da prescrição. Parece que lhe disse isso no dia do debate. Foi o que inspirou a mensagem do "Observador da Morte". E, depois da conferência, Purfoyle lhe disse que eu parecia estar falando sério sobre a reforma. Então, fez um novo avanço e mandou o e-mail para a minha casa. Mas nada o deixou mais louco que falar comigo cara a cara. Lá estava eu, esse cara que ele admirava, pronto para liberar os servos do demônio. Aí, ele perdeu a cabeça. Já tinha a essa altura o meu celular.

— E como foi que botou as mãos nele?

— Parece — diz George — que deixei cair o celular no corredor dos fundos, do lado de fora do salão de baile do Gresham. A segurança do hotel o encontrou no dia seguinte e chamou Banion, porque ele havia perguntado sobre o telefone poucas horas antes em meu nome.

"John dizia sempre que estava a ponto de me devolver o telefone e alegar que o hotel o encontrara, mas a essa altura já estava enviando mensagens. Tenho certeza de que assim que pegou o telefone, percebeu que ele lhe daria uma nova forma de assustar o demônio que havia em mim.

O Chefe passou a mão nos cabelos grisalhos enquanto pensava.

— Você acha que esse cara ouve vozes, Georgie?

— Acho que ele é um cara problemático, solitário. E que eu provoquei a loucura dele.

— Ele teria ido embora cedo ou tarde.

— Simplesmente não sei. — Esta é a parte que mais incomoda George. — Ele me disse que eu sempre queria ser a melhor pessoa.

— Imagine só — diz seu velho amigo.

— E que ele tinha medo de me decepcionar.

O Chefe olha para George durante um segundo. Não havia perdido seu bom humor, mas parara de sorrir e semicerrara um dos olhos.

— George, você não tem culpa disso.

— Eu poderia...

— Não — diz o Chefe. — Não se exige santidade. Você tem direito a algumas limitações.

George poderia ter dito mais. Porém Rusty, um homem da lei, nunca veria isso senão sob uma perspectiva legal, que supõe ser John um criminoso, e o resto das pessoas isentas de culpa. Os dois homens ficam silenciosos por um instante, cada um perdido em seus próprios pensamentos.

— Está bem — diz Rusty, finalmente. — Entendo por que o seu assistente pensou que *você* agiu errado com ele. Mas por que implicou com Koll?

— Oh — diz George —, eu havia esquecido essa parte. — Quanto mais John aumentava as ameaças, mais assustado ficava com as conseqüências. Você já viu esse padrão de comportamento: sem medo de ser preso, com medo de ser preso, com medo de não ser preso. A equipe sabia que Marina e o FBI estavam chegando a alguma coisa em sua investigação. Mas uma suspeita que pedi a ela para manter em segredo foi sobre Corazón, só para prevenir qualquer confusão. Quando John esteve naquele encontro com Marina e percebeu como ela estava ansiosa para agarrar Corazón, pensou que poderia escapar. Então, tratou de acrescentar um pouco mais de provas. Lembrou-se de que Koll participou do tribunal que julgara Corazón. E dados os sentimentos de John sobre a modificação no caso *Warnovits*, ele ficou feliz em incluir Nathan.

— Aí está — diz Rusty sobre a ameaça a Koll —, é uma lei da natureza. Até a peste bubônica trouxe algum benefício.

— Mas naquele momento, John queria dar a impressão de valentão de gangue. E esse foi o motivo pelo qual a ameaça parecia ser da sétima série escolar.

— Ele não teve nada a ver com aqueles ladrões da garagem, teve?

— Foi tudo culpa minha. Eu não estava ligando para o perigo, tentando mostrar a mim mesmo que não estava com medo. Se meu estado de espírito fosse melhor, teria admitido que aqueles garotos estavam atrás de mim.

— Você promete que, de agora em diante, vai esfriar a cabeça no canto de um bar, como qualquer outro?

— De forma nenhuma. Fico com a garagem. Estou esperando entrar com uma grande ação por danos físicos — George levanta a tipóia.

— Você pode encontrar algum problema na apelação — diz o Chefe.

— De qualquer maneira, quando Marina veio apreender o computador, ela deve ter dado alguma pista a John de que se tratava da primeira mensagem, e ele sabia que aquilo seria o fim.

— Porque...

— Porque Marina investigaria minha equipe. Cedo ou tarde, com aquele grupo sob suspeita, ela investigaria o jeito com que olhavam para o celular. E, além disso, não seria necessária mais que uma noite e um dia para John ceder sob interrogatório.

— Por falar em Marina, você já contou tudo isso a ela?

— Ela me telefonou quatro vezes. Mas quero que John tenha um advogado primeiro.

— Oh, muito obrigado — disse o Chefe —, obrigado por isso. Tenho quase certeza de que receberei uma carta até o fim da semana, ameaçando todos nós com um processo por manter um local de trabalho hostil. Simon Legree* foi o chefe do ano em comparação com você, fazendo o pobre John olhar aquele terrível videoteipe sem parar.

— Você acha que isso poderá dar a ele um pouco de sustentação?

Rusty balança a cabeça em dúvida.

— Um pouco. Ambos já vimos defesas piores. Então, o que você quer que ele receba, Sr. Juiz de Coração Mole?

— Não vejo motivo para processo. O cara tem 42 anos, nenhum registro na polícia, grande serviço prestado ao tribunal. Espero que o promotor concorde com um programa diversificado com tratamento psiquiátrico.

— E aqueles garotos que o assaltaram? Eles vão pegar alguma coisa?

* O cruel comerciante de escravos no romance *A cabana do pai Tomás*. (N. da T.)

— Aqueles garotos tiveram sua segunda chance. E sua décima segunda. E John não quebrou o meu braço. Nem me apontou um revólver.

— E sobre a licença dele?

— Suspensa. Até que o psiquiatra diga o contrário. Há alguma chance de ajudar nisso, Rusty? Tenho certeza de que Marina vai querer a pena de morte.

— Tenho certeza. Mas somente depois que o seu assistente passar vários meses em Abu Ghraib. — Rusty reflete, olhando a distância. — Diversificação ainda é confidencial, não é?

— Certo.

— E a suspensão. Isso será apenas uma linha nos registros do tribunal. Ninguém saberá por quê.

— Certo. Em que está pensando, Chefe?

— Estou pensando em que John Banion é um cara de sorte.

— Porque...

— Porque quero que tudo isso seja feito sem ruído. Com muito sigilo. Vou colocar Marina em moratória investigativa. Para o bem do tribunal. Quando o advogado de John telefonar, pode dizer a ela ou a ele para tentar trabalhar nisso numa confidencialidade absoluta com a promotoria e a Admissões à Ordem. Dentro das linhas que você mencionou. Com o meu consentimento. Repetirei isso a quem quer que deseje ouvir.

— Obrigado, Rusty.

— Eu deixaria você beijar meu anel, mas a verdade, amigo, é que estou fazendo isso por todos nós. Não quero que Koll ouça essa história, não antes que a tinta do papel de sua renúncia esteja completamente seca. E a votação do pedido de verbas de Marina à direção do condado é na semana que vem. É melhor não começarem a pensar que tudo a respeito de Número 1 foi apenas uma novela em seu escritório e repensem a idéia de nos dar mais dinheiro.

— A sabedoria do poder — George se levanta.

— Posso perguntar?

— O quê?

— Sobre *Warnovits* — diz Rusty. — Está decidido?

— Tenho uma minuta.

— Foi feita justiça?

Após seu desempenho na semana anterior, Rusty reluta em perguntar diretamente se a sentença foi confirmada ou modificada até que a decisão se torne pública. E justo agora, para atormentar o amigo, George escolhe não responder. Em vez disso, põe a mão boa sobre a cabeça de seu amigo, em breve e mútua bênção.

— Nós tentamos — diz George. — Só podemos tentar.

Este livro foi composto na tipologia Adobe Garamond,
em corpo 11,5/15, e impresso em papel off-set 90g/m²,
no Sistema Cameron da Divisão Gráfica da Distribuidora Record.